Hamburg und die Juden

Hamburg und die Juden

von

Dr. August Sutor

❖

Eine 1838 von der Zensur unterdrückte Schrift

❖

Mit Erläuterungen
herausgegeben von

Jörg Berlin

Inhaltsverzeichnis

I August Sutors Schrift „Hamburg und die Juden“

1. Zur Bedeutung des Textes

In seiner 1838 von der Zensur unterdrückten Schrift „Hamburg und die Juden“ behandelte August Sutor die wesentlichen Gründe für eine „Emanzipation“[1] der Juden in der Hansestadt. Zugleich beschrieb er die „Fesseln des Druckes und der Verachtung“, unter denen sie litten. Er engagierte sich für deren lange überfällige „Befreiung“. Der Autor beabsichtigte, die Stimmungen und Einstellungen der politisch berechtigten Bürger zu beeinflussen und zu ändern, damit diese gesetzlichen Bestimmungen für eine wirtschaftliche und politische Gleichberechtigung der in seiner Vaterstadt lebenden Menschen mosaischen Glaubens zustimmten.

Von besonderem Interesse dürfte daneben der in das Werk integrierte Text eines Antrags des Rats an die Bürgerschaft sein, in dem dieser 1814 seine Vorschläge für eine Verbesserung der Lage der Juden in der Stadt darlegte und begründete.

Die vorliegende Arbeit macht das Werk „Hamburg und die Juden“ von August Sutor endlich allgemein zugänglich. Sie erinnert zugleich an die Person des Autors und ehrt ihn, weil er aus humaner Gesinnung und als Einzelperson entschieden ge-

---

1 Der Begriff „Emancipation“ ist mehrdeutig. Zunächst meinte er eine Gleichberechtigung auf politischer Ebene und eine Befreiung von überkommenen Rechtsbeschränkungen. Dazu sollten eine Integration in die Gesamtgesellschaft und das Verschwinden aller Arten von Diskriminierungen und Vorbehalten kommen. Zur Herausbildung des Begriffs und seiner verschiedenen Facetten vgl. auch Rürup, Reinhard, Emanzipation und Antisemitismus. Studien zur „Judenfrage“ in der bürgerlichen Gesellschaft, Göttingen 1975, S. 11 - S. 73. Divergierende und aktuelle Verwendungen des Ausdrucks thematisiert die Aufsatzsammlung: Hartfiel, Günther (Hg.), Emanzipation - Ideologischer Fetisch oder reale Chance? Opladen 1975.

gen eine seit Jahrhunderten andauernde Verächtlichmachung, Bedrückung, „Isolierung" (G. Riesser), Benachteiligung und Verfolgung einer Gruppe von Mitmenschen Partei ergriff. Eine Würdigung von Männern, die sich auf diesem Gebiet und in diesem Sinne für soziale und politische Gerechtigkeit einsetzten, sollte nicht auf wenige prominente Wortführer wie etwa Christian Wilhelm Dohm (und dessen Werk „Über die bürgerliche Verbesserung der Juden, Theil 1, Berlin u. Stettin 1781, Theil 2, ebd. 1783) beschränkt bleiben. Vor allem ermöglicht die Schrift A. Sutors tiefere Einblicke in die Ansichten der Hamburger zur Frage der Judenemanzipation als überregional verbreitete Meisterwerke mit grundsätzlichen Aussagen zum Thema. In der konkreten Behandlung der Hamburger Verhältnisse liegen der besondere Vorteil und die allgemeine Bedeutung des Textes. Zugleich gibt das Werk jedoch Auskunft über eine Verbreitung und Rezeption jener Argumente für die Emanzipation, die in anderen deutschen Staaten diskutiert und publiziert wurden.

Wenn im Folgenden immer wieder von August Sutor die Rede sein wird, sollte daraus nicht geschlossen werden, dass er sein Werk allein aus seinem individuellen Denken geschöpft hätte. Seine Handlungsmotivation und seine Kenntnisse verdankte er einer Vielzahl von Anregungen und Umständen. Solche Einflüsse sind stets mit zu bedenken. Dazu wurde dem Buch als Anhang III eine Liste A. Sutors mit Angaben zur von ihm benutzten Literatur hinzugefügt. In diesem Zusammenhang ist auf andere Autoren zu verweisen, die Streitschriften gegen eine Benachteiligung bzw. zur Verteidigung der Hamburger Juden veröffentlichten. Bereits 1835 publizierten z. B. J. O. W Patow und F. C. Gerke (in Altona) aus aktuellem Anlass entsprechende kleinere Broschüren. [2]

Eine öffentliche Auseinandersetzung mit der Frage einer Gleichberechtigung der Juden war um 1838 durch die Gängelung der Presse stark eingeschränkt. Als der Rat nach dem

2 Vgl. hierzu S.179 und zum Folgenden: Zimmermann, Moshe, Hamburgischer Patriotismus und deutscher Nationalismus. Die Emanzipation der Juden in Hamburg 1830-1865, Hamburg 1979, S. 67 ff. u. S.89 ff.

Hamburger Brand 1842 die Zensur lockerte, engagierten sich mehrere Hamburger wie Johann Wilhelm Christern, Benno Heitmann, Johann Gustav Gallois und Eduard Lehmann[3] für die Emanzipation. Nach der Märzrevolution 1848 und der Abschaffung der Zensur nahmen sich weitere Hamburger Demokraten des Problems an. Der Schriftsteller B. Heitmann z. B. wählte dabei eine massenwirksame Form und verfasste für eine weitverbreite demokratische Zeitung eine Kurzgeschichte[4]. Sie zeigt in allegorischer Weise, wie „Die arme Jüdin" trotz ihr angetanen Unrechts weiterhin Gutes tat und nicht etwa Gleiches mit Gleichem vergalt. Der exemplarische Text ist dem vorliegenden Buch als Anhang IV beigefügt.

Die in diesem Buch dargestellten Ansichten, Haltungen und Verhaltensweisen A. Sutors und anderer Hamburger sind, wie gesagt, nicht allein aus subjektiven oder lokalen Gegebenheiten, sondern weitgehend aus bestimmten geistigen, gesellschaftlichen und ökonomischen und politischen Verhältnissen entstanden. Diese beeinflussten Überzeugungen, Neigungen, Attitüden nicht allein von Hamburgern, sondern auch von Menschen in anderen Städten und Regionen.

Die einleitenden Kapitel verweisen auf Rahmenbedingungen, unter denen A. Sutor sein Werk verfasste.

---

3 Eduard Lehmann publizierte unter dem Pseudonym Santo Domingo. Vgl. in dessen „Hamburg, wie es ist" (Leipzig 1838) das Kapitel über die Juden in Hamburg, S. 23. Dort schrieb er: „Ich schäme mich, wenn ich einem armen Juden begegne, dessen scheuer, gesenkter Blick, dessen gedrückte Haltung mir vorwurfsvoll zu sagen scheint: Bin ich nicht Mensch wie Du? ... warum drückst und quälst, warum peinigst und marterst Du mich?" Lehmann arbeitete 1838/39 als Redakteur des „Argus" in der Hansestadt.

4 Siehe „Die arme Jüdin", in: „Die Reform. Ein Volksblatt", Nr. 35 v. 2.5.1849, S. 2. Zu B. Heitmann, der zeitweise als Redakteur der „Reform" fungierte und ähnlich wie A. Sutor Probleme mit der Zensur bekam vgl. Lexikon der hamburgischen Schriftsteller bis zur Gegenwart, 3. Bd., Hamburg 1857, S. 178 f. Hier geht es nicht um die literarische Qualität des Textes, sondern um die humane Zielsetzung des Journalisten. A. Sutor und der „Literat" B. Heitmann werden sich gekannt haben. Beide kandidierten 1848 erfolgreich im gleichen Wahlbezirk für die Verfassunggebende Versammlung.

Hintergrundinformationen und weiterführende Hinweise[5] können Lesern, die sich wenig mit den Problemen und Hindernissen der Judenemanzipation im 19. Jahrhundert beschäftigt haben, den Zugang zum Thema erleichtern. Um den Blick nicht von Sutors Text abzulenken, blieben die erläuternden Kommentare und Anmerkungen zu dessen Darstellung knapp.

Geschichtsforschung kann einen Beitrag zur Bildung von Geschichtsbewusstsein leisten. In diesem Sinne ist es durchaus sinnvoll bzw. überfällig zu fragen, ob das Gedenken an jene Hamburger, die für mehr Humanität im Zusammenleben in ihrer Stadt eintraten, bereits den ihnen gebührenden Platz im Geschichtsbewusstsein einnimmt. Männer wie A. Sutor verließen sich nicht auf eine Initiative und die Tätigkeit des Rates sowie der etablierten politischen Körperschaften. Trotz möglicher Nachteile für die eigene Person, versuchten sie durch Kritik und Widerspruch, Rechtsverletzungen zu korrigieren. Sie halfen, die öffentliche Meinung zu beeinflussen und umzugestalten sowie fällige Fortschritte zu befördern.

Positive Identifikationsfiguren könnten eine Beschäftigung mit Unrecht und Verbrechen durchaus erleichtern, ohne diese zu relativieren. Dies gilt auch, wenn ihre Bemühungen nicht vermochten, die von ihnen kritisierten Verhältnisse unmittelbar zu ändern.

Das hamburgische „Israelitische Familienblatt" schrieb anlässlich des Erwerbs der Manuskripte A. Sutors durch die damalige Stadtbibliothek am 10.8. 1905, es gelte ein ehrendes Gedenken wachzuhalten für einen edlen, großherzigen, Gerechtigkeit liebenden Vorkämpfer für die Emanzipation der Juden in Hamburg. Abschließend forderte der Verfasser des Artikels, Salomon Goldschmidt, indirekt dazu auf, die „bis heute unedierten"

5 Zur Literatur über Juden in Hamburg zwischen 1800 und 1848 siehe die grundlegenden Arbeiten: Krohn, Helga, Die Juden in Hamburg 1800 – 1850. Ihre soziale, kulturelle und politische Entwicklung während der Emanzipationszeit, Frankfurt 1967, Zimmermann, Moshe, Hamburgischer Patriotismus und deutscher Nationalismus. Die Emanzipation der Juden in Hamburg 1830-1865, Hamburg 1979, Freimark, Peter, Herzig, Arno (Hg.), Die Hamburger Juden in der Emanzipationsphase (1780– 1870); Hamburg 1989.

Schriften bekannt zu machen. Diese Aufgabe erfüllt die vorliegenden Schrift - wenn auch spät.[6]

Den Herausgeber führten nach einer ersten eher zufälligen Lektüre die humanistische Tendenz dieser Schrift, deren Verbot durch die hamburgische Zensur und insbesondere das Engagement des Autors für die Sache bedrängter Mitmenschen zu einer intensiveren Beschäftigung mit der Persönlichkeit August Sutors und dessen Anliegen.

Der erste Impuls zu einer Untersuchung des Manuskripts und damit letztlich zur Veröffentlichung des vorliegenden Textes ergab sich aus der vergeblichen Suche nach einem Exemplar der Schrift „Darstellung der Aufnahme der ersten Juden in Hamburg. Von Dr. S., Hamburg 1838". In Hamburgs Bibliotheken und Archiven ließ sich die in vielen Literaturlisten aufgeführte Publikation mit dem vielversprechenden Titel nicht finden.

Der abgekürzte Name führte zu dem Autor: Dr. August Sutor. Dieser ist Hamburg-Historikern durch Schriften aus der Zeit nach dem Brand 1842 bekannt. An dessen Versuche, die Emanzipation der Juden in seiner Vaterstadt zu befördern, erinnerte nur ein von der Historikerin Jutta Braden an entlegener Stelle publiziertes Kurzporträt. Sie verwies auch auf in der Staatsbibliothek Hamburg erhaltene Manuskripte A. Sutors. Diesem Hinweis ist die folgende Beschäftigung mit der Quelle zu verdanken.[7]

---

6 Wer der Vorbesitzer des Konvoluts der Schriften A. Sutors war, hat sich nicht feststellen lassen. Die naheliegende Vermutung über einen Zusammenhang mit der umfangreichen Übergabe der Hebraica-Sammlung (1020 Drucke, 174 Manuskripte) des Anwalts H. B. Levy an die Staatsbibliothek ließ sich nicht bestätigen. Vgl. hierzu: Jahrbuch der Hamburgischen Wissenschaftlichen Anstalten, Hamburg 1906.

7 Vgl. Braden, Jutta, Das Porträt: August Sutor, in: Maajan. Zeitschrift für jüdische Familienforschung. Organ der Hamburger Gesellschaft für Jüdische Genealogie e.V.; Organ der Schweizerischen Vereinigung für Jüdische Genealogie e.V., Vol. 24, No. 97 (2010), S. 3641- S. 3643. Von der Schrift „Darstellung der Aufnahme der ersten Juden in Hamburg" ist mittlerweile ein Nachdruck anfertigt und an Freunde des Herausgebers und einige Hamburger Bibliotheken verteilt worden. Erwähnt wurde das Manuskript auch zusammen mit A. Sutors „Darstellung der Aufnahme der ersten Juden in Hamburg" in: Schwabacher, Isaac S., Geschichte und rechtliche Gestaltung der Portugiesisch-Jüdischen und der Deutsch-Israelitischen Gemeinde zu Hamburg, Berlin 1914 (Diss. Jur.).

2. *Zur Edition*

Das in der Staatsbibliothek vorhandene Konvolut der Handschriften Sutors (Signatur: Cod. Hans. III: 133 a Dr. Aug. Sutor, Hamburg und die Juden) besteht im Wesentlichen aus 94 (nachträglich paginierten) Blättern über „Hamburg und die Juden." Deren Größe (16 cm x 20,5 cm) entspricht in etwa dem Format eines halbierten Doppelfolio (33 cm x 42 cm). Hinzu kommen vier Blätter im Folioformat über die Geschichte der Juden seit dem Mittelalter. Sie bilden in diesem Buch den - kritisch zu lesenden - Anhang I „Der Haß gegen die Juden im Mittelalter". Wahrscheinlich entstand dieser Text im Zusammenhang mit Vorarbeiten zu A. Sutors „Darstellung der Aufnahme der ersten Juden in Hamburg" oder er sollte als Vorwort für die Publikation von Auszügen aus Rats- und Bürgerprotokollen über die Juden aus den Jahren von 1609 bis 1655 dienen.[8] Das entsprechende Konvolut umfasst dreizehn Blätter.

Weitere fünfzehn Blätter im Folioformat sind als Ergänzung des zusammenhängenden Textes „Hamburg und die Juden" anzusehen. Sie bieten eine knappe Darstellung und eine konstruktive Kritik des Entwurfs für ein neues Juden-Reglement, den der Rat 1814 der Bürgerschaft als Ergänzung zu seiner (von A. Sutor wiedergegebenen) Proposition vorgelegt hatte. Die Blätter sind als Anhang II unter dem Titel „Was soll denn in Hamburg geschehen, um die Lage der Israeliten zu verbeßern?" nachzulesen.

Vorhanden sind zudem zwei Blätter mit einer (unvollständigen) Liste von Schriften für und gegen eine Judenemanzipation, die A. Sutor entweder gelesen oder für seine Bibliothek angeschafft hatte.

Die genannten Texte sind mit Ausnahme der andernorts voll-

8 Es handelt sich um Exzerpte aus „Acta" der Verhandlungen zwischen Rat und Bürgerschaft vom 8. u. 9. 12. 1603, [3.] 5. 1604, 4. 5. 1604, 26.10. 1605, 15.6. 1606, 18.7. 1606, 27.7. 1609, 16. 8. 1610, 17.8. 1610, 7.11. 1611, 28. u. 29.1. 1619, 12. 2. 1623, 14.8. 1644, 16.8. 1648, 8.11.1648, 19.9. 1655.

ständig gedruckt vorliegenden Dokumente(nauszüge) im vorliegenden Band wiedergegeben. Im genannten Konvolut befindet sich auch ein gedruckter Text, der zum Teil inhaltlich mit den Ausführungen über „Hamburg und die Juden“ übereinstimmt, aber nicht mit diesen identisch ist. Den größten Anteil nimmt dabei die Wiedergabe der erwähnten Proposition des Rats von 1814 ein. Ein Teil dieses Drucks ist abgerissen und nicht mehr vorhanden. Möglicherweise handelt es sich hier um einen der Zensurbehörde eingereichten Druckbogen. Ein handschriftlicher Vermerk auf der ersten Seite lautet: „Anlage A“. Außer den genannten Blättern befinden sich im Konvolut zahlreiche unzusammenhängende Notizzettel verschiedenster Größe zum Thema.

In editionstechnischer Hinsicht ist es das Ziel dieser Arbeit, Interessierten den Text „Hamburg und die Juden“ als lesbare Publikation und nicht als teilweise schwer zu entzifferndes Faksimile zur Verfügung zu stellen. Eine buchstaben- und zeichengetreue Ausgabe war nicht beabsichtigt.[9]

Substantielle Texteingriffe sind jedoch nicht vorgenommen worden. Unlesbare Wörter wurden durch eckige, nicht eindeutig zu entziffernde Buchstaben durch spitze Klammern gekennzeichnet. Wörter in eckigen Klammern stammen also vom Herausgeber, ob sie im Original so zu finden sind, bleibt ungewiss. Zweifelsfälle bei der Transkription sind durch spitze Klammern deutlich gemacht, wenn entweder im Schriftbild deutliche Anzeichen für eine bestimmte Lesart vorhanden waren oder der Sinnzusammenhang des Textes auf ein bestimmtes Wort hinwies. Unbedeutende Schreibfehler wurden stillschweigend korrigiert. Dem Leser sollten allerdings orthographische Besonderheiten und das Alter des Textes präsent bleiben, deshalb blieben z. B. die Verwendung von y statt i oder c statt k bei der

9 Vgl. hierzu die Beiträge in: Martens, G., Zeller, H. (Hg.), Texte und Varianten. Probleme ihrer Edition und Interpretation, München 1971 sowie die „Empfehlungen zur Edition frühneuzeitlicher Texte“, in: Jahrbuch der historischen Forschung in der Bundesrepublik Deutschland, hg. von der Arbeitsgemeinschaft Historischer Forschungseinrichtungen in der Bundesrepublik Deutschland, Jg.6., München 1980, S. 85 – S. 95.

Transkription erhalten. Dort wo Rechtschreibregeln gegenwärtig ein „ie“ vorsehen, stand im frühen 19. Jahrhundert oft nur ein „i“ (z. B.: markiren). Ausrufungszeichen in eckigen Klammern [!] verweisen auf aus dem Manuskript übernommene orthographische und semantische Auffälligkeiten.

Bei der Zeichensetzung des Originals fällt auf, dass oft mehrere aufeinander folgende unabhängige Hauptsätze nur durch Kommata voneinander getrennt sind. Wo dies zu Verständnisschwierigkeiten führen könnte, erschien es hilfreich, Punkte einzufügen. Veränderungen bei der Kommasetzung wurden sonst gleichermaßen nur vorgenommen, wenn andernfalls mit Missverständnissen zu rechnen war.

Streichungen und Korrekturen durch A. Sutor in seinem Manuskript sind dann wiedergegeben, wenn die erste Fassung inhaltlich bedeutsam erschien. Der Autor milderte nicht selten im Nachhinein zunächst schärfer formulierte Ausdrücke und Passagen. Neue Formulierungen schrieb er dann zwischen die Zeilen. Solche Textteile verursachten bei der Transkription besondere Schwierigkeiten. Unterstreichungen im Original sind wiedergegeben. Wahrscheinlich sollten die so markierten Wörter und Sätze in der beabsichtigten Druckfassung auf eine bestimmte Weise hervorgehoben werden.

Das Inhaltsverzeichnis zu „Hamburg und die Juden“ und manche der gliedernden Absätze hat der Herausgeber beigefügt.

Im Text vorkommende Währungszeichen wurden durch Buchstaben (Mark) ersetzt. Anführungszeichen sind nach der heutigen Gepflogenheit normiert. Der Beginn eines paginierten Blatts im Originalmanuskript ist im vorliegenden Buch durch eine Zahl zwischen senkrechten Strichen |Bl. 1| gekennzeichnet. Die Blätter des Konvoluts sind nur auf der Vorderseite (offensichtlich nachträglich) paginiert, die Rückseiten sind jeweils an dem vom Herausgeber der Seitenzahl hinzugefügten „b“ zu erkennen |Bl. 1b|. Das Manuskript liegt in Kanzleischrift vor. Es handelt sich um eine von A. Sutor veranlasste professionelle Abschrift der ursprünglichen Vorlage. Die Texte der Anhänge I und II liegen in der eigenen Handschrift A. Sutors vor.[10]

Möglicherweise beabsichtigte der Autor, die einzelnen Manuskripte jeweils gesondert als Kleinschriften zu veröffentlichen, wie er es mit der Broschüre „Darstellung der Aufnahme der ersten Juden in Hamburg“ bereits erfolgreich realisiert hatte.

Eingeklammerte Anmerkungen im transkribierten Text stammen vom Herausgeber, die übrigen von A. Sutor. Dieser hatte erheblich mehr Fußnoten vorgesehen. Die entsprechenden Texte waren jedoch nicht auffindbar.

---

10 Speziell diese Blätter zu entziffern, war oftmals schwierig. Hier halfen Dieter Jürgensen bei einzelnen Wörtern und der Altphilologe Joseph Glagla bei dem gesamten Text. Letzterem ist besonders zu danken; denn ohne dessen Zureden wären jene Anhänge, die nicht unmittelbar zum Manuskript „Hamburg und die Juden“ gehören, hier wohl nicht abgedruckt worden.

II Zur Biographie und Persönlichkeit August Sutors

Als August Sutor 1838 seinen Text erarbeitete, kannte er die Lebensverhältnisse der Juden in Hamburg aus langjähriger unmittelbarer Anschauung.[1] Der am 17. Mai 1812 geborene Junge wuchs er in der Hansestadt auf und ging dort auch zur Schule. Sein Vater, Joachim M. C. Sutor, verdiente den Lebensunterhalt der Familie als „Geldwechsler". Diese Berufsbezeichnung meint hier eine Art Makler, deren Tätigkeit in einer Handelsstadt „ungemein nützlich, ja fast unentbehrlich" war. Jedenfalls betrieb er keine Wechselstube, in der kleinere Beträge einer Münzsorte gegen eine andere getauscht wurden.[2] Deshalb ist davon auszugehen, dass der Vater ebenso wie der Sohn - nach Beendigung seiner Schulzeit – häufig geschäftlich auch mit jüdischen „Geldwechslern" zu tun hatte; denn A. Sutor arbeitete nach Beendigung der Schulzeit im Geschäft des Vaters. In seinem 18. Lebensjahr hatte A. Sutor nach Besuch des „Johanneums" und des „Akademischen Gymnasiums" die Hochschulreife erworben. Über das geistige Klima der Schule lassen sich keine eindeutigen Aussagen treffen. Dort hatte einerseits der Rektor J. Gurlitt gewirkt, der sich für eine Öffnung dieser Einrichtung für jüdische Jungen und allgemein für Humanität und Emanzipation engagierte, andererseits unterrichtete dort auch jener Dr. E. Meyer, der bei einer öffentlichen Kritik an L. Börne For-

1 Vgl. zum Folgenden im vorliegenden Buch das erste Kapitel von A. Sutors Schrift sowie das Lexikon der hamburgischen Schriftsteller bis zur Gegenwart, 7. Bd. , Hamburg (1879), S. 357 f.

2 „Geldwechsler" vermittelten Wechsel- und Kreditgeschäfte. Eine solche Tätigkeit erforderte den täglichen Besuch der Börse, um sich z. B. über Wechselkurse zu informieren. Vgl. hierzu: Krünitz. J. G., Ökonomisch-technologische Encyklopädie, 83. Th., Berlin 1801, S. 55 ff. und allgemeiner zum komplexen Geldwesen der Zeit: Klüber, J. L., Das Münzwesen in Teutschland nach seinem jetzigen Zustand mit Grundzügen zu einem Münzverein, Stuttgart 1828, S. 222 f.

mulierungen gebrauchte, die von deutlichen Vorbehalten gegen Juden im Allgemeinen zeugten.[3]

Über Meyer schrieb Emil Lehmann (geb. 1823), einer seiner ehemaligen Schüler, dieser „durch seinen Streit mit L. Börne auch in weiteren Kreisen" bekannt gewordene aber sonst gutmütige, schwache Mann, wäre kein anregender Pädagoge gewesen.[4]

E. Lehmann Erinnerungen an die Schulzeit auf dem Johanneum sind deshalb von Bedeutung, weil sie einerseits zeigen, dass er Mitschüler jüdischer Herkunft als „Unterdrückte" empfand und sich ihrer deswegen gezielt annahm, in ihnen aber stets „Juden" sah. Über einen der von ihm in diesem Zusammenhang erwähnten Mitschüler schrieb er, dieser wäre von den „übrigen Mitschülern schlecht behandelt" worden. Jener erregte sein Mitleid. Deshalb habe er sich dieses Jungen erfolgreich angenommen. Von einem anderen betroffenen Mitschüler berichtete

---

3 Zu dem Rektor vgl. etwa Gurlitt, J., Über das Bürgerrecht der Juden (1805), in: J. Gurlitt`s Hamburgische Schulschriften. Hg. von C. Müller, Magdeburg 1829, S. 385 ff. und zum frühen (kritischen) Echo auf dessen Ansichten und humanitäres Engagement die Artikel in der Zeitschrift „Hamburg und Altona", 4. Jg., 10. u. 11. Heft, 1805, S. 61 ff. und S.143 ff.
Allgemein siehe den kurzen Überblick bei: Freimark, Peter, Juden auf dem Johanneum, in: 450 Jahre Gelehrtenschule des Johanneums zu Hamburg 1979, Hamburg 1979, S. 123 - S. 129.
Dieter Klemenz (Der Religionsunterricht in Hamburg von der Kirchenordnung von 1525 bis zum staatlichen Unterrichtsgesetz von 1870, Hamburg 1971, S. 146 f.) hat gezeigt, dass die Position J. Gurlitts wohl vor allem aus dessen rationalistischer Weltsicht resultierte und nicht in erster Linie im Mitgefühl für benachteiligte Juden wurzelte.
Zum Lehrer vgl. Meyer, E., Gegen L. Börne, den Wahrheit-, Recht- und Ehrvergessnen Briefsteller aus Paris, Altona 1831 und ders., Nachträge zu einer Beurtheilung der Börne`schen Briefe aus Paris, Altona 1832. Zur Kritik an E. Meyer siehe u. a.: Riesser, G., Börne und die Juden. Ein Wort der Erwiderung auf die Flugschrift des Herrn Dr. Eduard Meyer gegen Börne, Altenburg 1832.
Zur Einschulung von A. Sutor vgl. im Archiv des Johanneums: Index puerorum et invenum qui in disciplinam Scholae Joanneae Hamburgensio a. d. 18. Nov. 1802 recepti sunt. Dort steht: Nr. 1925 Augustus Sutor, Hamburgi natur annos 14 patre mercatore. Re[r] d. zs. Sept. 1826. Adscriptur cl. Lat. 3, graecae 4tae, in reliquis litera[?] classibus tertiär. Habitat auf dem Pferdemarkt num. 153. Der Wohnort „Pferdmarkt" im Zentrum der Stadt gegenüber der Petri-Kirche verweist auf den hohen sozialen Status des Vaters.

4 Vgl. Lehmann, E., Lebenserinnerungen, Bd. 1, Bad Kissingen [1885], S. 16.
Zu E. Meyer siehe auch S. 173 f.

er, dieser „litt unter dem Druck der Verhältnisse", dessen „Judenthum" habe jenen zum ständigen „Jammer" veranlasst und an einer freien Entfaltung gehemmt.[5]

E. Lehmann trat auch später noch für die Juden ein. Er übersetzte deshalb z. B. gezielt die für deren Integration werbende Schrift eines Briten über die Juden und ihre Gegner ins Deutsche und äußerte sich enttäuscht, als der Text in Deutschland nur geringe Resonanz fand.[6] Ob auch A. Sutor beim Besuch des Johanneums eine entwürdigende Behandlung jüdischer Mitschüler wahrnahm, ist nicht bekannt. Die Ausführungen E. Lehmanns lassen jedoch vermuten, dass dies Problem für A. Sutor bereits hier eine Rolle gespielt haben könnte.[7]

Wohl bereits während seiner Schulzeit empfand er Mitleid mit den „armen Israeliten". Als Beweggründe seines Engagements nannte er in der Einleitung seines Textes „Hamburg und die Juden" Wut und Trauer über die Behandlung unterdrückter, „verstoßener Menschen", zumal er das über diese verbreitete „schlimme Urtheil" als falsch empfand. Zu einer solchen Stellungnahme fühlte er sich berechtigt, da er „viele" jüdische Men-

5 Mit dem Druck müssen jedoch nicht die Erfahrungen in der Schule und Kränkungen seitens der Mitschüler oder Lehrer gemeint sein. Vgl. Lehmann, E., Lebenserinnerungen, Bd. 1, Bad Kissingen [1885], S. 80 f. Zum Folgenden siehe ebd. Bd. 3, S. 123.

6 Vgl. Eliot, George, Die Juden und ihre Gegner. Autorisierte Uebersetzung von Emil Lehmann, Hamburg 1880 (bei Otto Meißner). Der Originaltitel lautete: The modern Hep! Hep! Hep!". Der Text stammte aus dem Sammelband: Eliot, George, Impressions of Theophrastus Such, Leipzig 1879, S. 243 - S. 279.

7 Übrigens wurde Sutor im gleichen Jahr am Johanneum eingeschult wie Johann Gustav Gallois (geb. 1815), der später als Verfasser einer (immer noch wichtigen) mehrbändigen Geschichte Hamburgs hervortrat. Der linksliberale Gallois engagierte sich ebenfalls gegen eine Unterdrückung der Juden. Aber wie verletzend und unüberlegt selbst ein solcher Mann formulieren konnte, demonstriert beispielhaft ein Satz in Gallois` „Chronik der Stadt Hamburg". Er schrieb, beim Ausgraben von Pulverminen im Jahr 1816 wäre es zu einer Explosion gekommen: „Außer mehreren Menschen, welche schwer verletzt wurden, traf ein Stück einer Granate einen von Altona nach Hamburg gehenden Juden, welcher tags darauf an der Verletzung verstarb." Vgl. Gallois, J. G., Chronik der Stadt Hamburg und ihres Gebietes, Bd. IV, Hamburg o. J., S. 484. Ähnlich wie A. Sutor promovierte Gallois 1838 in Göttingen und etablierte sich dann ebenfalls als „Advocat" in Hamburg.

schen kennengelernt und sie einer „genaueren Beobachtung“ gewürdigt hätte. Die gegen die Juden gerichteten Tumulte und Ausschreitungen der Jahres 1830 und 1835 wird A. Sutor bewusst selbst miterlebt oder an seinem Studienort verfolgt haben. Ab wann er sich gezielt mit auch allgemeinen Fragen der Emanzipation bzw. der Unterdrückung der Juden beschäftigte und eine öffentliche Stellungnahme plante, lässt sich nicht sagen. Jedenfalls befasste er sich bereits als Student mit der Thematik. [8]

In seinen Ansichten über Religion sah sich A. Sutor in Übereinstimmung mit Lessing und der Aufklärung. Lehren, Vorschriften, Rituale und Ansichten einzelner Religionen lehnte er für sich ab. Die Grundlehre aller großen Religionen, dass ein allwissender Gott „Schöpfer der Welt...[und] Erhalter des Ganzen, so wie der Theile“ wäre, sei nachvollziehbar. Den Glauben jedoch, Gott würde nur die Gebete der Anhänger einer Religion mit „Wohlgefallen“ hören, sah er als mehr denn unsinnig an: „In der That, bei einigem Nachdenken sollte man auf die Idee kommen, als habe [ein solcher Glaube] seinen Ursprung in dem Hirnkasten eines Verrückten gehabt!“ Zu allen Zeiten und in allen Religionen hätten „Pfaffen“ Abscheu gegen „Andersglaubende“ gepredigt. Das entspräche aber nicht Gottes Willen, sonst hätte er diese als Ketzer längst mit „Donner und Blitz ... [oder] Sturm und Flut“ vertilgt. Die einzelnen Religionen, deren Gemeinschaften und Vorschriften wären für jene vorteilhaft, „die nicht zum selbständigen Denken fähig wären“ und sich nicht „selbst eine Religion ... bilden“ könnten.[9]

Nach dem Schulabschluss begann A. Sutor zunächst eine Ausbildung zum Kaufmann, entschloss sich dann aber zum Jurastudium. Dieses absolvierte er an den Universitäten Berlin und

---

8 Vgl. |Bl. 8| seines Manuskripts. Zum umfassenden Verständnis des Autors und seines Textes wäre eine möglichst getreue Beschreibung und Rekonstruktion der Situation erforderlich, in der der Text ursprünglich erarbeitet wurde. Eine solche Arbeit wäre noch zu leisten. Hier kann nur eine Skizze von Rahmenbedingungen vorgelegt werden.

9 Vgl. auch zum Folgenden: „Hamburg und die Juden“,|Bl. 47| f.

Göttingen. Im Jahr 1837 promovierte er (wohl) in Göttingen. Anschließend praktizierte er als „Advocat“ in Hamburg. Bereits während seiner Universitätsjahre studierte er Streitschriften und Darstellungen über die „Kämpfe für das unterdrückte Volk“ der Juden in verschiedenen deutschen Staaten.[10]

Nach Beendigung des Studiums und der Rückkehr in die Heimatstadt hielt A. Sutor es für seine „Pflicht“, sich insbesondere mit den Lebensverhältnissen der „Israeliten“ in der „freien Stadt“ Hamburg zu beschäftigen. Dabei ging er systematisch vor. Zuerst erarbeitete er eine „Darstellung der Aufnahme der ersten Juden in Hamburg“ (48 S.), die 1838 im Druck erschien. Am Ende des gleichen Jahres schloss er sein Manuskript „Hamburg und die Juden“ ab. Damit wollte er nicht nur allgemein für die Befreiung der Israeliten von den „Fesseln des Druckes

---

10 Zur Lektüre A. Sutors vgl. Anhang III. Wann er dem Verein für Hamburgische Geschichte beitrat, wäre wohl zu klären. Jedenfalls ist er in einer 1847 in der ZVHG veröffentlichten Mitgliederliste verzeichnet.

Das Privatleben A. Sutors zu erforschen, wird kaum möglich sein. Deshalb soll hier zumindest eine kleine Episode vermerkt werden, die auf sein Gefühlsleben, d. h. ein Problem mit seiner Verlobten verweist. Während des Studiums in Göttingen hatte er Lina Fincke kennengelernt und sich in sie verliebt. Als er die Stadt nach dem Abschlussexamen verließ, waren unter den damaligen Bedingungen aus wirtschaftlichen Gründen weder eine Heirat noch häufige Besuche möglich. Wegen der erforderlichen Trennung vereinbarte das Paar eine Frist von drei Jahren, nach der die Hochzeit stattfinden sollte. Aber anscheinend wollte die Braut bereits nach einem Jahr ihre Zusage zurücknehmen. Dies ist aus dem Gedicht „Treue“ zu schließen, welches Sutor unter dem Pseudonym August von Leisten 1839 veröffentlichte. Dort heißt es:

… „Willst du drei Jahre harren, schöne Lina sage an?
Drei Jahre muß ich kämpfen gar einen harten Strauß,
Dann hab ich mir erstritten ein freundlich stilles Haus.

Von deinen Lippen küßte ich mir ein freundlich Wort.
Der Kampf ist mir gelungen, den Sieg nenn` ich schon mein,
Im stillen Hause aber – da sitz ich ganz allein!

Kein Jahr ist hingegangen und treulos warst du mir,
Ich aber hab` gelobet – ich halte fest an dir –
Ich trauer` und ich singe – die schöne Zeit ist hin –…“

Letztlich ging die Sache aber gut aus. 1841 heiratete er seine geliebte Lina Fincke.
Zum Gedicht vgl. Rheinisches Odeon. Hg. v. J. Hub u. A. Schnezler, 3. Jg., Düsseldorf 1839, 78 f. Andere lyrische Arbeiten Sutors erschienen – nach den Hinweisen im Lexicon hamburgischer Schriftsteller - im „Hamburger Boten“ und im „Nordalbingischen Album.“

und der Verachtung in Hamburg" wirken. Er sah ganz klar, dass dieses Ziel in der Hansestadt nur erreicht werden könnte, wenn die gesetzgebende „Bürgerschaft zumindest zum größten Theile ... im voraus von der Unrechtmäßigkeit des gegenwärtigen Zustandes überzeugt" worden wäre. Seine Zielsetzung bestand deshalb in einer entsprechenden Beeinflussung der öffentlichen Meinung in der Stadt: „Ohne dies schien mir ein Sieg des Rechts und der Wahrheit fast unmöglich."

Offene Unterstützung erhielt er bei seiner Arbeit nicht. Er erwähnte im Gegenteil eine „zitternde Stimme" – wohl die der Mutter oder die der späteren Ehefrau Lina Fincke aus Göttingen – die fragte, „Was geht es Dich an?". Einige Bekannte drückten ihm zumindest „heimlich" die Hand. Enttäuscht war A. Sutor, weil er von jüdischer Seite weder Unterstützung noch positive Rückmeldungen erhielt. In mehreren Gesprächen erlebte er dort Mutlosigkeit und „Abgestumpftheit": Die Enttäuschungen über vergebliche Bemühungen, ihre politische Gleichberechtigung voran zu bringen, hätten unter den Juden zu „ohnmächtiger Ruhe" geführt. Hier schoss A. Sutor über das Ziel hinaus.[11] Offensichtlich wusste er bei Beginn seiner Arbeit wenig von den Aktivitäten zahlreicher jüdischer Hilfsvereine wie – um nur ein Beispiel zu nennen - z. B. des „Vereins zur Beförderung nützlicher Gewerbe unter den Israeliten". Beabsichtigt war, langfristig die Zahl der Juden im Bereich Handel zu vermindern. Der Verein engagierte sich, um jüdische Jungen bei christlichen Meistern als Lehrlinge unterzubringen. Probleme bereiteten die „Vorurteile gegen die Aufnahme" auf christlicher Seite jedoch auch eine durch die „langjährige Ausschließung erzeugte Entwöhnung und Unlust" auf jüdischer Seite. In zehn Jahren konnten etwa 67 Lehrverträge vermittelt werden. Die

11 Gestützt wird A. Sutors Aussage allerdings durch E. Beurmann, der 1836 in seinen „Skizzen aus den Hanse-Städten" klagte, G. Rießer hätte in Hamburg „nicht einmal Israel zur Seite." Man wäre zwar stolz auf ihn und spare nicht an Auszeichnungen, aber man träte seinen Initiativen „nicht tätig bei."
Vgl. Beurmann, Eduard, Skizzen aus den Hanse-Städten, Hanau 1836, S. 214.

Zahl der Bewerber war allerdings fast doppelt so hoch.[12]

Wenig wahrscheinlich ist zudem, dass A. Sutor bereits zu Beginn seiner Arbeit jene Suppliken kannte, die zuletzt am 27. Januar 1836, am 2. März 1838 und am 7. November 1838 von Mitgliedern der Jüdischen Gemeinde beim Rat der Stadt eingereicht worden waren. Allerdings klagte deren Vorstand in der Supplik vom 7.11. 1838 selbst, ihm würde in der jüdischen Gemeinde „Passivität" vorgeworfen. Aber der Schein trüge. Wenn er keine spürbaren Fortschritte erreicht habe, liege dies nicht an einem Mangel an Aktivitäten, sondern an der Unnachgiebigkeit der Behörden.[13]

Damals durften selbst Suppliken an den Rat nicht gleichzeitig im Druck erscheinen. Abschriften werden zwar in einigen Exemplaren im Umlauf gewesen sein, aber Publizität - wenn diese beabsichtigt gewesen wäre - ließ sich so nicht herstellen. Informationen über Aktivitäten der Jüdischen Gemeinde oder von Vereinigungen ihrer Mitglieder erreichten wegen der Zensurverhältnisse, d. h. des Fehlens einer freien Presse und einer ungehinderten Berichterstattung (auch) in Hamburg nur einen geringen Teil der Öffentlichkeit. Das Druckverbot für A. Sutors Schrift zeigt hier ein deutliches Beispiel. Gerade weil Sutor die Aktivitäten der Jüdischen Gemeinde nicht kannte, ist die große Übereinstimmung mit deren Absichten bemerkenswert. Die Repräsentanten der Jüdischen Gemeinde wollten ebenso wie A. Sutor die vom Rat 1814 der Bürgerschaft vorgelegten Argumente für eine Reform der Stellung der Juden bekannt machen. Die Bemühungen blieben jedoch ohne Erfolg.

---

12 Vgl. Bericht des Hamburgischen Vereins zur Beförderung nützlicher Gewerbe unter den Israeliten, Hamburg 1833 (Broschüre). Zu anderen organisierten Bemühungen, eine Integration zu erleichtern, siehe den Abschnitt über die jüdische Gemeinde in Hamburg.

13 Siehe hierzu die ähnliche Situation in Frankfurt. Dazu schrieb L. Börne „Wenn alles Tun und Reden der Vorsteher der Judengemeinde nichts gefruchtet, dann werde nicht gesagt, daß jener Männer leises, abwartendes und furchtsames Benehmen daran schuld sei – wo die öffentliche Meinung sich nicht liebend hingibt, da muß sie erkämpft, sie kann nie errechtet werden." Vgl. Börne, L., Für die Juden (1816), in: ders., Sämtliche Schriften. Neu bearbeitet und herausgegeben von I. u. P. Rippmann, Erster Band, Düsseldorf 1964, S. 170 ff., hier S. 178.

Mit dem Versuch, das Promemoria und den Reglementsentwurf des Senats für eine rechtliche Besserstellung der Juden aus dem Jahr 1814 drucken zu lassen, war z. B. bereits 1831 ein Mitarbeiter der Jüdischen Gemeinde, M. M. Haarbleicher, an der Zensur gescheitert. Diese Initiative und die Reaktion der Behörde blieben A. Sutor und der Öffentlichkeit allerdings unbekannt. Jedenfalls finden sie außer in M. M. Haarbleichers später veröffentlichten Aufzeichnungen nirgendwo Erwähnung.[14]

Das gleiche Schicksal erlitt 1835 ein erneuter Versuch, das zur Werbung für die Gleichstellung der Juden wichtige Promemoria zu veröffentlichen. In den hamburgischen Zensurakten ist dazu nur die Zurückweisung der Beschwerde gegen die Verweigerung einer Druckgenehmigung vorhanden. Demnach wollte der Antragsteller und Buchhändler bzw. Drucker G. [L].Fränkel sogar auf die für Juden besonders positiven ersten Passagen des Promemoria aus dem Jahr 1814 verzichten. Aus dem den Zensurakten beiliegenden Probedruck (Gedruckt bei G. [L.] Fränkel, Adolphsplatz No. 9) ist entnehmen, dass an eine kleinformatige Broschüre (8 Seiten) nur mit dem Text des Rats, ohne irgendeinen Kommentar gedacht war. Trotzdem ließen Zensor und die als Beschwerdeinstanz angerufene Zensurkommission einen Druck nicht zu.

Diese Publikationsversuche zeigen, dass A. Sutor treffsicher die gleichen Dokumente als Argumente für seine Bemühungen um die Emanzipation der Hamburger Juden verwenden wollte, wie deren Repräsentanten. Diesen erschien es von „allergrößter Wichtigkeit", dass allen Bürgern der Stadt der nur von „Wenigen gekannte bedeutungsvolle Umstand kund" würde, dass der Rat im gegenwärtigen Status der Israeliten ein „offenbares politisches Unrecht" sah.

Ebenso wie A. Sutor schrieben sie in der Supplik vom 27. Januar 1836, „welches auch der unmittelbare Erfolg der ersten

---

14 Vgl. Haarbleicher, M. M., Aus der Geschichte der Deutsch-Israelitischen Gemeinde in Hamburg, 2. Ausgabe, Hamburg 1886, S. 134 ff.
Zum 1835 verhinderten Druck einer Broschüre vgl. StAH, Senat 111-1, CL VII Lit L b, No 16, Vol 7, Fasc 1, Bl. 159 ff.

Schritte seyn m[ö]ge, gefördert [würde] die gute Sache jedenfalls werden, durch den ausgesprochenen Willen, durch die an den Tag gelegte Ueberzeugung Eines Hochweisen Rathes." Dessen Stellungnahme würde Bewegung in die erstarrten Fronten der Gegner einer Emanzipation bringen, denn ein „absoluter Stillstand" der Bemühungen um Emanzipation dürfe „nicht eintreten", und „je mächtige die Vorurtheile [seien] ... desto dringender erforderlich [sei] es, daß eine höhere, aus reiner Quelle geschöpfte Einsicht in die Waagschaale gelegt w[ü]rde, desto wichtiger [sei] es, daß von einem höheren das Gemeinwohl mit umfassenden Blick überschauenden Standpunct aus die Ansicht ausgesprochen w[ü]rde, daß die wegzuräumenden Beschränkungen dem wahren Gemeinwohl nicht förderlich [seien], dasselbe vielmehr in mancher Rücksicht benachtheilig[t]en."

Durch den Druck und eine Veröffentlichung der Ratsproposition von 1814 wäre eine solche öffentliche Stellungnahme problemlos möglich gewesen. Dies erschien dem Rat jedoch als inopportun, und der Zensor half dabei, zumindest in Hamburg eine Publikation des Textes zu verhindern.[15]

Zur Beurteilung der Arbeit A. Sutors ist es von Bedeutung, dass er zwar die gleichen Ansichten vertrat, wie Vertreter der Jüdischen Gemeinde, ohne aber von diesen beeinflusst worden zu sein. Auch die bereits 1834 zusammen mit einer Supplik dem Rat übergebenen „Denkschrift über die bürgerlichen Verhältnisse der Hamburgischen Israeliten zur Unterstützung der von denselben an Einen Hochedlen und Hochweisen Rath übergebenen Supplik" (Hamburg 1834) trug nicht zu A. Sutors Arbeit bei.

Die Wirkung dieser in der Fachliteratur zur Judenemanzipation oft hervorgehobenen Arbeit veranschlagte er 1838 zunächst als gering. Er bezeichnete sie spontan als „kleine" Schrift. [16]

15 Bereits in ihren Suppliken vom 19.12. 1828 und 7.2. 1834 hatte die Gemeinde auf die „Propositi Senatus" von 1814 verwiesen. Vgl. zu diesen und weiteren Suppliken: Staatsarchiv Hamburg, Senat 111-1, Cl. VII Lit Lb No 18 Vol 7 Fasc 7, Inv. 1.

16 Vgl. |Bl. 8| im Manuskript „Hamburg und die Juden". Hier steht Sutors Zeugnis gegen das Urteil der späteren Geschichtsschreibung, die insbesondere eine Bedeutung dieser „Denkschrift" betont, sich jedoch zumeist auf eine textimmanente Analyse beschränkt und deren

Erst später änderte er sein Urteil. Die „Denkschrift“ war nicht im Buchhandel erschienen, sondern in gedruckter Form zunächst an einen kleinen Kreis von politischen Funktionsträgern in Hamburg verteilt worden. Verfasser war Gabriel Riesser, der bekannteste und bedeutendste Streiter für die Emanzipation in der ersten Hälfte des 19. Jahrhunderts. Da die Denkschrift ein Teil der Supplik eines größeren Komitees war, tauchte Riessers Name als Verfasser allerdings nicht auf. Dies war A. Sutor bekannt, der allerdings zu Beginn seiner Arbeit an „Hamburg und die Juden“ selbst noch kein Exemplar der - wie er dann später einräumte - „höchst sachgemäß abgefaßte[n] Schrift“ besaß.[17] A. Sutor schrieb, er habe „vernommen“, dass die Supplik und deren Anliegen im Rat 1834 durchaus positiv gewirkt hätten und Gesetzesinitiativen zur Verbesserung der Lage der Juden nur wegen der Juden-Tumulte im folgenden Jahr (1835), „angezettelt von irgendeinem Nichtdenkenden, fortgesetzt von der Hefe des Volkes des Volkes und verachtet von den Besseren“ aufgeschoben worden wären.

Im Konvolut der in der Staatsbibliothek erhaltenen Manuskripte A. Sutors befindet sich eine größtenteils chronologisch geordnete, aber unvollständige Liste mit ihm bekannten Schriften zur Judenemanzipation. In dieser Aufstellung vermerkte er u. a., welche der aufgeführten, meist zwischen 1816 und 1838

Verbreitung kaum berücksichtigt. Zur Supplik und den mit dieser im Zusammenhang stehenden Aktivitäten siehe: [Riesser, Gabriel], Denkschrift über die bürgerlichen Verhältnisse der Hamburgischen Israeliten zur Unterstützung der von denselben an Einen Hochedlen und Hochweisen Rath übergebenen Supplik , Hamburg 1834; Zimmermann, M., Hamburgischer Patriotismus und deutscher Nationalismus. Die Emanzipation der Juden in Hamburg 1830-1865, Hamburg 1979, S. 42 ff.; Stieve, T., Der Kampf um die Reform in Hamburg 1789 – 1842, Hamburg 1993, S. 311 ff. sowie Herzig, A., Gabriel Riesser, Hamburg 2008, S. 62 ff. Zu G. Riesser allgemein vgl. auch Gabriel Riesser´s Leben nebst Mittheilungen aus seinen Briefen (= Gabriel Riesser´s Gesammelte Schriften. Bd.1.). Hg. Im Auftrage des Comité der Riesser-Stiftung von M. Isler, Frankfurt 1867. Am Beispiel der Schrift lässt sich zeigen, dass in Hamburg noch einiges zu tun bleibt, um den Bürgern die Möglichkeit zu bieten, sich über die Geschichte der Judenemanzipation zu informieren. Von G. Riessers Arbeit gibt es in Hamburgs Bibliotheken zwar drei Exemplare, aber diese dürfen weder ausgeliehen noch kopiert werden. Die Erstellung eines Reprints würde nur wenige Stunden erfordern.

17 Vgl. hierzu und zum Folgenden die Literaturliste A. Sutors in Anhang III.

erschienenen Schriften er „gesehen“, „angeführt gefunden“ oder gelesen hatte und welche in seiner eigenen Bibliothek vorhanden waren.

Ein erheblicher Teil der genutzten Publikationen war neueren Datums, d.h. in Jahren 1837 und 1838 erschienen. Ein Vergleich mit den im Katalog der Hamburger Commerz-Bibliothek 1841 verzeichneten bis 1838 gedruckten Schriften zur „Juden-Emancipation“ zeigt, wie vergleichsweise umfassend A. Sutor Literatur beschaffte und sich über die Argumente für und gegen eine Gleichberechtigung der „Israeliten“ informierte. Hinsichtlich seines Bestandes musste er einen Vergleich mit der öffentlichen Bücherei nicht scheuen. Auffällig ist dabei, wie genau er auch Texte der Gegner einer Emanzipation zur Kenntnis nahm und diese für seine Bibliothek anschaffte.[18]

Anders als die jüdischen Supplikanten in den vorhergehenden Jahren beabsichtigte Sutor 1838 mit seinen Veröffentlichungen nicht, den Rat zu beeinflussen; von dessen gutem Willen in Fragen der Emanzipation ging er ohnehin aus. Hier zeigt sich ein gewisser politischer Optimismus A. Sutors. Die Ratsherren beurteilte er insbesondere auf der Grundlage der in seiner Schrift ausdrücklich gewürdigten Ratsproposition des Jahres 1814 generell als reformwillig. Hinsichtlich der zur Abstimmung in der „Bürgerschaft“ berechtigten Hamburger bestand nach seiner Überzeugung die Möglichkeit, einen Gesinnungswandel herbeizuführen. Die Bürgervertreter sollten durch die Verbreitung aufklärerischer Schriften und durch die Vermittlung von mehr Kenntnissen über die Juden zumindest auf längere Sicht für eine Befürwortung von Reformen gewonnen werden. Ihm war dabei durchaus bewusst, wie langwierig dieser Prozess sein

---

18 Der „Katalog der Commerz-Bibliothek, Hamburg 1841“ enthielt in einem besonderen Abschnitt über 40 Schriften pro und contra einer „Juden-Emancipation“. Vgl. ebd. Spalte 139 ff. Auch die Stadtbibliothek war in Hinsicht auf Judaica gut ausgestattet. Vgl. die Gliederung des Bestands in: Ansichten und Baurisse der neuen Gebäude für Hamburgs öffentliche Bildungsanstalten kurz beschrieben und in Verbindung mit dem Plan für die künftige Aufstellung der Stadtbibliothek hg. von den Bibliothekaren J. G. C. Lehmann und C. Petersen, Hamburg 1840.

könnte und dass seine Schrift nur ein Beitrag neben anderen sein würde. Zur Veranschaulichung seiner Auffassung verwendete er die Metapher von der Trockenlegung eines Sumpfes: Selbst wenn zu vermuten wäre, dass die Arbeit „erst nach großen Anstrengungen und vielleicht erst sehr spät“ ihren Zweck erfüllen könnte, sei das Werk nicht vergebens. Kontinuierliche Bemühungen angesehener Männer würden letztlich Erfolg haben und den „Wunsch der Judenschaft realisi[eren]“.[19]

Unterschiedliche Einstellungen und Haltungen verschiedener sozialer Schichten in der hamburgischen Bevölkerung hinsichtlich einer Beurteilung und Behandlung der Juden benannte A. Sutor, ohne diese detailliert darzustellen. Nur auf den „Pöbel“ ging er näher ein und erwähnte dessen „herzzerreißende Späße“. Dazu zitierte er Klopstocks Verse aus dessen „Ode an den Kaiser“ (1782): „Wen faßt des Mitleids Schauer nicht, wenn er sieht, wie unser Pöbel Canaan's Volk entmenscht?“ In der Unterschicht sah er keinerlei religiöse Antriebe für deren „Straßenbengelei“, sondern allenfalls „verdummten Brotneid“. Ausbrüche dunkler Energien eines gegen die Vernunft selbst losbrechenden Populismus und Pöbels erschienen ihm beherrschbar.[20]

Da A. Sutor als junger Anwalt nach Einrichtung einer Kanzlei sicherlich erst nach und nach einen Stamm von Klienten aufbaute, verfügte er 1838 wohl über hinreichend freie Zeit für eine vertiefte Beschäftigung mit Fragen und Problemen der Emanzipation. Ihm wird dabei bewusst gewesen sein, dass sein Engagement in diesem Bereich für einen beruflichen Erfolg kaum vorteilhaft sein konnte.

---

19 Ähnlich hatte bereits L. Börne das Bild von „pontinischen Sümpfen“ verwendet: „Der Judenhaß ist einer der pontinischen Sümpfe, welche ... [unsere] Freiheit verpesten.“ Vgl. ders., Der ewige Jude (1821), in: ders., Sämtliche Schriften. Neu bearbeitet und herausgegeben von I. u. P. Rippmann, Zweiter Band, Düsseldorf 1964, S. 494 ff., hier S. 498.

20 Vgl. „Hamburg und die Juden“, |Bl. 45b| und |Bl. 54|.

1841 heiratete A. Sutor, deshalb ist davon auszugehen, dass er zu diesem Zeitpunkt beruflich hinreichend etabliert war, um eine Familie zu ernähren.

Augenscheinlich erwarb sich Sutor nach seiner Niederlassung als „Advocat“ in der Öffentlichkeit einen guten Ruf. Jedenfalls kandidierte er während der Revolution 1848, ohne fest mit einem Klub verbunden zu sein, erfolgreich im Wahlkreis St. Pauli für die „Constituante“, die eine Verfassung für Hamburg ausarbeitete.[21]

Öffentlich hervorgetreten war A. Sutor bereits nach dem Hamburger Brand von 1842. In mehreren politischen Schriften zeigte er sich anlässlich der Debatte um die Konsequenzen dieses Unglücks als besonnener Reformer. In „Briefe an Hamburg. Geschrieben im Mai 1842“ (Hamburg 1842) beklagte er das durch die Brandkatastrophe dieses Jahres hervorgerufene große Unglück vieler Menschen, rief aber zugleich dazu auf, den Mut nicht sinken zu lassen. Er verwies eindringlich darauf, dass durch den Brand nur „der sechste Teil des Gesammtvermögens“ der Stadt vernichtet worden sei: „Dabei aber ist unser Handel und unsere Schiffahrt ungestört, wenn wir selbst sie nur nicht hemmen. Wie ein Zeichen des Himmels erschien es, daß während des Brandes 200 Schiffe in unsern Hafen einliefen.“

A. Sutor meinte, nach Beseitigung der gröbsten Not müsse vor allem dem Mittelstand geholfen werden. Dieser benötige Kredite und Bürgschaften, um seine Gewerbe wieder in Gang bringen zu können. Der Tagelöhner bedürfe keiner Hilfe mehr, er habe bereits Betten, Kleidung und Brot erhalten. Das Geld für den Wiederaufbau der verbrannten Teile der Stadt sollte nicht durch eine Erhöhung von Akzise, Stempelsteuer und Zoll beschafft werden. Wichtig war ihm der Grundsatz: „Wir dürfen unseren Handel nicht mehr belasten!“[22]

Gesellschaftspolitisch positionierte A. Sutor sich zwar kritisch,

---

21 Vgl. zu den für ihn und andere Kandidaten abgegebenen Stimmen: Berichte über die Verhandlungen der constituirenden Versammlung in Hamburg, Hamburg 1850 (Anhang). In einer Rede bezeichnete er sich als jemand, „der keinem Club angehört“. Ebd. S. 262.

22 Vgl. zu den Zitaten die „Briefe an Hamburg“, S. 4 u. S. 15.

er sah aber keine realistische Möglichkeit einen auch in Hamburg herrschenden „Geldadel“ zu entmachten. Ein anderes „nothwendiges Übel“ sah er in der Armut, die sich nicht beseitigen ließe. Deshalb galt für ihn als ausgemacht: „Es wird immer ein Oben und Unten geben und das Oben wird über das Unten gewissermaßen herrschen.“ Diese faktischen Herrschaftsverhältnisse wären „vernünftigerweise“ zu dulden, sie dürften jedoch nicht rechtlich sanktioniert werden. Grundsätzlich zeigte A. Sutor sogar Verständnis für das nach dem Rezess von 1712 in Hamburg geltende von „Grundbesitz und Vermögen“ abhängige Stimmrecht „bei Berathung allgemeiner Angelegenheiten, ... da man eben von de[m] Wohlhabenden ein überlegtes Votum zu erwarten hat, weil das Interesse des Staates genauer mit dem seinigen verknüpft ist.“ Für eine unterschiedliche Behandlung der Israeliten sollte dies aber ausdrücklich nicht als Vorwand oder Argument herangezogen werden.[23]

Wegen dieser Positionen läge es nahe, A. Sutor als Liberalen zu bezeichnen. Da eine solche Etikettierung jedoch leicht zu einer vorschnellen Einschränkung bei der differenzierten Wahrnehmung von Personen führen kann, wird eine solche Zuordnung hier vermieden.[24]

Festgehalten werden kann jedoch, dass er kein Demokrat war. Indirekt zeigt sich dies auch an der von ihm gewählten Textart für sein Projekt „Hamburg und die Juden.“ Mit seinen Schriften über die Juden richtete sich A. Sutor an begrenzte Teile der Öffentlichkeit, an Leser in jenen Schichten, die am intellektuellen Dialog über Probleme der Stadt Hamburg teilnahmen. Die Mehrheit der Einwohner Hamburgs kaufte und las keine aufklärenden Schriften. Um beim Werben für eine Emanzipation der Juden eine Breitenwirkung zu erzielen, um die Masse der Bevölkerung zu erreichen, bedurfte es literarischer Produkte wie sie Hamburger Demokraten ab 1848 z. B. in der Zeitung

23 Vgl. Anhang II, S. 295 und „Hamburg und die Juden“, Bl. 14.

24 Vgl. dazu etwa das in den zeitlichen Kontext passende Gedicht von Robert Prutz „Pereant die Liberalen!“ (1845), in: Gedichte von Robert Prutz, Leipzig 1857, S. 401 f.

„Reform“ darboten. Beispielhaft ist die im Anhang abgedruckte mitleiderregende Kurzgeschichte über eine leidgeprüfte Jüdin.
Ein anderes Medium mit dem breite Kreise erreicht werden konnten, war das Theater. Auch hier gab es in Hamburg durchaus nennenswerte Versuche, das Schicksal der Juden zu Sprache zu bringen und Mitleid mit ihrem Schicksal zu erregen.[25]

Im Hinblick auf A. Sutors politische Orientierung ist insbesondere dessen 1842 erschienene Schrift „Die Supplik vom 8. Juni 1842 und ihre Bedeutung“ aufschlussreich. Diese machte ihn einer breiten hamburgischen Öffentlichkeit bekannt. Der bekannte Hamburger Jurist H. B. Sloman hielt in einer durchaus kritischen Gegenschrift grundsätzlich fest, deren Lektüre sei „dringend zu empfehlen“: Überall fänden sich „gründlichste Nachforschungen“ sowie selbständiges Denken und die feinsten Vorschläge zu einer Reform, die jetzt „unmöglich länger verzögert werden“ dürfe.[26]
Die von A. Sutor erläuterte „Supplik“ war von der „Patriotischen Gesellschaft“ angeregt, von etwa 500 „respectablen“ Personen unterzeichnet und dann dem Rat übergeben worden.[27]
In seinem Kommentar dieser „Supplik“ ging A. Sutor ähnlich vor wie 1838 bei seiner Arbeit „Hamburg und die Juden“. In dieser hatte er die Vorschläge des Rats aus dem Jahr 1814 für ein neues Reglement der Juden veröffentlicht und zum Ausgangspunkt seiner Darlegungen gemacht. Zur Unterstützung

25 Vgl. hierzu beispielsweise das Theaterstück David, H. J., Eine Nacht auf Wache. Vaudeville in einem Aufzuge, Hamburg 1838 (Erstaufführung Dez. 1835) und allgemein: Giesing, M., Emanzipation im vormärzlichen Volkstheater. Heinrich Jakob David und seine Posse vom Hamburger Bürgermilitär „Eine Nacht auf Wache“, In: ZVHG, Bd. 100, (2014), S. 75 ff.

26 Vgl. Sloman, H. B., Die Schrift des Herrn A. Sutor Dr. über die Supplik vom 8. Juni 1842 und ihre Bedeutung, Hamburg 1842, S. 9. Einen Verriss des Sutor`schen Textes versuchte ein Rezensent „W. A.“ in den „Neuen Hamburgischen Blättern“ in Nr. 41. v. 21.9.1842.

27 Vgl. zur Zurückweisung der Supplik durch den Rat und folgende Suppliken: Gallois, Johann G., Chronik der Stadt Hamburg und ihres Gebietes, Bd. IV, Hamburg o. J., S. 983 ff. Dort ist (S. 912 ff.) auch eine knappe Schilderung des Hamburger Brandes und der Maßnahmen des Rats zu finden.

und Kommentierung der „Supplik vom 8. Juni 1842" druckte er „Postulate" einer nach der „Franzosenzeit" von der Bürgerschaft gewählten Reformdeputation aus dem Jahre 1814 vollständig ab und nutzte diese anschließend als Grundlage für die Entfaltung seiner Argumente im Hinblick auf allgemeine Reformen in der Stadt.

Zusätzlich zu den „Postulaten" der Bürgerschaft vom 1814 enthielt seine Schrift auch den Text der „Supplik" der „Patriotischen Gesellschaft" vom 8. Juni 1842 an den Rat. In Bezug auf die Juden war 1814 in den „Postulaten" gefordert worden, dass diese zwar das für die Ausübung von Gewerben und den Erwerb von Immobilien wichtige Bürgerrecht „ aber keinen Anteil an der Regierung und Verwaltung" erhalten sollten. Auch dürfte nur eine „beschränkte Zahl" zu den Versammlungen der „Bürgerschaft" als politischem Abstimmungsorgan zugelassen werden.

Die 1842 vom gehobenen Bürgertum geförderte Supplik erwähnte die Juden gar nicht. Sie ersuchte den Rat (Damals hieß es: „Magnifici, Hoch- und Wohlweise, Wohlgeborene, Hochgelahrte, Hochzuverehrende Herren!") nur allgemein um eine Veränderung des Wahlmodus der Mitglieder der bürgerlichen Kollegien, Reformen in der Verwaltung sowie eine Trennung von Justiz und Verwaltung.

Sutor rechtfertigte seine gesonderte Veröffentlichung zur Unterstützung dieser „Supplik" formal mit dem Hinweis auf zahlreiche Schriften und Artikel, die nach dem Brand „auf eine empörende Weise die Reformfrage in Hamburg behandelt" hätten. In Kommentaren wäre „Spott mit den Bestrebungen der Bürger getrieben, weil ruhig und besonnen zu Werke gegangen, weil gesprochen und nicht geschrien ist." Um solche Lästerungen zu unterbinden, rief A. Sutor, dem erst vier Jahre zuvor die Veröffentlichung einer Schrift untersagt worden war, zumindest für diese Publikationen nach der Obrigkeit: „Unbegreiflich ist von den auswärtigen Regierungen, daß sie solche Aufsätze die Censur passiren ließen. Wenn ein Hamburger Blatt es wagen wollte über preußische Zustände ähnliche Artikel aufzunehmen, die Preußische Regierung würde dabei sich nicht beruhigen." Grundsätzlich bemerkte er nun zur Zensur, der er fünf Seiten seiner Schrift widmete: „in den richtigen Schranken ist sie nützlich". Die allgemeine Forderung der Pressefreiheit und die Verdammung der Zensur in der Gesellschaft erklärte Sutor durch die Tatsache, dass Regierungen ihre „polizeiliche Gewalt gemißbraucht und nicht allein das Gemeinschädliche ... sondern auch das Mißfällige" unterdrückt hätten. Würde Pressefreiheit eingeräumt, müssten zugleich klare Gesetze und ein „strenges Gericht" vorhanden sein. Nur eine entschiedene Rechtsprechung vernichte ein „auf dem Boden der Freiheit wuchernde[s] Unkraut." Der „Segen des wahren, offenen, freien Wortes" könne sich nur dann entfalten, wenn der „Fluch des frechen, schamlosen, lügnerischen Wortes unwirksam" gemacht worden sei. Diese Position überrascht. Hatte doch Sutor selbst unter der hamburgischen Zensur gelitten. 1838 verhinderte der Hamburger Zensor seine geplante Publikation „Hamburg und Juden". Vier Jahre danach verwies Sutor nun auf den Nutzen einer „strengen" Zensur, wenn sie die Jugend vor dem „wucherischen Unkraut von Büchern und Schriften" schütze, die „Unsittlichkeit und Irreligiosität" zu verbreiten drohten. Dabei verschwieg er allerdings nicht, wie die hamburgische „Censur ... oft dem Fortschritte in den Weg getreten" wäre und die städtische Presse erst seit dem Brand 1842 „manchen dunklen Punkt unserer Verfassung und Verwaltung" und den „Schmutz, der sich angehäuft hatte", beleuchten könne. Eine zu erwartende grundsätzliche Kritik der Zensur äußerte er nicht.[28]

Wenn Sutor sich auch scharf gegen eine radikale Kritik der Hamburger Verhältnisse aussprach, scheute er sich doch nicht, „eine Reihe von Mängeln" in der hamburgischen Verfassung

28 Möglicherweise hatte sich A. Sutors Einstellung zur Zensur und einem Einschreiten der Obrigkeit durch seine Erfahrungen mit der Unterdrückung antijüdischer Hetzschriften gewandelt. Siehe zu wirksamen Zensurnahmen in diesem Bereich: Kramer, Margarete, Die Zensur in Hamburg 1819 bis 1848. Ein Beitrag zur Frage staatlicher Lenkung der Öffentlichkeit während des deutschen Vormärz, Diss. Hamburg 1975, S. 156. Der Senat hatte 1823 die Zensur angewiesen, selbst in Winkelblättern provokatorische Artikel „namentlich auch in Hinsicht auf den jüdischen Kultus" besonders zu beachten. Siehe hierzu auch: Führer, K. Ch., Skandal, Moralität und die „Ruhe der Familien". Sensationspresse und Zensur im vormärzlichen Hamburg (1815-1846), in: ZHG, Bd. 81 (1995), S. 75 ff.
Vgl. zu den Sutor wegen seiner Aussagen zur Zensur gemachten Vorwürfen S. 36 f.

und Verwaltung aufzuzeigen. Er wandte sich nach dem Brand gegen einen bloßen Wiederaufbau, eine Restauration, sondern plädierte dafür, die Situation als Chance gleichermaßen für den Neuaufbau der zerstörten Stadtteile sowie für eine Reform von Verfassung und Administration zu nutzen. Dabei sei aber so vorzugehen, „daß die innere Ruhe unseres kleinen Freistaates keine Gefahr leide."[29]

„Ein dunkles Gefühl im Publikum, daß Manches anders sein sollte", hielt er als Grundlage politischen Handelns für gefährlich: „Es leitet auf Abwege; es führt zur Revolution." Diese Einstellung hätte 1842 eine entschiedene und deutliche Stellungnahme A. Sutors zur Judenemanzipation im Zusammenhang mit der Situation nach dem katastrophalen Brand der Stadt nicht behindert. Gemessen an dem Engagement, welches er nur vier Jahre zuvor in dieser Angelegenheit entwickelt hatte, erscheinen seine diesbezüglichen Ausführungen nun anderen Themen deutlich nachgeordnet. Ihrer Bedeutung durchaus angemessen behandelte er zunächst politische Fragen wie die Wahl der Mitglieder aller „Kollegien" durch die Bürgerschaft unabhängig von der Kirchenorganisation sowie eine frühzeitige Bekanntmachung von Anträgen und Gesetzesinitiativen seitens des Rats. Ausführlich erläuterte er Vorschläge zur Reform des Gerichtswesens sowie der Strafjustiz und beklagte den „Haß" vieler Hamburger auf die Polizei.

In der Schrift ist dann dreimal mehr über ein Verbot des Lotteriewesens und „öffentliche Mädchen" im Bereich der Damthorstraße [!] und des Gänsemarktes zu lesen als über die durch Ungerechtigkeiten verursachte elende Lage vieler Juden in der Stadt. Das ist überraschend. Anders als es zu erwarten gewesen wäre, widmete A. Sutor diesem Problem nur eine der über hundert Seiten seiner Publikation. Er skizzierte in knappster Form jene Position, die er bereits 1838 in seinem von der Zensur unterdrückten Text „Hamburg und die Juden" dargelegt hatte. Zunächst verwies er auf die Gleichstellung während der

---

29 Vgl. Vgl. Sutor, A., Die Supplik vom 8. Juni 1842 und ihre Bedeutung, Hamburg 1842,S. II f. Zum Folgenden siehe ebd. S. 88 und S. 103.

Franzosenzeit, die tadellose Haltung der Juden „im Freiheitskampfe“ gegen die napoleonische Unterdrückung. Auf „alle die tausend Gründe , die in Nord und Süd geltend gemacht sind , ihre Emancipation herbeizuführen,“ ging er jedoch nicht ein, verwies aber lobend auf die Senatsproposition von 1814, die, „wenn wir sie auch nicht in allen Stücken billigen, zumal da, wo sie eine Classification der Juden vorschlagen, doch hätte angenommen werden müssen.“[30]

Deren Ablehnung durch die Bürgerschaft kritisierte er als „engherzig“ und bedauerte, dass seither keine Versuche unternommen worden wären, die damals selbst seitens des Rates offen benannten Ungerechtigkeiten zu beseitigen. Ob er meinte, die Einstellungen der Bürger im Hinblick auf eine Gleichberechtigung der Juden hätten sich seither zum Positiven geändert, lässt sich aus den wenigen Zeilen nicht erschließen. Seine entsprechende Formulierung klingt nicht so, als wäre er davon überzeugt gewesen: „Die Ansicht der Bürger muß und wird sich geändert haben.“ Falls diese bei den Juden den „Mahnungen der Humanität“ nicht folgten, sollten sie sich nicht beschweren, wenn auch ihnen genehme Reformen ausblieben. Auch vom Willen des Rats, Regelungen zu einer wirklichen Emanzipation der Juden durchzusetzen, scheint A. Sutor nicht (mehr) völlig überzeugt gewesen zu sein. Hier hoffte er: „die Ansicht des Senats wird will's Gott noch dieselbe sein“ wie 1814.

Eine Bewertung der Position A. Sutors zu allgemeinen Reformfragen kann hier nur angedeutet werden. Sie ließe sich durch einen im Folgenden angedeuteten Vergleich mit Stellungnahmen anderer Hanseaten versuchen, die aber wegen der Zensur nicht in Hamburg publiziert werden konnten.

Die „Rheinische Zeitung“ (Köln) vom 23.6.1842 (Beiblatt S. 1) brachte z. B. einen – offensichtlich aus der Hansestadt - eingesandten Artikel über die „Reformfrage in Hamburg“. Zwei Monate später folgte im gleichen Blatt eine direkte und scharfe Kritik explizit an A. Sutors Publikation. Beide Artikel werden hier nacheinander behandelt.

---

30 Vgl. zu Sutors Kritik an Teilen der Senatsproposition den Anhang II, S. 282 ff.

Der Autor des ersten Textes, der „Reformfrage", formulierte, nach dem großen Brand wäre in Hamburg die Aufregung in „allen Klassen gleich groß" gewesen. Die Bürger hätten nach einer Reform der in „Haupt und Gliedern ... veraltete[n], verrottete[n] Verfassungs- und Verwaltungs-Zustände" verlangt. Eine klare Bestimmung, eine Klärung der politischen Interessen, die über „das dunkle Verlangen nach einer Veränderung der ... bisherigen ...öffentlichen Verhältnisse" hinausginge, habe sich jedoch bisher in Hamburg wegen der Zensur noch nicht ausbilden können. Diese verhindere seit jeher „jede freimüthige Diskussion über einheimische Verfassungs- und Verwaltungszustände".

Die Kritik an der von A. Sutor unterstützten und verteidigten Supplik des Jahres 1842 lautete, deren Veröffentlichung stelle eine Scheinaktivität dar. Die Autoren und Unterstützer (wie A. Sutor) hätten „ geschickt und wohlbedacht die allgemeine Aufmerksamkeit auf Nebendinge und Kleinigkeiten geleitet" und so das Entstehen einer politischen Bewegung absichtlich verhindert. Wichtig und zukunftsweisend wäre es gewesen, die Selbstergänzung des aus Kaufleuten und Advokaten bestehenden Rats und die an der Spitze der Stadt herrschende Vetternwirtschaft anzuprangern und möglichst zu ändern. Es habe an Mut und dem Willen gefehlt, dieses Problem zu thematisieren und zudem eine Änderung der sozial einseitigen Zusammensetzung der im Rathaus stimmberechtigten „Bürgerschaft" zu fordern.[31]

Der anonyme Hamburger Autor stellte noch mehr klare Forderungen auf. Notwendig wäre es gewesen, ein Stimmrecht für alle Bewohner der Stadt und des Landgebiets zu erstreiten. Die „Supplik" der „Patriotischen Gesellschaft" verkünde hingegen ausdrücklich, sie wolle an der bestehenden über 100 Jahre al-

---

31 Vgl. zum alten Streit um eine freiheitliche Verfassung für die Hansestadt: Berlin, Jörg, Bürgerfreiheit statt Ratsregiment. Das Manifest der bürgerlichen Freiheit und der Kampf um Demokratie in Hamburg um 1700, Norderstedt 2012.
Zur Reformdebatte nach dem Brand siehe allgemein: Levy, Clara, Die inneren Kämpfe Hamburgs nach dem Großen Brande im Spiegel der hamburgischen Publizistik, Diss. Hamburg (1929). Die Autorin geht auch auf A. Sutors frühere Schrift zur Aufnahme der ersten Juden in Hamburg und die Debatte über eine Judenemanzipation ein.

ten Verfassung nichts ändern. Dies bedeute u. a., dass in der „Bürgerschaft“ weiterhin nicht im Plenum, sondern nach Kirchspielen abgestimmt würde. Das benachteilige die Mehrheit der Hamburger benachteiligt, die in zwei bevölkerungsstarken Stadtteilen lebe. In den anderen drei Kirchspielen wohnten insgesamt weniger, dafür aber wohlhabendere Bürger. Zudem bliebe das Recht der Initiative für Gesetzesvorschläge faktisch allein beim Rat, außerdem würden Abstimmungen weiterhin ohne eigentliche Diskussion und vorherige Veröffentlichung und Bekanntmachung der Senatsanträge erfolgen.

Der Autor des hier wiedergegebenen „Eingesandt“ in der „Rheinischen Zeitung“ verwies auch auf das Fehlen von Aussagen über die Judenemanzipation in der „Supplik“ der „Patriotischen Gesellschaft“. Alles dies zeige einmal mehr: „Es ist ein Unterschied zwischen liberalem Schwatzen und liberalem Handeln; auf liberale Thaten nicht auf liberale Worte kommt es an.“ Zur Situation der in Hamburg Juden führte der Anonymus aus: „Den Juden wurden die unter der französischen Regierung erlangten Rechte in den freien Hansestädten nach ihrer Wiederherstellung auf eine solche Weise entrissen, daß sogar der preußische Staatskanzler Fürst Hardenberg sich energisch aber vergeblich für sie bei den Senaten der freien Städte verwandte. Sie wurden auch in Hamburg in den ehemaligen Rechtszustand zurückversetzt, dabei aber zu manchen bürgerlichen Lasten, von denen sie früher befreiet, mit herangezogen: ihre Pflichten wurden vergrößert, ihre Rechte wurden verringert. Von Zünften und Handwerken, wie von der Advokatur ausgeschlossen, sind sie auf den Handel, auf Schacher und Wucher angewiesen, mit ihren Wohnungen eigentlich auf die Neustadt beschränkt.“

Hier gab es inhaltlich eine deutliche Übereinstimmung mit A. Sutors Positionen in dessen 1838 unterdrückte Schrift, die dem Kritiker aber nicht bekannt sein konnte. Die Einwände in der „Rheinischen Zeitung“ zeigen jedoch, dass Sutor mit seinen Ansichten zur Emanzipation durchaus nicht allein stand, aber Zensur und Vereinsgesetze eine organisierte öffentlichkeitswirksame Aufklärungsarbeit verhindert hatten.

In der „Rheinischen Zeitung“ erschien 1842 noch ein zweiter Artikel über die Reformfrage in Hamburg.[32] Er ist hier ebenfalls zu behandeln; denn er formulierte gezielt eine scharfe Kritik an A. Sutors Schrift „Die Supplik vom 8. Juni 1842 und ihre Bedeutung“. Der anonyme Verfasser bezeichnete Sutor als „Repräsentant der Hamburger politischen Bildung“. Gemeint war damit ein ungenügendes Niveau an politischem Verstand. Als typischem Hanseaten mangele es Sutor „an Konsequenz ... im Denken“. Er und seinesgleichen fühlten nicht, dass „Wahrheit nicht in einen Complimentsballen“ gehüllt werden dürfe. Der Hamburger „als ehrbarer Spießbürger hält ... vor allem auf Ruhe, Anstand, Sitte, Höflichkeit, wie Mama ihn gelehrt.“ August Sutor meine und schreibe, „der Staat sei eine große Familie“. Eine solche Grundposition führe in die falsche Richtung: „Der Staat ist grade das Gegentheil der auf das Haus angewiesenen Familie, des Privatlebens, denn der Staat, der vernünftige Staat ist eben das öffentliche Wesen, das öffentliche Leben freier Menschen.“ (Sutor hatte formuliert: „Die Angehörigen eines Staates bilden gleichsam eine große Familie und wenn sich Uebelstände in derselben zeigen, so spricht man unter sich offen und ruhig darüber, aber man geht nicht auf den Markt hinaus, und verunglimpft das Haus.“) Entschiedene Auseinandersetzung gehöre zum Wesen des Staates, sonst drohten „innere Fäulnis“ und „Versumpfung“. Der schärfste Angriff des anonymen Autors richtete sich jedoch gegen A. Sutors Bemerkungen zur Zensur. Der Vorwurf lautete, dieser „Denunciant“ schreibe, er würde nur notgedrungen für die Pressefreiheit plädieren, „weil wir der Censur ihre Grenzen nicht vorschreiben können, und weil ihr Mißbrauch zu leicht“ wäre. „Preßfreiheit ist ihm [dem A. Sutor] nicht ein unveräußerliches Urrecht freier Menschen, [nicht] nothwendige Folge, der mit uns geborenen Denkfreiheit.“ Eine „zweckmäßige Zwangsjacke“, wie Sutor sie wünsche, gebe es hinsichtlich der öffentlichen Meinung jedoch nicht.

32 Vgl. „Rheinische Zeitung“, Nr. 237 vom 25.8. 1842, Beiblatt S. 2.

Um eine solche zunächst abstrakte Kritik an A. Sutors Ansichten und Publikationen fundiert beurteilen zu können, müsste genauer untersucht werden, ob dessen Äußerungen feste Überzeugungen verdeutlichten oder auch taktische Rücksichtnahme die Federführung beeinflussten. Möglicherweise sind manche von Sutors Formulierungen damit zu erklären, dass er davon ausging, der Versuch entschiedenere Positionsbestimmungen zu veröffentlichen, würde in Hamburg an der - zwar nach dem Brand deutlich gemilderten aber immer noch bestehenden - Zensur scheitern. Zumindest die eine Bemerkung über die preußische Zensur ließe sich als Hinweis auf diese stets mit zu bedenkende Institution deuten. Vielleicht ging A. Sutor außerdem mit guten Gründen davon aus, radikale politische Parolen und Forderungen könnten in den Kreisen der politisch berechtigten Hamburger Bürger, ohne die eine gesetzliche Reform nicht mögliche wäre, nicht auf positive Resonanz hoffen. Wem es in Hamburg darauf ankam, Reformen zumindest in Gang zu bringen – und seien sie auch kleinschrittig – musste womöglich Kompromisse machen und Abstriche an eigenen Plänen, Vorstellungen und Wünschen vornehmen.

Die „Rheinische Zeitung" gab selbst ein Beispiel, was mit solchen Organen der öffentlichen Meinung geschah, die bei der Obrigkeit Anstoß erregten. Bereits am 19. Januar 1843 beschloss die preußische Regierung deren Ende.

In den Jahren 1842 und 1843 publizierte A. Sutor wahrscheinlich auch in den liberalen „Neuen Hamburgischen Blättern". Dort finden sich jedenfalls mehrere mit Dr. A. S. gekennzeichnete Artikel. Der Autor widmete sich technischen Aspekten der städtischen Politik. Die Artikel thematisierten insbesondere die Stadtplanung und eine neu anzulegende Wasserversorgung für die Stadt. Über diese Fragen eines Umbaus der Stadt stritten die Bürger zwar auch politisch – aber vor allem wegen der Kosten.

Welche Gründe zur Hinwendung Sutors zu kommunalpolitischen Problemen führten, lässt sich nicht sagen. Es gibt jedenfalls in seinem späteren Wirken keine Hinweise, dass er seine allgemeinpolitischen und humanen Orientierungen aus der Zeit um 1838 wesentlich geändert hätte. Zur Redaktion der als fortschrittlich geltenden „Blätter" gehörten mehrere bekannte Hamburger Juden wie Gabriel Riesser, mit denen der Autor A. S. demnach nun in Kontakt stand.

Wie A. Sutor sich wenige Jahre später während der auch für die politische Entwicklung Hamburgs wichtigen Revolution von 1848 verhielt, wäre noch genauer zu untersuchen. Nach dem ersten Eindruck trat er während der ersten Monate nach dem März weniger mit Taten als mit Worten hervor. Ihm erschien wohl eine Neugestaltung auf dem Wege der Gesetzgebung beziehungsweise der Erarbeitung einer neuen Verfassung möglich. Öffentlich trat er jedenfalls erst auf, nachdem auf Druck der Bürgerbewegung im August 1848 in der Stadt die Wahl einer „Verfassunggebenden Versammlung" bereits durchgesetzt war.[33] Zu dieser sogenannten „Konstituante" kandidierte A. Sutor, wie erwähnt, erfolgreich im 8. Wahlbezirk (St. Pauli). In den Debatten trat er u. a. für ein höheres Wahlalter ein. Nach seiner Meinung galt: In jungen Jahren „schwärmt man für das Schöne und Gute, man denkt aber nicht an Politik."[34]

Ein Schwerpunkt der Arbeit A. Sutors in der Constituante lag bei der juristischen Erarbeitung von Ausführungsbestimmungen der Verfassung. Hier setzte er sich kenntnisreich für

---

33 Zu den Phasen der Revolution in Hamburg vgl. Berlin, Jörg, Hamburg 1848/49, Hamburg 1998, S. 70 ff.

34 Hier ist an seine anders akzentuierte Rechtfertigung des Eintretens für die Juden auch durch einen jungen Mann in der Schrift von 1838 zu erinnern. Dort schrieb er |Bl. 4 b|: „Da zittert [dem Jüngling] bald in dem Auge eine Thräne, bald ballt sich die Hand im gerechten Zorn, bald bricht sein Gefühl hervor in wogenden Worten! Und wenn dann auch die Menge lächelt ob solchen Paroxismus [Verstärkter Anfall einer Krankheit, z. B Fieberanfall, J. B.], wenn auch manche zitternde Stimme mahnend ihm zuruft: was geht es dich an? Wo deines Amtes nicht ist, da laß deinen Vorwitz! So spricht doch auch manche leise wieder: er hat Recht! Mancher drückt ihm heimlich die Hand, schätzend das Gefühl, was in des Jünglings Adern pulst, und gedenkt freudig jener Zeit, wo auch er noch, hingerissen von dem, was er für Recht und Wahrheit erkannt hatte, des Wortes blanke Klinge geführt hat."

eine Gleichberechtigung der Einwohner der Vorstädte und des Landgebiets ein. Bei der Beratung der Gemeindeverfassungen für die Landgebiete machte A. Sutor eine Bemerkung, die für die Zeit um 1814 hinsichtlich der Haltung der „Bürgerschaft“ formal auch zur Behandlung der Judenemancipation passte: „Der Rat machte nach der französischen Zeit zum Theil sehr liberale Vorschläge. Die Bürgerschaft schlug sie jedoch ab, und so kam es, daß der Senat den Mut verlor, keine Verbesserungsanträge mehr machte und daß der alte Schlendrian blieb.“ Vielleicht waren es solche Erfahrungen mit der „Bürgerschaft“, die ihn vor den Möglichkeiten einer direkten Mitwirkung der Bürger an der Politik zurückschrecken ließen. Jedenfalls plädierte A. Sutor gegen einen Antrag auf Zulassung von Volksbefragungen über verabschiedete Gesetze. Ein blinder Glaube an die Kraft von Argumenten und Rationalität findet sich bei ihm nicht, deshalb ist sein aufklärerisches Engagement für unterdrückte Mitmenschen umso anerkennenswerter.

Beim Wahlrecht wollte Sutor die Rechte von Minderheiten gewahrt wissen. Staat und Verfassung sollten z. b. orthodoxen Juden in zivilrechtlichen Angelegenheiten nicht vorschreiben können, wie sie ihre Sabbatregeln gestalteten. Das Recht des Staates habe nicht über staatsbürgerliche Angelegenheiten hinauszugehen. Diese Position hatte A. Sutor bereits 1838 in seinem Text über „Hamburg und die Juden“ vertreten.

Ein explizites Thematisieren der Belange der unterdrückten und benachteiligten Juden vermieden die Mitglieder der „Constituante“. Probleme der jüdischen Mitbürger sollten zugleich mit der Verkündung der allgemeinen Grund- und Menschenrechte in den Verfassungen für das Deutsche Reich und Hamburg abgehandelt und gelöst sein.

Für eine genaue und ausführliche Untersuchung der Haltung A. Sutors in den Jahren 1848/49 ist hier nicht der geeignete Ort. Festzuhalten ist aber, dass er kein Opportunist war. Als der Hamburger Rat gestützt auf preußische Truppen die Anerkennung der neuen Verfassung verweigerte, schwieg er nicht, sondern erklärte öffentlich, dass: „die Regierung das Gesetz offenbar mißachtet, seitdem sie in ihrem gewaltthätigen Verfahren so weit gegangen, sich Hülfe zu verschaffen aus fremden Landen." Die Hamburger wären „seit dem März 1848 unaufhörlich vertröstet" worden. Der Rat hätte zur Beruhigung „Reformen, in Bezug auf Verwaltung, Justiz, Finanzen" versprochen, aber der Bürger „hat von dem Allen noch nichts gesehen."[35]

Im Sinne A. Sutors wäre hier sicherlich zu ergänzen, dass dies in besonderer Weise für die jüdischen Hamburger galt. Ihnen war mit der neuen Verfassung Gleichberechtigung zugesprochen worden, aber sie erhielten diese zunächst nur formal durch die Grundrechte der Paulskirchen-Verfassung, die in Hamburg allerdings auch nach 1849 in Kraft blieben. Immerhin hatte sich während der Revolutionsmonate etwa durch die Aufstellung jüdischer Kandidaten - und die hohe Zustimmung, die diese bei den Wahlen fanden - gezeigt, dass ihre Akzeptanz in der Bevölkerung in erfreulichem Maße zugenommen hatte. Dies berechtigte zu weiterführenden positiven Erwartungen. Andererseits versuchte bereits 1849 eine „wieder mächtig erstarkende Rückschrittspartei" im Rat, den Juden den Zugang zu öffentlichen Ämtern zu verwehren, indem sie diese zwar (wie Reformierte u. Katholiken) in das „Verhältnis christlicher nicht lutherischer Bürger eintreten" ließen, sie aber nicht mit den Lutheranern gleichstellte. Traditionell waren jedoch nur diese ratsfähig. Eine solche „Verhöhnung der Grundrechte" hat nach der Wahrnehmung des Publizisten Hermann Uhde seinerzeit viele Juden „leidenschaftlich aufgeregt." Ein weiteres Indiz für eine Verschleppung von Reformen ist, dass sog. Mischehen erst 1850 und dann nur widerwillig gestattet wurden.[36]

Über A. Sutors weiteren Lebensweg nach der Revolution ist im Detail bisher wenig bekannt. Die Wahl zum Richter am Handelsgericht im Jahr 1860 verweist auf eine positive gesellschaftliche und berufliche Reputation. Auf dessen Quellenwerk „Die

---

35 Vgl. Berichte über die Verhandlungen der constituirenden Versammlung in Hamburg mit dem Protocoll der Vorberathungen zur constituirenden Versammlung, Hamburg 1850, Sitzung v. 23. März 1850, S. 740.
Zu A. Sutors Wirken in der Constituante vgl. ebd. S. 262, S. 347, S. 722, S. 740, S. 947.

36 Vgl. Uhde, Hermann, Das Stadttheater in Hamburg 1827-1877, Stuttgart 1879, S. 293.

Errichtung des Handels-Gerichts in Hamburg. Zur Erinnerung an den 21. Februar 1816, Hamburg 1866" ist hier nicht einzugehen. Immerhin belegt diese Schrift einmal mehr, dass A. Sutor auch unbequeme Wahrheiten aussprach. Seinen Hinweis in dem Buch, dass die Erfahrungen der Kaufmannschaft während der Franzosenzeit mit dem vom französischen Gouvernement eingerichteten Commerz-Tribunal ein wichtiger Grund für die Einrichtung eines Handelsgerichts waren, hätte er auch weglassen können, zumal die Erinnerungen an die französische Herrschaft höchst unerfreulich waren. Hier ein Lob auszusprechen, konnte nicht jedermanns Beifall finden, insbesondere weil die Bürgerschaft 1814 nach Abzug der französischen Besatzung die Einrichtung eines solchen Gerichts abgelehnt hatte.[37]

Am Handelsgericht blieb A. Sutor bis 1871, dann versetzte ihn die Behörde wegen andauernden Krankheitszustandes in den Ruhestand.

---

37 Für die Stimmungen in der „Bürgerschaft" nach der „Franzosenzeit" ist hier noch die Ablehnung von jüdischen Mitgliedern eines Handelsgerichts durch die Bürgerschaft aufschlussreich. Zuvor war deren Beteiligung problemlos möglich gewesen. Der Rat hatte nach 1814 wiederum „Juden, wegen ihrer besonderen Kenntnisse im Bankier- und Wechselfache, als Richter zulassen" wollen. Dies hatte bereits das Gremium der „60er" abgelehnt.
Vgl. Gallois, J. G., Chronik der Stadt Hamburg und ihres Gebietes, Bd. IV, Hamburg o. J., S. 454. Die Mitglieder der Commerzdeputation sowie des aus der Franzosenzeit noch bestehenden Handelsgerichts hatten es im Gegensatz dazu gegenüber dem Rat bedauert, dass bei Weiterführung bzw. Errichtung eines neuen Handelsgerichts der (jüdische) Handelsrichter Oppenheimer nicht übernommen werden sollte. „Es ist die freie Wahl der Notabeln der Kaufmannschaft, wodurch dieser wegen seines Verstandes, seiner Einsichten und seines Charakters allgemein geschätzte Mann zu dieser mit der Religion überall nicht in Beziehung stehenden Ehrenstelle berufen worden ist." Seine früheren Kollegen würden gewiß lieber auf die ihnen zugedachte Ehre verzichten, als ihn davon ausgeschlossen zu sehen.
Die Commerzdeputation betonte, dass man die freie Wahl der Kaufmannschaft in ihrem ganzen Umfange aufrecht erhalten müsse und daß diese „gute Stadt, die vormals in einem Zeitalter der Finsterniß durch die Aufnahme der Juden anderen Staaten mit der Fackel der Aufklärung vorgeleuchtet hat, sich nicht in unsern aufgeklärten Zeiten der Intoleranz verdächtig mache".
Zitat aus: Baasch, Ernst, Die Handelskammer zu Hamburg 1665-1915, Bd. II, Abt. 1, Hamburg 1915, S. 557.

III Über die Verweigerung der Druckerlaubnis für „Hamburg und die Juden“

August Sutor reichte das Manuskript seines Werkes 1838 vorschriftsgemäß beim zuständigen Zensor ein. Dessen Motive für eine Verweigerung der Druckerlaubnis sind nicht eindeutig zu klären. Deshalb folgen hier zunächst einige allgemeine Angaben zum Problem der Zensur in Hamburg.

In den Jahrzehnten vor der Revolution von 1848/49 gab es – wie in den Jahrhunderten zuvor – in keinem deutschen Staat Presse- oder Druckfreiheit. Während des „Vormärz“ verschärften Initiativen des „Bundestages“[38] in allen deutschen Staaten die Gängelung der Presse. Der Rat in Hamburg teilte das Aufgabengebiet der Zensur. Die etablierten Zeitungen und Zeitschriften unterwarf er der Zensur durch einen Beamten. Bei Büchern, Druckschriften, Programmen, Gelegenheitsschriften hingegen übertrug er diese Tätigkeit einem angestellten Berufszensor. Im Jahr 1838 übte ein Dr. F. L. Hoffmann dieses Amt (seit 1822) aus.[39] Ihm mussten Druckbögen aller Bücher und Broschüren bis 20 Bogen zur Begutachtung und gegebenenfalls zur Genehmigung vorgelegt werden. Verweigerte er das Imprimatur oder

38 Mit „Bundestag“ ist auch im folgenden Text das seit 1815 bestehende ständige Organ des „Deutschen Bundes“ gemeint.

39 Zu Friedrich Lorenz Hoffmann vgl. die Angaben im Lexikon hamburgischer Schriftsteller. Der 1790 geborene Hoffmann war demnach vielfältig interessiert. Dafür spricht auch eine Bewerbung um eine Professur für Geschichte am hamburgischen Akademischen Gymnasium. Als Bibliophiler- mit einer eigenen größeren Bibliothek - machte er sich um die Förderung des hamburgischen Bibliothekswesens verdient. Er hatte sich 1816 in der Hansestadt als „Advocat“ etabliert. 1822 folgte die Anstellung als Zensor. Zu seiner Haltung gegenüber den Juden vgl. den Artikel „An die Judenverfolger“ in: „Privilegirte wöchentliche gemeinnützige Nachrichten von und für Hamburg“, Nr. 204 von Dienstag, dem 27sten August 1816. Vielleicht war ihm einige Jahre später bei seiner Bewerbung um die Zensorenstelle der genannte Zeitungsartikel dienlich. Siehe hierzu auch S. 111, Anm. 128).

ordnete er Streichungen an, konnten Autoren bei der Zensurkommission, bestehend aus dem ältesten Syndikus und den beiden „Polizeiherren" der Stadt Widerspruch eingelegen.[40]

Der Hamburger Schriftsteller und Publizist J. W. Christern, der in einem permanenten Streit mit den Zensurinstanzen lag, zeigte ein gewisses Mitgefühl mit diesem Dr. Hoffmann. Der dürfe ebenso wenig seine Meinung frei sagen wie die Bürger.[41] Er ließe „wohl noch dieses und jenes Wort ... auf diesem oder jenem Bogen gerne laut werden", müsse aber ebenso mit Sanktionen der vorgesetzten Behörde rechnen: Diese wache über seine Amtsführung. Der Zensor stehe ähnlich unter Aufsicht des Rats wie der schreibende Bürger unter der des Zensors. Er müsse stets gewärtig sein, dass ein „zu viel durchgelassenes Wort" ihm Rügen, Geldstrafen oder gar eine kostenpflichtige polizeiliche Untersuchung einbringen könnte: „Zwei Aengste und Besorgnisse überwachen also die öffentliche Meinung und ihre Ansprüche, und – zwei Hunde sind des Hasen Tod." Bei Entscheidungen des Zensors ist demnach mit zu bedenken, welche Erwartungen der Rat in der jeweiligen Angelegenheit hegte.

Ohne Erlaubnis gedruckte Bücher und Schriften verfielen seinerzeit der Beschlagnahme. Autoren, Verlegern, Druckern und Verteilern drohten zudem Geld- und Haftstrafen. So erging es dem ehemaligen preußischen Leutnant Schöne, einem Kriegs-

---

40 Vgl. hierzu Kramer, Margarete, Die Zensur in Hamburg 1819 bis 1848. Ein Beitrag zur Frage staatlicher Lenkung der Öffentlichkeit während des deutschen Vormärz, Diss., Hamburg 1975, S. 176 ff., Gerstenberg, H., Die Hamburgische Zensur in den Jahren 1819 – 1848, Hamburg 1908, S. 29 ff. sowie Ueding, G., Hoffmann und Campe. Ein deutscher Verlag, Hamburg 1981, S. 281. Siehe auch Buek, F. G., Handbuch der Hamburgischen Verfassung und Verwaltung, Hamburg 1828, S. 211 ff. Vgl. auch die ironische Darstellung eines bereits erwähnten Zeitgenossen von A. Sutor: Santo Domingo (= Eduard Lehmann), Hamburg, wie es ist, Leipzig 1838. Im Kapitel über die Zensur (S. 92 ff.) schrieb Lehmann: „ Ist es nicht brav von einem Censor, daß er aus einem Buch, das ein naseweiser, moderner Schriftsteller nach erbärmlichen französischen Principien, von Gleichheit vor dem Gesetze, von Menschenwürde und ähnlichen erbärmlichen, liberalen Ansichten vollgeschmiert hat, diese verfänglichen Stellen wegstreicht?". Ebd. S. 94.

41 Vgl. [Christern, J. W.], Hamburg und die Staatsreform, Hamburg 1842.

kameraden des bekannten Verlegers Julius Campe aus dem Lützower Freikorps und den Befreiungskriegen gegen die napoleonische Herrschaft. Schöne lebte seit sechs Jahren Hamburg, als er 1830 eine anonyme Schrift mit dem Titel „Die Rechte und Forderungen der freien Hamburger" drucken ließ, die sich auch auf die antijüdischen Exzesse des Jahres bezog. Nachdem seine Autorschaft durch intensive, langwierige Untersuchungen aufgedeckt worden war, erhielt er in einem Strafverfahren eine Zuchthausstrafe von einem Jahr. Nach deren Verbüßung musste er außerdem die Stadt, in der er den Lebensunterhalt für seine Familie verdient hatte, verlassen.[42]

In Bezug auf Schriften über Juden hatte der Rat seinen Zensoren besondere Aufmerksamkeit aufgetragen. Sie erhielten ausdrücklich den Auftrag, alle Texte, die sich mit den jüdischen Einwohnern befassten, kritisch zu lesen. Bereits im Jahr 1823 wies der Rat, wie erwähnt, die Zensur an, selbst in Winkelblättern provokatorische Artikel „namentlich auch in Hinsicht auf den jüdischen Kultus" besonders zu beachten.[43]

Eine gesetzliche Grundlage für die Verweigerung einer Druckgenehmigung ließ sich im Fall A. Sutors seinerzeit durchaus beibringen. Bereits am 17.8. 1821 hatte der damalige Zensor die Anweisung erhalten, Artikel über Verhandlungen der Bürgerschaft und Kontroverses im Bereich religiöser Probleme in der Tagespresse und in Flugschriften zu unterbinden. Nach einem Beschluss des Bundestages vom 20. 4. 1836 durften zudem Berichte über Versammlungen der Ständeversammlungen –

42 Vgl. Ueding, G., Hoffmann und Campe. Ein deutscher Verlag, Hamburg 1981, S. 311. Mit seiner Schrift hatte Schöne versucht, sich allgemein zum Sprachrohr der Unzufriedenen bzw. der „Tumultuanten" des Jahres 1830 zu machen.

43 Siehe zu wirksamen Zensurmaßnahmen in diesem Bereich: Kramer, Margarete, Die Zensur in Hamburg 1819 bis 1848. Ein Beitrag zur Frage staatlicher Lenkung der Öffentlichkeit während des deutschen Vormärz, Diss. Hamburg 1975, S. 156. Die offiziellen Zahlen über Vergehen gegen Zensur verweisen nur auf wenige Fälle. Sie erscheinen relativ harmlos: 1826: 10, 1827 5, 1828: 4, 1829: 4, 1830: 5, 1831:10, 1832:17,1833: 7, 1834: 4, 1835: 1, 1836: 2, 1837: 1, 1838: 2. Vgl. Neddermeyer, F. H., Statistik und Topographie der Freien und Hansestadt Hamburg, Hamburg 1847, S. 512. Allgemein zur Presse siehe auch: Michalski, Raoul, Wenzel, Die bürgerliche Hamburger Presse und die „Judenfrage" 1819-1849, (Magisterarbeit) Hamburg 1988.

d. h. in Hamburg der „Bürgerschaft" – nur nach den offiziellen Protokollen publiziert werden. Da A. Sutor beabsichtigte, nicht nur einen 1828 veröffentlichten Auszug, sondern den gesamten Antrag des Rats von 1814 zu dem strittigen Problem der Judenemanzipation zu veröffentlichen, hätte der Zensor hier einen Vorwand für sein Verbot finden können. Gedruckt lag (seit 1828) ein Teil des Reglements-Entwurfs des Rats von 1814 vor. Er enthielt technische Details für eine Einteilung der Juden nach Klassen und eine politische Berechtigung eines kleinen Teils der Mitglieder einer dieser Klassen. [44]

Mit welcher Begründung der Zensor bereits die Veröffentlichung der ersten von A. Sutor eingereichten Druckbögen mit Ausführungen über die Geschichte der Juden in Hamburg tatsächlich ablehnte, lässt sich nicht genau sagen. Dessen Aussagen sind nur in gespiegelter Form aus den Aufzeichnungen A. Sutors bekannt und daraus nicht eindeutig zu erschließen. Nach den erhaltenen Notizen und Entwürfen nahm der Zensor bei dem zunächst eingereichten ersten Druckbogens Anstoß am Abdruck der für die Juden außerordentlich positiven Begründung des Rats für dessen Antrag auf Reformen aus dem Jahr 1814. Der Zensor scheint seine Begründung jedoch nicht klar formuliert zu haben.

Mit der öffentlichen Verbreitung seiner Aussagen aus dem Jahr 1814 in gedruckter Form hätte - so lässt sich über die Beweggründe des Zensors mutmaßen - der Rat aus verschiedenen Richtungen unter Druck geraten können.[45]

1814 war die Ratsproposition vor der im Rathaus versammelten stimmberechtigten „Bürgerschaft" – wie üblich – wohl lediglich verlesen worden. Der großen Mehrheit der Bürger und Einwohner blieben die Details und vor allem die Begründung des Antrags unbekannt.

Versuche, den Text in gedruckter Form zu veröffentlichen,

---

44 Vgl. Lohmann, P. D. (Hg.), Hamburgische Rath- und Bürgersschlüsse vom Jahr 1801 bis Ende des Jahres 1825. Erster Band von 1801 bis 1815, Hamburg 1828, S. 127 ff. Siehe hierzu auch A. Sutors Kritik an einer solchen Klasseneinteilung in Anhang II.

45 Vgl. hierzu den abgedruckten Text auf S. 205 f.

waren, was A. Sutor jedoch offensichtlich nicht wusste, bereits zweimal verhindert worden. Zuerst scheiterte 1831 M. M. Haarbleicher, ein Mitarbeiter der Jüdischen Gemeinde, an der Zensur[46], als er versuchte, das „Promemoria" und den „Reglementsentwurf" des Senats für eine rechtliche Besserstellung der Juden aus dem Jahr 1814 zu publizieren.

Das gleiche Schicksal erlitt 1835 ein erneuter Versuch, zumindest eines dieser Dokumente, das Promemoria, zu publizieren. In den Zensurakten ist dazu nur die Zurückweisung einer Beschwerde gegen die Verweigerung einer Druckgenehmigung zu finden. Der Antragsteller hatte den Text sogar um die für die Hamburger Juden besonders positiven ersten Passagen gekürzt. Möglicherweise wollte er einem Verbot vorbeugen oder die Judengegner nicht aufreizen. Aus dem den Akten beiliegenden Probedruck (Gedruckt bei G. [L.] Fränkel, Adolphsplatz No. 9) ist zu entnehmen, dass an eine kleinformatige Broschüre (8 Seiten) gedacht war, die nur den Text des Rats ohne irgendeinen Kommentar enthalten sollte. Aber selbst dies ließen der Zensor und die als Beschwerdeinstanz angerufene Zensurkommission nicht zu.[47]

Der unbekannte Initiator der geplanten Veröffentlichung, vermutlich ein Angehöriger der jüdischen Familie Fränkel, hatte - wie erwähnt - im Text bereits von sich aus Kürzungen vorgenommen und in der von ihm geplanten Broschüre sogar auf einen Abschnitt verzichtet, in dem wichtige Argumente für eine Gleichstellung standen. Der Rat hatte 1814 in diesem Teil seines Antrags die positive kulturelle Entwicklung der Juden konstatiert, ihnen zudem ein unauffälliges Verhalten attestiert sowie anerkennt, dass ihre Religion die allgemeine Nächstenliebe „zur ersten Menschenpflicht" mache und jeden „Religionshass,

46 Vgl. Haarbleicher, M. M., Aus der Geschichte der Deutsch-Israelitischen Gemeinde in Hamburg, 2. Ausgabe, Hamburg 1886, S. 134 ff.

47 Vgl. zum Zensurfall: StAH, Senat 111-1, CL VII Lit L b, No 16, Vol 7, Fasc 1, Bl. 159 ff. Aus dem Schriftstück geht nicht hervor, ob G. L. Fränkel nur für den Druck der Broschüre verantwortlich war oder von ihm auch die Initiative für die Publikation ausgegangen war.

jede willkürliche Kränkung und Bedrückung" von Menschen jedweder Religionszugehörigkeit verbiete.

Die Befürworter von Fortschritten in Richtung auf eine Emanzipation hätten zur Begründung ihrer Forderungen mit diesen Aussagen des Rats im „Promemoria" ein unangreifbares (Rats-) Dokument in die Hand bekommen. Ein öffentliches Werben für die Emanzipation der Juden mit einem solchen Dokument hätte sicherlich erhebliches Aufsehen erregt und Widerspruch provoziert. Von Gegnern und Feinden einer Reform wären Unmut, Widerspruch und Unruhe zu erwarten gewesen. Der Zensor rechnete bei einer öffentlichen Auseinandersetzung über eine Gleichstellung der Juden wohl mit einer schwer zu beherrschenden Stimmungsmache aus jenen Kreisen. Damit hatte der Sekretär der „Oberalten" dem Rat bereits wiederholt gedroht. [48] Antijüdische Tumulte und Ausschreitungen hatten 1819, 1830 und 1835 die bedrohliche Stärke der Gegner der Juden demonstriert.

A. Sutor nahm 1838 die Verweigerung der Druckerlaubnis bereits für den ersten Bogen seiner Schrift nicht widerspruchslos hin. Er wandte sich an die Zensurkommission - und er hatte Erfolg. Deren „Conclusum" vom 15.2. 1839 lautete: „Der fraglichen Schrift [ist] das Imprimatur zu bewilligen." Unterschrieben hatte den Beschluss der Präses der „Censur-Commission", Dr. Sieveking. Nachdem wenig später dem zweiten Druckbogen wiederum vom Zensor das Imprimatur verweigert wurde, wandte sich A. Sutor nochmals an die Zensurkommission. Diese fasste bei dem erneuten Antrag jedoch keinen für den Antragsteller positiven Beschluss, sondern verwies ihn an den Zensor zurück.

Aus dem erhaltenen Konzept für ein daraufhin entworfenes Schreiben an den Zensor vom 13.3. 1839 geht nur indirekt hervor, was jener am Inhalt des zweiten Druckbogens auszusetzen hatte. A. Sutor erklärte, selbst nach längerem Überlegen komme er zu dem Schluss, Änderungen jener „Stellen, welche von

48 Vgl. hierzu auf S. 94 ff. das Schreiben der Oberalten an den Rat vom 2. 11. 1814.

einer Ungerechtigkeit sprächen, die der hamburgische Staat begehe", seien „unmöglich". Da in seinem Text behauptet würde , „daß Gerechtigkeit und Billigkeit eine Veränderung der jüdischen Zustände fodern [!]," müsse „nothwendigerweise die Lage derselben, wie sie jetzt ist, als eine nicht mit der Gerechtigkeit harmonirende, als eine ungerechte dargestellt werden." „Vorurtheile, mit ihnen habe ich es ja hauptsächlich zu thun, müssen kräftig angegriffen werden, einem freundlichen Zureden weichen die Gestalten der Nacht nicht."

Solche Argumente beeindruckten den Zensor jedoch nicht. Es blieb bei der Ablehnung des Antrags auf Druckerlaubnis. Dazu hätte jener sich formal auf den Bundestagsbeschluss vom 10. 12. 1835 berufen können. Der verbot u.a., in Druckerzeugnissen „die bestehenden sozialen Verhältnisse herabzuwürdigen."[49]

Die Jüdische Gemeinde als Institution bzw. deren offizielle Vertreter versuchten nicht, das „Promemoria" selbst zu publizieren. In einer Supplik an den Rat brachten sie aber deutlich zum Ausdruck, dass es nach ihrer Meinung grundsätzlich von „allergrößter Wichtigkeit" wäre, wenn allen Bürgern der Stadt der bisher nur von „Wenigen gekannte bedeutungsvolle Umstand kund" würde, dass der Rat im gegenwärtigen Status der Israeliten ein „offenbares politisches Unrecht" sehe. Die Gemeindevertreter meinten jedoch, durch die „an den Tag gelegte Ueberzeugung Eines Hochweisen Rathes" würde Bewegung in die erstarrte Fronten der Gegner und Befürworter einer Emanzipation kommen. Ihre indirekte Bitte, der Rat möge sich öffentlich zu seiner Auffassung bekennen, blieb jedoch ohne Erfolg. Durch den Druck und eine Bekanntmachung der Ratsproposition von 1814 wäre eine solche öffentliche Stellungnahme problemlos möglich gewesen. Dies erschien dem Rat jedoch als inopportun, und der Zensor half 1831, 1835 und dann im Falle A. Sutors 1838 dabei, zumindest in Hamburg eine Publikation

49 Der Briefwechsel A. Sutors mit dem Zensor ist im Konvolut in der Staatsbibliothek nicht erhalten. Es liegen nur noch wenige Briefe und Konzepte Sutors vor. Möglicherweise könnten über die umfassende Auswertung im Staatsarchiv erhaltener Akten der Zensur-Kommission weitere Informationen gewonnen werden. Eine erste Durchsicht blieb ergebnislos.

des „Promemoria“ von 1814 zu verhindern.[50]

Antijüdische Motive für die Haltung des Zensors und der Zensurkommission sind unwahrscheinlich. Der spätere Zensor hatte sich im August 1816 klar und scharf gegen „die Judenverfolger“

Karikatur auf die Hamburger Zensoren (1847)

gewendet.[51] Deshalb wäre zur Ergänzung der bereits angeführten Motive ein von Ludwig Börne genannter Beweggrund zu bedenken. Der Schriftsteller hatte 1819 in seinem Text „Für die Juden“ gefordert, jene, die frech Lügen über die Juden verbreiteten, müssten als „Bösewichter“ entlarvt und öffentlich an den Pranger gestellt werden, da sie „vielen unschuldigen Geschlechtern das Dasein verpestet und sie um den Preis ihres Lebens“ geprellt hätten. Die Zensurverantwortlichen („die hochweisen regierenden Knechte“) verhinderten dies jedoch mit der Be-

---

50 Vgl. hierzu auch die Supplik der Jüdischen Gemeinde vom 27. Jan 1836 in: Senat 111-1, Cl. VII Lit Lb No 18 Vol 7 Fasc 7, Inv. 1. A. Sutor kannte das Dokument von 1814 aus einer 1837 erschienenen Artikelfolge der „Allgemeinen Zeitschrift des Judenthums“, 1. Jg. 1837. No 61 ff. Siehe zum Text |Bl. 19 b| des Transkripts.

51 Vgl. unten S. 111, Anm. 128.

gründung, die Bevölkerung dürfe nicht durch Reden über die Judenfrage aufgereizt werden. Die Zensoren verträten die Ansicht, „wenn alles hübsch dunkel bliebe, dann sähen sich die Feinde nicht, und sie müßten Ruhe halten.“[52]

Börne hoffte ähnlich wie später A. Sutor, die Hetzer oder zumindest die Mehrheit der Bürger würden durch Argumente zur Einsicht zu bringen sein. Ihre „Beschämung“ und „Reue“ würden eine „Wiederholung des Verbrechens“ der Hetze gegen die Juden verhindern.

Möglicherweise schätzten die hamburgischen Zensurinstanzen die genannten Folgen einer Kampagne für die Emanzipation durchaus realistisch ein, wenn sie als Reaktion auf eine Veröffentlichung von A. Sutors „Hamburg und die Juden“ nicht „Beschämung“ erwarteten, sondern Gegenschriften und ein Anwachsen unbeherrschbarer „dunkler“ antijüdischer Ressentiments. Ausbrüche antijüdischer Einstellungen und Verhaltensweisen hatten die jüdische Gemeinde und die Stadt in den Jahren zuvor mehrfach erlitten.

Äußerungen von Mitgliedern der hamburgischen jüdischen Gemeinde aus den Jahren 1841 und 1843 stützen die These, selbst Befürworter einer Judenemanzipation hätten (auch in den Jahren zuvor) eine breite Erörterung dieses Problems gescheut, weil jede entsprechende öffentliche Meinungsäußerung zugleich Gegner in Harnisch brachte und zu breitenwirksamen publizistischen Stellungnahmen veranlasste. So klagte 1841 „ein Berichterstatter aus Hamburg in den „Israelitische Annalen“, „seit kurzer Zeit drängen einander kleinere negative Broschüren über die Judenemancipation.“ Die positiven Repliken auch christlicher Schriftsteller etwa von J. W. Christern und F. Clemens Gerke wären zwar inhaltlich treffend, aber „besser

52 Vgl. Börne, L., Für die Juden (1819), in: ders., Sämtliche Schriften. Neu bearbeitet und herausgegeben von I. u. P. Rippmann, Erster Band, Düsseldorf 1964, S. 871 ff. (hier S. 873 f.) Die im Folgenden vorgetragenen Überlegungen dürfen nicht missverstanden werden. Sie sind lediglich als Forschungshypothese zu verstehen.

wäre gänzliches Ignoriren gewesen." Die Auseinandersetzung bringe in der Sache keinen Fortschritt. Sie wäre „nur für den Psychologen von einigem Werthe."[53]

Zwei Jahre später veröffentlichte „Der Orient" eine ähnliche Kritik. Durch weithin Aufsehen erregende Petitionen für die Judenemanzipation der Rheinischen Provinzialstände[54] wäre es darüber in Hamburg und Altona zu einem „Guerillakrieg" in Zeitungen und „den Lokalblättern" gekommen, „der besser unterblieben wäre." Zwar beschränkte sich die Kritik seitens der Juden inhaltlich auf den Hinweis, die entstandene Auseinandersetzung habe nur gewissen Buchhändlern genutzt, die alte Broschüren anpriesen, „die theils pro theils contra von der Sache handelten", aber es ging sicherlich im Kern darum, dass der öffentlich ausgetragene Konflikt Gegner einer Emanzipation in Wallung und manche Juden beunruhigt hatte.

Da die erwähnten Debatten des Rheinischen Provinziallandtages genau das beinhalteten, was in Hamburg A. Sutor wenige Jahre zuvor formuliert hatte und veröffentlichen wollte, ist es sinnvoll, kurz auf sie einzugehen.

Im Rheinland waren Petitionen z. B. aus Köln und Trier bei den Behörden eingegangen und veröffentlicht worden, die auf positive Erfahrungen mit den „durch Fleiß und Talente ausgezeichneten Bekennern eines andern Glaubens" und der Judenemanzipation während der französischen Besetzung hinwiesen. Zwar hätten eine Jahrhunderte andauernde Verfolgung und die „in den letzten Jahrzehnten nach kurzer Hoffnung erfolgte Zurücksetzung" Spuren in der Mentalität der Unterdrückten hinterlassen. Die Erfahrungen z. B. in Frankreich und Holland zeigten jedoch, wie infolge einer Gleichstellung nach einer kurzen Übergangszeit „die Israeliten, wenn sie auch gleich den Christen ihre Religion als heiligstes Gut festh[ie]lten, in allem

53 Vgl. „Israelitische Annalen", Nr. 51 v. 17.12. 1841, S. 405.
Bibliographische Angaben zu Christern und Gerke siehe unten S. 54, Anm. 59.

54 Vgl. zum Folgenden das Protokoll der „Verhandlungen des siebten Rheinischen Provinzial-Landtages nebst dem Allerhöchsten Landtagsabschiede", Koblenz 1843, insbesondere S. 241 ff.

Übrigen diesen nicht nachstehen" würden. „Durch äußere Absperrung und Errichtung neuer Scheidewände" würde das Ziel einer Assimilation verfehlt. Deshalb dürften keine besonderen „Korporationen" für Juden eingerichtet werden, eine „fortdauernde Isolierung" wäre höchst schädlich. Ein Verschweigen solcher Erkenntnisse bedeute „Versündigung". Diese und ähnliche Petitionen aus den verschiedenen Gebieten des neuerdings preußischen Rheinlands wurden während der Landtagssitzungen ausführlich diskutiert. Sie kulminierten in einer gemeinsamen Bittschrift an die Regierung.[55] Diese hatte zwar nicht den gewünschten Erfolg, dem Anliegen des Vorantreibens der Debatte schadete dies aber nicht.

Um den bereits angesprochenen möglichen Motiven des Hamburger Zensors weiter nachzuspüren, lohnt es sich, nochmals die Entwicklung in Schleswig-Holstein zu beachten.

Eine Nachricht im „Orient" aus dem Jahr 1844 unterstrich zum wiederholten Mal, wie die „Herren Judenhasser" auch geringste Anknüpfungspunkte nutzten, um gegen die Juden zu agitieren. 1844 hatte ein Kopenhagener Redakteur namens Goldschmidt in einer Rede in Nordschleswig Parallelen zwischen Christentum und Judentum thematisiert, und „sogleich" wetterten ein Korrespondent aus Hadersleben im „Alton[aer] Merkur" und ein anonymer Einsender im „Itzeh[oer] Wochenblatt" gegen die Angehörigen der Minderheit. [56]

Auch diese Hinweise sprechen indirekt für die These, der Hamburger Zensor habe mit der Verweigerung der Druckerlaubnis für Sutors Arbeit den mit solchen Schriften möglicherweise verbundenen Aufregungen und Gefahren für Ruhe und Ordnung vorbeugen wollen.

Bereits 1802 hatte ein anonymer Autor auf die Gefahr auf-

---

55 Religiös motivierte Widersacher einer Gleichberechtigung im Rheinland „behaupteten, nur durch die Taufe könnten Menschen die Seligkeit erlangen, während andere wieder den Hausierhandel gegen die Andersgläubigen" anführten. Vgl. „Der Orient", 4. Jg., Nr. 34 v. 22 8. 1843, S. 268.

56 Vgl. „Der Orient", 5. Jg., 1844, S. 250.

merksam gemacht, was passieren könne, wenn „gewinnsüchtige Leute“ und Verleger nur um sich „Absaz [!] zu verschaffen“, jede sich bietende Gelegenheit ergriffen, um Schriften gegen Aufklärung und Emanzipation zu drucken und zu verbreiten.

Die mit dem öffentlichen Werben für eine Gleichberechtigung der Juden verbundenen Probleme waren demnach nicht neu. Hier wäre jedoch zu untersuchen, ob die erwähnten Geschäftemacher eine Aufmerksamkeit für die mit dem Judentum verbundenen Fragen und Probleme erzeugten oder nur ein ohnehin bereits verbreitetes Interesse und Vorurteil bedienten.[57]

Vor allem ein Blick über die hamburgische Landesgrenze nach Altona und Schleswig-Holstein zeigt, welche Folgen die im dänischen Machtbereich liberal gehandhabte Zensur für die publizistische Behandlung der Emanzipation hatte. Im dänischen bzw. holsteinischen Altona war im Gefolge der Karlsbader Beschlüsse 1819 ebenfalls eine strengere Zensur eingeführt worden. Eine entsprechende Instruktion des dänischen Königs Friedrichs VI. für die Zensoren in Kiel und Altona vom 22. 9. 1835 ging auf Juden nicht ein, verbot aber in § 6 grundsätzlich Druckerzeugnisse, die „Leidenschaftlichkeit, Heftigkeit und Anmaßung“ unterstützten. Das Gebot fand offenbar kaum hinreichend Beachtung, jedenfalls bewirkte es wenig.[58]

Im Katalog der Commerz-Bibliothek in Hamburg, (Bd. II, Hamburg 1841, Spalte. 139 f.) sowie im „Archiv für Geschichte, Statistik, Kunde der Verwaltung und Landesrechte der Herzogthümer Schleswig, Holstein und Lauenburg.“ Hg. von Dr. N. Falck. 1. Jg., Kiel 1842, 196 f. (= Des Staatsbürgerlichen Magazins dritte Folge) fällt eine erhebliche Zahl vor allem in Altona

---

57 Wahrscheinlich trifft die zweite Möglichkeit zu. Vgl. zum Problem den Aufsatz: „Etwas zur Ausrottung der Vorurtheile gegen die Juden“, in: „Hamburg und Altona. Ein Journal zur Geschichte der Zeit, der Sitten und des Geschmaks [!]“, 3. Bd. , 1802, VII. Heft, S. 9 ff. Hier S. 10.

58 Vgl. Unverhau, Henning, Pressefreiheit, Pressefrechheit und Zensur in Schleswig-Holstein in der ersten Hälfte des 19. Jahrhunderts, in: Zeitschrift der Gesellschaft für Schleswig-Holsteinische Geschichte, S. 45- 78. Hier S. 75.

gedruckter Broschüren auch mit antijüdischer Tendenz auf.[59]

Nach diesem in verschiedenen Zusammenhängen deutlich werdenden Befund lässt sich die Verweigerung der Drucker-

59 Vgl. zur Auseinandersetzung u. a. die folgenden Schriften. (Die Angabe des Druckorts Hamburg wäre stets zu prüfen.): Salomon, G., Briefe an A. T. Hartmann über die von demselben aufgeworfene Frage: Darf eine völlige Gleichstellung in staatsbürgerlichen Rechten sämmtlichen Juden schon jetzt bewilligt werden? Altona 1835; Hartmann, A. T., Grundsätze des orthodoxen Judenthums, in ihrem wahren Lichte dargestellt. 2. und letztes Sendschreiben, Altona 1835; Salomon, G., A. T. Hartmann`s neueste Schrift: Grundsätze des orthodoxen Judenthums, in ihrem wahren Lichte dargestellt, 2. und letztes Sendschreiben, Altona 1835; Tell, Wilhelm, Die Juden können und dürfen in christlichen Ländern keine bürgerliche Gleichstellung erlangen, Altona 1835; Kurze Zurechtweisung des jungen Wilhelm Tell, (Hamburg 1835); Der Christianismus und der Mosaismus, Altona 1835; Ueber die bürgerliche Gleichstellung der Juden, Hamburg 1835; Friedrich Clemens [Gerke], Diversion eines Christen im Freiheits-Kampfe der Juden, Altona 1835; Algreen-Ussing, (T.), Ueber die bürgerliche Stellung der mosaischen Glaubensgenossen in Dänemark, (Aus dem Dänischen) Altona 1836; Ueber die Emancipation der Juden in Schleswig-Holstein, Hamburg 1836; Gedanken über Nr. 26 der Zeitung der holsteinischen Provinzialstände, oder was denken Sie über die Emancipation der Juden? Schleswig 1836; Hartmann, A. T., Beziehungen auf Grundsätze des orthodoxen Judenthums. 2. Antwortschreiben an G. Salomon, Rostock 1836; Über die Emancipation der Juden in Schleswig-Holstein. Ein Wort zur Beherzigung an die die Schleswig-Holsteinischen Provinzialstände, Hamburg 1836; Das Verhältnis der Juden zu den Christen vom religiösen, moralischen und politischen Standpunkte aus betrachtet. 2. Aufl. der 2., 3. u. 4. Lieferung der „Beiträge zu politischen Wahrheiten“ u.s.w. nebst der bis jetzt ungedruckt gewesenen Schlussschrift über die Juden-Angelegenheit insbesondere, Hamburg 1839; Steinheim, [S. L.], Meditationen über die Verhandlungen der Holsteinischen Ständekammer am 22. November 1838 in Betreff der Petition mosaischer Glaubensgenossen wegen Ertheilung des Bürgerrechts, Altona 1839; Freimüthige Betrachtungen über den wahren und falschen Liberalismus, über die Ertheilung des Staatsbürgerrechts an die Juden und über die Schrift von Dr. Steinheim: Meditationen etc., Kiel 1839; Steinheim, [S. L.], Offenes Sendschreiben an den Obergerichtsadvocaten Löck, Abgeordneten des 5. Wahldistricts in Holstein, betreffend die Emancipation der Mosaiten [!] in den Herzogthümern, Altona 1840; Steinheim, [S. L.], Meditationen über die Verhandlungen, betreffend die bürgerliche Stellung der Mosaiten in den Ständeversammlungen Schleswig-Holsteins im Jahre 1840, Neue Folge, Altona 1840; Valentiner, Carl, Diaconus in Crempe, über die Aufnahme der Juden in den christlichen Staat, Altona 1841; Reichenbach, H., Beweis aus der jüdischen Religion, daß die Juden in den christlichen Staaten nicht emancipirt werden können, wenn die Christen sich dadurch nicht ihnen zinsbar und unterthan machen wollen, Altona 1841; Witt, A. J., Auch ein Wort über Judenemancipation, Altona 1841; Christern, J. W., Der neue Judenfresser, Hamburg 1841;Clemens, Friedr., Der Juden Sache ist unsre Sache. Zweite Diversion im Kampf für Recht und Wahrheit, Hamburg 1843; Hoffman, [J. G.], Der Mangel einer vollkommenen Gleichstellung mit den Christen in Bezug auf bürgerliche und politische Verhältnisse, ist nicht das einzige Hindernis einer vollständigen Verbesserung des Zustandes der Juden, in: „Archiv für Geschichte, Statistik, Kunde der Verwaltung und Landesrechte der Herzogthümer Schleswig, Holstein und Lauenburg. Hg. von Dr. N. Falck. 3. Jg., Kiel 1844, S. 641 ff.

laubnis durch den Zensor[60] wohl so erklären, dass antijüdischen Hetzern kein Anlass, kein Vorwand, kein Angriffspunkt für entsprechende Schriften und kein Vorwand für unkontrollierbare Demonstrationen geboten werden sollte. Auch A. Sutors geringe öffentliche Aktivitäten in den Jahren nach 1838 für die von ihm gewollte Emanzipation ließe sich so plausibel erklären. Zu untersuchen wäre, ob ihm nach dem Verbot einer Publikation seiner Schrift „Hamburg und die Juden“ von Angehörigen der jüdischen Gemeinde bzw. Befürwortern einer Gleichstellung aller Hamburger entsprechende Argumente vorgetragen wurden. Ein Indiz für eine solche Hypothese könnten seine Kontakte mit jüdischen Autoren sein, die sich durch seine Mitarbeit an den „Neuen Hamburgischen Blättern“ ergaben. Mitglieder des Gemeindevorstands befürchteten auch ohne eigenes Hervortreten - anders als etwa G. Riesser - auf längere Sicht keinen Stillstand, keine Blockade der Emanzipationsbewegung. Sie gingen selbst nach den Tumulten 1835 davon aus, dass die bekannten Fortschritte in deutschen und europäischen Staaten irgendwann auch in Hamburg positive Änderungen bewirken müssten.[61] Ganz im Sinne der dominierenden zeitgenössischen Philosophie setzten viele Befürworter einer Gleichberechtigung auf eine allgemeine positive Entwicklung der gesellschaftlichen Verhältnisse. Ein zeitgenössisches Conversations-Lexikon hatte hierzu die treffende Formulierung einer „stillschweigenden Gleichstellung“ geprägt. [62]

---

60 Zum Zensor vgl. auch dessen Kritik am „ekelhaften“ Treiben der Judengegner am 27. August 1816 in den „Privilegirten wöchentlichen Nachrichten von und für Hamburg“. Siehe hierzu S. 111, Anm. 128.

61 Vgl. Zimmermann, Moshe, Hamburgischer Patriotismus und deutscher Nationalismus. Die Emanzipation der Juden in Hamburg 1830-1865, Hamburg 1979, S. 54 f.

62 Vgl. das Stichwort „Emancipation der Juden“ in: „Conversations-Lexikon der neuesten Zeit und Literatur“, I: Bd., Leipzig 1832, S. 769 - S. 775. Hier S. 770. Auch A. Sutor gebrauchte Formulierungen, die andeuten, dass ihm nicht völlig klar war, mit welchen konkreten Maßnahmen ein Einstellungswandel der politisch berechtigten Bürger und der Bevölkerung insgesamt bewirkt werden könnte. Er setzte auf etwas wie einen Zeitgeist. Er schrieb. |Bl. 45|: „Es wird eine solche Zeit kommen, sie muß kommen, denn ... die Emancipation ist nothwendig, weil sie gerecht ist und was gerecht ist, ist nothwendig und unvermeidlich.“ An anderer Stelle |B. 53 b| formulierte er, „die Zeit [habe]...

Mit solchen Überlegungen ist die Frage nach dem Beweggrund des Zensors für die Verweigerung der Druckerlaubnis aber nicht eindeutig beantwortet. Dies bedarf weiterer Forschung. Auch 1848/49 während des Wirkens der hamburgischen Verfassunggebenden Versammlung, der Constituante, wurde deutlich, dass das Ziel „Gleichberechtigung aller Hamburger“ in der Hansestadt möglichst ohne spezielle Erwähnung der Juden erreicht werden sollte, obwohl das über Jahrhunderte an ihnen verübte Unrecht durchaus eine öffentliche Erklärung bzw. Entschuldigung erfordert hätte. Dies stützt die Ansicht, dass in Hamburg das Thema Judenemanzipation nach der Auffassung des Rats und politisch einflussreicher Bürger möglichst nicht in der Öffentlichkeit behandelt werden sollte.

Anders - und durchaus nicht zum Schaden der Emanzipationsbemühungen - verhielten sich Demokraten und Linksliberale in Ostfriesland. In einer z. B. in der Stadt Leer am 23. März 1848 durchgeführten Volksversammlung formulierte einer der Hauptredner unter „tausendfachen Jubelrufen“: „Wir haben gegen die Bekenner des Mosaismus, unsere Brüder, ein großes Unrecht gut zu machen, wir müssen den Druck, worunter sie zu unserer Schmach noch seufzen, von ihnen abzuwälzen suchen, augenblicklich können wir doch weiter nichts thun, als uns ihnen enger anzuschließen, deßhalb wollen wir sie hoch leben lassen. Die Bekenner des Mosaismus, unsere Brüder, leben hoch!“ [63]

---

die altherkömmliche Ungerechtigkeit fühlbarer gemacht. Die Zeit sprach es aus … und dem Gesetzgeber liegt es ob, der Stimme der Zeit zu gehorchen.“

63 Vgl. Berlin, J., Ostfriesland in der Revolution von 1848/49, Bd. 2, Aurich 1987, S.38 ff. Hier S. 40. Selbstverständlich fehlte es i. d. Region nicht an Gegenstimmen, vgl. ebd, S. 63.

IV Die Hamburger Juden in den ersten Jahrzehnten des 19. Jahrhunder

1 Bevölkerungszahl und Wohnverhältnisse

Zu der Zeit, als A. Sutor seine Schrift erarbeitete, wohnten in Hamburg etwa 7500 Juden. Die hamburgischen Gemeinden der (um 1838 zahlenmäßig unbedeutenden) „Portugiesen“ (Sephardim) und der hochdeutschen Juden (Aschkenasim)[64] bestanden in

---

64 Die Wörter Juden, Israeliten und Menschen mosaischen Glaubens werden in diesem Text - dem allgemeinen Sprachgebrauch folgend - bedeutungsgleich verwendet. Leider ist es nicht gebräuchlich, von Menschen mosaischen Glaubens zu sprechen. Die Verwendung der Wörter „Juden“ und „Israeliten“ hat den Nachteil, dass bei etlichen Rezipienten unbewusst die Vorstellung verstärkt wird, die Angehörigen dieser Gemeinschaft wären irgendwie wesensgleich. Die gesellschaftlich vermittelteundifferenzierte Vorstellung von einem „Wesen“ der Juden wird so

der Stadt seit Jahrhunderten. Manche Familien waren seit Generationen in der Stadt ansässig. Trotzdem galten die Juden vielen Hamburgern als „Fremde".

Insgesamt lebten ca. 110 000 Männer, Frauen, Jungen und Mädchen innerhalb der Wallanlagen. Der Anteil der Juden an der Bevölkerung in der Stadt lag zwischen sechs und sieben Prozent. Sie durften sich nicht niederlassen, wo sie wollten bzw. wo es für ihre Zwecke passte. Der Rat hatte ihnen zwei kleine Quartiere zum Wohnen zugewiesen.

Da Juden außerhalb der Stadt kein Wohnrecht besaßen, sind bei einer Betrachtung der Bevölkerungszahlen nur das eigentliche Stadtgebiet und dort die zwei Stadtteile und wenigen Straßen von Belang, in denen sie (zumindest auf fremden Namen) Immobilien erwerben und Wohnungen mieten durften.[65] Deshalb wäre es nicht sinnvoll, die Bevölkerungszahlen der Vorstädte St. Georg (11 652), St. Pauli (10 988) und der hamburgischen Geest- und Marschlande (24 600) sowie des Amtes Ritzebüttel an der Elbmündung einzubeziehen, wenn der Anteil der Juden an der Bevölkerung Hamburgs untersucht würde.

---

indirekt verstärkt. Hingegen wäre es wichtig zu informieren, dass es eben nicht um ein „personalisiertes Kollektiv" geht, in dem die Einzelwesen gleiche Eigenschaften, Motive, Ziele haben.Die ständige Bezeichnung als „Juden" empfanden bereits zu Beginn des 19. Jhdts. nicht wenige (aber durchaus nicht alle) der so bezeichneten Menschen als nachteilige Abstempelung. In der Franzosenzeit ließ deshalb der Präfekt des Elb-Departements 1811 amtlich bekanntmachen: „Die Bezeichnung durch die Religion, insofern sie gleichsam zur Unterscheidung von andern Staatsbürgern gebraucht wird, ist dem Geiste der Verfassung nicht gemäß." Die ständige Heraushebung als Juden empfände „eine große Anzahl unserer Mitbürger [als] anstößige und kränkende Auszeichnung". Dergleichen dürfe „in keiner öffentlichen Bekanntmachung ferner vorkommen."
Vgl. den Artikel „Merkwürdige Bekanntmachungen im Königreiche Westphalen", in: „Sulamith eine Zeitschrift zur Beförderung der Kultur und Humanität unter den Israeliten." Hg. von David Fränkel, 1812, 4. Jg., Heft 2, S. 112 - S. 121. Hier S. 114 f. Zu einem Teilaspekt der Begriffsverwendung vgl. Salomon, Gotthold, Jude, oder Israelit? Jüdische, oder Mosaische Religion?, in: „Sulamith, Jg. 1843, Heft 1, S. 367 - S. 371. (Teilnachdruck - so die Angabe - aus: „Kritische Blätter der Börsenhalle", Jg. 1838, Nr. 1492.)

65 Vgl. zur Liste der in einer Vereinbarung zwischen Rat und Bürgervertretern aus dem Jahr 1752 für Juden freigegeben etwa 30 Straßen: Haarbleicher, M. M., Aus der Geschichteder Deutsch-Israelitischen Gemeinde in Hamburg, 2. Ausgabe, Hamburg 1886, S. 30 f. Siehe zum entsprechenden Straßenverzeichnis auch Neddermeyer, F. H., Statistik und Topographie der Freien und Hansestadt Hamburg, Hamburg 1847, S. 659.

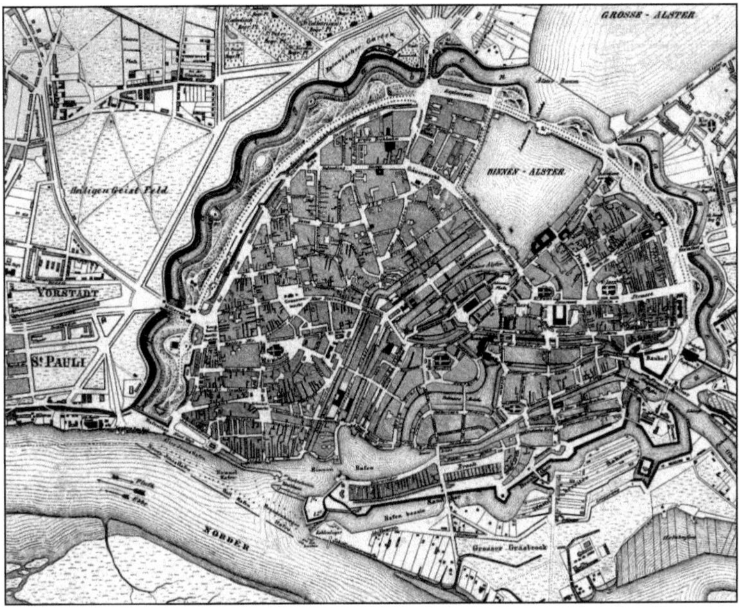

Karte von Hamburg um 1840

Auf den Straßen und in den Gassen nahmen Einwohner und Besucher Hamburgs Juden vor allem als als Hausierer und„Schacherer" wahr. Auf der sogenannten „Judenbörse" in einigen Straßen der Neustadt wie dem Alten und Neuen Steinweg boten überwiegend jüdische Straßen- und Karrenhändler, Trödler sowie kleine Geschäftsinhaber eine Vielzahl solcher Waren an, deren Verkauf nach den geltenden Vorschriften nicht christlichen Krämern bzw. Einzelhändlern vorbehalten war. Da es im Straßenhandel anders als in den konventionellen Geschäften und bei den durch Regelungen ihrer „Ämter" beschränkten Krämern selten Festpreise gab, verfestigte sich das Bild vom „Schacherer". Kunden, die gegenüber Juden voreingenommen waren, werden oft gemeint haben, die Preise wären überhöht. Gegen solche Vorurteile und Verallgemeinerungen half selbst die alltägliche Erfahrung nicht, dass die Waren bei 'christlichen' Händlern nicht zu einem niedrigeren Preis zu kaufen waren. Die zahlreichen solide etablierten jüdischen Kaufleute und Händler sowie die in anderen Berufen tätigen Gemeindemitglieder agierten außerhalb des direkten Blickfeldes der Hamburger. So vermochten diese in jeder Hinsicht respektablen Personen in Bezug auf die negativen Vorurteile kaum ein Gegengewicht zu bilden.[66]

Ein Erwerb von Immobilien warf in Hamburg für Juden zahlreiche Probleme auf. Ein Kauf war lediglich in wenigen Fällen und dann im Regelfall nur auf den Namen eines Christen mög-

---

66 Zur Zahlengabe vgl. „Allgemeine Zeitung des Judenthums", Nr. 68 v. 12.9. 1837, S. 271. Nach von F. H. Neddermeyer errechneten Angaben stieg die Zahl der Juden von 5536 im Jahr 1811 auf ca. 6541 im Jahr 1835. Dieser Autor führte außerdem eine Berechnung an, nach der Ende 1841 etwa 9040 steuerzahlende, nicht steuerzahlende und arme „Israeliten" in Hamburg lebten. Vgl. Neddermeyer, F. H., Statistik und Topographie der Freien und Hansestadt Hamburg, Hamburg 1847, S. 266 ff.
Bei Zahlenangaben ist oft unklar, ob diese auch die erheblichen Zahlen von männlichen und weiblichen Hausangestellten bzw. Dienern einschlossen.
Von den 1838 in der Stadt geborenen 3858 Kindern hatten 231 jüdische Eltern, also etwa 6 Prozent. Von den insgesamt unehelich geborenen 642 Kindern hatten nur drei eine jüdische Mutter. Diesen vergleichsweise sehr geringen Anteil hoben Vertreter der Gemeinde häufig hervor, um Vorwürfe einer besonderen Lasterhaftigkeit von Juden zu entkräften. Es half aber wenig. Nach anderen Angaben betrug die Zahl Einwohner aller Konfessionen innerhalb des Stadtwalls 1838 insgesamt etwa 112700 „Seelen" (52418 männliche, 60317 weiblich).

Zu Bevölkerungszahlen siehe auch Zimmermann, M., Hamburgischer Patriotismus und deutscher Nationalismus. Die Emanzipation der Juden in Hamburg 1830-1865, Hamburg 1979, S. 25 ff. und Krohn, H., Die Juden in Hamburg 1800 – 1850. Ihre soziale, kulturelle und politische Entwicklung während der Emanzipationszeit, Frankfurt 1967, S. 36 ff. Der Historiker P. E. Schramm bezifferte – wohl in Anlehnung an Neddermeyer – für das Jahr 1838 die „Zahl der Konfessionsjuden auf 6800". Vgl. Schramm, P. E., Hamburg, Deutschland und die Welt. Leistung und Grenzen hanseatischen Bürgertums in der Zeit zwischen Napoleon I. und Bismarck, München 1943, S. 417. Der Rat hatte in seiner Proposition von 1814 für die Juden eine Zahl von etwa 7000 angegeben, von denen etwa 200 der Portugiesischen Gemeinde angehörten. Siehe hierzu auch Haarbleicher, M. M., Aus der Geschichte der Deutsch-Israelitischen Gemeinde in Hamburg, 2. Ausgabe, Hamburg 1886, S. 127 und S. 129. Aus welchen Quellen A. Sutor seine diesbezüglichen Angaben schöpfte, bleibt noch zu prüfen.

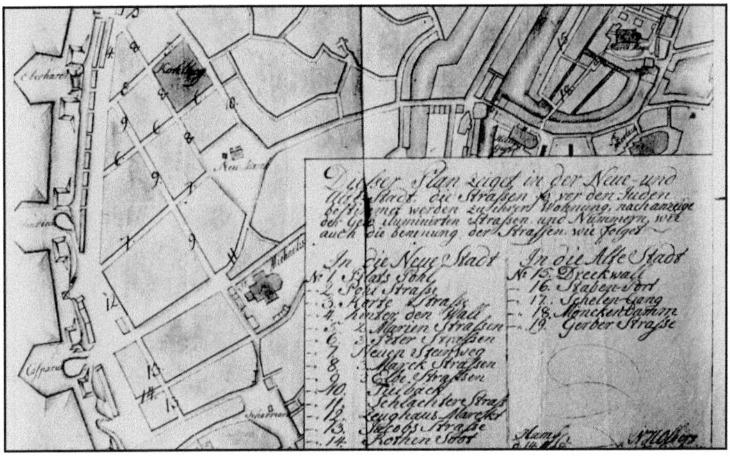

Wohngebiete der Juden in der Alt- und Neustadt (Karte von 1775)

lich.[67] Überdies hatte der Rat dem vorher zuzustimmen. Der genehmigte dies grundsätzlich nur für die Neustadt, wobei die„Constantins- oder Millernthorsbrücke als Grenze“ galt.[68]

Formalrechtlich begründen ließ sich diese Einschränkung mit einer Vorschrift, einem „Artikel“ aus dem Jahr 1650. In diesem hieß es von den Juden: „In der Stadt sollen sie keine Häuser auf ihren Namen eigenthümlich besitzen oder schreiben lassen; auch sich befleißigen, daß sie an einem oder dem andern Orte in der Enge der Gassen, wo sie jetzo gemeiniglich wohnen, so viel wie möglich sich beisammen halten mögen.“[69] Dieser zu-

67 Vgl. zu den rechtlichen Aspekten des Problems und den folgenden Zitaten: Dalwigk, C. F., Haben die Juden ein Recht in allen Straßen einer Stadt zu wohnen; ist ein darüber entstandener Streit eine Justiz- oder eine Policeisache?, in: ders., Practische Erörterungen auserlesener Rechtsfälle, Hannover 1823, S. 278 ff. hier S. 279.

68 Buek, F. G., Handbuch der Hamburgischen Verfassung und Verwaltung, Hamburg 1828, S. 38. Ob Buek hier meinte, Juden hätten in der Neustadt beliebig viele Häuser auch auf ihren Namen erwerben können, wäre zu prüfen.

69 Abgedruckt ist das Reglement u. a. in: Freimark, P., Herzig, A. (Hg.), Die Hamburger Juden in der Emanzipationsphase (1780– 1870); Hamburg 1989, S. 312 ff.

nächst für die sog. „Portugiesen" geltenden Anordnung unterwarf der Rat 1697 auf Druck der Bürgerschaft auch die sog. „Hochdeutschen" Juden.[70]

J. L. von Heß, ein der Aufklärung verpflichteter Publizist, hat 1811 eine anschauliche Beschreibung der Wohngebiete der Juden veröffentlicht, die im Wesentlichen trotz mancher Baumaßnahmen in der Neustadt auch 20 Jahre später noch zutraf: „In der Altstadt sind der Dreckwall und Mönkedamm die Straßen, wohin sich die ... Hebräer zusammengezogen und ihre Synagogen verlegt haben. In der Neustadt sind ihrer noch weit mehrere als in der Altstadt. Zwar nehmen sie die ihnen eingeräumten Gassen nicht ganz ein, sondern manche rechtgläubige Christen wohnen zwischen ihnen durch, und nähren sich von, mit ihnen und durch sie. Der neue Steinweg ist nicht sowohl ganz von ihnen bewohnt, als er von ihnen wimmelt, weil hier der meiste Zufluß von Menschen ist, die zum Altonaer Tor aus und eingehen, und Juden, Handelns und Schacherns wegen aus allen Ecken, Winkeln und Gängen hier zusammen kommen. Die lange Elbstraße, die Marktstraße, Peterstraße, Marienstraße, ein großer Theil der Hütten, der Zeughaus- und der große neue Markt, die Mühlen- und Schlachter-Straße mit ihren vielen Gängen machen die vornehmsten Juden-Bezirke aus. [Früher] ... traf man bloß in diesen Gegenden ganze Lager, besonders von alten und aufgestutzten Sachen auf dem Gassenpflaster ausgebreitet an. Jetzt haben sie diese ambulante Waarenlager bis in die Altstadt ausgedehnt. [Sie rückten] ... über den Neuenmarkt nach dem

---

70 Das von einer kaiserlichen Kommission 1710 erlassene Judenreglement enthielt in seinen 23 Artikeln keine Vorschrift über das Wohnen, sondern nur die Bestimmung, dass es in allen im Reglement nicht erwähnten Bereichen bei den alten Bestimmungen bleibe. Eine Klage von Bürgern im Jahr 1758 gegen den Verkauf von zwei Häusern am Neuen Wall aus dem Besitz des Mitbürgers Steckelmann an den „portugiesischen" Juden Isaac de Lemos veranlasste den Rat dazu, Genehmigungen für Ankauf von Häusern durch Juden nicht mehr zu erteilen. Wenige Jahre später 1764 intervenierte das Kollegium der „60er" mit Erfolg beim Rat, weil „die Erfahrung seit Kurzem gelehrt, daß [Juden] Häuser in solchen Gassen, wo vor diesem kein Jude gewohnt, zu miethen, sich erdreisteten, so hält Collegium es für höchst nöthig, ihnen das Miethen und Bewohnen vorgedachter Häuser zu untersagen." Ein Wohnrecht war den Juden – mit wenigen Ausnahmen - nur in bestimmten Straßen der Kirchspiele St. Petri (Altstadt) und St. Michaelis (Neustadt) zugestanden worden.

alten Steinwege [vor]; wie dieser bis zum andern Ende eingenommen war, zog man über die Ellernthors-Brücke zum Graskeller, endlich zum Burstahde ..." [71]

Nicht in Hamburg ansässigen Juden war ein Aufenthalt in der Stadt mit ihren Waren nur nach einer kostenpflichtigen Genehmigung gestattet. Für die Erlangung des entsprechenden Ausweises hatten die Vorsteher der jüdischen Gemeinde ihnen zu attestieren, „daß in Hinsicht ihrer Aufführung und ihrer Verbindungen kein Hindernis vorhanden, ihnen einen längeren oder kürzeren Aufenthalt zu gestatten." Lästige, verdächtige und illegal sich in Hamburg aufhaltende Juden sollten die Gemeindevertreter der Polizei melden.[72]

In der Neustadt wohnten ärmere Familien nicht selten in Kellern und sogenannten „Sählen", kleinen, oft undichten Räumen in höheren Stockwerken von „Buden". Bei dem Mangel an Wohnungen insbesondere für die wachsende jüdische Bevölkerung hausten oft mehrere Familien in einem einräumigen „Sahl". Es ist leicht auszumalen, wie es abends und nachts oder bei

---

71 Vgl. [Heß, J.- L- v.], Hamburg topographisch, politisch und historisch beschrieben. 2. Aufl., umgearbeitet und vermehrt, Dritter Theil, Hamburg 1811, S. 458 f. und zum Folgenden Rambach, J. H., Versuch einer physisch-medizinischen Beschreibung von Hamburg, Hamburg 1801, S. 19 f. u. S. 25 f. Weitere detaillierte Angaben sind bei M. Haarbleicher zu finden: „Die Straßen, die den Juden in Hamburg zur Wohnung und zum Hausbesitz freistanden, waren folgende: Altewallstraße, blauen Thurm, Böhmkenstraße, Brunnenstraße, 3 Elbstraßen, Großer Neumarkt, Grünensood, Hütten, Holerweg, beide Jacobstraßen, Kohlhöfen, Kräte, Kurzestraße, 3 Marktstraßen, Michaelisstraße, Mönkendamm, Mönkendammstwiete, beide Marienstraßen, Mühlenstraße, Neuensteinweg, Poolstraße, Pilatuspool, Peterstraßen, Rothersood, Scheelengang vom alten Wall bis an die Bank, Schlachterstraße, Thielbeck, Zeughausmarkt. Die Vorstadt St. Georg war gestattet, aber wenig oder gar nicht benutzt, der Hamburgerberg (St. Pauli) war sogar zum bloßen Übernachten verboten, dies jedoch wegen der dort von allerlei Gesindel den Juden stets drohenden Gefahr. Aller Kirchengrund, sowie alles Gebiet der beiden Klöster in und außerhalb der Stadt war verboten, und dazu gehörte unter andern die Ostseite der Poolstraße, wo später der israelitische Tempel gebaut worden ist. Es besteht hierüber keinerlei förmliches Gesetz, als eine Vereinigung zwischen Rath und Sechzigern von 1752. Die Grundstücke in den erlaubten Straßen wurden zwar jüdischen Käufern auf ihren Namen zugeschreiben – und sogar den jüdischen Klaus-Instituten auf ihren Namen – allein jedesmal nur auf besondere Supplication beim Senat." Vgl. auch Haarbleicher, M. M., Aus der Geschichte der Deutsch-Israelitischen Gemeinde in Hamburg, 2. Ausgabe, Hamburg 1886, S. 30 f.

72 Vgl. Buek, F. G., Handbuch der Hamburgischen Verfassung und Verwaltung, Hamburg 1828.

schlechtem bzw. kaltem Wetter dort zuging, wenn Kinder und Erwachsene nicht auf die Straße mochten. Komfortabel und in geräumigeren Wohnungen lebten wohlhabende Juden vor allem in der Mühlenstraße.[73]

2 *Zur Berufsstruktur der jüdischen Bevölkerung*

Wie unsinnig es wäre, verallgemeinernd von „den" Hamburger Juden zu sprechen, macht ein Blick auf die Berufsstruktur der Gemeindemitglieder deutlich. Hier zeigt sich deren Heterogenität.[74] Ihren Lebensunterhalt verdienten die Männer und Familienväter in verschiedensten Berufen. Unter ihnen gab es 20 Ärzte, 40 Geistliche und Lehrer, 40 Künstler (Schauspieler, Musiker und Maler), 300 Kaufleute und Detaillisten (Einzelhändler), 300 Handelsleute, Trödler und Hausierer, 70 beeidigte und unbeeidigte Makler, 10 größere und 20 kleinere Fabrikanten (von Hüten, Kattun, Seife, Tabak, Silberraffinerie, Eisenguß, Knöpfen, Schirmen, Watte, Schoklade usw.), 10 Inhaber von Buch-, Kunst- und größeren antiquarischen Handlungen, ferner an 100 Arbeiter und Sortierer in diversen Fabriken, 100 Zigarrenarbeiter, 60 eigentliche Arbeitsleute und Lastträger, 10 Fleischhändler, 30 Gemeinde- und Stiftungsbeamte, 40 öffent-

---

73 Vgl. hierzu die ausgezeichnete, großenteils aus den Quellen gearbeitete Studie: Richter, Anke, Struktur und Wandel der Lebensverhältnisse jüdischer Unterschichten in Hamburg (1815-1870), Hamburg 1987 (Magister-Arbeit), S. 24 f. und S. 36. Dort sind (S. 42 ff.) auch Angaben über die prekäre allgemeine Einkommens-, Ernährungs- und Lebenssituation zu finden.

74 Vgl. zum Folgenden „Allgemeine Zeitung des Judenthums", 1. Jg. 1837, Nr. 76 v. 26.9. 1837, Nr. 97 v. 14.11. 1837, Nr. 103 v. 28.11. 1837, Nr. 106 v. 5.12. 1837. Genaue statistische Angaben zur Berufsstruktur im Jahr 1815 bietet: Krohn, Helga, Die Juden in Hamburg 1800 – 1850. Ihre soziale, kulturelle und politische Entwicklung während der Emanzipationszeit, Frankfurt 1967, S. 36 ff.
Zur allgemeinen Entwicklung siehe Gonsiorowski, H., Die Berufe der Juden Hamburgs von der Einwanderung bis zur Emanzipation, Diss. Hamburg 1927.
Zum Vergleich von Juden und Christen vgl. Neddermeyer, F. H.,
Statistik und Topographie der Freien und Hansestadt Hamburg, Hamburg 1847.

liche und 50 heimliche Handwerker (letztere in zünftigen Gewerben), 15 Gastwirte, Kaffeehaus- und Restaurantbetreiber, 2 Fuhrleute, 25 Lotterielosverkäufer, 10 Pfandleiher und etwa 700 Hausangestellte beiderlei Geschlechts. Wirtschaftliche Konjunkturen erzwangen nicht selten Berufswechsel. Heinrich Heine beschrieb in seinen Reisebildern einen Mann, der den Lebensunterhalt nacheinander als Hausdiener, Hühneraugenoperateur, Juwelenhändler und Losverkäufer bei der Lotterie verdiente.[75]

Mit dem allgemeinen Überseehandel beschäftigten sich nur relativ wenige jüdische Kaufleute. Dies gilt unabhängig von der Tatsache, dass einzelne erfolgreiche Mitglieder der Gemeinde hier eine wichtige Funktion hatten und sephardische Unternehmer, Überseehändler, Makler und Händler u.a. für den hamburgischen Handel mit der iberischen Halbinsel, dem Mittelmeerraum und Lateinamerika entscheidende Schrittmacherdienste geleistet hatten. Gleiches galt für eigentliche Bankgeschäfte. Nach dem Ende der napoleonischen Kriege 1815 handelten jüdische Kaufleute zunehmend mit englischen Manufakturwaren. Dazu etablierten sie Filialen in Manchester und anderen englischen Fabrikstädten. Zudem unterhielten sie Verbindungen nach Nordamerika. Wolle für den Export kam aus dem Mecklenburgischen, während Getreide häufig auch von Glaubensgenossen aus Preußen zugeliefert wurde.[76]

---

75 Siehe Heine, H., Reisebilder. Dritter Teil, Kapitel III, in: Heine , H., Werke und Briefe, Bd. 3, Berlin-Weimar 1980, S. 281. Ähnlich ging es Lazarus Moses Glogau, der ab 1820 nacheinander mehrere Berufstätigkeiten ausübte. Zuerst unterstützte er den Vater als Verkaufsgehilfe, anschließend arbeite er bei einem Pfandleiher und dann in einem Restaurant, bis er sich als Gehilfe eines Altwarenhändlers zum selbständigen Antiquar und Buchhändler entwickelte. Vgl. Hauschild-Thiessen, R., Die Familie Glogau und ihre Buchhandlungen, in: Tiedenkieker. Hamburgische Geschichtsblätter. N F., Nr. 5, 2012, S. 16 ff. (hier S. 19).

76 Siehe hierzu und zum Folgenden: Haarbleicher, M. M., Aus der Geschichte der Deutsch-Israelitischen Gemeinde in Hamburg, 2. Ausgabe, Hamburg 1886, S. 315 ff.

Jüdische Kaufleute betätigten sich um 1830 zwar mehr oder minder zahlreich in allen Handelszweigen, doch die Mehrheit – vom größeren Unternehmen bis zum Hausierhandel – vertrieb Manufakturwaren und war im sogenannten Produkthandel mit Tabak, Kurzwaren usw. tätig. In allen diesen Gewerbszweige, auch bei Pfandleihern, Hausierern, Kleinhändlern, Trödlern, arbeiteten neben Juden auch Christen, so dass Kunden stets die freie Wahl hatten, mit wem sie ein Geschäft abschließen wollten.

'Christliche' Ladenbesitzer und Krämer, die es im frühen 19. Jahrhundert nahezu in jeder Straße gab, schimpften zwar besonders laut über die Konkurrenz speziell jüdischer Straßenhändler, aber dies entsprach nicht den wirtschaftlichen Gegebenheiten; denn die Zahl der getauften Straßenhändler lag insgesamt nicht niedriger als die der Juden.
Grössere Läden konnten von Juden erst nach 1842 eröffnet werden, als entsprechende Verbote wegfielen und die Bürgerschaft eine völlige Niederlassungsfreiheit in allen Stadtteilen auch für Wohnungen gestattete. Frauen betätigten sich im Kleinhandel selten. Sie verdienen ein Zubrot mit Strick- und Stickarbeiten sowie in der Pflege.

Die im Vergleich zu den getauften Hamburgern niedrigeren Einkünfte vieler Mitglieder der jüdischen Gemeinde zeigten sich u. a. im Heiratsverhalten. Juden verehelichten sich ungefähr um 20 Prozent seltener als Christen. Dies erklärt sich aus Schwierigkeiten, die wirtschaftlichen Voraussetzungen einer Eheschließung zu realisieren.

Die Säuglingssterblichkeit lag in jüdischen Familien deutlich unter dem hamburgischen Durchschnitt. Der öffentlich oft behauptete Mangel an Hygiene in jüdischen Familien war demnach eine hässliche Fiktion. Uneheliche Geburten hatte die Gemeinde ebenso wie Scheidungen fast gar nicht zu verzeichnen. Kriminelle, Trinker oder Prostituierte jüdischer Herkunft gab es im Verhältnis zur Gesamtbevölkerung nur wenige. Solche

Sünder wurden allerdings nicht als Ausnahmen registriert, sondern als jüdische Kriminelle, als jüdische Trinker, jüdische Prostituierte, als gäbe es hier einen irgendwie deutlichen Zusammenhang mit ihrer Religion bzw. ihrer Glaubensgemeinschaft.

In Hamburg ließen sich auch ungefähr 300 Mitglieder der jüdischen Gemeinden taufen. Gewerbe und Geschäfte, die sie danach betrieben, hätten ihnen - außer einigen Juristen – größtenteils auch als Mitglieder der jüdischen Gemeinde offen gestanden. Demnach waren diese Konversionen nicht oder zumindest nicht überwiegend ökonomisch motiviert

3 Straßenhändler, Hausierer, Trödler und das Bild vom Juden

Wie erwähnt, galten Erscheinung und Verhalten jüdischer Straßenhändler, Hausierer und Trödler vielen Zeitgenossen als typisch für die gesamte Bevölkerungsgruppe. Der Schriftsteller Eduard Beurmann notierte 1836 dazu, die normalen Bürger hätten nur Trödelhandel und Wucher vor Augen, wenn von Juden die Rede wäre. Sie vermöchten nicht, sich „von den alten Vorurtheilen los[zu]sagen; es fehl[e] ihnen an Imagination, sich die Juden als Menschen zu denken." Zudem bestimmten eigene materielle Interessen der Christen deren Einstellungen und Wahrnehmungen, ihrer „Nächstenliebe wären vom Egoismus enge Grenzen gezogen."[77]

77 Vgl. Beurmann, E., Skizzen aus den Hanse-Städten, Hanau 1836, S. 63 ff. Zum Folgenden siehe auch Spiekermann, Uwe, Basis der Konsumgesellschaft. Entstehung und Entwicklung des modernen Kleinhandels in Deutschland 1850-1914, München 1999, S. 39 ff.

Plakat. Jüdischer Straßenhändler mit Bauchladen (1835

Für August Sutor galt dies nicht. Er betrachtete Juden mit einer anderen Einstellung als die Mehrheit seiner Zeitgenossen. In seinem Werk zeigte er angesichts der Notsituation einer ganzen „Menschenclasse“ zunächst Mitleid. Dies beeinflusste sein Fühlen und Denken. Erst dann ging er auf ökonomische Probleme, d. h. die hohe Zahl von Juden in relativ wenigen Berufen, ein. Er erklärte sie mit dem Ausschluss der Juden von den meisten Erwerbs- und Handwerkszweigen. A. Sutor hoffte, jeder werde nachempfinden können, „wie schrecklich es sein müsste“, sich in „Hinsicht“ auf eine freie Berufswahl „gefesselt zu sehen“, und verwies auf die „traurigen Gefühle“ des jüdischen Familienvaters, der seine Söhne wegen der versperrten anderen Möglichkeiten „auf den Markt und in die Gassen“ schicken müsse, um zu „handeln und zu hausiren“. Wenn jener seine Jungen eines der wenigen auch Juden offenstehenden Handwerke erlernen lassen könne, dann gehe es stets um ein wenig lukratives Gewerbe. Die einträglichen Handwerkzweige wären faktisch den Christen vorbehalten. Armen christlichen Eltern bliebe doch immerhin die Hoffnung, dass für ihre Nachkommen ein zünftiges Handwerk goldenen Boden haben werde. Im Hinblick auf die ohnehin wenigen jüdischen Jungen, die ein Handwerk erlernen könnten, gelte diese nicht.[78]

Die durch ihre Mitgliedschaft in Zünften und „Ämtern" traditionell privilegierten Krämer, Detailhändler und Handwerker empfanden Straßenhändler, Hausierer und Trödler - gleichgültig welchen religiösen Bekenntnisses - nicht ohne Grund als Konkurrenten. Deren Bedeutung nahm in der ersten Hälfte des 19. Jahrhunderts zu. In den „Neuen Hamburgischen Blättern" (Nr. 54 v. 14.12. 1842) räumte ein Beobachter durchaus ein, dass „ordentlichen Krämern" durch konkurrierende Straßenhändler Nachteile entständen. Er benannte aber auch einen wichtigen Vorteil von mehr Anbietern; denn die Konsumenten, „das ganze Publikum" gewönne, indem „es sich wohlfeiler kleiden und beköstigen" könne.

Die Abneigung gegen Konkurrenz hing zunächst nicht mit Vorurteilen oder Aversionen religiöser Art zu tun. Es wäre kurzschlüssig, hinter jedem entsprechenden Konflikt zugleich auch antijüdische Einstellungen zu argwöhnen. In Bayern etwa verfolgten die Behörden neben Juden auch nicht lizensierte Hausierer aus Italien, Württemberg, Tirol, der Schweiz und Baden. Allerdings befeuerten antijüdische Ressentiments die Auseinandersetzungen zusätzlich.

Dort, wo Judengemeinden sich selbst durch den Zuzug ärmerer Juden in ihrer Erwerbstätigkeit bedrängt fühlten, ersuchten auch sie die Obrigkeiten um Abwehr der unliebsamen Konkur-

---

78 Vgl. hier im Transkript |Bl. 35 b| ff. Wie es Juden erging, die versuchten, sich als etwa Tagelöhner zu verdingen, zeigten z. B. Erfahrungen in Altona. Dort versuchte „christlicher Pöbel ... dies mit Gewalt zu verhindern." Die Behörden mussten bewaffnete Wachen aufbieten, um Ordnung zu schaffen. Vgl. Grunwald, M., Hamburgs deutsche Juden bis zur Auflösung der Dreiergemeinden 1811, Hamburg 1904, S. 59.

renz. Nachdem etwa wegen der polnischen Teilungen aus dann Preußen angeschlossenen Gebieten Juden mit Waren auf Märkte in bereits vorher preußische Gebiete kamen, protestierten eingesessene jüdischer Gemeinden gegen die neue Konkurrenz bei der Regierung.[79]

Da August Sutor sich bei der Vorbereitung seines Werkes umfassend mit dem Problem des Hausierens beschäftigt hat, ist es sinnvoll, hier darauf einzugehen. Er studiert sogar Protokolle von bayrischen Landtagsdebatten über den Hausierhandel aus dem Jahr 1819. Sie zeigten ihm sehr anschaulich, wie selbst eine kontroverse Debatte über den Status der Juden zahlreiche positive Argumente für eine Emanzipation zu verbreiten, zu 'popularisieren' vermochte.

Eine solche Lektüre könnte A. Sutor bestärkt und zusätzlich inspiriert haben, ebenfalls in Hamburg eine öffentliche Debatte über eine Emanzipation der Juden zu führen. Deshalb lohnt es sich, dort vorgetragene Argumente zu skizzieren. Dabei wird zugleich gezeigt, wie das Thema „Emanzipation" außerhalb Hamburgs in anderen deutschen Staaten diskutiert wurde.[80]

Die Redebeiträge in der bayrischen Ständeversammlung bestätigten einerseits die weite Verbreitung antijüdischer Vorstellungen und Klischees vom durch „List, Schlauheit, Vorsicht und Speculations-Geist" geprägten „Schacher-Juden", der zum normalen Gewerbebetrieb oder dem Ackerbau zu „ungeschickt und träge" wäre. Andererseits ergriffen jedoch auch zahlreiche

---

79 Vgl. Rönne, L. v., Simon, H. (Hg.), Die früheren und gegenwärtigen Verhältnisse der Juden in den sämmtlichen Landestheilen des Preußischen Staates, Breslau 1843, S. 352 u. S. 402.

80 Vgl. zum Folgenden (die in A. Sutors Bibliothek vorhandenen) „Verhandlungen der zweiten Kammer der Ständeversammlung des Königreichs Baiern", 5. Bd., München 1819. Über das Hausieren vgl. dort den „Vortrag … den Hausier- und unberechtigten Handel der Juden betreffend". Siehe zudem S. 137 ff. u. S. 169 ff., S. 190 ff., S. 203 ff. Vgl. zu den Debatten auch: „Einige Aeußerungen in der Kammer der Abgeordneten in Baiern, die Verhältnisse der dortigen Israeliten betreffend", in: „Sulamith", V. Jg., 2. Bd., S. 334 – S. 339, Verhandlungen der Kammer der Abgeordneten des Königreichs Baiern über die Emancipation der Juden. Siehe hierzu auch Gabriel Riesser`s Gesammelte Schriften, Bd. 2, Frankfurt 1867, S. 373 - S. 407 (zuerst 1832 in Riessers Zeitschrift „Der Jude", 1. Jg.) sowie Harris, James F., The People Speak! Anti-Semitism and Emancipation in Nineteenth-Century Bavaria, Ann Arbor 1994.

Abgeordnete das Wort, die an frühere grausame Verfolgungen und Massenmorde erinnerten und - wie ein Abgeordneter namens Pelkhoven - darauf hinwiesen, „daß dieses Volk ... auch heut zu Tage noch unter manchem Drucke und der Entziehung der natürlichen Rechte seufze."

Trotz heftiger Kritik am gegenwärtigen Erscheinungsbild der jüdischen Hausierer vertrat eine Mehrheit der bayrischen Volksvertreter die Meinung, eine allmähliche „Angewöhnung der Juden an die gewöhnlichen Gewerbe des Acker- und Weinberg-Baues, der Handwerker" usw. wäre wünschenswert. Kurzfristig wäre dies aber selbst durch rigide Verordnungen nicht zu erreichen, „da nichts in der Natur durch einen Sprung geschehe". Die Qualität der Aussagen und der Anteil der menschenfreundlich argumentierenden Redner während der Landtagsdebatte waren erheblich. Ein Hofrat Behr verwahrte sich gegen das „beliebte Spötteln auf Theorie und Vernunft-Gesetzgebung" und bekannte, „ihn würde ein solches Spötteln nicht abhalten, auch jetzt wieder von Menschen-Rechten zu sprechen, denn die Israeliten seyen Menschen, und hätten als solche Menschen Rechte." Wer ein Ende des Hausierhandels fordere, solle doch auch die entstehenden Probleme bedenken, die entstünden, wenn Juden sich tatsächlich umorientierten. Handwerker und Bauern würden dann „sehr schief auf das Eindrängen solcher neuer Concurrenten hinsehen, und daß das Geschrey, welches jetzt von den Krämern erhoben werde", ertönte dann von ihrer Seite.

Der Abgeordnete Pfister hielt fest: „Ungerecht seyen die Klagen gegen die Personen der Juden, die, ebenso wie wir, Menschen seyen; ja sie seyen auch unsere Nächsten, denen wir, wie uns selbst, ihren Unterhalt gönnen und wünschen müßten. Zur Zeit aber wüßten sie sich nicht anders, als durch Handel denselben zu verschaffen." Der Abgeordnete Haffner erinnerte an ein Gebot: „Es heiße: du sollst deinen Nächsten lieben, wie dich selbst." Ein Abgeordneter namens Köster versuchte ein Beispiel zu geben: „Er ... beurtheile den Menschen nicht nach seiner Religion, nach der Form, wie er seinen Gott anbete, sondern nach der Moralität und bürgerlicher Gerechtigkeit – und wie viele trügen den Stempel einer privilegirten Religion, und hätten keine im Herzen! Dies zur Berichtigung der Intoleranz gegen die Juden!“ Die Israeliten müssten in die Lage versetzt werden, sich Bildung sowie „bürgerliche Ehre und Vortheile“ zu erwerben. „Es müsse dahin gearbeitet werden, daß beide Parteien, die jetzt ganz getrennt dastünden, mehr miteinander zu amalgamiren.“ Bevor die Regierung jedoch irgendwelche Verbote erlasse, müsse sie sich die Frage stellen, ob „Juden wirklich als Lehrjungen, Gesellen und Meister überall angenommen“ würden, wenn diese sich vom Hausieren, Handeln und Schachern abwendeten. Zwingen könne die Verwaltung doch niemanden, an Juden Ackerland zu verkaufen, jüdische Lehrlinge und Gesellen anzustellen oder jüdischen Meistern Aufträge zu erteilen.

Deshalb fand der Vorschlag, eine „Versammlung der aufgeklärteren Juden selbst [zu] veranstalten, um sich mit ihnen über ihre eigene schicklichste Mitwirkung hiezu zu berathen“, im bayrischen Landtag deutliche Unterstützung. Hier orientierten die Volksvertreter wohl am Beispiel des großen Sanhedrin von 1807 im napoleonischen Frankreich.[81]

Welche Wirkung solche Argumente, wie sie die Abgeordneten Pelkhoven, von Behr, Pfister, Köster und Haffner in München vortrugen, im Hamburger Rathaus, in den Kirchspielversammlungen der Bürgerschaft gezeitigt hätten, bleibt ungewiss. Zu ihrer Ehre hätten solche und ähnliche Töne Bürgern und Rat der Stadt Hamburg allemal gereicht

Erfreuliche Bilder jüdischer Straßenhändler und Hausierer boten zumindest auf den ersten Blick Zeichnungen, die der Künstler Christoffer Suhr 1808 in seinem Werk „Der Ausruf in Hamburg“ in 120 kolorierten Blättern präsentierte. Sie zeigten durchweg unbeschwerte, fröhliche Händler. Die Juden machte der Künstler durch Bärte und (oder) gelocktes schwarzes Haar kenntlich

---

81 Zum Sanhedrin vgl. die in Hamburg veröffentlichten Dokumente in: Bran, Alexander (Hg.), Gesammelte Actenstücke und öffentliche Verhandlungen über die Verbesserung des Zustandes der Juden in Frankreich, Erster Band (Heft 1-6), Hamburg 1807 und ders. (Hg.), Gesammelte Actenstücke und öffentliche Verhandlungen über die Verbesserung der Juden in Frankreich, Zweiter Band (Heft 7 u. 8), Hamburg 1807.

„Schöne englische Pischpitt"

„Was su Handeln?"

Die Bilder sind häufig nachgedruckt worden – allerdings meist ohne die Bildkommentare. Diese hatte der Allermöher Pastor K. J. H. Hübbe, ein Freund Suhrs, verfasst. Wenn Hübbe z. B. von einem alten „Schacherjuden" schrieb, welcher durchaus beliebt und dementsprechend „ungezogenen Neckereien[82] weniger ausgesetzt" sei, musste der Leser bzw. der Betrachter selbst ergänzen, wie andere, „lästige" jüdische Straßenhändler traktiert und wahrgenommen wurden.

Sie handelten nach Hübbe angeblich mit „Ausschuss", wandten „zudringlich" mit „gellender Stimme" alle „Überredungskünste" auf, um minderwertige Waren an den Mann zu bringen. Für sein zusammenfassendes Urteil über die jüdischen Straßenhändler zitierte der Pastor Hübbe eine Stelle aus dem biblischen Buch Sirach: „Wie der Nagel in der Wand steckt zwischen zwei Steinen, so der Betrug zwischen Käufer und Verkäufer."[83]

Welche besondere Position August Sutor mit seinem Werk ein-

82 Das Verb „necken" stand noch in der ersten Hälfte des 19. Jahrhunderts sowohl für harmloses Scherzen, Foppen und Aufziehen, als auch für ein boshaftes Quälen. Vgl. Heyne, Moriz, Deutsches Wörterbuch, Bd. 2., Leipzig 1905 ff., Sp. 967.

83 Zu statistischen Angaben über Straßenhändler und Hausierer vgl. neben Gonsiorowski, Herbert, Der Berufe der Juden Hamburgs von der Einwanderung bis zur Emanzipation, Diss. Hamburg 1927, S. 39, S. 48 ff., S.74 ff. insbesondere Spiekermann, Uwe, Basis der Konsumgesellschaft. Entstehung und Entwicklung des modernen Kleinhandels in Deutschland 1850-1914, München 1999, S. 39 f. und S. 206 sowie Richter, Anke, Struktur und Wandel der Lebensverhältnisse jüdischer Unterschichten in Hamburg (1815-1870), Hamburg 1987 (Magister-Arbeit).

nahm, in dem er Mitgefühl und Verständnis auch für die jüdischen Hausierer forderte, verdeutlicht ein Vergleich mit einer menschenfeindlichen, antijüdischen Schilderung des Straßenhandels. Diese erschien zuerst im Jahr 1853 im renommieren „Morgenblatt für gebildete Leser“ [84] und dann literarisch ausgestaltet und mit noch abstoßenderer antijüdischer Tendenz 1893 in dem Buch „Hamburger Schlendertage“ von August Trinius (S. 140- 148). Ein Nachdruck dieser Fassung erfolgte 1980 (!). Das hier gezeichnete schauderhafte Bild von Hamburger Juden demonstriert schlagend, wie wichtig Publikationen von im besten Sinne des Wortes aufklärerischen Texten gewesen wären.

Fröhliches Treiben auf der Judenbörse (Mitte des 19. Jahrhunderts)

84 Vgl. zu den folgenden Zitaten: Hamburger Briefe, Nr. IV, in: „Morgenblatt für gebildete Leser“, Nr. 23 vom 29.5. 1853, Stuttgart/Tübingen (Cotta´sche Verlagsbuchhandlung), S. 518 ff. Dieses Blatt galt damals als eine der bedeutendsten deutschen Zeitschriften.

Düstere Judenbörse (Mitte des 19. Jahrhunderts)

Bereits die erste Fassung der genannten antijüdischen Darstellung der Hamburger Juden aus dem Jahr 1853 enthielt und bestärkte schlimmste Vorurteile: Wo Israeliten ihre Geschäfte betrieben, gäbe es „ohne eigene kaufmännische Anstrengung" „etwas zu profitiren". Dort wäre „der Boden ungemein reich ... an brauchbaren Abfällen". „Der Charakter des jüdischen Kleinhändlers [enthalte] ... eine Beimischung von Schmarotzerhaftigkeit, ... [er] bedürfe ... eines fremden, starken Stammes, um sich mit klammernden, tastenden Organen daran emporzuranken und ihn so fest zu umschlingen." Das unermüdliche „Anpreisen seiner Waaren ... schein[e] ihm Lebensbedürfnis zu seyn." Der in Hamburg u. a. mit einem „Karren ... in allen Straßen herumvagabundirende Kleinhändler" wäre bereits auf den ersten Blick an einer typischen „charakteristischen Schädelbildung und Physiognomie" zu erkennen.

Wenn seine Geschäfte florierten, wäre er „zufrieden, ohne sonderlich anstrengende Arbeit ein Geschäft gemacht zu haben", zumal sich viele „Schillinge und Marken ... in gutem, reinen

Silber in seiner Tasche" befänden. Der auf „einer breiten, langen Straße zwischen Großneumarkt und dem Zeughausmarkte ... fast nur von Israeliten betrieben[e]" Trödelhandel finde „in der dunklen Tiefe ... höhlenartiger Läden oder Hausdielen" sowie in „dunklen, niederen, gewöhnlich auch zum Überfluß sehr schmutzige[n] Gänge[n] statt." Das gierige Feilschen sowie „die gewinnsüchtig funkelnden Augen der Verkäufer" ließen bisweilen ein unheimlicheres Licht aufknister[n]". Die Juden wären „fast nur Abkömmlinge von Orientalen, die wie hungrige Geier zusammenhocken."[85]

4 Nach der „Befreiung" von der französischen Herrschaft: Ausschluss vom Bürgerrecht und Ende der Gewerbefreiheit

Während der Besetzung Hamburgs durch französische Truppen und der Angliederung der Stadt an das napoleonische Reich hatten die Juden - ohne eigenes Zutun - entsprechend der Parole „Freiheit, Gleichheit, Brüderlichkeit" für kurze Zeit eine Gleichberechtigung mit den anderen Einwohnern der Stadt erlangt und erlebt. Eine besondere Zuneigung zu den Franzosen entwickelte sich unter den hamburgischen Juden trotzdem nicht. Dies verhinderten bereits die aus der Kontinentalsperre resultierenden wirtschaftlichen Nöte und Bedrückungen. Ge-

---

85 Im Jahr 1893 dem Text von 1853 über die Juden in Hamburg hinzugefügte Sätze verweisen auch auf die Radikalisierung des Antisemitismus nach der Reichsgründung: „Was da auf den Karren ... ausliegt, was da anpreist, feilscht, hantirt, schreit, schachert, gestikulirt, Augen verdreht und das wirre schwarze Haar juckend durchfährt: es muthet an wie ein Kehrichthaufen von Abfällen, Scherben, Menschen, Lumpen und Lappen ... die Luft mit üblem Hauche verpestend. ... Es ist ein Stück Orient ... darbend, rechnend, heißhungrig nach Besitz, Macht und Sonne. ... Hinter den Karrenreihen aber bewegt sich behend das Volk der Hebräer mit den sammetglänzenden, schwarzen Augen und den merkwürdigen Schauckelbewegungen. Unruhig gehen die Blicke einher: anlockend, bittend, überzeugend, schmollend, auffahrend und wieder demüthig, furchtsam, hündisch-unterthänig. ... Verkommene Schmutzgestalten ... [f]ettglänzende Röcke, klebrige Mützen, verkrustete Gesichter, die wie Geier nach Opfern Ausschau halten. ... Ein paar wollhaarige Judenknaben balgen sich am Boden um einen heruntergefallenen Pfennig. ... Geld, Geld!"
(Wenn ein Buch mit solchen Inhalten als Reprint erscheint, dann bedarf es eigentlich keiner Begründung für eine Herausgabe des Werkes von A. Sutor über „Hamburg und die Juden".)

gen Ende der Besatzungszeit musste zudem ungefähr die Hälfte der Hamburger Juden die Stadt gemeinsam mit jenen Einwohnern verlassen, die ebenfalls zu arm waren, um sich für eine längere Belagerungszeit zu verproviantieren. In der Neujahrsnacht 1814 ließ die französische Besatzungsmacht sogar Haussuchungen „in den Gängen und kleinen Gassen der Neustadt [durchführen], hauptsächlich bei Juden, um Nichtproviantierte aufzufinden."[86] Die Ursache für diese gezielte Maßnahme lag zwar nicht in der Religion, sondern in der Armut der Betroffenen, aber das tröstete diese sicherlich nicht.

Die Befreiung der Stadt im Mai 1814 brachte den Juden keine Erleichterung. Die ersten Anordnungen der erneut ins Amt gekommenen alten Obrigkeit trafen wiederum insbesondere die armen Juden, deren armseligen Broterwerb und ihr Ansehen. Ein „Publicandum" vom 14. Juli 1814 verbot „vorzüglich Juden" auf den „Gassen und vor den Häusern ihre Waaren feil[zu] bieten, und die Vorübergehenden schreyend an[zu]halten und zum Ankauf" aufzufordern. Dies würde dem „ Gewerbe vieler ruhiger Bürger, die weniger unbescheiden und zudringlich sind, große[n] Nachtheil" zufügen, „Ruhe und Ordnung" stören und „dem Betruge Thür und Thor" öffnen. Die Verantwortung für solche Erklärungen lag nicht beim Rat, sondern bei der Polizeibehörde bzw. dem späteren Bürgermeister Bartels. Dieser erhielt im nächsten Jahr Rückendeckung für seine Anordnungen. Im Juli 1815 verbot der Rat ein Hausieren auf den Gassen und in den Häusern, auch damit dem Bürger nicht „aller [!] Erwerb gestöhrt" würde. Vorgeblich behinderten die (meist jüdischen) Hausierer auch den Verkehr in den Gassen.[87]

Am 25. Juli verbot ein Mandat zudem nachdrücklich die Teilnahme an Lotterien aller Art. Diese förderten angeblich Veruntreuungen und Vergeudungen. Selbst das Werben für dergleichen stand unter Strafe. Auch hier traf das Verbot wiederum vor

---

86 Vgl. Gallois, J. G., Chronik der Stadt Hamburg und ihres Gebietes, Bd. IV, Hamburg o. J., S. 430.

87 Vgl. StAH, Senat, Cl. VII Lit Lb No 18 Vol 7 Fasc 7, Extractus Protocolli Senatus Hamburgensis, Mercurii d. 12. Julii 1815.

allem Angehörige einer ungeliebten Minderheit. Die Behörden störte, „daß das Schachern und Hausiren mit Zetteln zu auswärtigen Classen-Lotterien ... besonders von herumlaufenden Juden noch immerfort getrieben“ würde. [88]

Bekanntmachung

wider das Hausiren mit Waaren durch Fremde, wie auch sogenannte Lieger und Juden.

Da seit einiger Zeit das Hausiren und Herumtragen von Waaren in der Stadt durch Fremde, wie auch sogenannte Lieger und Juden, auf eine durchaus unleidliche Weise überhand nimmt; da ferner durch die, welche Waaren ausbieten, die Passage in manchen Gassen, auf öffentlichen Plätzen, auf Brücken und in den Thören gesperrt und verhindert wird; da auch das Auslegen von Waaren in eigenmächtig errichteten Buden, auf Beyschlägen, auf in den Straßen gesetzten Tischen, auf Schubkarren, vor den Hausthüren und neben denselben, in polizeylicher Hinsicht nicht geduldet werden kann; da endlich oft Waaren den Leuten angeboten und angeschwazt werden, deren Qualität schlecht und die in Maaß und Gewicht unrichtig sind, ja auch selbst unter den getrockneten Früchten, wie Feigen, Rosinen und Korinthen u. s. w. verdorbene Waare sich befindet, die der Gesundheit im höchsten Grade nachtheilig werden kann: so sieht Ein Hochedler Rath sich gemüßigt der hiesigen Polizey-Behörde aufzutragen, all solchem Unfug mit Nachdruck zu wehren, und wird deshalb verordnet:

1. Fremden, wie auch sogenannten Liegern und Juden, die zum Nachtheil hiesiger Bürger ausserhalb des Jahrmarkts hausiren gehen, sollen die Waaren abgenommen nnd confisciret werden, und werden diejenigen, die wiederholt dieser Verfügung zuwider handeln, aus der Stadt verwiesen werden.

2. Das Beengen der Gassen durch Verkäufer und das Auslegen der Waaren in eigenmächtig und ohne Erlaubniß errichteten Buden, auf Beyschlägen, auf in den Gassen gesetzten Tischen, auf Schubkarren, vor den Hausthüren und neben denselben, wird gänzlich, und bey Strafe der Confiscation der Waaren, verboten.

3. Alle, die in Maaß und Gewicht unrichtige und verdorbene Waare verkaufen, sollen als Betrüger angesehen und als solche neben der Confiscation der Waaren annoch bestraft werden.

Gegeben in Unserer Raths-Versammlung, Hamburg den 17. July 1815. Renovatum den 1. September 1819.

Da solche Bekanntmachungen an vielen Stellen der Stadt in Plakatform angeheftet wurden, weckten bzw. verstärkten sie antijüdische Vorurteile. Dies zeigte sich u. a., als es selbst nach der opferreichen Beteiligung von Juden am Kampf gegen napoleonische Truppen bereits etwa Ende Mai 1814 im Bürgermilitär Versuche gab, Juden vom Aufziehen der Bürgerwache auszuschließen.

---

88 Vgl. hierzu: Sammlung der Verordnungen der freyen Hanse-Stadt Hamburg seit deren Wiederbefreyung im Jahre 1814. Bearbeitet von Christian Daniel Anderson, 1. Bd., Hamburg 1815, S. 167ff. u. S. 177 ff. Der Antrag des Rats vom 20. Oktober 1814 „über die Aufnahme der Israeliten nach bürgerlichen und Religionsverhältnissen“ wurde in dieser offiziösen Publikation nur kurz erwähnt. Vgl. ebd., S. 280 ff.
Zum Folgenden vgl. Stieve, T., Der Kampf um die Reform in Hamburg 1789 – 1842, Hamburg 1993, S. 313, Anm. 48.

„Nu, Nu es kann doch sien Glück sien“

Als der Rat 1814 nach der Befreiung von den napoleonischen Truppen vorschlug, den in der Franzosenzeit erreichten Zustand der Gleichstellung der Juden zumindest in kleinen Bereichen aufrechtzuerhalten, lehnte die „Bürgerschaft“, d. h. der (zahlenmäßig geringe) politisch berechtigte Teil der Hamburger, dies ab. (Allerdings wäre von den ärmeren, den vom politischen Entscheidungsprozess ausgeschlossenen Hamburgern nicht anders entschieden worden.)

Wie gering die Aussicht auf eine Fortführung der unter der französischen Herrschaft eingeleiteten gesellschaftlichen Integration und zumindest ein Bestehenlassen der erlangten Zustandes der politischen Gleichstellung und Emanzipation war, hatte sich bereits unmittelbar vor und nach dem Abzug der napoleonischen Truppen an Stellungnahmen wichtiger politischer Repräsentanten der Stadt und dem sogenannten „Testament der Zwanziger“, d. h. der Stellungnahme einer bürgerschaftlichen Reformdeputation abgezeichnet.

Der erste hier zu beachtende Text ist die 1813 verfasste Schrift des späteren Bürgermeisters (ab 1831) Amandus August Abendroth. Sie berührte viele Aspekte städtischer Politik. Ihr Titel lautete „Wünsche bey Hamburgs Wiedergeburt“. Abendroth ging darin nur nebenbei und kurz auf die zukünftige politische Stellung der Juden in Hamburg ein. Aber jedenfalls bezweifelte er öffentlich, „ob es bey der nicht zu läugnenden Uncultur der untern Klassen unter den Israeliten, die die cultivirten Israeliten selbst eingestehen, rathsam ist, schon jetzt auch die Israeliten an der Gesetzgebung im Allgemeinen Theil nehmen zu lassen, sobald sie erbgesessen sind, oder ob es nicht vielmehr besser ist, einer bestimmten Anzahl, etwa zehn, zwei für jedes Kirchspiel, aus den Gebildeten derselben" eine Teilnahme an den Bürgerschaftssitzungen „zu gestatten, ist noch zu untersuchen."[89]

Diese Position, die von der während der Franzosenzeit erlangte Gleichstellung immerhin einigen wenigen gebildeten und wohlhabenden Juden einen Rest politischer Mitwirkungsmöglichkeiten belassen wollte, ist auch in einer Ratsproposition zu finden, die der „Bürgerschaft" im folgenden Jahr zur Abstimmung vorgelegt wurde. Die Bürger lehnten jedoch mehrheitlich in Bezug auf die Juden selbst das geringste Entgegenkommen ab.

Diese Haltung nahmen nicht nur einfache Bürger ein. Auch der Ratsherr Johann M. Hudtwalcker lehnte in seinen weithin beachteten „Bemerkungen über die Schrift: Wünsche bey Hamburgs Wiedergeburt." (Nebst einem Anhange, Hamburg 1814, S. 7 f.) Reformen in diesem Bereich grundsätzlich ab: „Den Israeliten, auch in noch so eingeschränkter Zahl, einen Antheil an der Gesetzgebung zu verstatten, scheint mir durchaus nicht rathsam." Er versuchte diese Aussage mit folgendem Hinweis zu begründen: „Unter den Fehlern, die man dieser Nation, bey vielen großen Tugenden und Talenten, mit Recht vorwirft, steht ihre vorlaute Zudringlichkeit oben an." Neben solchen Äußerlichkeiten führte Hudtwalcker zusätzlich eines der Hauptargumente der Emanzipationsgegner an. Er beschrieb die Juden als eigenständige, fremde Nation: Die Judenschaft „bleibt doch immer eine Nation für sich, und kann also schwerlich das Interesse an dem besondern (Hervorh. i. O.) Wohl des Staates nehmen, in dem sie wohnt ..." [90]

---

89 Vgl. A[bendroth, Amandus August], „Wünsche bey Hamburgs Wiedergeburt", Kiel 1814, S. 26. (Geschrieben1813.)

90 Indirekt kritisierte J. M. Hudtwalcker damit die genannte Schrift A. Abendroths.

Wie wenig der Ratsherr sich bei seiner Darstellung um das faktische staatsbürgerliche Leben und Engagement von Hamburger Juden scherte, zeigen die folgenden Sätze: „... und so lange sie sich dem Ackerbau, der Schiffahrt, den Künsten entziehn, oder ihnen leider entzogen werden, keine Pflichten des Staatsbürgers erfüllen, haben sie auch keine Ansprüche auf die Rechte desselben. Die Formulierung Hudtwalckers „und ihnen leider entzogen werden", zeigt dass er sehr wohl wusste, wie äußerer Druck und Zwang die Juden von Schiffahrt, Ackerbau etc. fernhielt. Auch wenn Abendroth die Existenz von Juden als Soldaten, Steuerzahler und Wohltäter aus seiner Darstellung wegließ, verwahrte er sich doch gegen Druck auf diese Menschen. Sie wären „mit aller Liebe und Achtung, die so viele unter ihnen durch Kopf und Herz verdienen, [zu] behandeln." Er hoffte so darauf, aus den Juden durch das Vorbild gelebten christlichen Lebenswandels, d. h. „durch unsre Tugenden", „Proselyten ... zu machen."

Eine ablehnende Haltung gegenüber der in der Franzosenzeit erlangten vollständigen gesellschaftlichen und politischen Gleichberechtigung aller Juden zeigten Vertreter der Bürgerschaft im sogenannten „Testament der Zwanziger" vom 29.8.1814. In dieser Schrift veröffentlichten Mitglieder der bereits erwähnten Reformdeputation in 36 Punkten ihre Vorstellungen für eine Neuordnung des Staates. In Punkt 6 schlugen sie vor: „Das Bürgerrecht der Juden, jedoch [so], daß sie noch keinen Theil an der Regierung und Verwaltung erlangen, und nur eine beschränkte Zahl von ihnen in den bürgerlichen Versammlungen zugelassen werde." Dies deckte sich teilweise mit den Vorstellungen des Bürgermeisters Abendroth und entsprach dem, was andernorts diskutiert wurde. (Auch) zur Erleichterung einer weitergehenden Emanzipation schlugen sie für die Zukunft eine Trennung bürgerschaftlicher (d. h. politischer) und kirchlicher Kollegien in der politischen Struktur Hamburgs vor. Seit der Reformationszeit kamen die politischen

Vertreter (Oberalte, 60er, 180er) der Bürgerschaft aus der Gruppe der Funktionsträger in den lutherischen Kirchenspielen. [91]

Im Unterschied zu diesen Stellungnahmen setzte die bereits wiederholt genannte vom Rat 1814 der Bürgerschaft vorgelegte Proposition über die zukünftige Stellung der nicht lutherischen Bewohner der Stadt fortschrittlichere Akzente. Sie zeichnete zugleich ein positives Bild der Hamburger Juden. Deshalb beabsichtigte A. Sutor die in diesem Papier verwendeten Argumente für Reformen in gedruckter Form möglichst vielen Hamburgern bekannt zu machen. In dem auf 1814 folgenden Vierteljahrhundert hatte es in Bezug auf den rechtlichen Status der Juden keine Verbesserungen gegeben, obwohl der Verfasser der genannten Ratsproposition die Hamburger Juden nicht nur positiv dargestellt, sondern sie ausdrücklich gelobt hatte.

Der Rat hob 1814 explizit hervor, dass in den vergangenen Jahren seitens der hamburgischen Israeliten weder eine „zuweilen besorgte Anmaßung, noch irgend ein anderer Nachteil christlicher Bürger erspürt“ worden wäre. Sie hätten sich „vielmehr [durch] ein stilles, bescheidenes und gemäßigtes Benehmen“, und vor allem „die willigste Anstrengung mit anderen für's allgemeine Wohl, ja selbst [durch] eine vorzügliche Wohltätigkeit und Vaterlandsliebe Mehrerer ... ausgezeichnet.“ Dies bezog sich auf die Jahre der napoleonischen Besatzung und Herrschaft, welche den Juden, wie erwähnt, für wenige Jahre zumindest juristisch die Gleichberechtigung gebracht hatte.

Mitglieder und Vertreter der jüdischen Gemeinde gingen nach der Befreiung der Stadt von der französischen Herrschaft (ebenso wie eine Mehrheit im Rat) offensichtlich davon aus, ihr Patriotismus, ihr tätiges Bekenntnis zur Stadt und die von

91 Sutor veröffentlichte 1842 dieses „Testament“ der Bürgervertreter und nahm es als Grundlage für seine Vorschläge zur Reform der städtischen Politik. Vgl. Sutor, A., Die Supplik vom 8. Juni 1842 und ihre Bedeutung, Hamburg 1842. Auf das Erfordernis einer solchen Trennung von Kirche und Staat ging auch A. Sutor ein. Siehe Anhang II.

Soldaten und Offizieren aus ihrer Gemeinde gebrachten Opfer im Krieg gegen napoleonische Truppen würden eine gerechte Anerkennung ihrer 'Mitbürger' finden. In einer Supplik vom 3. Mai 1813 formulierten die Gemeindevertreter, die früher vorhandene Abschottung „zwischen Juden und Christen“ gäbe es nicht mehr, „christlichen Glaubensgenossen“ würde es nicht mehr „in den Sinn“ kommen, „Juden zu verspotten oder zu misshandeln.“ Ein Grund läge darin, dass alle „Nationen und Secten in der Bildung riesenhafte Fortschritte gemacht“ hätten. Die „Scheidewand, die vormals zwischen Christen und Juden gezogen war, [sei] nicht mehr vorhanden, weil die ersteren die letzteren achten, weil sie [sie], mit einzelnen wenigen Ausnahmen, jedes Gewerbe treiben lassen, weil man von den Vorurtheilen, die beide Religionen früherhin voneinander trennten, zurückgekommen ist, weil die jüdischen Glaubensgenossen sich ernsthaft mit den christlichen Glaubensgenossen zu amalgamiren bestreben.“

„Während der Vereinigung Hamburgs mit Frankreich haben wir mit aufrichtiger Rührung wahrgenommen, wie sehr Hamburgs Bürger von den alten Vorurtheilen, keine jüdischen Glaubensgenossen in ihrer Mitte dulden zu wollen, zurückgekommen sind, wie keiner darnach fragte, welchen Glaubens dieser oder jener sei, sondern nur, welchen Ruf er genieße.“

Die Juden hätten durch ihr Verhalten den Einwand widerlegt, „sie könnten wegen ihrer Religion nicht die Bürgerpflichten erfüllen.“ Hamburg sollte deshalb eine „zahlreiche Classe hiesiger Einwohner aus einer fortwährende Obscurität hervorziehen“ und „den Ehrgeiz des minder gebildeten Theils unserer Nation durch einen äusseren Impuls ... wecken.“[92]

Der hier zu Tage tretende Optimismus half bei der erwähnten Abstimmung in der „Bürgerschaft“ jedoch ebenso wenig wie die anerkennenden, befürwortenden Worte des Rats.

---

92 Vgl. den gesamten Text der Supplik in: Haarbleicher, M. M. Zwei Epochen aus der Geschichte der Deutsch-Israelitischen Gemeinde in Hamburg, Hamburg 1867, S. 102 ff. Es ist schwierig zu entscheiden, welche der in dieser Eingabe getroffenen Aussagen als Wiedergabe tatsächlicher gesellschaftlicher Beziehungen gemeint waren. Möglicherweise versuchten hier die Vertreter der jüdischen Gemeinde die psychologischen Vorteile einer positiven Darstellung zu nutzen.

Der Gegensatz zwischen den dabei deutlich werden Hoffnungen und dem realen Verhalten der Hamburger könnte jedoch auch durch einen Einstellungswandel nach der „Befreiung“ zu erklären sein. Möglicherweise hatten die während der Franzosenzeit ab 1806 gegen die Besatzungstruppen gerichteten feindseligen Gefühle negative Emotionen gegenüber den Hamburger Israeliten zurückgedrängt und die Virulenz antijüdischer Affekte zeitweise geschwächt. Der gemeinsame Feind hätte dann bestehende Aversionen überdeckt oder gemindert. So wäre zu erklären, warum auch ein scharfer Beobachter der Hamburger Zustände wie Jonas Ludwig von Heß 1810 schrieb, die „Verhältnisse [der Juden] in Hamburg sind von Zeit zu Zeit immer angenehmer geworden; die Bürger sind nicht mehr gegen sie aufgebracht, der Pöbel beschimpft sie nicht mehr. Ihren gegenwärtigen Stand haben sie vorzüglich der Gutwilligkeit des ehemaligen Senats zu danken, der sich immer für sie ins Mittel geschlagen und durch Worte und Handlungen ihren Gegnern zu Gemüthe geführt hat, daß Juden auch Menschen sind. Und somit haben sich in den neueren Zeiten die Verhältnisse auch im gesellschaftlichen Leben zum Theile so amalgamirt, daß, ein anderer Unterschied, als den, welche ein Jude zufolge seiner Sitten, seiner Erziehung oder seiner Eitelkeit selbst hineinbringt, selten sichtbar ist.“[93]

Aussichtslos erschienen Hoffnungen auf politische Reformen zur Verbesserung der Lage der Juden demnach nicht. An der Jahreswende 1814/15 erhielten Befürworter einer Judenemanzipation in Hamburg und anderen Hansestädten zudem verbale Unterstützung von Repräsentanten der Großmächte Preußen, Österreich und Russland. Besonders zu erwähnen ist in diesem Zusammenhang ein Schreiben des preußischen Staatskanzlers Fürst Hardenberg vom 4. Januar 1815. Darin forderte er die politisch Verantwortlichen in Bremen, Hamburg und Lübeck durch den preußischen Gesandten in den Hansestädten in deutlichen Worten auf, das frühere „feindselige System wider die Juden“ nach Vertreibung der französischen Machthaber nicht wieder

93 Heß, J.- L- v.,] Hamburg topographisch, politisch und historisch beschrieben. 2. Aufl., umgearbeitet und vermehrt, Erster Theil, Hamburg 1810, S. 276.

einzuführen. Dies war zu diesem Zeitpunkt allerdings bereits in allen drei Städten geschehen.[94] Hardenberg mahnte ähnlich wie später A. Sutor, eine „Bedrückung und gehässige Ausschließung von den Rechten, auf welche sie als Menschen einen Anspruch haben", würde den „ihnen zum Vorwurf gemachten Zustand der Immoralität", der „nur aus einer verächtlichen und knechtischen Behandlung hervorgegangen" wäre, unnötig verlängern. Durch ihr Verhalten während des Krieges gegen Frankreich hätten sie - die Männer durch „treue Anhänglichkeit" sowie „Beispiele wahren Heldenmuths" und die Frauen durch „Aufopferung jeder Art" – bewiesen, welch positiver Kern in ihnen stecke. Unabhängig davon müssten „Forderungen der Menschlichkeit" und nicht zuletzt auch das eigene „Handelsinteresse" jegliche Maßregel verhindern, die den „Grundsätzen ganz entgegen sind, welche unsere [d. h. die preußische] Gesetzgebung besonders durch das Edict vom 11. Mai 1812 sanctionirt" hat. Auch der Leiter der österreichischen Politik, Fürst Metternich, rügte in einem Schreiben nach Hamburg vom 16. Januar 1815 „nachdrücklichst" die „Bedrückungen", welche die jüdischen Einwohner neuerdings „zu erleiden" hätten. Er drängte auf eine Aufhebung von „harten Maßnahmen". Lebensverhältnisse, Rechte und Befugnisse der Juden sollten nach dem Abzug der Franzosen „unverrückt gelassen" werden.

Inwieweit solche Mahnungen der beiden mächtigen Politiker in der Öffentlichkeit bekannt und in der Presse aufgegriffen bzw. in der Hamburger Bürgerschaft besprochen wurden, wäre noch zu untersuchen. A. Sutor erwähnt sie nicht, obwohl die Autorität zumindest Hardenbergs sein Anliegen sicherlich hätte unterstützen können und die Aussagen sich inhaltlich mit seinen Auffassungen und Ausführungen decken.[95] Zumindest

---

94 Aus Bremen und Lübeck waren die Juden nach der sog. „Befreiung" vom napoleonischen Joch wieder völlig vertrieben worden.

95 Zu den Texten Hardenbergs und Metternichs siehe: „Schreiben und Verordnungen, die Israeliten betreffend", in: „Sulamith, eine Zeitschrift zur Beförderung der Kultur und Humanität unter den Israeliten", IV. Jg., I. Bd., 6. Heft, S. 366 ff. Vgl. zum Text auch: Huber, E. R., Dokumente zur deutschen Verfassungsgeschichte, Bd. 1, Stuttgart 1961, S. 80 sowie Acten des Wiener Congresses hg. v. J- L. Klüber, I. Bd., 4. Heft, S. 77 ff.

in der wissenschaftlichen Literatur der Jahre vor 1838, als A. Sutor seine Schrift verfasste, hatte die Initiative Hardenbergs wiederholt Erwähnung gefunden. Trotzdem muss Sutor sie nicht gekannt haben. Der Wiener Kongress beschloss 1815 in Artikel 16 der Bundesakte hinsichtlich der Lutheraner, Katholiken, Reformierten etc.: „Die Verschiedenheit der christlichen Religions-Partheyen kann in den Ländern und Gebiethen des deutschen Bundes keinen Unterschied in dem Genusse der bürgerlichen und politischen Rechte begründen.“ [96]

Für die Juden blieb es bei der nur scheinbar vielversprechenden Ankündigung: „Die Bundesversammlung wird in Berathung ziehen, wie auf eine möglichst übereinstimmende Weise die bürgerliche Verbesserung der Bekenner des jüdischen Glaubens in Deutschland zu bewirken sey, und wie insonderheit denselben der Genuß der bürgerlichen Rechte gegen die Uebernahme aller Bürgerpflichten in den Bundesstaaten verschafft und gesichert werden könne; jedoch werden den Bekennern dieses Glaubens bis dahin die denselben von den einzelnen Bundesstaaten bereits eingeräumten Rechte erhalten.“

Die Formulierung „von den einzelnen Bundesstaaten“ bedeutete konkret, dass nicht die von der französischen Verwaltung

---

Die hamburgische – nur von einem Secretarius Heise unterzeichneten - Antwort auf das Schreiben des Fürsten Metternich ist abgedruckt in: Haarbleicher, M. M. Zwei Epochen aus der Geschichte der Deutsch-Israelitischen Gemeinde in Hamburg, Hamburg 1867, S. 139 f. Demnach verfolgte der Rat durchaus „liberale Ansichten“, die aber „noch zur Zeit bei mehreren Mitbürgern einige Bedenklichkeiten gefunden“ hätten.

96 Vgl. außer den „Akten des Wiener Congresses“ z. B. August Müller, Einleitung in die Verfassungsgeschichte der vier freien Städte des deutschen Bundes, Hamburg 1825, S. 75 ff. Veranlasst hatte die Intervention Hardenbergs und Metternichs wohl der Gesandte der jüdischen Gemeinden der Hansestädte beim Wiener Kongress, der Lübecker Jurist Carl August Buchholz. Gegner der Emanzipation warfen Hardenberg später wegen seiner Emanzipationspolitik vor, er sei von Juden korrumpiert worden.
Vgl. hierzu als Beispiel für relevante Vertreter der deutschen Geschichtsschreibung das Kapitel „Judenfrage und Gewerbefreiheit“ in: Haußherr, Hans, Die Stunde Hardenbergs, Hamburg 1943, S. 210 – S. 230. Dort lautet (S. 219) ein Kernsatz: Hardenbergs Stellung zur Judenfrage „war einheitlich von dem Augenblick an, wo ihm Israel Jacobson in seinen finanziellen Bedrängnissen half.“

eingeführte Gleichstellung und andere Maßnahmen galten, die eben nur: „in den einzelnen Bundesstaaten“ angeordnet und realisiert worden waren. Faktisch und absichtlich half diese Wortwahl bei der Beseitigung der während der französischen Herrschaft erreichten Fortschritte. Die Initiative für die Formulierung der den Juden nachteiligen Fassung ging von dem Vertreter Bremens aus. Der Vertreter Hamburgs beim Wiener Kongress, Syndikus Griess, blieb passiv, wie der Rat es ihm aufgetragen hatte;[97] denn der hamburgischen „Bürgerschaft“ mangelte es an der Bereitschaft, die Juden in den „Genuß der bürgerlichen Rechte“ kommen zu lassen.

Wie deprimiert die zunächst hoffnungsvollen Hamburger Juden nach der Ablehnung von Reformen mit 126 : 72 Stimmen seitens der „Bürgerschaft“ waren, zeigt beispielhaft eine Formulierung aus ihrer Supplik vom Oktober 1834: „Die schon im Jahre 1814 zuversichtlich gehegte Hoffnung auf eine Umstellung der Dinge, auf eine Erweiterung und grundlegende Feststellung der bürgerlichen und politischen Rechte ... ist durch die derzeitige abschlägige Resolution der Bürgerschaft getäuscht ... und nie wieder belebt worden.“ [98]

Über das Verhältnis der in Hamburg lebenden Juden zu ihrer Vaterstadt lassen sich keine allgemein gültigen Aussagen machen. Es gibt jedoch Anhaltspunkte, die auf eine Verbundenheit, ein wenn auch zwiespältiges Zugehörigkeitsgefühl schließen lassen.

In der erwähnten Supplik des Vorstands der jüdischen Gemeinde vom Oktober 1834 charakterisierten die prominenten Unterzeichner sich als „zum jüdischen Glauben bekennende

---

97 Siehe Krohn, Helga, Die Juden in Hamburg 1800 – 1850. Ihre soziale, kulturelle und politische Entwicklung während der Emanzipationszeit, Frankfurt 1967, S. 92, Anm. 65. Vgl. zu den Verhandlungen auf dem Wiener Kongress auch: Graetz; Heinrich, Geschichte der Juden von den ältesten Zeiten bis auf die Gegenwart, 11. Bd., Leipzig 1870, S. 334.

98 Vgl. Senat 111-1, Cl. VII Lit Lb No 18 Vol 7 Fasc 7, Inv. 1, Bl. 70.

Angehörige dieser Stadt". Mit dieser Formulierung brachten sie Ausdruck, dass sie nicht etwa als Vertreter einer separaten Gruppe oder einer jüdischen Nation angesehen werden wollten. Dies galt auch für eine wachsende Zahl der einfachen Gemeindemitglieder, obwohl sie sich nach einem Bericht aus Hamburg in der von Juden herausgegebenen Zeitung „Orient" aus dem Jahr 1842 (Nr. 44 v. 25.10.1842, S. 365 f.) in der Hansestadt nur als „geduldet" empfanden. Trotzdem - so der Bericht - zöge eine „ungeheure Majorität" ein Leben in der Hansestadt dem Leben etwa in Preußen oder Mecklenburg vor. Dort wären allerdings ihre rechtlichen und religiösen „Verhältnisse weit besser geordnet" als in Hamburg. In Mecklenburg dürften sie sogar „Handwerke in derselben Weise wie von Christen" betreiben. Trotzdem siedelten von dort alljährlich Juden an die Elbe über. Ein „Auswanderungsplan nach Palästina" würde in Hamburg selbst unter „sehr strenge[n] Verehrer[n] des mosaischen Gesetzes, der Tradition und der Ceremonien" kaum Unterstützung finden. Dies läge neben Vorteilen beim Broterwerb an der „freilich undefinirbaren[n] persönliche[n] Freiheit, deren man sich in Hamburg erfreu[e]." Das scheinbare Fehlen einer „polizeilichen Beaufsichtigung" und wenigstens das Gefühl einer Freiheit der „mündlichen Meinungsäußerung" binde sie an die Stadt: „Raisonniren wenigstens darf jeder, so er dabei nicht mit der Censur in Berührung zu kommen braucht, so viel er will, und es gewährt schon eine gewisse Erleichterung, wenn man seine Beschwerde laut, mit Ernst oder Witz, äußern darf. Die Unzufriedenheit kann wenigstens bei dem großen Haufen, schon dadurch und nur auf diese Weise außerordentlich beschwichtigt werden."

Eine emotionale Verbindung zur Heimatstadt Hamburg beruhte aber nicht nur auf der vermeintlichen Freiheit zum ungestraften Raisonieren, sie ist auch nicht an der von Rabbinern bekundeten Treue zur Stadt und den ihr erteilten Segenswünschen abzulesen.[99]

99 Vgl. Zimmermann, Moshe, Hamburgischer Patriotismus und deutscher Nationalismus. Die Emanzipation der Juden in Hamburg 1830-1865, Hamburg 1979, 127 f.

Hanseatisches Lebensgefühl und ein gewisser hamburgischer Patriotismus zumindest eines Teils der Hamburger Juden kommen in spezifischer Weise in einem erfolgreichen Theaterstück (Erstaufführung Dezember 1835) zum Ausdruck. Die Rahmenhandlung bildet das Treiben auf einer Wache des Hamburger Bürgermilitärs. [100] Eine wichtige Rolle spielt hier der Bürger-Gardist „Marcus". An seiner „jiddelnden" Sprechweise ist er als Jude zu erkennen. Die Verwendung dieses spezifischen Idioms ist in diesem Fall aber nicht als boshaft anzusehen. Das zeigt sich an den zum Ausdruck gebrachten Inhalten. Am Beispiel des „Marcus" zeigte der Autor, der selbst der Jüdischen Gemeinde angehörte, wie Juden als hamburgische Patrioten selbstverständlich ihre Bürgerpflichten erfüllen. Diese Quelle wird hier zudem herangezogen und zitiert, weil sie einmal das schwere Leben zahlreicher Juden thematisiert aber zugleich deutlich macht, dass viele Hamburger auch mit einem „Judenbild" konfrontiert wurden, welches diese Mitbewohner der Stadt zwar nicht als gleiche, aber eigentlich doch als gute, arbeitsame Menschen zeigte. Genaue Besucherzahlen des Stücks sind nicht bekannt. Wenn 100 Vorstellungen mit 100 Theaterbesuchern angenommen werden, hätten 10 000 Hamburger und Hamburgerinnen den Juden „Marcus" als durchaus sympathischen Mann sowie als verlässlichen Kameraden und patriotischen Bürger-Gardisten erlebt. Damit würde der Autor, H. J. David, mit seiner „Posse" mehr zur Relativierung von antijüdischen Vorurteilen beigetragen haben können, als „Herren mit der Classik und feinen Bildung" in umfangreichen Erörterungen - von diesen Männern setzte der Verfasser sich in seinem Vorwort unmissverständlich ab.[101]

---

100 Vgl. David, H. J., Eine Nacht auf Wache. Vaudeville in einem Aufzuge, Hamburg 1838, S. 30 ff. u. S. 78.

101 Vgl. ebd., Vorrede S. III. Allgemein zum Stück, zu Besucherzahlen und Aufführungen vgl. Giesing, M., Emanzipation im vormärzlichen Volkstheater.
Heinrich Jakob David und seine Posse vom Hamburger Bürgermilitär „Eine Nacht auf Wache", In: ZVHG, Bd. 100, (2014), S. 75 ff. Hier S. 88 ff.

Der jüdische Bürgergardist „Marcus“, den das Theaterstück u. a. vorstellt, fasste sein Geschick, seinen Alltag so zusammen:

„Un wie hob ich Sorgen; der Handel geht
nit, und de Leith ebben alleweil kein Geld.

...

... Wahrhafftigen Gott, so muß ich
mich herum quälen in meinen besten Johren.“

...

Schier dreißig Jahre bin ich alt,
Hab nichts wie Mißgeschick und Noth,
den ganzen Tag muß ich mich plagen,
muß immer in der Stadt ŕumjagen,
Un was hab ich zuletzt davun –
Immer Geld ausgeben,
Und in der Suppe keinen Kloss,
Das ist hier im Leben,
Des armen Marcus Loos.

...

Was hobb'ich in der Welt ?
Lauter Unglück un kein Schilling Geld.”

[Ähnlich äußert sich auch die Ehefrau:]

...„Von des Morgens bis de Nacht,
Mein armer Mann Geschäfte macht,
Quält sich ab als wie ein Hund,
Wird zuletzt noch ungesund!
Das kann so nicht länger bleiben,

Denn mein Mann geht sonst zu Grund,
Er kommt sonst noch uff'n Hund,
Mein armer Marcus kummt mer sonst noch
Uff'n Hund."

5 *Antijüdische Stimmen und Hetze*

Da die oben zitierten optimistischen Ansichten z. B. des J. L. von Heß über eine „Amalgamierung" von Juden und Christen sich nicht bewahrheiteten, litten die hamburgischen Juden - ähnlich wie ihre Glaubensbrüder in anderen deutschen Staaten - nach den sogenannten „Befreiungskriegen" (wieder oder weiterhin) sowohl unter gesellschaftlicher Ausgrenzung als auch unter wirtschaftlicher Benachteiligung. Erhebliche Teile der Bevölkerung zeigten einen ausgeprägter Antijudaismus. Aus dem unmittelbaren Erleben des Drucks, unter dem die Hamburger Israeliten standen, entwickelte sich bei dem jungen August Sutor spontan „der Wunsch..., etwas für die armen Israeliten thun zu können". Deshalb ist ausführlicher auf Grundstrukturen und Erscheinungsformen des Antijudaismus einzugehen, den Sutor in den ihn prägenden Jahren kennenlernte.
Nach der „Befreiung" von der französischen Herrschaft trat der Antijudaismus - ähnlich wie in anderen Teilen Deutschlands - auch in Hamburg exzessiv hervor. Als es 1819 und 1830 in verschiedenen Staaten des Deutschen Bundes zu bösartigen und gewalttätigen Ausschreitungen gegen die einheimischen Juden kam, blieben die jüdischen Einwohner der Hansestadt nicht verschont.

Ressentiments und Hassausbrüche gegen Juden wurden nach den Ansichten von Zeitgenossen aus verschiedensten Quellen gespeist. Sie hatten nicht nur wirtschaftliche Gründe. Der Hamburger Anwalt J. G. Misler hat bereits 1810 sechs Gründe, sechs antijüdische „Dämonen“ aufgelistet, die im Alltag in kombinierter Weise deutlich würden:

> *1. „Religions-Fanatismus“, der von einer*
> *absoluten Wahrheit der eigenen Überzeugungen ausging,*
> *2. „Widerwille“ gegen eine kleine Gruppe,*
> *die sich der Mehrheit nicht anpasste,*
> *3. Beurteilung der Juden insgesamt nach*
> *dem unsympathischen Erscheinungsbild einzelner ihrer Vertreter,*
> *4. Neid auf die Tüchtigkeit beim Handel und den „von*
> *uns selbst geweckten, oft zu weit getriebenen Speculationsgeist“,*
> *5. „angeerbter“ Hass sowie eine geistlose*
> *Übernahme von Vorurteilen und antijüdischen Parolen,*
> *6. besonders bei jungen Leuten ein „Judenhass“, der beim*
> *Nachfragen gar nicht begründet werden könne - außer mit*
> *der Ablehnung von Sprechweise und Sprache mancher Israeliten.*[102]

Auf einen weiteren Grund machte bereits 1802 ein unbekannter Hamburger aufmerksam: Er könne sich hinsichtlich der Juden „von dem Gedanken nicht losmachen, daß die Quelle fast aller Vorurtheile in dem fehlerhaften und oft erbärmlichen Jugendunterrichte zu finden“ wäre. Damit meinte er insbesondere, dass im schulischen Religionsunterricht den Kindern der ärmeren Hamburger eingetrichtert würde, die Juden wären für die Kreuzigung Christi verantwortlich, und diese Schuld sei nicht zu tilgen.

Religiöse Vorurteile dieser Art hätten leider „zu tiefe Wurzeln“ gefasst, „als daß man solche mit einmal auszurotten vermögend wäre.“ Als ein Gegenmittel hoffte er auf die Wirkung aufklärender Schriften wie Ch. W. Dohms „Über die bürgerliche Verbesserung der Juden“ und das Theater, wenn dort endlich häufiger

---

102 Vgl. Misler, J. G., Lt., Ueber das gesellschaftliche Verhältnis der Juden zu den Christen in Hamburg, in besonderer Rücksicht auf öffentliche Gast- Caffee- Restaurations- Speise- etc. etc. Häuser, in: „Nordische Miszellen“, 13. Bd., Nr. 10 v. 11.3. 1810, S. 181 ff. (hier S. 194).

Lessings „Nathan der Weise“ gezeigt würde.[103]

Hinsichtlich der Schule äußerte sich fast 40 Jahre später ein anderer Hamburger ähnlich. F. Clemens Gerke empfand es als „betrübend, ... daß in den christlichen Schulen nichts geschieht, den speciellen Menschenhaß [gegen Juden], der mit der Muttermilch eingesogen wird, zu tilgen.“ Was Schüler insbesondere im Religionsunterricht über die Leiden und die Kreuzigung Christi durch Juden hörten, bilde später den Nährboden für Vorurteile. Gegen den „Aberglauben, [der] seine Polypenarme in der Judensache bis auf die zarte Kinderwelt herab“ ausstrecke, müsse etwas geschehen.[104]

Auf einen weiteren allgemeinen Beweggrund, Juden abschätzig und nicht als gleichwertige Menschen zu behandeln, wies 1832 Ludwig Börne hin. Wer in der gesellschaftlichen Hierarchie ständig Druck von oben fühle oder befürchte, der finde Erleichterung und „Trost“, wenn er andere als noch tiefer stehend ansehen und traktieren könne. Dies gelte allgemein unter Menschen, aber insbesondere die Juden eigneten sich hier zur Gefühlsabfuhr.[105]

Bei der Suche nach den psychischen Motiven für den Antijudaismus ging der erwähnte Hamburger Schriftsteller F. C. Gerke noch einen Schritt weiter. Er formulierte, so wie der Mensch gern etwas habe, das er liebe, so sei es ihm auch fast ein Bedürfnis, etwas zu haben, das er hassen könne.“ Und „ - traurige Wahrheit! - “ das düstere Zerrbild vom Juden eigne sich besonders gut als Objekt für solche Affekte.

Verstärkung erfuhren antijüdische Ressentiments im Alltag u. a. auch durch kurze Meldungen, die gar nicht aus einer an-

---

103 Vgl. „Etwas zur Ausrottung der Vorurtheile gegen die Juden“, in: „Hamburg und Altona. Ein Journal zur Geschichte der Zeit, der Sitten und des Geschmaks“ [!], 3. Bd., 1802, VII. Heft, S. 9 ff. Hier S. 17 f. (Ob der Autor selbst die Schriften Dohms gelesen hatte - im Text stand der Name „Dom“ - kann bezweifelt werden. Das musste er auch nicht, da er im Grunde ohnehin die gleichen humanen Positionen wie dieser vertrat.)

104 Vgl. Mein Spaziergang durch Hamburg. Poleographische Genre-Bilder von Fr. Clemens, Altona 1838, S. 62.

105 Vgl. Börne, L., Briefe aus Paris (Nr. 74), in: ders., Sämtliche Schriften. Neu bearbeitet und hg. von I. u. P. Rippmann, Dritter Band, Düsseldorf 1964, S. 511.

tijüdischen Gesinnung resultierten. Das der Aufklärung verpflichtete Journal „Hamburg und Altona“ berichtete z. B. über den Vertrieb und die „ungescheute Trödelei mit unzüchtigen Schriften und Bildern.“ Einzelne Bücher und Schriften könne die Zensur zwar verbieten, wenn entsprechende Abbildungen aber in großen Stapeln verschiedenster Kupferstiche verborgen wären, bliebe die Polizei machtlos. An Mädchen, Jungen und Kinder würden die Drucke aber auf Verlangen herausgegeben. Sie beguckten und kauften „die schmutzigen Sachen vielleicht am gernsten, vergiften ihre Einbildungskraft, und vernichten vielleicht das Glück ihres ganzen Lebens in einem unglücklichen Augenblicke der Neugier und Schaulust.“ Schuldig war nach dieser Beschreibung allein der Verkäufer: „ein Judenjunge ... in der Gegend des Graskellers.“ Andere Händler, Verkäufer und Hersteller, an denen es auf dem Hamburger Büchermarkt sicherlich nicht mangelte, fanden keine Erwähnung.[106]

Wie angemerkt hatte die hamburgische „Bürgerschaft“, d. h. deren anwesende Vertreter, am 20. Oktober 1814 durch ihre Ablehnung einer entsprechenden Ratsproposition einen Reformversuch zur rechtlichen Verbesserung der Stellung der benachteiligten Juden zurückgewiesen. Die Repräsentanten der Bürger bestanden auf einer ersatzlosen Aufhebung der in der „Franzosenzeit“ erfolgten Gleichstellung und forderten die Rückkehr zu den Verhältnissen, wie sie im Judenreglement von 1712 festgeschrieben waren. Die „Oberalten“ , das wichtigste Vertretungsorgan für Bürgerinteressen, begründeten dieses Votum am 2. 11. 1814 gegenüber dem Rat mit der Sorge, „daß die Israeliten durch Erweiterung ihrer Rechte binnen kurzem den Allein-Handel an sich reißen würden und dadurch den Wohlstand des commercirenden Publicums, in Sonderheit der Kleinhändler untergraben dürften. Da die Israeliten im ganzen weniger Bedürfnisse hätten als die hiesigen christlichen Einwohner, so begnügten sie sich auch mit einem geringeren Gewinn, lockten dadurch die Käufer an sich und entzögen der

106 Vgl. „Hamburg und Altona“, Jg. 1805, S. 345.

herrschenden Religions-Parthey die Mittel, sich und die ihrigen anständig zu ernähren; die auf den Gassen hausirenden Israeliten täten schon gegenwärtig den Detaillisten, in Sonderheit den Kaufleuten in Ellen- und kurzen Waren bedeutenden Abbruch".[107]

Hier verwendete Wörter wie „reißen", „untergraben" und „locken" demonstrieren deutlich, wie wenig es sich allein um die Abwehr einer normalen Konkurrenz handelte.

Kurz nachdem die „Bürgerschaft" selbst gegen kleine Schritte in Richtung Emanzipation votiert hatte und die „Oberalten" dieser Haltung ausführlich rechtfertigten, veröffentlichte ein anonymer Hamburger Autor im Dezember 1814 eine „Denkschrift ob die Juden in Hamburg Bürger werden müßen". Er behauptete u. a. ähnlich wie die „Oberalten": „Bekommen die Juden das Bürgerrecht, so können alle Detaillisten und Handwerker in einigen Jahren als Bettler aus dem Thore ziehen, denn solche Mittel, wie viele Juden sich bedienen, kann kein Christ anwenden; es widerspricht seiner Natur." Gemeint waren nicht nur günstige Preise, sondern auch der Umstand, dass Juden sich von den Kunden vieles gefallen ließen: „So läßt sich kein Christ für Geld hudeln und behandeln, als mancher Jude, ohne daß es ihn weiter anficht..."[108]

Hier bekam die Sentenz, der Kunde müsse sich als König fühlen, einen besonderen Sinn. Auch zeigte sich ein deutlicher

---

107 Zitiert nach Krohn, Helga, Die Juden in Hamburg 1800 – 1850. Ihre soziale, kulturelle und politische Entwicklung während der Emanzipationszeit, Frankfurt 1967, S. 22 f.
Zu untersuchen wäre hier, inwieweit es sich auch um eine Wiederholung der Parolen von Autoren wie J. F. Fries und F. Rühs handelte. Letzterer publizierte zahlreiche antijüdische Schriften. In seinem 1814 in der „Zeitschrift für die neueste Geschichte, die Staaten- und Völkerkunde", 5. u. 6. Heft, November u. Dezember 1814, S. 385 ff. hier S. 309 veröffentlichten Aufsatz „Ueber den Handel Deutschlands und die hansischen Städte" schrieb er z. B.: „Von selbst versteht sich, daß den Juden keine [politischen Bürger-] Rechte zugestanden werden können; sie sind durchaus ein anderes Volk, Juden in Deutschland, nicht Deutsche jüdischen Glaubens". Hier S. 309. Vgl. außerdem dessen weithin rezipierte Schrift: „Ueber die Gefährdung des Wohlstandes und Charakters der Deutschen durch die Juden", Heidelberg 1816, insbesondere S. 17 ff. (Es handelte sich um den Nachdruck einer Rezension aus: „Heidelbergische Jahrbücher für Literatur", Nr. 16, 1816, S. 241 ff.)

108 „Hudeln" bedeutete seinerzeit „schlecht behandeln, plagen, quälen".
Vgl. Heyne, M., Deutsches Wörterbuch, 3. Bd., Leipzig 1906, Spalte 204.

Mangel an Mitgefühl, wenn vom „Juden", ohne zu überlegen, gesagt wurde, schlechte und unwürdige Behandlung fechte ihn nicht an.

Welche Bedeutung die Hetze antijüdischer Autoren ab 1814 auch in Hamburg gewann, welchen zusätzlichen Schub sie dem ohnehin verbreiteten Antijudaismus konkret vermittelte, ist noch weitgehend ungeklärt. Bereits 1812 hatten Mitarbeiter der Zeitschrift „Sulamith" gewarnt, in vielen Teilen Deutschlands würden neue antijüdische Verleumdungen verschiedensten Inhalts verbreitet. Unter anderem wurden „die" Juden bezichtigt, sich den Franzosen als Helfershelfer, Verräter und Spione zur Verfügung gestellt zu haben. Wie noch genauer dargestellt werden wird, verbreiteten Hetzer 1816 die wahrheitswidrige Behauptung, in Hamburg hätten die französischen Fremdherrscher „unter den dortigen Juden" über ihre erfolgreichsten und „getreuesten ... Helfershelfer und Werkzeuge" verfügt. [109]

Auf diese Hetze und ihren Zusammenhang mit anderen antijüdischen Gemeinheiten ist noch näher einzugehen. Vorher soll eine Darstellung des Verhaltens der Hamburger Juden während der französischen Herrschaft behandelt werden, die aus der Feder M. M. Haarbleichers, eines Chronisten der jüdischen Gemeinde, stammt. Dieser meinte, viele Juden hätten die politische Gleichstellung mit den anderen Einwohnern Hamburgs

---

109 Vgl. Rühs, Friedrich, Die Rechte des Christenthums und des deutschen Volkes. Vertheidigt gegen die Ansprüche der Juden und ihrer Verfechter, Berlin 1816, S. 75. Für eine weite Verbreitung sorgte die Publizierung des Textes in der: „Zeitschrift für die neueste Geschichte, die Staaten- und Völkerkunde". Hg. v. Friedrich Rühs und S. H. Spiker, 4. Bandes fünftes u. sechstes Heft 1816, S. 393 ff. Rühs berief sich für seine Behauptung über die Hamburger „Werkzeuge" der Franzosen auf eine Notiz in: „Allgemeine Literaturzeitung, Ergänzungsblätter", Nr. 26, 1816, Spalte 204. Dort wurde im Kontext einer Rezension eines Werkes zur neueren hamburgischen Geschichte nebenbei behauptet, die französische Geheimpolizei in Hamburg hätte unter den dortigen Juden „ihre getreuesten und pünktlichsten Helfershelfer und Werkzeuge" gefunden. Allerdings fehlt jeglicher Hinweis auf Herkunft und Belegbarkeit der Information. Eine Liste mit den Polizeispitzeln gab es sicherlich nicht, sie würde auch kaum publik gemacht worden sein. Hier wurde folglich nur eine Meinung geäußert, die Glaubwürdigkeit allein dadurch erhielt, dass sie schwarz auf weiß gedruckt vorlag. Die Stimmungsmache mit dem Vorwurf, die Juden hätten mit dem französischen Eroberern gemeinsame Sache gemacht, findet mit Bezug auf Hamburg in der Literatur wenig Beachtung. Deshalb wird diese Behauptung hier ausführlicher behandelt.

als einen „gewaltsamen, ja betäubenden Ruck" empfunden, der sie in eine „neue Welt hineinschleuderte". Die Zahl der „französisch Gesinnten" blieb nach seiner Wahrnehmung gering. Nur verhältnismäßig wenige Juden wären in die Dienste der neuen Regimes getreten, obwohl dieses in der Erwartung „größerer Ergebenheit vorzugsweise Juden" anstellen wollte. Trotz guter französischer Sprachkenntnisse junger Juden bewarb sich - nach M. M. Haarbleicher - insbesondere kaum einer bei den in der Bevölkerung besonders ungeliebten „Zoll- und Polizei-Ämtern". Der Chronist erklärte dies mit einem verletzten Rechtsgefühl. Angesichts der unterworfenen „Vaterstadt" empfanden viele Juden die Fremdherrschaft und damit zugleich die dekretierte Gleichstellung als „Act der Gewaltthätigkeit und der Tyrannei". Deshalb hätten sich nicht wenige Gemeindemitglieder, einige sogar als Offiziere, nach der Niederlage der napoleonischen Truppen in Russland mit der gleichen Begeisterung wie andere Hamburger am Volksaufstand 1813 in der Stadt sowie am folgenden Befreiungskampf der Bürgergarde beteiligt. Die gewaltsame Austreibung auch der armen Juden vor der drohenden Belagerung aus der zur Festung erklärten Stadt Hamburg im Januar 1814, die versuchte Beschlagnahme einer großen Geldsumme von der Gemeinde und eine Requirierung des jüdischen „Tempels" als Lagerstätte für die auszutreibenden Menschen hätten ein Übriges getan. Sie bewahrten vor etwaigen Hoffnungen auf eine bessere Zukunft unter den Franzosen.

Die Enttäuschung der Juden wäre deshalb 1814 bald nach Abzug der fremden Truppen groß gewesen sein. Unmittelbar nachdem sie die Uniformen aus dem „Befreiungskrieg" abgelegt hätten, „mitten unter Dankfesten, Kirchenfeiern, Illuminationen wegen hergestellter Freiheit" unterwarfen ihre hamburgischen Landsleute sie wieder „allen Gewerbs- und sonstigen Beschränkungen", unter denen sie vor der Franzosenzeit gelitten hatten.

„Schpatschierschtök"

In einem kurz nach der Vertreibung der französischen Truppen vielerorts angeschlagenen behördlichen „Publicandum" lasen die Hamburger Juden und Christen den anklagenden Hinweis, „vorzüglich Juden" würden dem „ Gewerbe vieler ruhiger Bürger, die weniger unbescheiden und zudringlich sind, große[n] Nachtheil" zufügen, „Ruhe und Ordnung" stören und „dem Betruge Thür und Thor" öffnen.[110] Im Kontrast dazu standen auf einer Gedenktafel in der Michaeliskirche auch die Namen von fünf im Kampf für die Befreiung Hamburgs getöteten Juden.

Typische Aussagen der angesprochenen Verratsthese verbreitete 1815 u. a. der „Allgemeine Anzeiger der Deutschen". Auf einer Titelseite stand „Ueber die Juden" u. a. zu lesen, „der Jude" ließe sich doch bekanntlich immer und überall „gebrauchen, wenn er seynen Vortheil dabei sieht." Die meisten Spione und Verräter wären in neueren Zeiten die Juden gewesen. Durch Spione und Bestechungen sowie Betrug hätten sie den Abwehr-

110 Vgl. Haarbleicher, M. M., Aus der Geschichte der Deutsch-Israelitischen Gemeinde in Hamburg, 2. Ausgabe, Hamburg 1886, S. 58 ff. u. S. 94 ff., 101 ff.

kampf gegen Frankreich geschwächt, zumal sie „mit ganzer Seele an den Franzosen und an allem was französisch hieß, hingen." Konkreter Beweise bedurfte es kurz nach Ende des Krieges gegen Frankreich und bei den bestehenden Vorurteilen nicht mehr.[111]

Die Verleumdung, insbesondere die Juden hätten sich als Büttel und Handlanger der Franzosen gebrauchen lassen, ist in verschiedenen in Hamburg verbreiteten aber andernorts gedruckten antijüdischen Schriften zu finden. Besonders prägnant formulierte Friedrich Rühs, der seinerzeit populärste antijüdische Publizist, die Verratsthese. Er schrieb, für die Juden hätte mit der „französische[n] Unterjochung" eine „ goldene Zeit" begonnen. Den Franzosen sei es aber mit ihren Parolen von der Brüderlichkeit und Gleichheit aller Menschen nur um eine perfide Schwächung ihrer Gegner gegangen. So hätten sie versucht, „alle Volksgefühle, jede ächte Nationalität zu vernichten", aus denen Widerstandskraft hätte gewonnen werden können. Wenn den Völkern dann das Gefühl einer besonderen Liebe zu ihrer Nation genommen worden wäre, hätten sie im Krieg weniger opferwillig und leidenschaftlich gekämpft. Als wichtiger Teil der systematisch betriebenen Strategie zur Schwächung des Nationalgefühls wäre das Reden von einer Gleichheit der Menschen

---

111 Vgl. „Allgemeine Anzeiger der Deutschen", (Gotha) Nr. 125 vom 11.5. 1815. Ein Verteidiger der Angegriffenen räumte zwar ein, einige Juden hätten Napoleon wohl im Scherz „ihren Messias genannt, ... weil er sie aus der Gefangenschaft befreite", das berechtige jedoch nicht zu den genannten Vorwürfen. Er hätte durchaus noch darauf hinweisen können, welche Erleichterungen die napoleonische Herrschaft für Juden gebracht hatte. Zu denken wäre außerdem exemplarisch an H. Heines Beschreibung des Einzugs Napoleons in Düsseldorf am 3.11. 1811 in den „Reisebildern": „Der Kaiser ritt ruhig mitten durch die Allee ... hinter ihm ... ritt sein Gefolge, die Trommeln wirbelten, die Trompeten erklangen ... und das Volk rief tausendstimmig: „Es lebe der Kaiser!" Aus solchen Wahrnehmungen folgte aber keineswegs die Bereitschaft zum Verrat an den eigenen Landsleuten. Zur Warnung vor den Verleumdungen siehe: Heß, M., Ueber den im allgemeinen Anzeiger der Deutschen, Nr. 125 befindlichen Aufsatz: Ueber die Juden in Deutschland, in: „Sulamith, eine Zeitschrift zur Beförderung der Kultur und Humanität unter der jüdischen Nation", Jg. 1812, Heft 2, S. 52 ff. Hier S. 57 f.

und insbesondere der Gleichstellung der Juden zu sehen.[112]

Selbst wenn außerhalb Hamburgs gedruckte antijüdische Schriften wie die von F. Rühs, F. J. Fries und anderen in der Stadt nur wenige Käufer bzw. Leser gefunden hätten, besagte das wenig über deren Resonanz. Zumindest eine Zeitung, das dreimal wöchentlich erscheinende „Hamburgische Morgenblatt", verbreitete entsprechende Tiraden und Verleumdungen z. B. im Juli 1816 in einer mehrteiligen Artikelserie „Ueber den Unterschied zwischen Juden und Judenthum und über die für den Wohlstand und Charakter der Deutschen nothwendige Vertilgung des letzteren." Der verantwortliche Redakteur popularisierte u. a. von Rühs, Fries und M. Luther übernommene antijüdische Töne in ausführlichen wörtlichen Wiedergaben sowie in verkürzenden und zuspitzenden Paraphrasen.[113]

Das „Hamburgische Morgenblatt" ist für 1816 als eine der giftigsten antijüdischen Quellen in der Stadt anzusehen.[114]

---

112 Vgl. Rühs, F., Die Rechte des Christenthums und des deutschen Volks. Vertheidigt gegen die Ansprüche der Juden und ihrer Verfechter, Berlin 1816, S. 35 f. und S. 44 f. Auch jüdische Autoren räumten durchaus ein, dass neben Christen auch Israeliten als Lieferanten für napoleonische Truppen zu Vermögen kamen und beim Verkauf verarmter Grundbesitzer während und nach der Okkupation eine gewisse Rolle spielten. Dies rechtfertige jedoch nicht die Wut und den Hass, der nach der Befreiung allein ihnen entgegenschlug, zumal sie die Heere der antinapoleonischen Allianz in größerem Umfang versorgt hätten. Siehe etwa Dessauer, Julius Heinrich, Geschichte der Israeliten, Erlangen 1846, S. 540. Auf eine weite Verbreitung entsprechender Verdächtigungen und verzerrender Vorwürfe verweist indirekt auch deren Kommentierung und Widerlegung durch Julius von Voß in einer Schrift gegen Judenverfolgungen aus dem Jahr 1819. Vgl. Voß, Julius v., Die Hep Heps in Franken und anderen Orten, Teutonien 1819, S. 23 ff. Im „Oppositions-Blatt oder Weimarer Zeitung", (Nro. 209 v. 3.9. 1819, Sp. 1668) war zu dem Thema immerhin zu lesen: „Wenn die Staaten in den letzten Kriegsjahren durch jüdische Lieferanten um ungeheure Summen betrogen wurden, so theilten christliche Kriegskommissäre den Raub."

113 Luthers antijüdische Ausfälle waren A. Sutor wohl bekannt. In seiner Bibliothek befand sich z. B. das Werk: Luthers und v. [!] Herders Stimmen über die Juden. Nebst einem Epilog, Deutschland 1817. Trotzdem stellte er den „Reformator" außerordentlich positiv dar |Bl. 48 b| ff. und kürzte bei einem Luther-Zitat inhumane Passagen vgl. |Bl. 92|.

114 Vgl. die Artikelfolge: „Ueber den Unterschied zwischen Juden und Judenthum und über die für den Wohlstand und Charakter der Deutschen nothwendige Vertilgung des letzteren." In: „Hamburgisches Morgenblatt", (ab) Nr. 79 vom 1. Juli 1816. Ob dem Verfasser des Artikels für das „Morgenblatt" der Text von F. Rühs im Original vorlag oder seine Exzerpte nur aus einer längeren und zuspitzenden Zeitschriftenrezension von J. F. Fries

Es verbreitete neben allen sonst bekannten antijüdischen Stereotypen auch die erwähnten Behauptungen über enge verräterische Beziehungen der Juden zur französischen Besatzungsmacht. Außerdem publizierte das Blatt in Anlehnung an F. Rühs bzw. F. J. Fries auch die Legende, eine Verteidigung gegen französische Angriffe wäre oft deshalb nicht möglich gewesen, „weil die Lieferungsjuden um eitlen Gewinnes willen Stockungen in den Lieferungen" für die „ausgehungerten Heere" verursacht hätten. Wenn nicht die Regierung generell dem Unwesen der „Schacherteufel" „schnell und mit ganzer Kraft entgegenträte, könne dieses Unwesen durch eine „schreckliche Gewaltthat zu Ende gehen." Denn der Jude schmiege sich unübersehbar „nur als Schmarotzerpflanze oder Blutsauger an ein fremdes Leben an und entkräfte" Individuen und Nationen. Wie das auf das Volk wirken müsse, könne sich jeder leicht vorstellen.

Über Hamburg hatten Rühs und Fries geschrieben, diese Stadt habe durch den „verderblichen Einfluß der Franzosen am meisten gelitten". Nach der Aussaat von „Keime[n] einer sittlichen Verdorbenheit" bereits durch die französischen Emigranten nach 1789 wären diese Sprösslinge „unter der französischen Zwangsherrschaft und allen ihren Gräueln wuchernd emporschossen." Und hier schlösse sich der Kreis. Jene, die die „französischen Teufeleien ... erhalten und fortpflanzen möchten", seien zugleich „Gönner, Beschützer, Vorsprecher" der Juden und der Gleichberechtigung. Bei Fürsprechern der Juden sei zu argwöhnen, dass diese bestochen worden wären. Deshalb wäre es nach der Befreiung notwendig gewesen, jede von den Fremdherrschern aufgedrängte Maßnahme, welche „die Volkseigenthümlichkeit mehr oder weniger beeinträchtigte", wieder zu beseitigen.

---

stammen, die dann wegen großer Nachfrage zusätzlich als Broschüre veröffentlicht wurde, wäre im Einzelfall zu prüfen. Zumindest der erste Teil der Artikelserie scheint bei Fries abgeschrieben worden zu sein. Im „Morgenblatt" wurde an einer Stelle Fries der „erste Rang" bei den Schriften über die Juden zugeschrieben.

Vgl. die in A. Sutors Bibliothek vorhandene (bereits erwähnte) Schrift: Fries, Jacob Friedrich, Die Gefährdung des Wohlstandes und des Charakters der Deutschen durch die Juden, Heidelberg 1816. Zuerst als Rezension in: „Heidelbergische Jahrbücher der Litteratur" [!], Nr. 16, 1816, S. 241- S. 264.

Die Aufgabe der hamburgischen Regierung bestehe deshalb darin „alles auszurotten, was aus dieser Zeit stammt.“ Die hamburgische Bürgerschaft habe sich bereits eindeutig als „deutsch“ erwiesen.[115]

Ebenso wie J. F. Fries verbreitete F. Rühs, die bereits erwähnte Lüge, Juden hätten seit Beginn der französischen Revolution „als Spione“ und sogar als „Spionenwerber“ eine unheilvolle Rolle gespielt. Von ihm stammte die oben zitierte Verleumdung, in der Hansestadt hätten die französischen Fremdherrscher „unter den dortigen Juden“ über ihre erfolgreichsten und „getreuesten ... Helfershelfer und Werkzeuge“[116] verfügt.

Als Herausgeber des „Morgenblatts“, das half, solche Hetzereien zu verbreiten, fungierte nach Angaben im Lexikon hamburgischer Schriftsteller bis Ende 1816 Carl Nicolaus Röding.[117]

Für das in der Tendenz ähnliche Folgeblatt „Hamburger Wächter“ übernahm der Jurist Dr. Carl Trummer (geb. 1792) das Amt des Herausgebers. Politisch gehörte dieser – nach der Darstellung im Lexikon hamburgischer Schriftsteller - auch noch nach

---

115 Ob F. Rühs hier die Ablehnung des Ratsantrags zur Judenemanzipation oder die Rolle der Hamburger im Befreiungskrieg meinte, ist ungewiss.

116 Vgl. Rühs, Friedrich, Die Rechte des Christenthums und des deutschen Volkes. Vertheidigt gegen die Ansprüche der Juden und ihrer Verfechter, Berlin 1816, S. 75. Für eine weite Verbreitung sorgte die Publizierung des Textes in der: „Zeitschrift für die neueste Geschichte, die Staaten- und Völkerkunde“. Hg. v. Friedrich Rühs und S. H. Spiker, 4. Bandes fünftes u. sechstes Heft 1816, S. 393 ff. Rühs berief sich für seine Behauptung über die Hamburger „Werkzeuge“ der Franzosen auf eine Notiz in: „Allgemeine Literaturzeitung, Ergänzungsblätter“, Nr. 26, 1816, Spalte 204.

117 Es ist jedoch auch möglich, dass C. N. Röding sein Amt bereits vor dem Juli des Jahres aufgegeben hatte. Denn nach seinen sonstigen Tätigkeiten passte Antijudaismus nicht in sein geistiges Profil. Er hatte u. a. zusammen mit Friedrich Alexander Bran von 1804 bis 1810 die „Nordischen Miscellen“ herausgegeben. Diesem Publizisten war die Veröffentlichung „Gesammelte Actenstücke und öffentliche Verhandlungen über die Verbesserung der Juden in Frankreich“ (Hamburg 1806/7) zu danken. Röding arbeitete zudem ab 1815 als Herausgeber bzw. Redakteur der „Niederdeutsche Blätter“, in denen im Juli 1816 scharf gegen die Thesen von F. J. Fries und den Antijudaismus polemisiert wurde. Angaben im Lexikon hamburgischer Schriftsteller, auf die sich die Forschung weitgehend stützt, bleiben deshalb hinsichtlich der Dauer der Verantwortlichkeiten noch genau zu prüfen. Vgl. Lexikon der hamburgischen Schriftsteller, 6. Bd., Hamburg 1873, S. 320 ff.

1848 zur besonders konservativen Richtung der Bürgerschaft, die jegliche Änderung der hamburgischen Verfassung ablehnte. Er gestaltete die Ausrichtung der Zeitung vermutlich aus Überzeugung. Dem widerspräche es nicht, wenn er mit antijüdischen Inhalten eine gewisse Käufergruppe anzulocken bzw. an sein Blatt zu binden suchte.[118]

Aus den allgemeinen Inhalten des „Wächters" (viele Reiseberichte; Biographien, ausführlich die des Schauspielers Albert Wurm, der dafür bekannt war, lächerliche jüdische Figuren darzustellen; Theaterbesprechungen u.a.m.) lässt sich auf eine kleinbürgerliche, allgemein interessierte aber nicht besonders gebildete Leserschaft schließen.

Um den Vorwurf genereller Menschenfeindlichkeit abwehren zu können, hatten Rühs und mit ihm der Redakteur des „Hamburger Morgenblatt" sich ein Hintertürchen offengehalten, aus dem sie sich davonstehlen wollten, wenn ihnen dergleichen vorgehalten worden wäre. Sie verwiesen dazu metaphorisch auf die Pest und den Pestkranken. Wer die Pest (das Judentum) ausrotten wolle, beabsichtige doch eigentlich, dem Pestkranken, dem mit „Judenthum" infizierten Menschen zu helfen. Mit dem Judentum waren Schachern, Betrügen, Talmudglauben, Juden als Staat im Staate etc. gemeint. Wenn diese negativen

---

118 Warum Heinrich Heine ausgerechnet in diesem Blatt erste Gedichte veröffentlichte, bleibt hier unbeantwortet. Vgl. dazu und allgemein zu Hamburgs Winkelblättern: Kruse, Joseph A., Heines Hamburger Zeit, Hamburg 1972, S. 117 ff. Siehe auch Heines diesbezüglich schuldbewusste Äußerung im Jahr 1830 in: Heine, Heinrich, Der Nachlaß, Teil 2, Prosa-Nachlaß, Hamburg 1925, S. 147. Zum Motiv des Gelderwerbs bei Zeitungsherausgebern vgl. Levy, Clara, Die inneren Kämpfe Hamburgs nach dem Großen Brande im Spiegel der hamburgischen Publizistik, Diss., Hamburg (1929), S. 14. Es überrascht nicht, dass C. Trummer enge Beziehung zu dem Ratsherrn Johann M. Hudtwalcker unterhielt, der in seinen bereits erwähnten „Bemerkungen über die Schrift: Wünsche bey Hamburgs Wiedergeburt." (Nebst einem Anhange, Hamburg 1814, S. 7 f.) jede Verbesserung der Rechtslage der Juden abgelehnt hatte. Verheiratet war Trummer mit der Tochter eines „Oberalten", einem Mitglied der einflussreichsten Gruppierung der Hamburger Bürgerschaft. Hier deutet sich an, wie gespalten auch der Rat und die hamburgische Oberschicht hinsichtlich des Problems der Judenemanzipation waren. Wenn A. Sutor dies in seiner Schrift stillschweigend überging, hatte das wohl taktische Gründe.

Erscheinungen verurteilt, bekämpft und ausgelöscht würden, nütze dies letztlich dem einzelnen jüdischen Menschen: „Nicht den Juden unsern Brüdern, sondern der Judenschaft erklären wir den Krieg. ... Und schmäht der den Pestkranken, der über die Schrecken der Pest klagt und rät, wie man sie vertreibe? Die Judenschaft ist ein Überbleibsel aus einer ungebildeten Vorzeit, welches man nicht beschränken, sondern ganz ausrotten soll."

Im „Morgenblatt" erfuhren Hamburger Leser zudem, welche angesehenen Fürsprecher der Antijudaismus ins Feld führen konnte. Vor allem aus Luthers antijüdischen Schriften zitierte (auch) dessen Redaktion ausgiebig. Der Reformator forderte in einer der herangezogenen Schriften, den Juden die Gebetsbücher und den Talmud wegzunehmen sowie den Rabbinern das Lehren zu verbieten. Wertsachen sollten den Juden weggenommen werden, denn was sie besäßen, hätten sie „uns gestohlen und geraubt."

Die ausgewählten Passagen kulminierten in M. Luthers wütenden Sätzen, man möge die Synagogen verbrennen, die Reste mit Erde überdecken und auch die Häuser der Juden „zerbreche[n] und zerstöhre[n]". Die meisten dieser Verdikte Luthers waren aus dem 5. Buch Mose übernommen. Dort richteten sie sich aber gegen Häretiker der mosaischen Lehre. (A. Sutor ging zwanzig Jahre später auch auf Luthers Haltung zu den Juden ein. Er wusste wohl aus eigenem Erleben, dass dessen Autorität auch in diesem Bereich wirkte und die Vorurteile des Reformators bei zu vielen Bürgern Hamburgs verbreitet waren und weiter wirkten. Um diesen entgegenzuwirken, zitierte er jedoch aus einer von Luthers Schriften, die tendenziell Verständnis für die Juden zeigte und eine mitfühlende Behandlung nahelegte.)[119]

Andere ohnehin weit verbreitete Vorwürfe, die im „Morgenblatt wieder ins Gespräch gebracht wurden, betrafen die Hehlerei und eine damit angeblich verbundene Anstiftung zum Diebstahl durch jüdische Kaufleute. Auch die Fabrikation schlechter Waren sowie falsche Wert- und Warenbezeichnungen lastete

---

119 Die im „Morgenblatt" zu lesenden Sentenzen waren nicht erfunden, sondern genau abgeschrieben. Vgl. etwa M. Luther, Von den Juden und ihren Lügen, 1543. Zu A. Sutors Zitaten mit anderer Tendenz aus Luthers Schriften vgl. im Transkript A. Sutors |Bl. 92|.

das Blatt ihnen an. Ähnlich sei die bäuerliche Bevölkerung angeblich nicht vor ihnen sicher. Juden schlichen sich demnach in die Höfe ein, verführten die Menschen zum Schuldenmachen und brächten „so die vorher ruhigen Familien in Unruhe und endlich ins Verderben."

Zum Beweis für einen ungebührlichen Einfluss von Juden auf die hamburgische Politik führte der Redakteur des „Morgenblatts" - wieder unter Berufung auf F. Rühs - einen angeblich bezeichnenden Vorfall an. In einem Theater wäre „laut wiederholt von dem Publikum" die Aufführung des (antijüdischen) Schauspiels „Unser Verkehr" gefordert worden. [120] Aber die Polizei hätte nicht nur dessen Aufführung verboten, sondern sogar die Sprecher, die sie verlangt hatten, „zur Rechenschaft" gezogen.

Das „Morgenblatt" stellte 1816 sein Erscheinen ein. Möglicherweise spielten dabei Eingriffe der Zensur eine Rolle.[121] Der

---

120 Die zentrale Aussage des Stücks formulierte - im entsprechenden Dialekt - der Jude Abraham. Er wolle und brauche nur Geld: „Es ist des Vergnügen und de Freid an dem Geld. Wenn ich ßähl Geld, wird mein Harz erquickt, wenn ich ßähl Geld brauch ich kän ander Vergnügen, wenn ich ßöhl Geld brauch ich kän Docter und käne Apertheke, ich bin schon gesünd." Dazu wendet er sich an das Theaterpublikum: „Meine Herren! Hoben Se nix zu schachern?" Vgl. „Unser Verkehr". Eine Posse in einem Aufzuge, 3. Aufl., Leipzig 1816, S. 84 u. 110. Hier gilt es, die Tatsache festzuhalten, dass zumindest Teile des hamburgischen Publikums laut und penetrant die Aufführung des übelsten antijüdischen Theaterstücks der Zeit forderten.

121 R. W. Michalski bemerkt in seiner Arbeit über die Hamburgische Presse, der Herausgeber des „Morgenblatts" wäre 1816 wegen eines judenfeindlichen Artikels mit einer Geldstrafe belegt worden. Der Tatbestand wird zutreffen, aber die angegebene Quelle bestätigt die Aussage nicht. Die Arbeit beschäftigt sich sonst nicht mit dem „Morgenblatt". Vgl. Michalski, Raoul, Wenzel, Die bürgerliche Hamburger Presse und die „Judenfrage" 1819-1849, Magisterarbeit Hamburg 1988, S. 3. Siehe auch die präzisierte Kurzfassung : Michalski, R. W., Die Hamburger Presse und die „Judenfrage" 1819-1849, in: Freimark, P., Herzig, A., Die Hamburger Juden in der Emanzipationsphase (1780– 1870); Hamburg 1989, S. S. 156 ff. R. Michalskis scheint der Auffassung zu sein, die Zensur habe antijüdische Texte in den Hamburger Zeitungen erfolgreich unterdrückt. Das wäre noch genauer zu prüfen. Zu weiteren antijüdischen Artikeln im „Morgenblatt" siehe etwa im Jg. 1816 u.a. die Spalten 19, 844, 855. In der Nr. 84 vom 13. Juli 1816 findet sich – wenn auch als Zitat - zudem der drohende Satz: „Überhaupt scheint der Zeitpunkt nahe zu sein, da es den Juden zu rathen ist, einen Zug nach Palästina zu unternehmen, um ähnlichen Maasregeln zu entgehen, welche einst von den Pharaonen gegen ihre ungeheure Vermehrung ergriffen wurden."

Redakteur ließ das Folgeblatt, den „Hamburger Wächter", im Januar 1817 bereits auf den ersten Seiten wieder mit ähnlichen antijüdischen Sentenzen erscheinen, wie sie zuvor im „Hamburgischen Morgenblatt" zu finden waren. Er rechnete offenbar mit einem bestimmten Kreis von Interessenten und Käufern, der Parolen diese Art honorieren würde:

„Denn Deutschland ist sein [des „Wächters"] Feldgeschrei,
Und zwar von fremdem Zusatz frei.
Es sollen an der Elb' und am Rhein
Nur Deutsche Bürger sein."

Für die Leser des Blatts dürfte klar gewesen sein, was mit einem „fremden Zusatz" gemeint war. Ab Seite 3 der ersten Ausgabe folgte auf die hier auszugsweise wiedergegebene Ballade ein - angeblich aus dem Brandenburgischen eingesandter - mehrseitiger Text „Ueber Rühs Ansichten von Juden und Judenthum." Dieser fand in der nächsten Ausgabe auf etwa vier Seiten eine Fortsetzung mit einem Bekenntnis zur „Volksthümlichkeit" und gegen die „hohlen Gemeinsprüche eines abgestandenen Kosmopolitismus." Er endete mit der Schreckensvision von einem deutschen Staat mit jüdischem Finanz- und Justizminister: „Kann etwas Höllischeres gedacht werden?"[122]

Solche Stimmungsmache hatte konkrete Folgen. Jedenfalls ist ein Zusammenhang mit den vom 21. bis 26. August 1819 andauernden Ausschreitungen und Übergriffe gegen Menschen jüdischer Herkunft in Hamburg (und zeitversetzt in anderen Städten und Regionen) zu vermuten, die später als „Hep-Hep-Krawalle" bezeichnet wurden.

Zu einem weiteren notorisch antijüdischen hamburgischen Blatt, dem „Neuigkeitsträger" vgl. Führer, K. Ch., Skandal, Moralität und die „Ruhe der Familien". Sensationspresse und Zensur im vormärzlichen Hamburg (1815-1846), in: ZVHG, Bd. 81 (1995), S. 75 ff. Eingriffe der Zensur änderten an dessen Tendenz wenig. Da die entsprechenden Meldungen für sich genommen nicht „die" Juden insgesamt verunglimpften, sondern immer nur auf Beispiele eines Fehlverhaltens einzelner Juden hinwiesen, hätte es eines rigiden Eingreifens bedurft, um eine Änderung der Berichterstattung zu bewirken. Vgl. die Beispiele ebd. S. 90.

122 Vgl. „Hamburgs Wächter", I. Bd., erstes Heft, Januar 1817. Zu weiteren antijüdische Artikeln vgl. die S. 25 f., S. 188 (Kornwucher), S. 201 ff. und 301 f. Im Jg. 1818 s. S. 95.

In deren Kontext lassen sich einige der Behauptungen genauer erkennen, auf die sich der Antijudaismus des Mittelstands in Hamburg berief. Der im Folgenden zitierte, von dem Sekretär der sog. „Oberalten“ verfasste Text vom 27. August 1819 verwies zunächst auf kurz zuvor erlebte Ausschreitungen.[123] Dann formulierte deren Autor noch noch aggressiver als in der - oben erwähnten - Stellungnahme vom 2.11. 1814. Er führte Ausschreitungen in Hamburg auf einen allgemeinen Widerwillen gegen die Juden zurück, der sich aus deren zahlenmäßiger Zunahme und ihrer Konkurrenz in allen Bereichen der Wirtschaft vom Kleinhandel bis zum Bankwesen speise.[124] Ähnliche drohende Stellungnahmen in den Jahren 1821, 1822 und 1823 veranlassten den Rat, beabsichtigte Reformen zum Vorteil der jüdischen Hamburger zurückzustellen.

Die oben angeführten positiven Urteile der Vertreter der jüdischen Gemeinde und des Publizisten J. L. von Heß über geänderte Einstellungen der Bürger zu den Juden trafen ab 1814 offensichtlich nicht – oder nicht mehr - zu. Heß hatte 1810 u. a. geschrieben, „die Verhältnisse [der Juden] in Hamburg sind von Zeit zu Zeit immer angenehmer geworden; die Bürger sind nicht mehr gegen sie aufgebracht, der Pöbel beschimpft sie nicht mehr.[125]

Völlig unbegründet muss diese Meinung aber nicht gewesen sein, denn Verfasser antijüdischer Schriften beriefen sich zwar auf eine „Mehrheit“, deren Ansichten sie zum Ausdruck brächten. Daneben verwiesen sie zugleich auf eine erhebliche Zahl

---

123 Zur Funktion und sozialen Zusammensetzung der „Oberalten“ vgl. auch Berlin, Jörg, Bürgerfreiheit statt Ratsregiment. Das Manifest der bürgerlichen Freiheit und der Kampf um Demokratie in Hamburg um 1700, Norderstedt 2012; S. 32 f. u. S. 40 f.
Zu den Hep-Hep-Krawallen siehe allgemein: Rohrbacher, St., Gewalt im Biedermeier: antijüdische Ausschreitungen in Vormärz und Revolution (1815 – 1848/49), Frankfurt 1993.

124 Auf diese Quelle sowie die Exzesse des Jahres 1819 wird unten ausführlicher eingegangen. Siehe Kapitel 10. Vgl. zur Quelle: Staatsarchiv Hamburg, Bestand: Senat, Cl. VII Lit Lb No 18 Vol 7 Fasc 7. Siehe hierzu auch Stieve, T., Der Kampf um die Reform in Hamburg 1789 – 1842, Hamburg 1993, S. 246 f.

125 Vgl. Heß, J.- L- v.,] Hamburg topographisch, politisch und historisch beschrieben. 2. Aufl., umgearbeitet und vermehrt, Erster Theil, Hamburg 1810, S. 276.

von solchen Hamburgern, die gegen derartige Publikationen und die in ihnen vertretenen Positionen protestieren würden. In der bereits angeführten antijüdischen „Denkschrift ob die Juden in Hamburg Bürger werden müßen" vom Ende des Jahres 1814 klagte der Autor, äußere er sich negativ über die jüdische Religion, „da schreit es mir aus allen Winkeln der Erde entgegen: welcher Jude wohl dergleichen noch glaube, ob die Christen das alles für wahr hielten, was ihre Dogmen aussagen? Ob man die Juden nicht einem großen Theile nach als thätige, brave, gelehrte und angenehme Leute kenne?"

Der anonyme Autor versuchte deshalb der erwarteten Kritik, er sei intolerant und inhuman, mit dem Argument zu begegnen, er schließe doch nicht aus, „ daß nach und nach engere Verbindungen zwischen Juden und Christen statt finden [!] können, indem der Staat wechselseitige Verheirathungen" anerkenne. Könne „eine Jüdin sich entschließen einen Christen zu lieben, so wird vielleicht mancher Christ eine feurige, liebenswürdige Israelitin um Huld und Liebe flehen. Ob nun am Ende die Christen Juden oder diese Christen werden, [müsse] man der Zukunft überlaßen."[126]

Der hier angesprochene bzw. beklagte offene Widerspruch gegen antijüdische Parolen und Schriften lässt sich auch anhand von Reaktionen auf die oben behandelten Veröffentlichungen des „Hamburgischen Morgenblattes" zeigen. Die in Hamburg erscheinenden „Niederdeutschen Blätter" veröffentlichten Ende Juli 1816 einen zweiteiligen Artikel: „Etwas über Prof. Fries Schrift betitelt 'Über die Gefährdung des deutschen Charakters und Sittlichkeit durch die Juden' – mit besonderer Rücksicht auf Hamburg".[127]

---

126 Vgl. Denkschrift ob die Juden in Hamburg Bürger werden müßen, [Hamburg] December 1814, S. 14.

127 Vgl. Niederdeutsche Blätter, 2. Jg., 29. Stück vom 20.7. 1816. Das vorhergehende 28. Stück scheint nicht erhalten zu sein, deshalb beruht die Darstellung auf dem zweiten Teil des Artikels.

Der anonyme Autor wählte für seine Kritik die Form einer Buchbesprechung. Er zitierte für solche Leser, die Fries nicht selbst gelesen oder zur Hand hatten, unter genauer Angabe der Seiten zunächst die von ihm kritisierten Aussagen, um diese dann sachlich zu widerlegen. Die Behauptung, Juden wollten eigentlich gar kein Handwerk betreiben, konfrontierte er mit dem Verweis auf die große Zahl von jüdischen Fabrikanten und Handwerkern in jenen Städten und Staaten, wo Verwaltung und Gesetzgebung ihnen dies nicht erschwerten oder verboten. Den Vorwurf von Fries, die Kinder der Juden seien moralisch verwahrlost, wies er mit dem Hinweis darauf zurück, wieviel neuerdings von Juden für deren Bildung getan werde und wie zufrieden christliche Lehrer mit der großen Mehrheit, der von ihnen unterrichteten jüdischen Schüler wären. Zur Forderung, die Juden sollten dem Talmud „abschwören", empfahl er den Hamburgern, sich doch einmal vorzustellen, die Mohammedaner würden von christlichen Untertanen etwas Entsprechendes fordern. Da wäre die Empörung ungeheuerlich.

Fries argumentiere wie ein Fanatiker. Dessen Behauptung, er würde nur das Judentum nicht aber die Juden hassen, klinge harmlos, im Alltag und bei Ausschreitungen zeige sich indessen, dass stets der Jude und nicht das Judentum leiden müsse.

Der Autor räumte ohne weiteres ein, wie „nützlich [es] sein möchte, wenn der Jude nicht ausschließlich dem Handel obliege und die strenge Observanz der Ceremonialgesetze allmählich auflöste". Wenn sich „kleine Betrügereien" bei ihnen häufiger als bei Christen fänden, liege dies an der „großen Zahl der Juden, [die] wenigstens bis jetzt, gezwungen ist, sich auf den Trödel zu legen."

Aber hier bereite eine bessere Erziehung doch bereits eine „Annäherung" vor. Ein „plötzlicher Sprung" sei indessen nicht förderlich: Die „Naturalisierung der Juden darf nur stufenweise geschehen." Indirekt verwies der Autor damit auf die Ratsproposition von 1814, die ein solches Verfahren vorgeschlagen hatte. Ohne das damalige ablehnende Votum der Bürgerschaft ausdrücklich zu benennen, erklärte der Autor der „Niederdeutschen Blätter" viele der Widerstände selbst gegen ein langsames

Vorantreiben der Emanzipation mit „eigennützigen" Motiven. Einen prinzipiellen Antijudaismus hatte der Autor in Hamburg nach eigenem Bekunden nicht erlebt. Er lobte insbesondere die Wohltätigkeit der Juden und deren Beitrag zur Förderung von „Wissenschaften und Künsten". Speziell hob er deren Bedeutung für den Handel mit Manufakturprodukten hervor, der eine Ausweitung der Produktion förderte.

Eins der außerdem vorgetragenen Argument, das analog 20 Jahre später bei A. Sutor zu finden ist, betrifft die Ungerechtigkeit der Besteuerung von Juden für städtische Aufgaben, die sie selbst jedoch nicht in Anspruch nehmen durften. Aus dem Steueraufkommen aller Einwohner bezahlte der Rat z. B. Kranken- und Unterrichtsanstalten sowie die Prediger der lutherischen Kirchen. Den jüdischen Einwohner war es jedoch nicht gestattet, die entsprechenden Institutionen in Anspruch nehmen. Sie mussten für Angehörige ihrer Gemeinden parallele Einrichtungen wie Armenpflege, Schulen und Krankenstationen finanzieren - zusätzlich zur normalen Steuer und den bereits geleisteten Abgaben.

Eine weitere, wesentlich schärfere Kritik an den in der Hamburger Presse verbreiteten antijüdischen Hetzereien als in den „Niederdeutschen Blättern" konnten die Hamburger am 27. August 1816 in den „Privilegirten wöchentlichen gemeinnützigen Nachrichten von und für Hamburg" lesen. Der Autor des entsprechenden Artikels, Friedrich Lorenz Hoffmann, machte bereits durch die Überschrift „An die Judenverfolger" deutlich, was er von Leuten wie Rühs, Fries und Trummer hielt. Ihr „wahrhaft ekelhaftes Beschuldigen der Juden", ihr ehrloses „Erwecken des Hasses, der die Menschheit empört", ihr leidenschaftliches „Predigen des Judenhasses und der Judenverfolgung" dürfe nicht geduldet werden. Das Verbot des Textes von Fries durch die Regierung in Heidelberg, in deren Bereich der Artikel zuerst veröffentlicht worden war, müsse als vollkommen angemessen bezeichnet werden.

Mancher „gutmüthig leichtsinnige Hamburger" habe wohl selbst schon das „Kleinliche oder Lächerliche am Juden vom gemeinen Schlage bespöttelt", aber Aufforderungen zur Verfolgung seien nicht zu tolerieren. Was neuerdings gegen das „Judenthum" vorgebracht werde, sei längst bekannt. Eine Besserung der „gemeinen Juden" sei zwar überfällig, sie werde aber nicht durch „leidenschaftliches Geschrei", sondern durch die „Gebildeten und Wackern des [jüdischen]Volkes mit Erfolg geschehen." Wenn dies in freundlicher Weise geschehe, würden „allmälig Viele zu uns übertreten". Im Übrigen stünden die Juden unter dem „väterlichen Schutz" der „weisen Vorsteher des Freystaates" Hamburg. Das Bemerkenswerte dieses Textes ergibt sich einmal aus der unumwundenen, offensiven Stellungnahme, es geht jedoch auch von der Person des Verfassers, F. L. Hoffmann, aus.[128] Dieser übernahm 1822 das Amt des Hamburger Zensors und er zeichnete 1838 für die Verweigerung der Druckerlaubnis der Arbeit A. Sutors „Hamburg und die Juden" verantwortlich.

Die unmissverständliche Anklage Hoffmanns gegen die „Judenverfolger" stützt die Hypothese, dass er später als Zensor die Schrift A. Sutors jedenfalls nicht unterdrückte, weil diese beitragen wollte, die Lage der Juden in Hamburg zu verbessern.

6 Privater Umgang zwischen Juden und Christen

Privater Umgang zwischen Juden und Christen bildete nach einem Bericht der „Allgemeinen Zeitung des Judenthums" aus dem Jahr 1837 in Hamburg eine Ausnahme. Anders sähe es

128 Der 1790 in Hamburg geborene Friedrich Lorenz Hoffmann hatte sich - nach einem ähnlichen Bildungsgang wie später A. Sutor - 1816 in Hamburg als „Advocat" etabliert. Möglicherweise half ihm der zitierte Artikel bei seiner Anstellung als Zensor. In diesem Amt betätigte er sich von 1822 bis 1848. Eine Bewerbung um eine Professur für Geschichte am Hamburgischen Akademischen Gymnasium blieb erfolglos. Sie deutet an, dass er vielfältig und über sein Studienfach, die Rechtswissenschaft, hinaus interessiert war. Als Privatmann blieb er ausweislich der Hinweise im Lexikon Hamburgischer Schriftsteller vielfältig aktiv. Er machte sich z. B. - was von einem Zensor nicht unbedingt zu erwarten ist – als Bibliophiler um die Förderung des hamburgischen Bibliothekswesens verdient. Vgl. auch Anm. 39.

bei gewerblichen Kontakten oder der medizinischen Betreuung aus.[129] So bestehe ein Großteil der Patienten jüdischer Ärzte aus Christen. Insbesondere beim Börsenhandel existierten keine Religionsschranken. Auch das sonstige „Gewerbe, soweit es den Juden gestattet wäre, suchte und fand seine Kunden in jeder Confession". Im Notfall ständen sich auch Nachbarn verschiedener Religionszugehörigkeit zur Seite, aber dies unterscheide sich doch vom normalen Umgang. Die Juden, „schüchtern gemacht", hätten bei christlichen Gesprächspartnern oft „Kälte, Gezwungenheit und am Ende beim Dazukommen Dritter gar eine beängstigende Verlegenheit" wahrgenommen. „Besserung [wäre] in diesem Punkte nur in sehr langer Zeit zu erwarten, und sie tr[ete] auch mit ungemein langsamen Schritten ein." Nicht wenige Juden empfänden es dabei als würdelos, wie einige aus ihrer Gemeinde sich in „widerwärtiger Weise" an Christen herandrängten.

Eine kleine in der „Allgemeinen Zeitung des Judenthums" gesondert mitgeteilte Anekdote wirft in diesem Zusammenhang ein bezeichnendes Licht auf die irrationalen Einstellungen nicht weniger Hamburger Christen: „Während der künstlich aufgeregten Hepp-Hepp-Zeit [1819] sagte der Senator J. zu dem Geldwechsler W. nach damaliger Mode: Aber lieber W., das müssen Sie doch gestehen, daß Ihre Leute im Allgemeinen den Christen gern Böses zufügen. Dieser ... erwiderte: Ich weiß nicht, was Sie wollen, Herr Senator, mir vertrauen Sie ihr Geld an, dem Dr. L. Ihr Leben, und nun bilden sie sich ein, sagen zu müssen, die Juden verdienten nur Misstrauen."

Hervorzuheben ist hier, dass es z. B. einzelne christliche Ärzte gab, die sich jahrelang „zu jeder Tageszeit" selbst armer Juden annahmen. Als von einem dieser Mediziner, dem Wundarzt A. B. Cousinet, bekannt wurde, dass er selbst ernsthaft erkrankt wäre, eilte eine große Anzahl seiner angeblich nur ans Verdienen denkenden jüdischen Patienten sofort in die Synagoge, um für ihn zu beten. Dies geschah an einem Wochentag, an dem

---

129 Vgl. zum folgenden Abschnitt: „Allgemeine Zeitung des Judenthums", Nr. 68 v. 12.9. 1837, S. 271.

sie sonst für ihren Lebensunterhalt zu arbeiten hatten. Der Berichterstatter in der „Allgemeine Zeitung des Judenthums" fragte rhetorisch, ob jemand einen Fall wüsste, in dem Christen aus Dankbarkeit gegen einen jüdischen Mediziner in ähnlicher Weise gehandelt hätten.[130]

Eine Tatsache, die sich nicht recht in das Bild einer durchgehenden Trennung von Juden und Christen fügt, hat die Historikerin Tatjana Streicher erforscht. Während der Franzosenzeit mussten alle Hamburger, die ein Gewerbe betreiben wollten, einen „Niederlassungsschein" erwerben. Um diesen zu erhalten, war ein „Beistand", eine Art Bürge, zu benennen. Von den Juden benannten 42 Prozent einen christlichen „Beistand". Diese Christen übten verschiedenste Berufe wie Arbeitsmann, Buchhalter, Bankier, Makler aus. Die Unterlagen geben auch Auskunft über die Dauer der Bekanntschaft zwischen christlichen Bürgen und jüdischen Antragstellern. Demnach kannten sich 60 Prozent dieser Christen und Juden bereits zwischen sechs und 20 Jahre.[131]

Auf nachbarschaftliche Kontakte, die weiter zu untersuchen wären, verweist auch die in einem Stadtführer eher nebenbei erwähnte Verbindung zwischen christlichen und jüdischen Hausfrauen. F. Clemens Gerke spöttelte 1838 darüber, wie am Sabbat nicht wenige Jüdinnen als „Fleischtöpfe Egyptens" imaginierte aber mit einfachen Speisen gefüllte Töpfe zum Kochen oder Braten in die Küchen christlicher Nachbarinnen tragen würden. Dort verstieß die Arbeit des Feuermachens und Kochens auch am Sabbat nicht gegen religiöse Vorschriften. Bratspieße dürften sich dort stets drehen und Braten jederzeit knistern.[132] Diese Zusammenarbeit bzw. Hilfsbereitschaft zeigte immerhin, dass zumindest in gewissen Bereichen ein alltägliches Zusam-

130 Vgl. „Allgemeine Zeitung des Judenthums" (Leipzig), Nr. 98 v 16.11. 1837, S. 392.

131 Vgl. Streicher, Tatjana R., Die Situation der Hamburger Juden während der Franzosenzeit, Hamburg 1989 (Magisterarbeit), S. 60 f. Die Dauer der Bekanntschaft betrug bei 40 % 1 - 5 Jahre, bei 33 % 6 - 10 Jahre, bei 21 % 11 - 20 Jahre und bei 6 % über 20 Jahre.

132 Vgl. Friedr. Clemens (Gerke), Mein Spaziergang durch Hamburg. Poleographische Genre-Bilder, Altona 1838, S. 75.

menleben keine Probleme bereitete. Zu Erinnern ist auch an die bereits erwähnte Zusammenarbeit beim Bürgermilitär, wie sie H. J. David 1838 in seinem Vaudeville „Eine Nacht auf Wache" beschrieben hat.

Trotz mancher Kontakte im Alltag überwanden in den Jahrzehnten zwischen 1814 und 1848 nur wenige Juden die im innerstädtischen Leben bestehenden „unübersteigbaren Hindernisse" für öffentliche und gesellschaftliche Verbindungen mit Christen. .[133]

Dies gelang vor allem Angehörigen der jüdischen Oberschicht. Einige dieser Männer und ihren Weg zu einer angesehenen Stellung in der Stadt hat der Hamburger Historiker P. E. Schramm beschrieben. (Seine Darstellung zeigt dabei deutliche antijüdische Akzente.) Erst nachdem die Eltern sich hatten taufen lassen, so Schramm, fanden die Söhne Anschluss an Freundeskreise im Hamburger Bürgertum. In Einzelfällen allerdings begannen solche Freundschaften bereits während einer gemeinsamen Studienzeit, die dann „ein Leben lang mehr oder weniger eng" erhalten blieben. Für „den jüdischen, noch halb-osteuropäischen Schnorrer, der auf der Straßen seine Scheren, Messer und Töpfe anbot und den noch jüdelnden kleinen Handelsmann, [der] ... als Konkurrent des Kleinbürgertums weiterhin unbeliebt, wenn nicht verhaßt" war, blieb nach Schramm ein persönlicher oder gar freundschaftlicher Verkehr mit Menschen außerhalb seiner Religionsgemeinschaft eine Ausnahme.[134]

August Sutor räumte in seiner Schrift „Hamburg und die Juden" zwar ebenfalls ein, dass bei armen Juden vordergründig „Schattenseiten" zu beobachten wären. Der mit „List" und „Be-

---

133 In diesem Zusammenhang ist eine Meldung über die „Hamburgische Gesellschaft zur Beförderung der Künste und nützlichen Gewerbe" (= „Patriotische Gesellschaft von 1765") aus dem Jahr 1846 erwähnenswert. Sie hatte beschlossen, „dem Salomon Abraham Nehemias, der seit 50 Jahren als Fabrikarbeiter im Dienste der Herren H. A. Jonas & Comp. in Hamburg steht, zur Anerkennung der von ihm bewiesenen Diensttreue die goldene Ehrenmünze der Gesellschaft zu ertheilen." Vgl. „Der Jude in Deutschlands Gegenwart", Nr. 1 vom 6.1. 1846.

134 Vgl. Schramm. P. E., Hamburg, Deutschland und die Welt. Leistung und Grenzen hanseatischen Bürgertums in der Zeit zwischen Napoleon I. und Bismarck, München 1943, S. 414 ff.

trug" betriebene Schacher ebenso wie deren „sklavisches Benehmen" und ihre „eigenthümliche" Sprechweise könnten nicht zu ihrer Beliebtheit beitragen. Er erwähnt auch typische „Züge" ihres „Gesichts", die sie leicht kenntlich machten |Bl. 85|. Gemeint waren wohl dunkle Augen und Haare sowie ungestutzte Bärte. Da A. Sutor aber die jahrhundertelange Verfolgung und wirtschaftliche Beschränkung als Gründe für Armut und besondere Verhaltensweise kannte, empfand er jedoch anders als später P. E. Schramm Mitleid mit diesen Menschen.

Auch die „orientalischen Stempel" des Aussehens bei Juden mussten keineswegs zwangsläufig Distanz erzeugen. Garlieb Merkel, ein Besucher der Stadt, beschrieb 1801 das Spazierengehen der Hamburger Juden an Sonnabenden auf dem Wall. Dabei erwähnte er besonders die Schönheit der Frauen und Mädchen mit „dem höhern orientalischen Stempel der Schönheit, großen, glühenden Augen, ... dem üppigen Wuchs der schwarzen Locken".

Die Gesichter der Männer beschrieb er allerdings „voll Grämlichkeit und heimlichen Grolles; [mit einem] Gepräge erzwungener Niedrigkeit, in jedem Aufblicken, jeder Bewegung." Die Kinder schienen ihm bereits „das Gefühl des ungerechten Druckes zu haben ..., den ihre Väter erdulden müssen, und dem sie selbst entgegen wachsen!" Christen mieden zu dieser Zeit nach G. Merkels Wahrnehmung eine Begegnung „voll Verachtung". Die Juden wüssten zudem bei Spaziergängen auf dem Stadtwall, dass „fast nie ein [christliches] Paar an ihnen vorübergeh[e], ohne sich höhnische Bemerkungen, oft nicht einmal leise genug, um überhört zu werden, zuzuflüstern."[135]

Den Hamburgern und Deutschen prophezeite G. Merkel, kom-

---

135 Vgl. Merkel, G., Briefe über Hamburg und Lübeck, Leipzig 1801, S. 36 f. und Merkel, G., Briefe über eine der merkwürdigsten Städte im nördlichen Deutschland, Bd. 1, Leipzig 1801, S. 36-38. In: Freimark, P., Kopitzsch, F., (Hg.), Spuren der Vergangenheit sichtbar machen. Beiträge zur Geschichte der Juden in Hamburg, Hamburg 1991, S. 37 u. S. 43. Zum „bedeutenden Widerstreben" der für „Kastengeist überall empfänglicheren Damenwelt" (1847) und deren Ablehnung näherer Kontakten und „geselliger Annäherung" selbst in solchen Fällen, in denen das „Geschäftsleben die Männer aus dem Kaufmanns- und dem Juristenstande tagtäglich mehr aneinanderführte" vgl. Haarbleicher, M. M., Aus der Geschichte der Deutsch-Israelitischen Gemeinde in Hamburg, 2. Ausgabe, Hamburg 1886, S. 262. Ausnahmen gab es immerhin bei Musikabenden.

me was wolle, ihr Los könne „nie härter seyn, als das, welches [sie] an diesen Armen verschuldet." Während andere Nationen bei der Emanzipation fortschritten, dürften Juden in Hamburg nicht einmal jede Gaststätte besuchen. Der Autor verwies hier auf jenen Gastwirt Heus, der 1798 in Zeitungen verkünden ließ, die Juden seien bei ihm unerwünscht.[136]

Eine fundierte, allgemeine Aussage über das Verhältnis zwischen Christen und Juden im Verlauf der Lebenszeit A. Sutors lässt sich nach dem gegenwärtigen Forschungstand nicht machen. Wahrscheinlich ist, dass jene sich weniger als Mitmenschen, sondern immer auch ressentimentbehaftet als Angehörige von Gruppen wahrnahmen.

Gelungene Beispiele einer Integration gab es zwar, dies zeigt die Entwicklung der jüdischen „Stiftungsschule von 1815". Diese nahm 1852 erstmalig auch Kinder von Christen auf. Im Jahr 1870 zählte die Schule 514 Kinder, darunter 213 Christen und 159 jüdische Freischüler. Hier zeigte sich, dass die kulturelle und soziale Integration durchaus gelingen konnten. Dieses Exempel, das unten noch erläutert wird, lässt jedoch keinen unvermittelten Rückschlussauf auf die allgemeine Tendenz zu.

In seinen Gedichten „Aus jüdischer Seele" (3. Aufl. Hamburg 1911, S. 13) hat der Hamburger Pädagoge und Schriftsteller Jakob Löwenberg in bewegender Weise festgehalten, was noch am Ende des 19. Jahrhunderts selbst jüdische Kinder im Alltag erleiden mussten.

---

136 Zwei Jahrzehnte später war G. Merkel zum Antijudaismus übergewechselt. Er schrieb bezüglich der Juden nun von einer „absoluten Ekelhaftigkeit" eines bedrohlichen, „fremden Volkes" und distanzierte sich von seiner eigenen früheren Haltung. Er schmähte z. B.: „seit Lessing … den Fehlgriff that, den weisen und edlen Menschen, den er schildern wollte, in einen Juden zu vermummen, und seit Herr von Dohm in seiner bekannten Schrift einen empfindsam-philosophirenden Ton über jenes bizarre, und der weit überfließenden Mehrzahl nach, so verderbte Volk anstimmte, war es bei einer Reihe von Schriftstellern Mode geworden, über den Druck zu deklamiren, unter dem die Juden lebten."
Vgl. Merkel, G[arlieb], Deutschland, wie ich es nach zehnjähriger Entfernung wieder fand, 1. Bd., Riga – Offenbach, 1818, S. 145, S. 149.

Aus der Schule

Mein Kind kam heute von der Schule her,
den Kopf gesenkt, das Auge tränenschwer,
„Was ist dir, Junge? Dich drückt eine Last,
Sag frei heraus, was du verbrochen hast."
„Ists denn so schlimm, o Vater, Jude sein?"
„Ein Schicksal ists und eine schwere Pflicht,
Mein Kind, was Buben sprechen, acht es nicht."
„Der Lehrer selber hat es vorgebracht,
Die ganze Klasse hat darob gelacht."

Die gesellschaftliche Distanz zwischen Christen und Juden verringerte sich auch in den folgenden Jahrzehnten nur langsam. Der für die „Frankfurter Zeitung" aus Hamburg berichtende Journalist und Historiker G. Mayer registrierte (noch über sechzig Jahre nach A. Sutors Projekt !) in den Jahren um 1904 in Hamburg, „wie Deutsche und Juden noch immer nebeneinander herlebten." Dies galt nicht nur für das Klein- sondern in kultivierterer Form auch für das Großbürgertum: „An der Börse machte man natürlich anstandslos miteinander Geschäfte. Doch sobald man die Börse hinter sich ließ, ... gewahrte mein Auge im Alsterpavillon oder wo immer es sonst war, überall getrennte Stammtische." Hervorzuheben ist, dass selbst dieser kultivierte Gelehrte jüdischer Herkunft zwischen „Deutschen" und „Juden" unterschied, obwohl auch er sich als Deutscher fühlte. In den Augen der Deutschen wäre er „stets Jude" geblieben. Wenn er sich selbst voller Überzeugung als Deutscher bezeichnete, „hätte [er] schon immer schärfer darauf acht geben müssen, ob nicht um den Mund des anderen ein ironisches oder gar höhnisches Lächeln aufzuckte?" [137]

Andererseits verweist die erhebliche Zunahme der sogenannten „Mischehen" auf eine andere Tendenz. Im Zeitraum 1886/90 heirateten von 100 Gemeindemitgliedern 13,1 Prozent einen

137 Vgl. Mayer, G., Erinnerungen. Vom Journalisten zum Historiker der deutschen Arbeiterbewegung, Zürich 1949, S. 149, S. 154 f. u. S. 364 f.

nichtjüdischen Partner. In der folgenden Generation waren es bereits etwa 30 Prozent.[138] Hier deutete sich eine Änderung der Beziehungen zwischen den Angehörigen der verschiedenen Religionsgemeinschaften an.

7 *Sprache und Sprechweise als „Scheidewand"*

Zu den wenig beachteten Hindernissen für eine Akzeptanz und Integration der Juden sind auch in Hamburg deren Sprache und Sprechweise zu zählen. Anton Rée, eine führende intellektuelle Persönlichkeiten der Jüdischen Gemeinde, hatte sich intensiv mit diesem Problem beschäftigt. Er sah in der der „jüdischen Mundart eine viel bedeutendere Scheidewand" als etwa in einer spezifischen „Physiognomie". Gemeint war nicht das Hebräische, sondern das herabwürdigend so genannte Jiddeln oder Jüdeln. Als Pädagoge zeigte Rée sich hier besonders empfindlich. Er verurteilte diese jüdische Sprechweise und bezeichnete sie für den Umgang mit Nichtjuden als „zerstörend und vergiftend". Wollten die Juden die „Abneigung gegen sich verringert sehen", so müssten sie ihren „Dialect vollständig verbannen."[139] A. Rée erwartete keinen schneller Wandel, sondern wandte sich (auch) in diesem Bereich gegen die Ausübung von Druck oder schnelle radikale Reformen.[140] Der „erbärmliche

---

138 Vgl. die ausführlichen statistischen Angaben bei Krohn, H., Die Juden in Hamburg. Die politische, soziale und kulturelle Entwicklung einer jüdischen Großstadtgemeinde nach der Emanzipation 1848 – 1918, Hamburg 1974, S. 69. Zu Beginn der NS-Herrschaft gab es in der Hansestadt etwa 1000 Ehen zwischen Juden und Christen.

139 Vgl. Rée, A., Die Sprachverhältnisse der heutigen Juden, im Interesse der Gegenwart und mit besondrer [!] Rücksicht auf Volkserziehung, Hamburg 1844, S. 39.
Zum Folgenden siehe ebd. S. 10 f. u. S. 83 ff. Nicht ganz so scharf urteilte ein „Einsender" aus Hamburg über die Sprechweise, der in der „Allgemein Zeitung des Judenthums" (Nr. 76, 1837, S. 302) schrieb, die „ärmere Klasse der Hamburger Juden wäre „sehr abgezeichnet durch ihren Jargon, in dessen Gebrauch sie sich" wenig geniere.

140 Rée kritisierte Glaubensbrüder, welche alles spezifisch Jüdische verdammten – sei es aus Mangel an „Pietät" oder weil dieses „ihnen im geselligen Leben, im Streben nach Genüssen, Ansehn und Würden unangenehm und hinderlich" wäre. Solche Leute würden sogar ihre „jüdischen Nasen abschneiden", wenn sie nur wüssten, wo sie andere hernehmen könnten.

Jargon" eines Teils der Gemeindemitglieder störte A. Rée aber doch erheblich; denn dieser wirkte sich nach seinem Dafürhalten nicht nur für jene negativ aus, die ihn hören ließen, sondern für die Gemeinde insgesamt. Diese Art zu reden, zöge allen Israeliten „bedeutende Nachtheile und Kränkungen" zu. Gemeint waren, um dies nochmals betonen, weder das Hebräische noch die eigentliche jiddische Sprache, sondern eine Mischung vor allem aus dem Hochdeutschen und Jiddischen. Dabei ging es Rée nicht allein um Vokabular, Satzbau und Konsonantenverschiebungen, sondern auch um die allgemeine Akzentuierung und die „Sprachmelodie, welche letztere an den singenden Ton erinnert, in welchen jedermann z. B. dann verfällt, wenn er sich von einem Nahestehenden beleidigt fühlt, ohne daß er die Kraft besitzt, dies augenblicklich auszusprechen."

Wenn viele Angehörige der Hamburger Gemeinde wie Menschen sprachen, die unter Druck stehen und sich beleidigt fühlen, aber sich dagegen letztlich nicht wehren können, war es verständlicherweise schwierig, die Sprechweise zu ändern, ohne zuvor die Ursache, die gefühlte Herabsetzung, aufzuheben. Hinzu kam, dass nicht wenige Juden ihre von Eltern und sozialem Umfeld übernommene Sprechweise als Teil ihrer Identität und quasi als religiös begründet empfanden. Sie weigerten sich demnach verständlicherweise, so A. Rèe, über ihre „Mundart" zu „verhandeln" oder kritisch „nachzudenken." Solche Gedanken empfanden sie als „ketzerisch".[141]

August Sutor ging in seiner Arbeit auf die negativen Seiten der besonderen Sprache und Sprechweise von Hamburger Juden nur nebenbei ein. Er erwähnt (auf Blatt |Bl. 89 b|) „israelitische Straßenhändler", die an belebten Stellen der Stadt in ihrem „mißtönenden" Jargon und Vokabular Kun-

---

Diesen Menschen wäre alles ein „Gräuel", was an ihre Abkunft auch nur entfernt erinnern könnte.

141 Vgl. zum folgenden Abschnitt: Rèe, A., Geschichtliches über die Schule und ihre Tendenzen, in: Stiftungsschule von 1815 zu Hamburg, Hamburg 1890 und Berlin, J., Die erste demokratische Verfassung und ihre Schule, in: Hamburg macht Schule, 3/ 1999, S. 27 ff.

den zum Kauf aufforderten. Die insesamt geringe Beachtung des von Rée so qualifizierten „erbärmlichen Jargons“ durch A. Sutor kann nicht überraschen. Diesem ging es nicht um die Untersuchung, ob und in wieweit Sprache eine soziale Barriere erhalten oder verstärken könnte. Seine Argumentation drehte sich grundsätzlicher um die Frage, ob die besondere Sprache einer Gruppe für den Staat überhaupt ein Grund sein könnte, dieser das Bürgerrecht zu verweigern.

Außerdem war Sutor überzeugt, dass sprachliche Besonderheiten von Juden ohnehin „allmählich“ verschwinden würden, sobald die Kontakte mit hoch- oder plattdeutsch Sprechenden intensiver würden. Nach seiner Erfahrung spielte das Hebräische in Hamburg außerhalb der Synagogen kaum noch eine Rolle. Dies galt vor allem für jene reformorientierten Juden, die sich im „neuen Tempel“ versammelten. Im Bereich der Sprache, so A. Sutor, habe der Staat jedoch ohnehin nichts vorzuschreiben oder zu bewerten, gleichgültig „ob englisch, französisch, lateinisch oder hebräisch gebetet“ würde.“ Die städtische Verwaltung könne – wie es der Rat auch 1814 vorgeschlagen hatte - allerdings verlangen, dass Buchhaltung und Schriftverkehr mit Behörden in deutscher Sprache stattfänden. A. Sutor formulierte seine auf dem Grundsatz der Gleichheit aller Menschen beruhende Position ganz eindeutig: Selbst wenn das Hebräische „noch in allen Verhältnissen üblich wäre, möchte daraus für den Staat kein Weigerungsgrund gegen die Emancipation herzunehmen sein.“

8 *Oberschicht und Hilfseinrichtungen*

Eine gesondert zu betrachtende, kleinere Gruppe der Hamburger Juden bestand aus Männern und Frauen, denen Bildung, Vermögen und Lebensumstände gestatteten, sich sozial zu betätigen sowie sich theoretisch mit Fragen der Gesellschaft und der Religion zu beschäftigen. [142] Nicht wenige setzten sich – was A. Sutor wohl unterschätzte – für die „Emancipation [ihrer] sämmtlichen Glaubensgenossen“ oder - mit der gleichen Zielsetzung - für eine innere Entwicklung des Judentums und religiöse Reformen ein. Das äußerten sie weniger in öffentlichen Erklärungen oder in Bittschriften, sondern zunächst in der internen Besprechung von „jedem Fort- und Rückschritt der jüdischen Verhältnisse in allen Gegenden der Welt.“

Eine bürgerschaftliche Teilnahme und ein Einwirken auf die Politik der Stadt verwehrten ihnen die Hamburger. Von den in der Stadt bestehenden Organisationen, Vereinen und Institutionen der Christen blieben sie faktisch ausgeschlossen. Wohl auch weil sie dort nicht mitwirken konnten, engagierten sie sich für ihre „Glaubensgenossen“ in gesonderten Armen-, Kranken- und Schulanstalten sowie im Bestattungswesen. Hinzu kamen die Übernahme von Aufgaben bei der Verwaltung der Synagogen und der Gestaltung des Gottesdienstes sowie die Aufsicht über koschere Speisen. Für jeden Hamburger, der sehen wollte, war klar, dass es ihnen nicht an „Gemüth, Energie und Ausdauer ... fehlt[e], um ihren leidenden und hülfsbedürftigen Nebenmenschen, wie der jüngeren Generation“ zur Seite zu stehen und zu helfen.

Die mit der Beschränkung gesellschaftlicher Aktivitäten auf eine eingeengte Gruppe und ein enges Betätigungsfeld indirekt verbundene soziale und politische Ungerechtigkeit hob A. Sutor in seinem Text nachdrücklich hervor.

Gegner konstruierten aus dem auf die eigene Gemeinde beschränkten Engagement den Vorwurf, die (reichen) Juden wollten sich absondern, wären nur gegen ihresgleichen mildtätig aber hartherzig gegenüber Christen. Sie bildeten freiwillig eine eigene, abgesonderte „Nation“. Die Borniertheit solcher Anwürfe liegt auf der Hand.

Um zumindest die Konturen der angesprochenen sozialen Aktivitäten innerhalb der jüdischen Gemeinde anzudeuten, wer-

---

142 Vgl. zum Folgenden den bereits erwähnten „Bericht aus Hamburg“ in der Zeitung „Orient“, Nr. 44 v. 25.10.1842, S. 365 f.

den hier einige der geschaffenen Institutionen und Aktivitäten aufgeführt.

Besonders hervorzuheben ist die 1817 neu organisierte „Israelitische Armenanstalt“, die dauernd Hilfsbedürftigen entweder mit Geld oder durch Brot- und Suppenzuteilung half. Der jüdische Wohnbereich war dafür in 7 Distrikte eingeteilt, in denen eine erhebliche Zahl ehrenamtlicher Helfer Aufsicht führte. Alte und arme Gemeindemitglieder erhielten u. a. Unterstützung durch Geld und mietfreie Wohnungen.[143] 1816 entstand das israelitische Vorschussinstitut, um bei Gründung von Kleinbetrieben zu helfen. Im folgenden Jahr begann außerhalb der Armenanstalt der „Verein der jungen israelitischen Armenfreunde“ mit der Verteilung von Brot und Suppe an arme Gemeindemitglieder.

Zur Unterstützung mittelloser Studenten bestand ein „Stipendien-Verein für Israeliten“, der zudem einzelne Schüler in ihrer Abschlussklasse förderte. Ein „Vorschuß-Institut“ half ab 1816 als Zweig der israelitischen Armenanstalt“ und ab 1829 als selbständige Institution bei der Etablierung von Geschäften und Gewerbebetrieben, wenn Erfolgsaussichten bestanden, zu einem „rechtlichen Erwerbszweig zu gelangen.“ Die allgemeine Zielsetzung lautete, der „Zunahme der Armuth entgegen zu arbeiten und dem Verarmen möglichst zuvorzukommen.“ Zwischen 1816 und 1841 zahlte der Verein Vorschüsse von insgesamt einer Million Mark, von denen lediglich 263 Mark als Verlust zu verbuchen waren. Die Unterstützten verhielten sich demnach vorbildlich und ehrlich.

Besonders erfolgreich entwickelte sich auch eine von namhaften Mitgliedern der Jüdischen Gemeinde gegründete Bildungsanstalt, die „Israelitische Freischule“. Ab 1870 trug sie den Na-

143 Vgl. auch zum Folgenden: Neddermeyer, F. H., Statistik und Topographie der Freien und Hansestadt Hamburg, Hamburg 1847, S. 659 ff. Die Angaben zur Distrikteinteilung könnten Rückschlüsse auf die jeweiligen sozialen Zustände in den verschieden Straßen zulassen. Allgemein siehe: Herzig, A., Das jüdische Armenwesen in Hamburg in der Übergangsphase von der Dreiergemeinde zur Deutsch-Israelitischen Gemeinde 1788-1818, in: Aus den Quellen. Beiträge zur deutsch-jüdischen Geschichte. Festschrift für Ina Lorenz, München 2005, S. 37 - S. 45.

men „Israelitische Stiftungsschule von 1815“, ab 1890 hieß sie „Stiftungsschule von 1815“.

Als „die „reichsten und intelligentesten Gemeindemitglieder“ 1815 einen Fond für diese jüdische Schule gestiftet hatten, „deren vorzüglichstes Augenmerk die Auslöschung aller [jüdischen] Eigentümlichkeiten in Sitten, Sprache und äußerem Verhalten sein sollte“, erwies es sich zunächst als schwierig, überhaupt Schüler zu bekommen. Der „Haß“ gegen die „ketzerische“ Schule war in manchen Kreisen sehr stark. Ärmere Familien, für deren Kinder die Schule vor allem gedacht war, fürchteten zudem eine wirtschaftliche Benachteiligung durch einflussreiche orthodoxe Glaubensbrüder. Dies änderte sich jedoch. Da die Schülerzahlen dieser Unterrichtsanstalt indirekt auch Aufschluss über die wachsende Integrationsbereitschaft in der jüdischen Gemeinde geben, folgen hier einige Angaben. 1821 hatte die Einrichtung etwa 110 Schüler aufgenommen. Bis 1852 wuchs ihre Zahl auf 1214. In diesem Jahr nahm die Schule erstmalig auch Kinder von Christen auf. Im Jahr 1870 zählte die Schule 514 Kinder, darunter 213 Christen und 159 jüdische Freischüler. Hier zeigte sich, dass die kulturelle und soziale Integration durchaus gelingen konnten. [144]

Soziales Engagement zeigten auch Frauen. Seit 1798 bestand eine „Unterrichtsanstalt für arme israelitische Mädchen“, in der 60 von etwa 80 Mädchen Freischülerinnen sein sollten. Nach F. H. Neddermeyer fanden alle aus der Anstalt entlassenen Kinder einen „Erwerb“, keines wäre der „Armenanstalt anheimgefallen; ja manche derselben [trügen später] ...durch ihre Geldbeiträge zur Erhaltung der Schule bei.“ Daneben bestand eine vermutlich orthodoxe „Armen-Mädchenschule der Israelitischen Gemeinde“, die von sechs Gemeindemitgliedern geleitet wurde. Ein weiterer Verein sorgte für die Bekleidung der Mädchen beider Schulen. Seit 1815 unterstützte ein Israelitischer Frauenverein arme jüdische Wöchnerinnen. Ab 1819 bestand ein weiterer Frauenverein, dessen Mitglieder die Bekleidung

---

144 Vgl. Müller, Ernst, Geschichte der Stiftungsschule von 1815 zu Hamburg, Hmbg.1915.

bestimmter Freischüler finanzierten und besorgten. Die Frauen unterstützten die Kinder auch nach Abschluss der Schulzeit bei deren Fortkommen. „Nahe 60 Knaben w[u]rden zweimal des Jahres völlig gekleidet und während dieser Zeit zur Reinlichkeit und Ordnung ... angehalten." Ein ähnlicher Verein unterstützte Schulmädchen, zumal deren Unterrichtsanstalten „noch sehr mangelhaft" waren. Die sechs Vorsteherinnen des Frauenvereins kamen aus den Familien Heine, Herz, Magnus, Cohen, Oppenheim und Oppenheimer, die zu den vornehmsten und wohlhabendsten der Stadt zählten. [145]

Ein „Waisen-Institut" versorgte „in rechtmäßiger Ehe erzeugte" Jungen und finanzierte Kost, Kleidung und Schulausbildung. An der Verwaltung allein dieser Einrichtung beteiligten sich ständig etwa 13 Gemeindemitglieder.[146]

Jüdische Krankenanstalten verfügten in Hamburg seit langem über einen sehr guten Ruf. In einer zusammenfassenden Darstellung konstatierte J. H. Rambach bereits 1801 „die außerordentliche Mildthätigkeit" der Juden und die geringen Preise für Behandlung und Aufenthalte in ihren Krankenhäusern. Bedürftige Kranke erhielten kostenfreie Medikamente und Hausbesuche von Ärzten sowie Krankengeld.[147] In den Krankenanstalten gab es außerdem, - was der Statistiker F. H. Neddermeyer besonders hervorhob – eine hinreichende Anzahl ordentlich besoldeter und „geschickter KrankenWärter [!]", die erforderlichenfalls „sogar Nächte hindurch bei" Schwerkranken wachten. Im Jahr 1841 stiftete zudem Salomon Heine, seit langem einer der bedeutendsten Mäzene der Stadt, ein neues Krankenhaus, das Patienten aller Konfessionen offenstand.

In den zumal über reiche Juden in der hamburgischen Gesellschaft verbreiteten Vorurteilen kam diese vorbildliche Fürsorge

---

145 Vgl. Sulamith, Jg. 1821, S. 355.

146 Siehe Neddermeyer, F. H., Statistik und Topographie der Freien und Hansestadt Hamburg, Hamburg 1847, S. S. 687. Zum Folgenden siehe ebd. S. 182 ff., S. 409 u. S. 660.

147 Vgl. Rambach, J. H., Versuch einer physisch-medizinischen Beschreibung von Hamburg, Hamburg 1801, S. 401 ff.

nicht vor. August Sutor fasste seine Sicht der Mildtätigkeit vieler Juden und der falschen Vorurteile der Christen prägnant in folgenden Satz zusammen: „Vor dem Vater des Himmels und der Erde ist besser der Jude, der seinen Pfennig gibt dem Darbenden, als der Christ, der sich geißelt am Altare und den Mammon scharrt."[148]

9 Mosaische Religion zwischen Alltag, Tradition und Reform

Was ihre Religion einem Großteil der Hamburger Gemeindemitglieder bedeutete, beschrieb Heinrich Heine in literarischer Form am Beispiel eines Straßenhändlers, der mit seiner Ware im Arm am Tag etwa zwanzigmal von Ost nach West, vom Steintor zum Millerntor durch die Stadt zu gehen hatte, um Kundschaft zu finden. Auch ein solcher „alter Jude mit einem langen Bart und zerrissenem Rock", der kaum ein deutsches Wort fehlerfrei aussprechen könne und dessen Hautausschlag seine Armut zeige, wolle sich glücklich fühlen. Wenn er am Freitagabend im jüdischen Wohnbezirk der Hamburger Neustadt seine elende „Bude" im Bäckerbreitengang erreiche, nachdem er „die ganze Woche ... in Wind und Wetter, mit seinem Packen auf den Rücken, [herumgelaufen sei,] um seine paar Mark zu verdienen", dann wolle er seine Sorgen vergessen. Dazu würde der Chanukka-Leuchter, die Lampe mit sieben Lichtern angezündet, und eine nach jüdischem Rezept bereitete Speise verzehrt. Anschließend singe die Familie religiöse Lieder, erinnere sich an die Pracht des alten Israel und insbesondere den erfolgreichen Auszug der Juden aus Ägypten. Dies werde als Verheißung genommen, dass auch das gegenwärtige Elend irgendwann ein Ende finde: „Der Mann ist glücklich, er braucht sich mit keiner

148 Vgl. |Bl. 81| des Manuskripts.
Scharren hatte neben der Bedeutung des Verscharrens auch die abwertende Nebenbedeutung, raffgierig möglichst viel Geld in seinen Besitz bringen oder gierig für sich zusammenzuraffen. Vgl. etwa M. Heyne, Deutsches Wörterbuch, Bd. III, Leipzig 1906, Spalte 273.

Bildung abzuquälen, er sitzt vergnügt in seiner Religion ... und betrachtet vergnügt seine Lichter."[149]

Diese Skizze einer schlichten Frömmigkeit und das Hervorheben des Trostes als wesentliche Funktion der Religion im schweren Alltag zeigen jedoch nur Teile eines komplexen Gefüges. Die umfassende Bedeutung der Religion und deren Lehren für die Mitglieder der Gemeinde sind nur in einem größeren Zusammenhang zu verstehen. Eine soziale Existenz außerhalb der Gemeinde war für die von den christlichen Bürgern gemiedenen und isolierten Israeliten nur schwer möglich. Dies bedeutete andererseits, dass sie über die Gemeindezugehörigkeit an ihre Traditionen gebunden blieben. Außerdem bestimmten oder beeinflussten religiöse Bräuche und Feste den Ablauf der Tage, Wochen und den Kalender des Jahres. Alle wichtigen Lebensstationen wie Geburt, Schule, Hochzeit, Krankheit, Hilfe in Notfällen sowie bei Tod und Beerdigung standen im Zusammenhang mit der Religion, der Gemeinde und deren Institutionen. Dies galt auch für rechtliche Auseinandersetzungen, bei denen Gemeindemitglieder als Schlichter bzw. Gericht und Richter fungierten. Zudem dienten Gespräche vor und nach den Gottesdiensten der allgemeinen Orientierung und festigten den sozialen Zusammenhalt. Dennoch gab es einzelne starke Persönlichkeiten, die außerhalb irgendeiner Religionsgemeinschaft zu leben vermochten.

---

149 Vgl. hierzu: Heine, H. Reisebilder. Dritter Teil, Kapitel IX, in: Heine, H., Werke und Briefe, Bd. 3, Berlin-Weimar 1980, S. 312 f. Der Kommentar H. Heines zur Religion, der „gemeine Mann" müsse „eine Dummheit haben, worin er sich glücklich" fühle, erinnert an die kritischen Bemerkungen A. Sutors zu diesem Thema. In denen machte dieser deutlich, dass für selbständig denkende Menschen insbesondere die Vorschriften und Rituale religiöser Lehren – euphemistisch ausgedrückt – überflüssig wären. Ähnlich wie Heine beschrieb 1838 F. Clemens (Gerke) den Zusammenhang von Religion und Alltagsbewältigung. In der Neustadt würden an den Wochentagen „hebräische ... betrübende Jammerfiguren einherschleichen; [die] mit wenig trocknem Brode und schlechtem Trank ihr Werkeltagsleben fristen." Aber am Freitagabend legten sie mit ihrem Packen auch die Sorgen ab. Der „Werkeltagsmensch" wandle sich zum reinlichen, religiösen, geputzten „Schabbesmenschen". Wenn der „seine Gebetspflicht redlich geübt" habe, würden mit den Leckerbissen aus der jüdischen Kochkunst zugleich die „rabbinischen Gedanken ... in wirkliches Fleisch und Blut" verwandelt und ihm sechs Tage Kraft spenden, um sein Elend auszuhalten. Vgl. Mein Spaziergang durch Hamburg. Poleographische [!] Genre-Bilder von Fr. Clemens, Altona 1838, S. 74 f.

Welche Anteile die verschiedenen Richtungen des Judentums in der Hamburger Gemeinde hatten, ist nicht genau bekannt. Die Chassidim, Ultra-Fromme, die in einem Leben voller religiöser Zeremonien aufgingen, machten sicherlich eine kleinere Gruppe aus als die Anhänger freierer Anschauungen, die Religion mit Menschenliebe, Befolgung guter Sitten und gemeinnütziger Wirksamkeit gleichsetzten. Die zahlenmäßig größte Gruppe der Hamburger Israeliten stellten die Orthodoxen. Typisch für sie waren traditionelle Bet- und Fastengewohnheiten sowie die Befolgung ihrer minutiös vorgegebenen religiösen Übungen. Doch auch hier gab es Veränderungen. Allgemein nahm die Bedeutung einer strengen Befolgung von Essens-, Reinheits-, Bekleidungs- und Sabbatgeboten nicht erst seit der Zeit der Französischen Revolution langsam aber kontinuierlich ab.[150]

Ein deutliches Zeichen des Wandels setzte in Hamburg die Eröffnung eines „Neuen Tempels“ am 18. 10. 1818 mit einem reformierten Gottesdienst. Die Mehrheit der hamburgischen Gemeindemitglieder unter Führung der traditionellen Rabbiner „verketzerte nun natürlich den Tempel und das Gebetbuch desselben in ihren Synagogen, und das Vorsteherkollegium“ drang - aber ohne Erfolg - auf dessen Rücknahme. Selbst an den Rat appellierten die orthodoxen Gemeindevorsteher, um die neue Bewegung zu unterdrücken. Bei Auseinandersetzungen um Prediger, Liturgie und Gebetsbuch kam es wiederholt zu Tumulten. Zu heftigen Konflikten führte das Aufgeben der hebräischen Sprache bei Gebeten. Auch Neuerungen bei der nun in deutscher Sprache gehaltenen Predigt und die Einführung des Gesanges und der Musik beim Gottesdienst erregten den Zorn der Traditionalisten. Wenn die Predigten im neuen Tempel auch zahlreiche „Zuhörer aller Confessionen und aller Richtungen “ anzogen, bedeutete dies keineswegs, dass die Mehrheit der Gemeindemitglieder, die weiterhin in ihren Syn-

150 Vgl. auch zum Folgenden: Haarbleicher, M. M. (Hg.), Zwei Epochen aus der Geschichte der Deutsch-Israelitischen Gemeinde zu Hamburg, Hamburg 1866, insbesondere ab S. 180 ff.

agogen Gottesdienste in herkömmlicher Form abhielt, den Änderungen zustimmte.[151]

Ein Anhänger der Reformen, Ph. Philippson, notierte 1866 rückblickend, der ungebildete Teil der Juden in Hamburg und andernorts wäre in religiöser Hinsicht nicht an Neuerungen interessiert gewesen, weil er einen Zusammenhang mit der Forderung nach politischer Gleichberechtigung nicht sah und diese ohnehin nicht als unmittelbar wichtig empfand: „Die Emancipation hatte augenblicklich für [diese Gemeindemitglieder] keinen materiellen Wert, wenn sie nur weiter handeln und schachern konnten; die unwissende Orthodoxie tröstete sich sogar mit dem Ausspruch, daß Juden und Judenthum ein wenig [Leid]... tragen müßten, wenn sie bis zur Messiaszeit bestehen sollten."[152]

Wie entschieden Neuerer viele der traditionellen Gebräuche ablehnten, zeigt die Aussage Philippsons, für einen Gebildeten, für einen selbständig denkenden Menschen wäre es unerträglich, in der Synagoge „ewig sich wiederholende" Gebete und das ermüdende Vorlesen von Abschnitten der Thora anzuhören – zumal wenn „alles dieses in einer ihm unverständlichen Sprache ... eines polnischen oder aschkenasischen Rabbi" vorgetra-

---

151 Vgl. auch zum Folgenden Gallois, J. G., Chronik der Stadt Hamburg und ihres Gebietes, Bd. IV, Hamburg o. J., S. 518. Die Plätze im „Neuen Tempel" wurden übrigens - wie es auch ich christlichen Kirchen üblich war - versteigert oder vermietet.
Die besten Plätze kosteten 80-90 Mark. Viele Mitglieder zahlten 30 - 50 Mark. Vgl. „Orient", 5. Jg., 1844, S. 250 und S. 291. Dies unterstreicht die Ansicht, dass die Reformbewegung nicht von armen Gemeindemitgliedern getragen wurde. Diese hielten es überwiegend mit den orthodoxen Ritualen und Rabbinern. Allgemein zu den theologischen Inhalten des sogenannten Tempelstreits siehe: Geiger, Abraham, Der Hamburger Tempelstreit, in: Geiger, Ludwig (Hg.), Abraham Geiger`s Nachgelassene Schriften, 1. Bd. Berlin 1875, S. 113 - S. 196 und verschiedene Artikel der Zeitschrift „ Orient" (Jg. 1842), insbesondere Nr. 17 v. 23.4.1842, S. 133 sowie Jost, J. M, Schriftfehde über den Hamburger Tempelstreit, in: ders., Culturgeschichte der Israeliten der ersten Hälfte des 19. Jahrhunderts, Breslau [1847], S. 22 - S. 29. Auch zur neueren Literatur vgl. Braemer, Andreas, Judentum und religiöse Reform: der Hamburger Israelitische Tempel 1817 - 1938, Hamburg 2000.

152 Philippson trat u. a. als Biograph des Hamburger Predigers G. Salomon hervor. Vgl. auch zum Folgenden: Philippson, Ph., Biographische Skizzen. Drittes Heft: Gotthold Salomon, Leipzig 1866, S. 75 ff.

gen würde. Wahre religiöse Erbauung und eine Wendung, „zum Höhern und Höchsten" wären erst durch den „rauschenden Ton der Orgel, die Harmonie des Chorgesangs, die Fülle des deutschen Chorals, die gediegene Predigt" im Gottesdienst möglich geworden.

Anton Rèe, ebenfalls ein Befürworter der Reformbewegung, schrieb später sinngemäß vom Hass der Traditionalisten gegen die Neuerer und deren Aktivitäten etwa im Schulbereich. Die Zurückhaltung vor allem „kleiner Leute" ihre Kinder auf eine jüdische Reformschule zu senden, resultierte für ihn jedoch nicht aus religiösen Überzeugungen, sondern aus deren Sorge, sie würden bei einer Zuwendung zu den Reformern „im Fall der Not von der Armenverwaltung [der jüdischen Gemeinde] keine oder doch nur eine geringere Beihülfe zu bekommen." Hier trat in den nächsten Jahrzehnten ein deutlicher Wandel ein.[153]

Scharfe Konflikte zwischen Reformern und Traditionalisten bildeten keine hamburgische Besonderheit. Über die Gegensätze in Sachsen berichtete 1845 F. Pinoff. Er sah bei den Strenggläubigen „Finsternis, Beschränktheit und die Knechtschaft des Geistes. ... Der größte Teil der Juden gehört diesem Schlage an; sie lassen sich durch nichts belehren, bleiben hartnäckig bei dem Wort ihrer Väter". Ihn störten auch die politischen Auswirkungen, denn diese Juden beteiligten sich nicht am Emanzipationskampf in Deutschland, sondern warteten auf Erlösung: „Der Messias, den sie sehnsüchtig erwarten, soll sie aus der Knechtschaft zu ihrer alten Freiheit zurückführen. Das Land, wo Milch und Honig fließt, ist die frohe Aussicht auf ihre bessere Zukunft." Viele orthodoxe Juden - dies galt auch für

---

153 Vgl. Rèe, A., Geschichtliches über die Schule und ihre Tendenzen, in: Stiftungsschule von 1815 zu Hamburg, Hamburg 1890, S. 3 f. Die Reformbereitschaft sollte jedoch nicht darüber hinwegtäuschen, wie lange die Orthodoxie sich in Deutschland hielt. Dies zeigen etwa Erfahrungen des 1873 in Fürth geborenen und aufgewachsenen Schriftstellers Jacob Wassermann. Er schrieb über seine Wahrnehmung der konservativen Altgläubigen: „Da sah man ... fanatische Gesichter, Augen voller Askese und glühend im Gedächtnis unvergessener Verfolgungen. Auf ihren Lippen wurden die strengen Gebete ... wirklich, die lastbeladenen Schultern sprachen von generationenalter Demut und Entbehrung, die ehrwürdigen Gebräuche wurden in entschlossener Hingabe buchstabentreu erfüllt, die Erwartung des Messias war ungebrochen, wenn auch dumpfer Glaube."
Vgl. Wassermann, J., Mein Weg als Deutscher und Jude, Berlin 1921, S. 14.

Hamburg - verlangten nicht einmal eine politische Gleichberechtigung. Sie würden zudem von dieser, wenn man sie „ihnen auch rechtmäßig ertheilte, keinen Gebrauch davon machen."

Manche extreme Modernisierer im theologischen Bereich sah Pinoff jedoch ebenfalls skeptisch. Er empfand sie als „Emancipations-Schreier". Sie wollten „mit der Bequemlichkeit ihres Glaubens noch die Vortheile des socialen Lebens verbunden wissen." Die entschiedenen Reformer strebten nach der Meinung Pinoffs ähnlich wie philosophisch gebildete Christen nach geistiger Emancipation, nach „Lösung des Geistes von den Fesseln des Glaubens, der Knechtschaft, Befreiung aus dem Schrecken der religiösen Barbarei". Solche Juden hätten eigentlich „mit dem Judenthume nichts mehr zu thun, sie haben vor dem Menschen den Juden bereits vergessen, werden aber von der Gesellschaft in allem, was sie betrifft, noch unter die Juden rubriciert. Deshalb werden auch sie noch ... von denselben Fesseln, die die Juden im Allgemeinen treffen, gedrückt."[154]

Bei der Beurteilung der unterschiedlichen Richtungen der jüdischen bzw. mosaischen Religion kam es ganz auf den jeweiligen Standpunkt ein. Der größere Teil der jüdischen Gemeinde sah z. B. die sogenannte „ Beschneidung" als gottgefälligen Akt an, während andere hier eine unsinnige Verstümmelung wahrnahmen. Ähnlich verhielt es sich mit der Akzeptanz einer besonderen Rolle der Frau. Für die einen war dies selbstverständlich. Die Hamburger Reformer sahen hier zumindest ein Problem. Durch die Einführung einer gemeinsamen Konfirmationsfeier für Jungen und Mädchen versuchten sie einen kleinen Schritt in Richtung auf dessen Lösung.[155]

Ein Mitarbeiter der Zeitschrift „Der Orient" rief allgemein zur Rücksichtnahme auf und mahnte in diesem Sinne die Reformer. Wenn sie gegen die „Werkheiligkeit" der Religion, gegen deren „seelenloses Wesen" und ein „ schweres Joch der Orthodoxie"

---

154 Pinoff, F., Der Judenkampf, Leipzig 1845, S. 17 ff.

155 Vgl. Gallois, J. G., Hamburgische Chronik von den ältesten Zeiten bis auf die Jetztzeit. Band 4. Von der Vollendung des Hauptrecesses 1713 bis zum grossen Brand im Mai 1842 Hamburg [1863], S. 568.

wetterten, sollten sie nicht vergessen, dass die abwertenden Beiwörter eben nur für Vertreter ihrer Richtung gälten: „Der Orthodoxe fühlt weder ein schweres Joch noch eine schwere Last, noch sind ihm seine Ceremonien ein seelenloses Wesen.“ Die Lehren des Talmud bedeuteten für ihn keineswegs „Willkür“ bei der der Deutung und Anwendung der Bücher Mosis.[156]

Beispielhaft für Unterschiede zwischen Traditionalisten und Reformern auch in Hamburg war das Bestattungswesen. Eine „Neue Beerdigungs-Gesellschaft“ bestattete erst nach drei Tagen, während die traditionelle „Allgemeine Beerdigungs-Brüderschaft“ bereits 24 Stunden nach dem Ableben für ihre Mitglieder aktiv wurde. Diese Differenz war seinerzeit durchaus von Bedeutung, da das jüdische Bestattungswesen, d. h. die Beerdigung möglichst bald nach dem Tod, allerlei weitverbreitete gruselige Vorstellungen vom Beerdigen von Scheintoten verstärkte.[157]

Über manche Eigenarten der orthodoxen, an traditionellen Ritualen und Verhaltensweisen festhaltenden Juden lästerten nicht nur Judengegner, sondern auch jene Juden, die für eine Emanzipation eintraten. Sie kritisierten, dass die herkömmlichen jüdische Speisegesetze oft Essen und Trinken in christlichen Häusern sowie in Wirtschaften und Kaffeehäusern behinderten, dass rabbinische Vorschriften ein Stutzen von Bärten und Schneiden der Kopfhaare untersagten und die Befolgung von Sabbatgeboten Geschäfte behinderte und Geselligkeit mit Christen vereitelte. „Jiddelnde“ Glaubensbrüder und Rabbiner wurden auch für manche liberale Juden zur Witzfigur.[158] Auch bei christlichen Befürwortern einer baldigen und bedingungslosen Emanzipation stießen dementsprechend viele der traditionellen Vorschriften des Judentums auf Ablehnung.

---

156 Vgl. „Der Orient“, 5. Jg., Nr. 27 v. 2.7. 1844, S. 414 f.

157 Vgl. die „Mittheilungen aus Hamburg“ in Nr. 106 v. 5.12. 1837 der „Allgemeinen Zeitung“ des Judenthums“.

158 Vgl. zusammenfassend Schulte, Chr., Jüdische Aufklärung, in: Handbuch zur Geschichte der Juden in Europa, Bd. 2. Hg. v. E.-V. Kotowski, Darmstadt 2001, S. 240 ff., hier S. 251.

Die Auseinandersetzungen innerhalb der jüdischen Gemeinden, die deutliche Kritik an traditionellen Vorschriften der „mosaischen“ Religion, verschärften sich bereits vor der Zeit, als August Sutor sein Projekt begann. In dessen Arbeit finden sind aber nur wenige Hinweise auf die religiösen Differenzen unter Juden zu finden. Er schrieb, die „Spaltung im Judenthum [lasse] sich sehr gut mit der unter Christen in Katholiken u. Evangelische vergleichen ...“ Für eine Gewährung politischer Rechte waren nach seiner Auffassung religiöse Lehren jedweder Art unerheblich: „Darum kümmern uns augenblicklich nicht die Ideen der Israeliten über den Talmud.“ Der Staat hätte erst dann ein Recht und Veranlassung sich um dergleichen zu kümmern, wenn bestimmte religiöse Lehren zu Gesetzesverstößen führen könnten.[159] In der mosaischen Religion gebe es solche Vorschriften oder Glaubenssätze nicht.

10 *Tumulte und Exzesse 1819, 1830, 1835*

Die folgenden Skizzen der antijüdischen gewalttätigen Tumulte und Exzesse der Jahre 1819, 1830 und 1835 in Hamburg demonstrieren eindringlich, wie wichtig eine Verbreitung aufklärender Werke wie „Hamburg und die Juden“ gewesen wäre.

Indirekt tragen sie auch zum Verständnis der Motive A. Sutors bei. Sie zeigen, was der 1812 geborene Hamburger in den ihn geistig prägenden Jahren über die schändliche Behandlung von Juden in seiner Vaterstadt erfahren konnte. Daneben verdeutlichen die Ereignisse, wie Nachrichten über Konflikte mit Juden selbst in entfernten Städten und Regionen in Hamburg sehr schnell unkontrollierbare Aktionen auszulösen vermochten. Diese Erfahrung blieb sicherlich nicht ohne Einfluss auf das Vorgehen der Zensoren.

Eine Wiederholung ähnlicher Ausschreitungen befürchtete Sutor 1838 offensichtlich nicht, sonst wäre er in seinen Texten näher auf diese Ereignisse eingegangen. Wahrscheinlich sah er in jenen Gewalttaten eher Nachwirkungen eines alten Antiju-

159 Vgl. im Manuskript |Bl. 73|.

daismus als drohende Warnzeichen für kommendes Unheil. [160] Allerdings zeigten (auch) diese Ereignisse ihm deutlich, wie wichtig in diesem Bereich eine Einwirkung auf die öffentliche Meinung durch humanistische Schriften blieb.

Die Erklärung und Bewertung der Ausschreitungen insbesondere des Jahres 1819 durch Gabriel Riesser, den bedeutendsten Hamburger Streiter für eine Emanzipation und Zeitgenossen A. Sutors, ist mit Skepsis zu betrachten. Jener schrieb, deren Ursachen ließen sich weder auf „religiösen noch ... politischen Fanatismus" zurückführen. Es habe sich lediglich um das „kindische Werk feigen Muthwillens", um „Dummheit und Niederträchtigkeit" gehandelt, als 1819 in verschiedenen Städten Deutschlands „nicht sehr zahlreiche Haufen von Gassenbuben aus verschiedenen Ständen" meist am Abend durch die Straßen zogen und in „einigen Häusern, die von Juden bewohnt waren, die Fenster einschlugen." Auch die Misshandlung einzelner Juden und deren Vertreibung aus Wirtshäusern deutete er nicht als Destruktion der „Fortschritte von Jahrhunderten" und der „Sonne der Aufklärung". Es wäre „die lächerlichste Absurdität, aus jenen Vorfällen auch nur den entferntesten Schluß auf eine öffentliche Meinung, die zu fürchten wäre, zu ziehen."

Riessers Biograph, Meyer Isler, urteilte hier später besorgter. Er verwies zur Erklärung des Ausbruchs von Unruhen 1819 zunächst konkreter auf den Beschluss der bayrischen Ständeversammlung vom 22. Juli 1819, eine Verbesserung der Le-

---

160 Vgl. hierzu |Bl. 26| des transkribierten Textes. (A. Sutors zurückhaltende Bewertung der Klagen von Juden über das Verhalten der ungerechten Justiz nach den Exzessen könnte mit Rücksicht auf den Zensor zu erklären sein.)
Zum Folgenden siehe: Riesser, Gabriel, Ueber die Stellung der Bekenner des mosaischen Glaubens in Deutschland. An die Deutschen aller Confessionen, Altona 1831, S. 50 ff. sowie Isler, M[eyer], Gabriel Riesser`s Leben nebst Mittheilungen aus seinen Briefen, Frankfurt 1871, S.113 f.
Die ausführlichste, quellengestützte Untersuchung der Ereignisse in Hamburg hat Jacob Katz vorgelegt. Vgl. ders., Die Hep-Hep-Verfolgungen des Jahres 1819, Berlin 1994, insbesondere S. 59 - S. 71. Soweit nicht anders vermerkt, beruhen Angaben zum Ablauf der Tumulte in Hamburg auf diesem Werk. Aufschlussreich sind auch: Rohrbacher, Stefan, Gewalt im Biedermeier: antijüdische Ausschreitungen in Vormärz und Revolution (1815 – 1848/49), Frankfurt 1993, S. 120 ff u. S. 144 ff. sowie Stieve, Tilman, Der Kampf um die Reform in Hamburg 1789 – 1842, Hamburg 1993, S. 244 ff.

bensumstände der Juden herbeizuführen. Dieser habe sich in der Folgezeit für die „Juden verhängnisvoll“ ausgewirkt, denn ihm wäre eine Verfolgungswelle gefolgt, die sich, in Würzburg beginnend, mit „Sturmeseile“ über große Teile Deutschlands ausbreitete. Pöbelhaufen hätten „Leben und Eigenthum“ der Juden bedroht. Diesen wären „Haß und Erbitterung“ entgegengeschlagen. Unter dem Druck einer Vielzahl von antijüdischen Petitionen gegen eine Emanzipation habe die bayrische Regierung ihre diesbezüglichen Reformvorhaben zurückgezogen. Indirekt verwies M. Isler hier auf Parallelen antijüdischer Drohungen mancher Bürger und von Reaktionen des Rats der Stadt Hamburg.

Die historische Forschung führte den Ausbruch von Gewalttaten 1819 mit plausiblen Argumenten überwiegend auf tieferliegende Ursachen, auf die Unzufriedenheit mit bedrückenden politischen und wirtschaftlichen Zuständen zurück. Bereits ein Blick in überregional verbreitete Zeitungen bestätigt zumindest „ein furchtbares Mißtrauen ... zwischen Volk und Fürsten“ sowie eine wirtschaftliche Krise: „Der Handel ist Abentheuer geworden, und der Gewerbefleiß ein Frohnknecht“. Ähnlich schrieb die zeitgenössische Hamburger Presse über „Hungerjahre 1816 und 1817“ und „namenloses Elend“[161].
Lokale Blätter in Hamburg berichteten ebenso wie die überregionale Presse - etwa die an der Elbe viel gelesene (Augsburger) „Allgemeine Zeitung“ - Mitte August 1819 ausführlich über Unzufriedenheit und Unruhen in deutschen und europäischen Staaten wie Frankreich und Großbritannien. Aus England meldeten Zeitungen die Vorbereitung von Maßnahmen „gegen aufrührerische Versammlungen“, in denen die im Parlament „nicht repräsentirten Volksclassen und Bezirke sich anmaßen, sogenannte Repräsentanten ins Parlament zu wählen.“[162]

---

161 Vgl. den Bericht aus Bremen in: „Frankfurter Ober-Postamts-Zeitung“, Nr. 229 v. 17.8. 1819 und „Zeitung des Hamburgischen unpartheyischen Correspondenten“, No. 129 v. 13. 8. 1819.

162 Trotz Truppenansammlungen mit Artillerie forderten Arbeiter, Handwerker (und selbst

Wer solche Zustände mit denen in den deutschen Staaten verglich, konnte durchaus auf den Gedanken kommen, auch hier wären Initiativen und Aktionen zur Verbesserung der Lage bestimmter „Volksclassen“ angebracht.

Aus deutschen Staaten wie Preußen kamen in den gleichen Wochen Meldungen über eine zunehmende politische Repression, über Haussuchungen und Verhaftungen von politisch Verdächtigen. Selbst über relativ liberal regierte Staaten wie Baden erfuhren Zeitungsleser, hier würden Zensur und „Preßzwang“ verschärft. Nicht einmal über wichtige Debatten der Ständeversammlung dürfe angemessen berichtet werden. Die Versammlung der badischen Abgeordneten wäre zudem ohne hinreichende Begründung vertagt worden. Wahrscheinlich hätten die Abgeordneten sich geweigert, „unangemessenen Ansprüchen der Aristokratie in bündiger Unterwerfung“ nachzugeben. Offensichtlich erwarteten die Herrschenden von diesen, dass sie

---

Frauen) in Volksversammlungen allgemeines Wahlrecht, jährliche Parlamente und „schriftliche Stimmengebung“. Gemeint war wohl eine von Brotherren und Obrigkeiten unkontrollierte, geheime Stimmabgabe bei Wahlen.

Vgl. auch zum Folgenden: (Augsburger) Allgemeine Zeitung, Nr. 224 v. 12. 8. 1919, Nr. 225 v. 13.8.1819 und Nr. 226 v. 14. 8. 1819. Siehe insbesondere die teils gleichen Berichte in der hamburgischen Presse, etwa die „Zeitung des Hamburgischen unpartheyischen Correspondenten“, Nr. 127 von Dienstag dem 10.8. 1819 und Nr. 128 v. 11. 8. 1819.

Im Text verwendete Begriffe wie Unruhe, Auflauf, Zusammenrottung, Protest, Tumult, Widersetzlichkeit, Aufruhr, Ausschreitung, Exzess, Rebellion stehen für eine jeweils gesteigerte und zunehmend bedrohliche Verletzung der gesetzlichen Ruhe und Ordnung, an der eine größere Anzahl von Menschen beteiligt ist. Dabei ist jeder Fall gesondert zu betrachten. Ein Zerschlagen von Mobiliar und Plünderungen konnten bei den gleichen „Haufen“ und Ereignissen durchaus parallel auftreten. Manchen Teilnehmern dienten Umzüge und das Einwerfen von Fenstern wohl auch lediglich zu Belustigung. Zu den Tatbeständen vgl. etwa die bereits im Strafrecht des frühen 19. Jahrhundert sehr differenzierten Bestimmungen etwa zum Begriff „Tumult“ in: Krünitz, Johann Georg, Oekonomische Encyklopädie, Bd. 190, Berlin 1846, S. 559 ff. Für einen Tumult mussten demnach mindestens 10 Personen zusammengekommen und aktiv sein. Zur neueren „Protestforschung“ siehe Husung, Hans-Gerhard, Neuere Tendenzen in der Protestforschung, in: Zunker, Detlef, Hamburg in der Franzosenzeit, Hamburg 1983, S. 6 - S. 14 und ders. , Volksprotest in Hamburg zwischen Restauration und Revolution 1848, in: Herzig, Arno u.a. (Hg.), Arbeiter in Hamburg, Hamburg 1983, S. 79 - S. 88. Zur Protestforschung allgemein siehe: Volkmann, Heinrich, Bergmann, Jürgen (Hg.), Sozialer Protest. Studien zu traditioneller Resistenz und kollektiver Gewalt in Deutschland vom Vormärz bis zur Reichsgründung, Opladen 1984, S. 56 - S. 75.

trotz der „Not des Volkes jeder Geldforderung Regierung mit stummen Kopfnicken ihre Zustimmung erteilten." Konservative Kreise versuchten mit „Toben und Schelten" die Ständeversammlung in Misskredit zu bringen, weil diese sich z. B. gegen zu hohe Apanagen von Mitgliedern der großherzoglichen Familie gewandt hätte.

Strittig ist, ob solche Meldungen und die Zeitumstände im August 1819 stärker auf Stimmung und Aktionsbereitschaft wirkten als ein allgemein verbreiteter Antijudaismus. Der Historiker Jacob Katz etwa argumentierte, die folgenden Übergriffe zeigten vor allem „triebhafte Ausbrüche vor dem Hintergrund des ständigen Konflikts zwischen Juden und ihrer Umgebung".[163]
Hier ist nicht der Ort, divergierende Schwerpunktsetzungen der Interpretation am Beispiel Hamburgs genauer zu untersuchen. Im Hinblick auf mögliche Gründe für die Unterdrückung von A. Sutors Schrift „Hamburg und die Juden" ist es jedoch aufschlussreich, die Berichterstattung in der hamburgischen Presse vor dem Ausbruch der Unruhen zumindest ansatzweise in eine Betrachtung einzubeziehen. Falls entsprechende Meldungen die Stimmung angeheizt und einen Ausbruch von Tumulten begünstigt hätten, legte dies einen Rückschluss auf Überlegungen des Zensors und die restriktive Zensurpraxis in den folgenden Jahren nahe .

---

163 Vgl. Katz, Jacob, Die Hep-Hep-Verfolgungen des Jahres 1819, Berlin 1994. (Das Zitat ebd. S. 88). Siehe hingegen L. Sterling, die meint, Feindseligkeit und Gewalt müssten in größerem Zusammenhang erklärt werden: „They are the result neither of the degeneracy of a small element of society nor of an absolute and immutable hatred of Jews inherent in the psychology of german peole. Rather, they represent the deflection of dangerous tensions generated by economic crisis and political blindness." Siehe Sterling, Eleonore O., Anti-jewish Riots in Germany in 1819: A Displacement of social Protest, in: Historia Judaica, Bd. XII, 1950, S.105 - S.142. Noch deutlicher formulierte Moshe Zimmermann. Er gebrauchte zur Erklärung der Judenfeindschaft den Begriff „Blitzableiter". Vgl. ders., Antijüdischer Sozialprotest? Proteste von Unterschichten 1818-1835, in: Arno Herzig u.a. (Hg.), Arbeiter in Hamburg, Hamburg 1983, S. 89 - S. 94. Hier S. 89. Zur Forschung allgemein siehe: Kampmann. Christoph, Emancipation and Violence. On the Interpretation of Anti-Jewish Riots in the German Vormärz, in: Bonney, R. u.a. (Hg.), Religion und Politik in Deutschland und Großbritannien, München 2001, S. 63 - S. 82 und Rohrbacher, Stefan, Gewalt im Biedermeier: antijüdische Ausschreitungen in Vormärz und Revolution (1815 – 1848/49), Frankfurt 1993.

Bei den im Folgenden behandelten Pressemeldungen geht es zunächst nicht um deren Wahrheitsgehalt. Die (zensierten) Berichte bieten vielmehr Anhaltspunkte, um die Frage zu beantworten, welche Informationen den Hamburger Zeitungslesern über Ausschreitungen in anderen Städten zur Verfügung standen, bevor die Exzesse an der Elbe begannen. In einem größeren Zusammenhang bliebe zu untersuchen, in welchem Umfang diese Artikel in Hamburg antijüdische Einstellungen und Verhaltensweisen der Tumultuanten bewirkt, ausgelöst und verstärkt haben könnten.

Vor einem abschließenden Urteil wäre insbesondere die Berichterstattung jener Hamburger Blätter und Blättchen[164] zu untersuchen, die vorzugsweise in jenen Schichten der Bevölkerung gelesen wurden, aus denen die Teilnehmer an den folgenden Unruhen stammten.

Leser der „Staats- und Gelehrte[n] Zeitung des Hamburgischen unpartheyischen Correspondenten" (No.129 v.13.8.1819) erfuhren am 13. August 1819 von Unruhen, die am 2. August in Würzburg begonnen hatten. Prof Behr, ein Abgeordneter der Ständeversammlung, wäre von mehreren Kollegen empfangen und in die Stadt begleitet worden. „darunter auch der Prof. Brendel, der kürzlich eine Schrift zu Gunsten der Juden geschrieben. Einige Gassenjungen insultirten ihn mit dem Ausruf: Hepp, hepp, Jud' verreck! Und da die Köpfe einmal erhitzt waren, warf dieser Trupp in de[m] Laden eines Juden die Fenster ein und schmiß die Waaren auf die Straße. Dieselben Exzesse wurden bey mehrern wiederholt, die Aushänge-Schilder weg-

164 Auf die Manipulation und Desinformation der Leser wies bereits am 18. August 1819 Ludwig Börne hin. Eine Frankfurter Zeitung hatte am 10 August gemeldet: „In verwichener Nacht ist auf der Straße vor den Wohnungen einiger hiesiger jüdischer Handelsleute durch eine Zusammenrottung mehrerer junger, meistens fremder Leute die öffentliche Ruhe auf kurze Zeit gestört, und an einigen jüdischen Häusern die Fenster eingeschlagen worden." L. Börne bat daraufhin hintersinnig um Erläuterung „wie viele unter einige und unter mehrere verstanden" werden sollten und was die Wörter meistens und kurz konkret bedeuten sollten. (Hervorh. i. O.) Vgl. „Zeitschwingen", Nr. 66 v. 18. August 1819, S. 268. Zitiert nach: Börne, Ludwig, Sämtliche Schriften. Neu bearbeitet und herausgegeben von I. u. P. Rippmann, Erster Band, Düsseldorf 1964, S. 880 ff.

gerissen, Thüren, Fenster und Laden eingeschlagen etc." An den folgenden Abenden wäre es auf öffentlichen Plätzen und in bestimmten Straßen zu Zusammenrottungen „unruhiger" Menschen gekommen. Bei Auseinandersetzungen zwischen diesen sowie patrouillierenden Wachen und Soldaten fanden ein Bürger und ein Soldat den Tod. Nahezu sämtliche Juden hätten Würzburg verlassen: „Das Wehklagen derselben beym Abzuge war unbeschreiblich ... Mehrere hundert Juden campir[t]en jetzt mit Weibern und Kindern vor der Stadt, und wag[t]en es noch nicht, zurückzukehren."

So selektiv dieser Artikel und weitere Mitteilungen aus anderen Städten (Fulda, Karlsruhe, Darmstadt) an folgenden Tagen auch berichteten, der Kern der Botschaft war klar. Gebildete und wohlhabende Bürger verteidigten die Juden und befürworteten deren Emanzipation, ordentliche Bürger distanzierten sich von „Ausschweifungen" jeglicher Art. Die Behörden setzten bewaffnete Ordnungshüter ein. „Die Rotten der Unruhestifter" bestanden demnach meist aus „Gassenjungen", „Lotterbuben, aus der Hefe des Pöbels entsprossen".

Da sich in Hamburg ab dem 21. August größere Gruppen an Unruhen beteiligten, wird hier ein Artikel aus der „Staats- und Gelehrte[n] Zeitung des Hamburgischen unpartheyischen Correspondenten", vom 20. August 1819 über „Vorfälle in Frankfurt" ab dem 10. August ausführlicher zitiert. Er zeigt den Kenntnisstand zumindest jener Gruppen, die abends in den Kaffeehäusern an der Alster überegionale Zeitungen lasen und die Nachrichten besprachen. Die Berichte aus Frankfurt vom 11. und 15. August wiesen ausdrücklich darauf hin, dass neben „jugendlichem Muthwillen vielleicht die neulichen Vorgänge an andern Orten die erste Veranlassung [zu den Tumulten in Frankfurt] gegeben zu haben scheinen." Auslöser in Frankfurt selbst waren demnach eigentlich harmlose Streitereien vor dem Oberpostamt, „wo wegen des Zudrangs der Jüdischen und Christlichen Briefabholer Wortwechsel, Streit, Schimpfworte und zuletzt Thätlichkeiten vorgefallen seyn sollen, und dadurch ergaben sich auf offener Straße bösartige Auftritte, deren Folge war, das Abends um 9 Uhr an mehrern Judenhäusern die Fenster eingeworfen wurden." Zu dieser Zeit hätten sich eine Menge Handwerksburschen und Tagelöhner zusammengerottet und Häuser und Geschäfte von Juden beschädigt: „Alles beschränkte sich auf drohendes Geschrey und das Einwerfen der Fensterscheiben in dem Rothschildschen und den zunächst liegenden andern Judenhäusern, auch bey Christen, welche in Juden[häusern] ihre Wohnungen haben." Der Schaden des „Pöbel-Tumults" halte sich in Grenzen. Entschiedene Maßnahmen der Behörden hätten die Ausschreitungen bereits „im Entstehen" gebrochen. Nicht wenige Tumultuanten wären verhaftet worden - „andere sind von den Bajonetten verwundet worden." Hervorgehoben wurde die Aussage, dass an den „schändlichen Auftritten ... kein rechtlicher Bürger Frankfurts Antheil genommen" hätte.

10.1 Gewalttaten gegen Hamburger Juden vom 19. - 26. August 1819

In Hamburg nahm der Rat erste Meldungen über einzelne Übergriffe in der Stadt zunächst nicht ernst. Besorgte Vertreter der jüdischen Gemeinde hatten den Rat bereits am 16. August kontaktiert. Dessen zuständige Miglieder empfahlen, Juden sollten sich möglichst aus der Öffentlichkeit zurückziehen, sich allgemein zurückhalten und alles vermeiden, was provozierend wirken könnte.

Am 19. August prügelten Unbekannte einen Juden aus einem Restaurant. Am folgenden Freitagabend (20. August) kam es zu Belästigungen mehrerer Juden an öffentlichen Plätzen. Vom 21. - 26. August 1819 nahmen die Übergriffe einen bedrohlicheren Umfang an. Am Sonnabend verteilten unbekannte Täter auf dem Jungfernstieg handgeschriebene Streuzettel mit Parolen wie „Hepp, hepp“, „Hepp, hepp Juda muß in'n Dreck“ und Hepp, hepp, Juda vereck.“ [165]

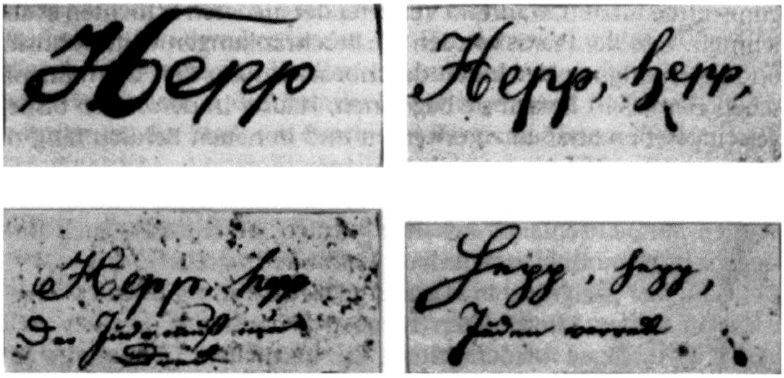

Aus: Katz, Jacob, Die Hepp-Hepp-Verfolgungen des Jahres 1819, Berlin 1994, S. 60.

Am Sonntag, dem 22. August, zwangen in Überzahl anwesende 'christliche' Gäste in verschiedenen Gaststätten Juden zum Verlassen der Häuser: „In einem Café aus dem sie still verschwinden wollten, wurden sie beim Hinausgehen verprügelt; in einem anderen widersetzten sich die Juden, aber man stürzte sich auf sie und warf sie mit Gewalt hinaus.“ Bei solchen Übergriffen im Alster- und Schweitzer-Pavillon am Jungfernstieg handelte es sich zumindest um ansatzweise organisierte Gewalttaten.

---

165 In welcher Zahl diese Zettel verteilt und gelesen wurden, bleibt ebenso zu untersuchen wie die Einstellungen potentieller Leser. Unklar ist vor allem, ob diese erst gegen die Juden aufgebracht werden sollten oder die Hersteller der Zettel bei ihnen bereits antijüdische Einstellungen voraussetzten.

Jungfernstieg 1828. Am Alsterufer die Pavillons

Ungewiss ist allerdings, ob die Täter sich erst in den Kaffeehäusern spontan verabredeten und zusammenschlossen oder sich bereits früher abgesprochen hatten. Ebenso unklar ist, inwiefern es ihnen um einen symbolischen Akt ging, der Juden zeigen sollte, sie wären in den Kaffeehäusern ebenso wenig willkommen wie allgemein in der bürgerlichen Gesellschaft. In bereits vor der Franzosenzeit veröffentlichten Schriften war diese Frage zwar wiederholt behandelt worden,[166] daraus ist allerdings nicht der Schluss zu ziehen, dass die Täter des Jahres 1819 überlegt oder aus einem klaren Beweggrund handelten.

---

166 Vgl. zur früheren Debatte: Niemann, K., Etwas zur Berichtigung der Urtheile des Publikums, über die bekannte öffentliche Anzeige des Herrn Heus in Eimsbüttel, Hamburg 1798 sowie Misler, J. G., Lt., Ueber das gesellschaftliche Verhältnis der Juden zu den Christen in Hamburg, in besonderer Rücksicht auf öffentliche Gast- Caffee- Restaurations- Speise- etc. etc. Häuser, in: Nordische Miszellen, 13. Bd., Nr. 10 v. 11.3. 1810, S. 181 ff. Zu Misler siehe auch S. 92, Anmerkung 102.

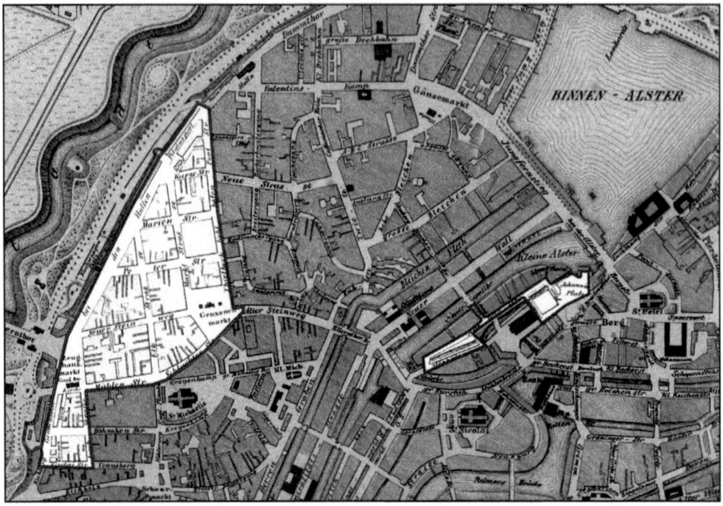

Den Unruhen am Jungfernstieg folgten Exzesse in den jüdischen Wohngebieten

Am Montag (23. August) kam es wieder zu einem gewaltsamen Zusammenstoß in einem Kaffeehaus. Danach zogen Tumultuanten in die jüdischen Wohnbezirke der Stadt, bedrängten Juden und warfen ihnen Steine in die Fensterscheiben. Am Mittwoch, dem 25. August, nahmen die Übergriffe weiter zu. Aus den Quellen geht zumeist nicht deutlich hervor, was die Tumultuanten tatsächlich anstellten und beabsichtigten. Das „Necken", Ärgern, Beleidigen, Bedrohen, Erniedrigen, Schlagen Prügeln, Zusammenschlagen, Zerstören von Fenstern, Einbrechen in Wohnungen, Zerschlagen von Mobiliar und Plündern trat bei dem gleichen „Haufen" durchaus nacheinander auf. Anzeichen für den Versuch oder die Absicht zum Vertreiben der Juden aus der Stadt gab es nur vereinzelt. Besondere Ziele der Randalierer und des Vandalismus waren Wohnungen und Häuser bekannter und wohlhabender Juden, die nicht in den beiden den Juden zugewiesenen Stadtteilen wohnten.

Eine Anzeige „des Samuel Brie über die am 25. August 1819 im Hause seines Vaters begangenen Exzesse" veranschaulicht, wie brutal die Angreifer bei dieser Aktion vorgingen:

„...Es war wol um 9 Uhr als ein großer Haufe mit Knütteln und Waffen versehen von der Mönkendamstwiete in die Straße zogen, mehreren Nachbaren Fenster einwarfen, und mit dem Ausruf ‚Hier wohnen auch Juden' Steine von ungewöhnlicher Schwere in die Fenster warfen so daß in wenigen 10 Minuten alle Fenster parterre und in der 1. Etage zerschlagen waren. Nach mehrmaligen Anlauf gegen die Hausthüre gab selbe endlich der Gewalt nach, es stürmten Mehrere aus den niedrigsten Hefen des Trosses ins Haus. Spiegel und Leuchte wurden zerschlagen, und mit dem wiederholten Ausruf ‚Nieder mit den Juden' drangen sie zur Treppe. Ohne Waffen im Haus, ohne Hilfe von den Nachbaren, die für die eigene Erhaltung besorgt sein mußten, waren die Bewohner des Hauses bestehend aus dem Vater und 3 Frauenzimmern, ein fremder Israelite der zum Abendessen sich da befand und ich, der Raserey der tollkühnen Bösewichter preisgegeben, als in dem fürchterlichsten Augenblick wo man mich selbst bey der Brust faßte und niederzuknien befahl, ein Fremder mit dem Ausruf ‚Wache kömt' den frevelnden Haufen zur schnellsten Flucht bewog. Bürger-Militär zog herbey u. gerettet waren die im Hause sich befanden. Meine Pflicht erheischt getreulich zu berichten, daß der größte Haufe wol aus Gesindel bestanden; deutlich genug bemerkte aber wie wohlgekleidete Personen thätigen Antheil genommen. ...“[167]

Rat und Polizeibehörde, die Warnungen über drohende Unruhen zunächst in den Wind geschlagen hatten, gingen in den ersten Tagen der Unruhen mit unzulänglichen Mitteln gegen die Tumultuanten vor. Am 25. und 26. August publizierte der Rat dann längere Mitteilungen und deutliche Warnungen.[168] Am

---

167 Zitiert nach Rohrbacher, St., Gewalt im Biedermeier. Antijüdische Ausschreitungen in Vormärz und Revolution (1815 – 1848/49), Frankfurt 1993, S. 302.

168 Vgl. auch zum Folgenden die Texte der Bekanntmachungen auf den Titelseiten der „Frankfurter Ober-Postamts-Zeitung“, Nr. 244 v. 1.9. 1819 und Nr. 246 v. 3.9. 1819. Eine abschließende Bekanntmachung des Rats vom 30. August erschien in: “Staats- und Gelehrte Zeitung des Hamburgischen unpartheyischen Correspondenten“, No. 139 v. 31.8.1819 (S. 4).). Möglich wäre, dass es sich bei dieser Mitteilung lediglich um eine überlegte taktische Maßnahme handelte, um die Lage in der Stadt zu beruhigen. Im Konvolut

25. August erklärte er „unbedachtsame junge Leute und mehrere im Schutz der Stadt stehende Individuen"(d.h. sogenannte Schutzbürger aber nicht eigentliche Bürger) zu Verantwortlichen. Diese hätten Juden „unter beschimpfenden Aeußerungen, theils aus öffentlichen Häusern, theils von der Gasse und vor den Posthäusern weggewiesen und selbst gemißhandelt."
Die Behörden verkündeten dazu ausdrücklich, daß „jeder hiesige Einwohner, welches Glaubens er auch seyn möge, einen gerechten und gleichen Anspruch" auf Sicherheit, Ruhe und Ordnung habe. Sie warnten vor einer Fortsetzung des „verachtungswürdigen Frevels" und dem Ausrufen „einer spöttischen Beschimpfung", gemeint war das Rufen des provozierenden und beleidigenden „Hepp, hepp". Wer sich an Tumulten beteilige, würde festgenommen und streng zu „Wasser und Brod und Zuchthausstrafe" oder zum Verlassen der Stadt verurteilt. Wirte sollten „ mit allen ihnen zu Gebote stehenden Mitteln verhindern", dass in ihren Häuser irgendwelche Störungen beraten oder beschlossen würden, sonst würden die Gaststätten „sogleich" geschlossen und die Inhaber ihre Schanklizenzen verlieren.

Als diese Drohungen nicht wirkten, erließ der Rat am nächsten Tag ein Ausgehverbot für Kinder und Jugendliche ab zwanzig Uhr und für Erwachsene ab einundzwanzig Uhr. „Besonders ... der Judenschaft [wurde] das Zuhausebleiben zur Pflicht gemacht ... [und] anbefohlen, jeder Veranlassung zu Unruhen und Thätlichkeiten aufs sorgfältigste und bei schwerer Ahndung sich zu enthalten." Der Rat kündigte zudem an, auf

---

der Schriften A. Sutors gibt es einige Blätter mit z. T. kritischen Anmerkungen und Hinweisen eines Bekannten zum Text „Hamburg und die Juden". Darunter findet sich die Notiz, dass die Juden bei verschiedenen Tumulten ungenügend geschützt worden seien und der Rat z. B. 1819 vor den Gesetzesbrechern zurückwich, indem er in Mandate, die eigentlich gegen die Exzesse gerichtet waren, jeweils „einige Worte zum Nachtheil der Beleidigten" einschob. Vermutlich diente dieser Hinweis als Aufforderung an A. Sutor, den Sachverhalt in seinem Text deutlicher hervorzuheben.

Steinewerfer würde sofort geschossen, auch Gruppen von mehr als sechs Personen müssten mit dem Einsatz von Schusswaffen rechnen, wenn sie auf die Aufforderung, auseinander zu gehen, nicht angemessen reagierten.

Welche Motive den Rat veranlassten, Juden eine gewisse Mitschuld am Ausbruch der Unruhe zuzuschieben, blieb unklar. Angeblich hätten sich nicht wenige Gäste in den Kaffeehäusern durch „anmaßendes", „unruhiges" und „vorlautes" Verhalten von Juden und deren unbescheidenes Einnehmen der besseren Plätze provoziert gefühlt. Andere Kreise der Bevölkerung, insbesondere Mitglieder der Innungen, wären über die „Schacherjuden" und den Handel mit eigentlich den Krämern vorbehaltenen Waren empört.

Diese öffentliche Zuweisung zumindest einer Mitschuld an die Juden verdeutlichte auch eine in der gesamten Stadt plakatierte „Bekanntmachung" vom 26. August. In ihr waren zwei Sätze durch größeren Druck deutlich hervorgehoben: „Besonders wird auch der Judenschaft das Zuhausebleiben zur Pflicht gemacht." und „Vorzüglich aber wird der Judenschaft hiedurch anbefohlen, jeder Veranlaßung zu Unruhen und Thätlichkeiten auf's sorgfältigste und bei schwerer Ahndung sich zu enthalten."

Über die Gefühle und Ängste der Beleidigten, Verfolgten und Angegriffenen machten sich Behörden und Öffentlichkeit kaum Gedanken. Den Lebenserinnerungen von Anton May, dessen Vater arbeitete als Registrator der jüdischen Gemeinde, ist zu entnehmen, wie das bloße „Hepp, hepp!"-Gebrüll diese Menschen und ihre Kinder erschreckte, welches Entsetzen die Familien überkam, wie sie um ihr Leben fürchteten und in ihrer Angst über die Grenze nach Altona flohen.[169]

---

169 Vgl. Richarz, Monika (Hg.), Jüdisches Leben in Deutschland. Selbstzeugnisse zur Sozialgeschichte 1780 - 1871, Bd. 1, Stuttgart 1976, S. 187.

Bekanntmachung.

Da die Unordnungen gestern Abend noch fortgedauert haben: so soll nunmehr in Gemäßheit der bestehenden Gesetze, und namentlich des heute affigirten Tumult-Mandats vom 8ten July 1796 verfahren werden.

Es hat demnach ein Jeder, falls nicht Umstände es nöthig machen, von 9 Uhr Abends zu seiner eigenen Sicherheit sich zu Hause zu halten: denn es wird im Nothfall scharf geschossen; und gleich geschossen werden, wenn mit Steinen geworfen wird.

Besonders wird auch der Judenschaft das Zuhausebleiben zur Pflicht gemacht.

Ein jeder Brodherr, Fabrikant und Handwerker, ist verpflichtet seine Leute zu Hause zu halten.

Die Eltern sind verantwortlich für die in ihrem Hause sich befindenden Kinder, die nach 8 Uhr Abends auf der Gasse nicht geduldet, vielmehr arretirt und sodann die Eltern bestraft werden sollen.

Veranlassung zu Unruhen, Thätlichkeiten und Selbsthülfe werden aufs strengste bestraft, und es einem Jeden zur Bürgerpflicht gemacht, darüber der Polizei-Behörde eine Anzeige zu machen.

Vorzüglich aber wird der Judenschaft hiedurch anbefohlen, jeder Veranlaßung zu Unruhen und Thätlichkeiten aufs sorgfältigste und bei schwerer Ahndung sich zu enthalten.

Alles Zusammenrottiren wird verboten, wo mehr als sechs Menschen zusammen sind, werden sie aus einander gewiesen, auch falls sie nicht Folge leisten, wird nach den heute publicirten Maaßregeln verfahren werden.

Ein Hochedler Rath ermahnt aufs Väterlichste dieser guten Stadt Bürger und Einwohner durch ein pflichtmäßiges Betragen zur Entfernung aller Unruhen und der Anwendung der strengen Maaßregeln nach Kräften beizutragen.

Gegeben in Unsrer Rathsversammlung, Hamburg den 26. August 1819.

Nach Beendigung der Ausschreitungen zeigte sich kein Bedauern. Vertreter des Mittelstands trauten sich sogar, ihre antijüdischen Ressentiments gegenüber dem Rat offen auszusprechen. Der im Folgenden zitierte aggressive Text vom 27. August 1819 verwies zunächst auf die kurz zuvor erlebten Gewalttaten. Verfasst hatte ihn der Sekretär der sog. „Oberalten", eines wichtigen Vertretungsorgans der Bürgerschaft.[170]

Er führte die Unruhen auf einen spürbaren „National-Widerwillen gegen die Juden" zurück, dem neben „andern mehr ideellen gewiß auch mancherley reale Ursachen zum Grunde" lägen. Die Dreistigkeit mit der hier pogromähnlichen Straftaten auch „ideelle" Gründe zugeschrieben wurde, wurde noch durch die Frechheit überboten, mit der der Autor „fernere Tumulte" ankündigte, wenn der Rat nicht bestimmte Beschränkungen

170 Zur Funktion und sozialen Zusammensetzung der „Oberalten" vgl. auch Berlin, Jörg, Bürgerfreiheit statt Ratsregiment. Das Manifest der bürgerlichen Freiheit und der Kampf um Demokratie in Hamburg um 1700, Norderstedt 2012; S. 32 f. u. S. 40 f.

gegen die Juden verfügte. Diese hätten sich in den letzten 150 Jahren derartig vermehrt, „daß man in manchen Gewerben ihr Übergewicht gefühlt hat, und daß man zu besorgen anfängt, sie möchten darin den Christen allmählich ganz über den Kopf wachsen.“ Der Einfluss „der“ Juden wirke sich auf den Wohlstand aller im Detailhandel und Handwerk tätigen Bürger nachteilig aus. Die Konkurrenz bestehe nicht nur im Unwesen des Hausierens und der Auktionen, sondern selbst im Bankwesen und im Großhandel machten Juden sich negativ bemerkbar.

Der Rat müsse ihren Wohnbezirk begrenzen. Auf diesem Wege ließe sich ihr „an die Wohnungen gebundener Kleinhandel“ einschränken, zugleich würde so „stillschweigend ihrer Volks-Vermehrung ein endliches Maß und Ziel“ gesetzt. Solche Maßnahmen seien „unerläßlich“, wenn nicht „Tausende unserer, von ihnen leidenden Mitbürger in unabsehbare Abnahme und Nahrungs-Sorgen gerathen“ sollten. Die Formulierung „unsere Mitbürger“ wäre – so heißt es im Text - mit Bedacht gewählt, denn „unsere christlichen Mitbürger“ hätten mehr Rechte an den Staat „als die Jüdische Nazion, welche immerdar fremdartig verbleibt, und solange sie nicht zum Christenthum übergeht, auch nicht anders kann, indem ihre Nazionalität eben so unzertrennlich mit ihrer Religion verknüpft und amalgamirt, als das Wesen unseres Staats auf das Christenthum gegründet und dadurch bedingt ist.“ (Hervorhebungen i. O.)[171]

Drohende Töne dieser Art blieben nicht folgenlos, zumal es in der Stadt noch bis November Beleidigungen und Übergriffe gegen Juden gab. Zur Beruhigung von Krämern und Detaillisten erneuerte der Rat zunächst bestehende Hausierverbote (, die in den nächsten Jahren jedoch nicht streng verfolgt wurden). Vor allem aber verzichtete er in der Folgezeit auf durchaus beabsichtigte Reformen zum Vorteil der jüdischen Hamburger. Andererseits widerstand er wiederholten Vorstößen der „Oberalten“, die Erwerbstätigkeit von Juden weiter einzuschränken.

---

171 Vgl. auch zum Folgenden: Staatsarchiv Hamburg, Bestand: Senat, Cl. VII Lit Lb No 18 Vol 7 Fasc 7. Siehe auch Stieve, T., Der Kampf um die Reform in Hamburg 1789 – 1842, Hamburg 1993, S. 246 f.

Am 4. Juli 1821 forderten die „Ehrbaren Oberalten" beim Rat wiederum die von ihnen mehrfach angemahnte „Zurückführung des Jüdischen Gewerbes in die verfassungsmäßigen Schranken". In einem folgenden Beschluss vom 20. Febr. 1822 drohten sie ganz offen, die unberücksichtigten „Klagen der christlichen Bürger über den Druck der Juden, unter welchem sie seufzen, [würden] immer lauter und dringender." Man dürfe sich nicht darüber täuschen, „daß sich [deshalb] bei fernerem Ausbleiben der Hülfe vonseiten des Staats die bedauerungswürdigen, tumultuarischen Auftritte des Jahres 1819" aufs Neue ereignen könnten. Und bereits im November 1823 klagten die „Oberalten" wieder, nun im Auftrag des „Krameramts". Dabei wiesen sie sogar grundsätzlich darauf hin, dass den Juden in der Bundesakte keineswegs eine baldige Verbesserung ihres staatsbürgerlichen Status zugesagt worden wäre. Dort sei doch nicht zufällig nur von einer „etwaigen Verbesserung" die Rede. So wie sie, die Oberalten, die Situation beurteilten, würde die „jetzt lebende Generazion eine definitive Regulirung des deutschen Judenwesens" nicht erleben.

Angesichts solcher Äußerung erscheint zweifelhaft, ob die Antwort des Rats auf eine Anfrage der „Bundes-Central-Untersuchungs Commission" in Mainz vom April 1820 nicht wichtige Aspekte ausließ. Er ließ dieser ausrichten, „Auftritte wider die Juden [hätten] ... lediglich im Geschäfts- und Erwerbs-Neide und den, durch die öffentlichen Blätter mitgetheilten Nachrichten von Auftritten wider die Israeliten [andernorts] ... unverkennbar ihren Grund."[172] Bei der in diesem Antwortschreiben formulierten Beurteilung muss es sich aber nicht um eine bewusste Herabstufung der Gefahrenlage und ein Kleinreden von organisierten Vorbereitungen der Tumulte und Ausschreitungen handeln. Ähnlich wie der Rat äußerte sich auch der als Arzt in Hamburg praktizierende Friedrich Alexander Simon. Dieser war jüdischer Abkunft. Er schrieb in seiner anonym veröffentlichten „Beleuchtung der Stimme des Volks über die Juden", dass die „Judenverfolgung [1819] nur ein, dem Volke gewaltsam

172 Vgl. Katz, Jacob, Die Hep-Hep-Verfolgungen des Jahres 1819, Berlin 1994, S. 96.

aufgedrungener, Gedanke [wäre]. Mit unbedeutenden Händeln, wozu einige gemeine Komtoir-Bediente den ersten Anlaß gaben, fing die Unruhe in Hamburg an; diese benutzte der zusammengelaufene Pöbel ziemlich unschuldig erst nur zum Hep! Hep! Rufen." Erst danach hätten Angehörige „des bemittelten Pöbels, deren kleinlicher Eigennutz vielleicht hie und da durch Juden leidet, selbst nicht die gemeinsten Mittel unversucht" gelassen, um das „Volk aufzustöhren".[173]

10.2 Zu den Unruhen vom 31. August - 5. September 1830

1830 trafen Nachrichten aus Westeuropa über revolutionäre Bewegungen in Paris und Brüssel in weiten Kreisen der hamburgischen Bevölkerung ähnlich wie 1819 mit einer zunehmenden Unzufriedenheit über die soziale, politische und wirtschaftliche Lage zusammen. Der Hamburgische Zeitzeuge und Lokalhistoriker J. Gallois schrieb später über die politische Aufregung (auch) in der Hansestadt, Zeitungsberichte über politische Ereignisse seien mit größter Hast verschlungen worden. In den Lokalen hätte die Gäste von den Kapellen immer wieder die französische Revolutionshymne gefordert.[174] Ähnlich stellte

---

173 Vgl. [Simon, Friedrich Alexander], Beleuchtung der Stimme des Volks über die Juden, Niedersachsen [fing.] [=Hamburg] 1819, S. 9 f.
Selbst in zeitgenössischen fiktionalen antijüdischen Publikationen wie dem hetzerischen Theaterstück „Der reiche Moyses in der Klemme" sind keine Hinweise auf ein organisiertes Vorgehen von überzeugten Judengegnern zu finden. Die beschriebenen Aktionen brachen nach dieser Darstellung spontan aus. Einzelne Übergriffe waren demnach sogar nur spontane Reaktionen auf dreistes Verhalten von Juden, die sich z: B. im Frankfurter Postamt rücksichtslos vordrängeln wollten. Vgl. Kacadaeus, Der reiche Moyses in der Klemme oder Hep! Hep in F ……..t, Ein Lust- und Thränenspiel in zwey Akten mit einem Epilog vom Zeitgeist, Hadamar 1819, S. 29, S. 36 und S. 47.

174 Vgl. Gallois, J. G.,Hamburgische Chronik von den ältesten Zeiten bis auf die Jetztzeit. Band 4. Von der Vollendung des Hauptrecesses 1713 bis zum grossen Brand im Mai 1842 Hamburg [1863], S. 690
und Stieve, T., Der Kampf um die Reform in Hamburg 1789 – 1842, Hamburg 1993, S. 249.

der Chef des Hamburger Bürgermilitärs, Oberstleutnant Prell, die Stimmung dar: „Bey der im Anfange des August Monats überall herrschenden Aufregung durch die in Frankreich stattgehabte Revolution, fing man auch hier an, ungewöhnlich lebhaft zu werden." Selbst ältere Bürger wirkten demnach „gleichsam verjüngt" und trugen zum Zeichen ihrer Gesinnung zwar nicht die Tricolore aber „dreifarbige Uhrbänder". Noch auffälliger leuchteten in diesen Tagen „die dreifarbigen Schärpen der Schönen". Mit Entzücken hörte man die Marseiller Hymne. ...". Angetrieben durch die „ermunternden" Rhythmen „beging dann die liebe Jugend Exzesse dadurch, daß sie einige Juden aus den Kaffee-Häusern auf eine unhöfliche Art escortierte." [175]

So harmlos und spontan wie der Obertleutnant Prell die Ereignisse erscheinen lassen wollte, entwickelten sie sich nicht. Verschiedene Berichte über die Unruhen lassen drei deutliche Schwerpunkte erkennen. Am 31. August und am 1. September, d. h. am Dienstag- und Mittwochabend, richteten sich Übergriffe und Gewalttaten gegen (junge) jüdische Besucher der Pavillons und Kaffeehäuser an der Alster. Dort hatte das „gewöhnlich sehr verständige Publikum" angeblich bereits seit längerem geklagt, weil sich hier „am Sonnabend sehr viele Judenjungens ... einfänden." Diese nähmen seit Beginn der Revolution in Frankreich die französischen Blätter in Beschlag und beeinträchtigten „das Publikum im Journallesen." Angeblich kam erschwerend hinzu, dass die vielen „Judenjungens" sich generell nicht den allgemein bekannten und befolgten „Sitten"

---

175 Prell, J. A., Darstellung der Unruhen weniger Tage in Hamburg, Hamburg im September 1830, S. 5. Diese Formulierungen zeigen beispielhaft, welche geringe Bedeutung den antijüdischen Ausschreitungen an den gesamten Unruhen des Jahres beigemessen wurde. Der Historiker Hans-Georg Stühmke hat in diesem Zusammenhang darauf hingewiesen, dass die amtlichen Akten zu den Unruhen die Bezeichnung tragen: „betreffend die Unruhen und Tumulte vom 2. bis 5. September 1830". Demnach hätte es in den Tagen zuvor, als es gegen die Juden ging, keine Exzesse gegeben. Zu untersuchen bleibt, ob hier Störendes unter den sprichwörtlichen Teppich gekehrt werden sollte oder die Zeitgenossen Übergriffe gegen Juden als unbedeutend empfanden. Vgl. Stümke, H.-G., „Wo nix is, hett de Kaiser sien Recht verlor`n" oder „Der Stein auf dem Sofa der Frau Senatorin". Die Hamburger Unruhen vom 31. August bis 5. September 1830, in: Berlin, Jörg (Hg.), Das andere Hamburg. Freiheitliche Bestrebungen in der Gansestadt seit dem Spätmittelalter, 2. Aufl., Köln 1982, S. 48 - S. 68. Hier S. 52.

fügten. Sie rauchten demnach trotz der Anwesenheit von Damen z. B. bereits vor 22.30 Uhr Zigarren.[176] Zudem sollten sie durch Pfeifen und Zischen das Singen und Spielen der Marseillaise kritisiert und behindert haben.

Letzteres ist höchst unwahrscheinlich. Immerhin hatte die Französische Revolution den Juden Freiheit und politische Gleichheit gebracht. Möglich ist, dass junge Juden, die wenigen in den Lokalen vorhandenen Exemplare ausländischer Zeitungen ebenfalls lesen wollten, und dies den willkommenen Anlass für einen beabsichtigten Streit bot.[177]

Nach der lebendigen Darstellung von O. C. Gädechens hatten deutliche Meinungsverschiedenheiten zwischen den genannten Gruppierungen in den Pavillons bereits wiederholt „erregte Wortwechsel“ zur Folge gehabt. Bis dann am Dienstag, dem 31. August, abends „nach dem Theater der Schweitzer Pavillon sich ungewöhnlich füllte und bei einem übrigens geringfügigen Anlaß plötzlich von allen Seiten ein: 'Juden heraus!' erschallte und in wenigen Augenblicken waren alle anwesenden Israeliten hinausgeschmissen.“ Viele der Akteure gehörten nach Gaedechens nicht zum normalen Publikum des Schweitzer Pavillons. Die Haupttäter zogen nach ihrem Erfolg nach anderen ähnlichen Kaffeehäusern (dem Alster-Pavillon, dem Elb-Pavillon auf dem Wall und dem „Belvedere“). An „allen diesen Orten wurde dasselbe Experiment“, d. h. die gleichen Gewalttaten wie im Schweitzer-Pavillon am Jungfernstieg mit Erfolg durchgeführt.

---

176 Vgl. auch zum Folgenden: Gädechens, Otto Christian, Unpartheyische Darstellung der Unruhen in Hamburg im September 1830, (Manuskript Staatsarchiv Hamburg Sign. A A20/40), S. 2 ff.

177 Der aus Hamburg ausgewanderte Jude Anton May (geb. 1809) etwa schrieb über die Zeit um 1830: „Ich schwärmte für Frankreich, und meine Antipathie gegen die Deutschen stieg im gleichen Grade.“ Vgl. dessen Erinnerungen in: Richarz, Monika (Hg.), Jüdisches Leben in Deutschland. Selbstzeugnisse zur Sozialgeschichte 1780 - 1871, Bd. 1, Stuttgart 1976, S. 191.

Worauf Gaedechens Mitteilungen beruhen, ist nicht klar. Augenzeuge war er wohl nicht. Sein Bericht ist typisch für manche zeitgenössische Berichte, in denen die Schuld an den ersten Übergriffen gegen Juden den Opfern selbst zugeschrieben wurde. Der Ort der ersten Übergriffe verweist indirekt auch auf die soziale Herkunft der Beteiligten, den „noblen Pöbel." Arbeiter und Handwerker verkehrten selten in den Pavillons und Kaffeehäusern an der Binnenalster. Diese beteiligten sich erst an den folgenden Abenden und in anderen Stadtbezirken führend an Demonstrationen und Auseinandersetzungen.[178]

An hinreichendem empirischem Material zu einer fundierten Aussage über die Motive der Anstifter und Haupttäter der ersten Übergriffe fehlt es. Doch ist mehr als wahrscheinlich, dass zu den ersten Angreifern und „Hep. Hep"-Schreiern auch solche Männer hinzuzuzählen sind, die von solchen „Dämonen" befallen waren, wie sie J. G. Misler bereits 1810 in seinem Aufsatz „Ueber das gesellschaftliche Verhältnis der Juden zu den Christen in Hamburg, in besonderer Rücksicht auf öffentliche Gast- Caffee- Restaurations- Speise- etc. etc. Häuser" benannt hatte.[179] Religionsfanatismus, angelernter Judenhass und wirtschaftlicher Konkurrenzneid grassierten 1830 in Hamburg ebenso wie in den Jahrzehnten zuvor.

Der 1830 als Ratsherr fungierende und mit der Untersuchung der Gewalttaten beauftragte M. M. Hudtwalcker argwöhnte, dass „leider unentdeckt gebliebene Anstifter aus besseren Kreisen hinter den Coulissen standen. ... Auf den gemeinen Mann

---

178 Vgl. Gädechens, O. C., Unpartheyische Darstellung der Unruhen in Hamburg im September 1830, (Manuskript Staatsarchiv Hamburg Sign. A A20/40), Gallois, J. G., Hamburgische Chronik von den ältesten Zeiten bis auf die Jetztzeit. Band 4. Von der Vollendung des Hauptrecesses 1713 bis zum grossen Brand im Mai 1842 Hamburg [1863], S. 690 und Stieve, T., Der Kampf um die Reform in Hamburg 1789 – 1842, Hamburg 1993, S. 249.

179 Vgl. oben S. 92. Vgl. Misler, J. G., Lt., Ueber das gesellschaftliche Verhältnis der Juden zu den Christen in Hamburg, in besonderer Rücksicht auf öffentliche Gast- Caffee- Restaurations- Speise- etc. etc. Häuser, in: Nordische Miszellen, 13. Bd., Nr. 10 v. 11.3. 1810, S. 181 ff. (hier S. 194).

ward höchstwahrscheinlich zunächst von den vielen kleinen Schenckwirthen gewirkt", deren wirtschaftliche Lage seit der Erhöhung von Abgaben durch die Acciseordnung vom 26. Juni 1829 ungünstiger geworden war.[180]

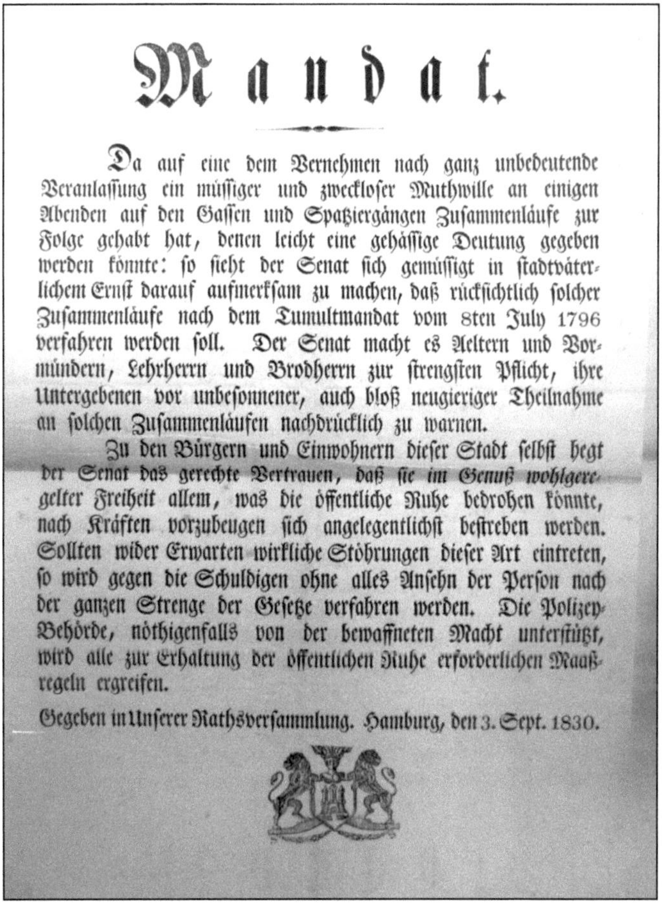

Mandat.

Da auf eine dem Vernehmen nach ganz unbedeutende Veranlassung ein müssiger und zweckloser Muthwille an einigen Abenden auf den Gassen und Spatziergängen Zusammenläufe zur Folge gehabt hat, denen leicht eine gehässige Deutung gegeben werden könnte: so sieht der Senat sich gemüssigt in stadtväterlichem Ernst darauf aufmerksam zu machen, daß rücksichtlich solcher Zusammenläufe nach dem Tumultmandat vom 8ten July 1796 verfahren werden soll. Der Senat macht es Aeltern und Vormündern, Lehrherrn und Brodherrn zur strengsten Pflicht, ihre Untergebenen vor unbesonnener, auch bloß neugieriger Theilnahme an solchen Zusammenläufen nachdrücklich zu warnen.

Zu den Bürgern und Einwohnern dieser Stadt selbst hegt der Senat das gerechte Vertrauen, daß sie im Genuß wohlgeregelter Freiheit allem, was die öffentliche Ruhe bedrohen könnte, nach Kräften vorzubeugen sich angelegentlichst bestreben werden. Sollten wider Erwarten wirkliche Stöhrungen dieser Art eintreten, so wird gegen die Schuldigen ohne alles Ansehn der Person nach der ganzen Strenge der Gesetze verfahren werden. Die Polizey-Behörde, nöthigenfalls von der bewaffneten Macht unterstützt, wird alle zur Erhaltung der öffentlichen Ruhe erforderlichen Maaßregeln ergreifen.

Gegeben in Unserer Rathsversammlung. Hamburg, den 3. Sept. 1830.

180 Vgl. Hudtwalcker, Martin Michael, Ein halbes Jahrhundert aus meiner Lebensgeschichte, 3. Teil, Hamburg 1864, S. 363.

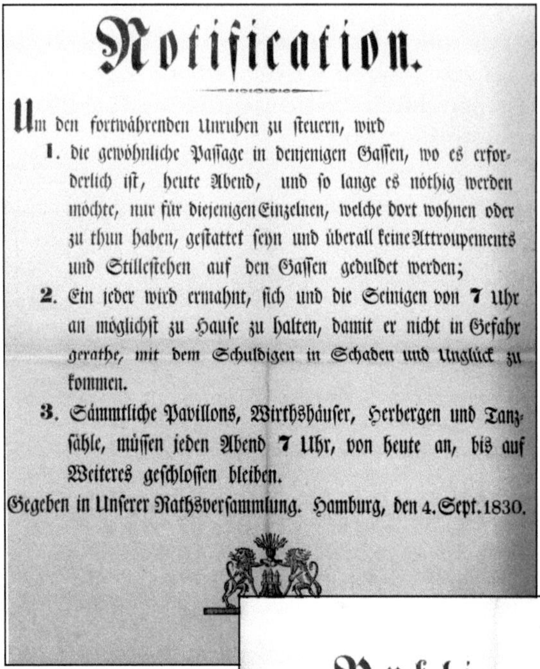

Notification.

Um den fortwährenden Unruhen zu steuern, wird

1. die gewöhnliche Passage in denjenigen Gassen, wo es erforderlich ist, heute Abend, und so lange es nöthig werden möchte, nur für diejenigen Einzelnen, welche dort wohnen oder zu thun haben, gestattet seyn und überall keine Attroupements und Stillestehen auf den Gassen geduldet werden;
2. Ein jeder wird ermahnt, sich und die Seinigen von 7 Uhr an möglichst zu Hause zu halten, damit er nicht in Gefahr gerathe, mit dem Schuldigen in Schaden und Unglück zu kommen.
3. Sämmtliche Pavillons, Wirthshäuser, Herbergen und Tanzsähle, müssen jeden Abend 7 Uhr, von heute an, bis auf Weiteres geschlossen bleiben.

Gegeben in Unserer Rathsversammlung. Hamburg, den 4. Sept. 1830.

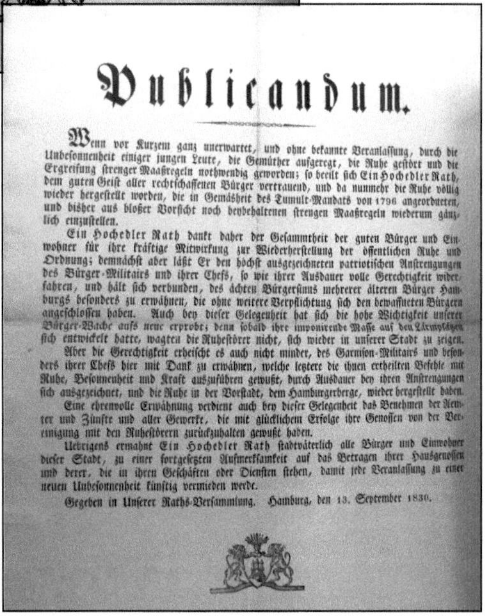

Publicandum.

Wenn vor Kurzem ganz unerwartet, und ohne bekannte Veranlassung, durch die Unbesonnenheit einiger jungen Leute, die Gemüther aufgeregt, die Ruhe gestört und die Ergreifung strenger Maaßregeln nothwendig geworden; so beeilt sich Ein Hochedler Rath, dem guten Geist aller rechtschaffenen Bürger vertrauend, und da nunmehr die Ruhe völlig wieder hergestellt worden, die in Gemäsheit des Tumult-Mandats von 1796 angeordneten, und bisher aus bloßer Vorsicht noch beybehaltenen strengen Maaßregeln wiederum gänzlich einzustellen.

Ein Hochedler Rath dankt daher der Gesammtheit der guten Bürger und Einwohner für ihre kräftige Mitwirkung zur Wiederherstellung der öffentlichen Ruhe und Ordnung; demnächst aber läßt Er den höchst ausgezeichneten patriotischen Anstrengungen des Bürger-Militairs und ihrer Chefs, so wie ihrer Ausdauer volle Gerechtigkeit widerfahren, und hält sich verbunden, des ächten Bürgersinns mehrerer älteren Bürger Hamburgs besonders zu erwähnen, die ohne weitere Verpflichtung sich den bewaffneten Bürgern angeschlossen haben. Auch bey dieser Gelegenheit hat sich die hohe Wichtigkeit unserer Bürger-Wache aufs neue erprobt; denn sobald ihre imponirende Masse auf den Lärmplätzen sich entwickelt hatte, wagten die Ruhestörer nicht, sich wieder in unserer Stadt zu zeigen.

Aber die Gerechtigkeit erheischt es auch nicht minder, des Garnison-Militairs und besonders ihrer Chefs hier mit Dank zu erwähnen, welche letztere die ihnen ertheilten Befehle mit Ruhe, Besonnenheit und Kraft auszuführen gewußt, durch Ausdauer bey ihren Anstrengungen sich ausgezeichnet, und die Ruhe in der Vorstadt, dem Hamburgerberge, wieder hergestellt haben.

Eine ehrenvolle Erwähnung verdient auch bey dieser Gelegenheit das Benehmen der Aemter und Zünfte und aller Gewerke, die mit glücklichem Erfolge ihre Genossen von der Vereinigung mit den Ruhestörern zurückzuhalten gewußt haben.

Uebrigens ermahnt Ein Hochedler Rath stadtväterlich alle Bürger und Einwohner dieser Stadt, zu einer fortgesetzten Aufmerksamkeit auf das Betragen ihrer Hausgenossen und derer, die in ihren Geschäften oder Diensten stehen, damit jede Veranlassung zu einer neuen Unbesonnenheit künftig vermieden werde.

Gegeben in Unserer Raths-Versammlung. Hamburg, den 13. September 1830.

Offiziell machte der Rat in einem Mandat „ausländische Tumultuanten" verantwortlich, um die „einheimische Bevölkerung von dem Verdacht eigentlicher Theilnahme an den Unruhen zu befreyen." Der bereits erwähnte Oberstleutnant Prell führte diese Tendenz der Schuldzuweisung fort, als er behauptete, die Untersuchung der Festgenommenen habe gezeigt, dass „nur Frevler den Unfug trieben; daß Vagabonden, die nun einmal in großen volkreichen Städten nicht ganz zu vertreiben sind; daß ehemalige Sträflinge des Zucht- und Spinnhauses; daß Taugenichtse, die in den Tretmühlen der Gefängnisse manchen Gang gemacht haben, von Straßenjungen begleitet, die friedlichen Bewohner Hamburgs in ihrer Ruhe gestört haben."

Die Situation auf dem Jungfernstieg, wo die Unruhen begannen, ist bei einer Fokussierung auf die Pavillons („Kaffeehäuser") leicht misszuverstehen. Auch ohne dass sich Skandale ankündigten, versammelten sich zumal an warmen Sommerabenden auf der Promenade am alten und neuen Jungfernstieg viele Menschen. Deshalb war dieser Ort auch ohne Vorbereitungen für „Specktakelstückchen" gegen Juden bestens geeignet, denn Publikum war stets gegenwärtig. Nach Auffassung eines Mitglieds der Jüdischen Gemeinde ließen sich die Motive der Anstifter des „nach vorheriger Verabredung" erfolgten „Angriffs" leicht erkennen: „Als Regissöre fungirten einige – christlich germanische Handlungskommis, welche sich in gemeiner Weise durch die Judenhetze – die aber gar nicht in Gange kam – dafür rächen wollten, dass ihnen von befähigteren semitischen Handlungskommis mit Erfolg Konkurrenz gemacht wurde."[181]

Eine zweite Phase der Unruhen des Jahres 1830 begann am Donnerstag, dem 2. September. An diesem Tag entwickel-

---

181 Vgl. Mitteilungen zur jüdischen Volkskunde. Hg. v. M. Grunwald, Breslau 1905. Aus Hamburgs Sammlungen. Eine Ergänzung zu Dr. Grunwald`s „Hamburgs deutsche Juden bis zur Auflösung der Dreigemeinden", 1811, Hamburgs Juden in Bild und Wort, S. 24 f. Es waren „grösstenteils jüngere Leute", die nach den ersten Übergriffen in den Pavillons an der Alster durch die Stadt zogen. Vgl. Prösch, Heinrich, Die Hamburger Unruhen 1830, (Manuskript des Vortrags im Verein für Hamburgische Geschichte), Hamburg 1931, Bl. 1 (Staatsarchiv Hamburg A 320/41).

ten sich Proteste und eine gewalttätige Massendemonstration, nachdem die Polizei einen Mann verhaftet hatte, der auf dem Jungfernstieg gegenüber einem Pavillon laut, oft und provozierend „Hep! Hep!" gerufen hatte. Hunderte von Menschen folgte dem Arretierten, griffen die begleitenden Uniformierten an und folgten ihnen bis zum „Stadthaus", einer Art Hauptquartier der Polizei. Dort ritten Ulanen auf ihren Pferden erfolgreich eine Attacke gegen die Menge und vertrieben sie. Auf dem Jungfernstieg und in den dort befindlichen Pavillons fanden Spaziergänger am gleichen Abend handgeschriebene Zettel mit aufrührerischen und antijüdischen Parolen.

Am Abend des folgenden Tages sammelten sich wieder „zahlreiche Haufen am Jungfernstieg und auf dem Neuenwall vor dem Stadthaus". Dort hatte tags zuvor der massive Einsatz der in der Bevölkerung und im Bürgermilitär unbeliebten Ulanen begonnen.

Sprechchöre und Proteste des angeblich „niedrigsten Pöbels" richteten sich nun nicht mehr gegen Juden, sondern kritisierten ein brutales Vorgehen der Polizei und insbesondere des Militärs sowie allgemein die Politik des Rats. Von einem Schleusenknecht ist die Äußerung überliefert: „De Öse, de Groten, möt all an de Siet." Steinwürfe zerstörten die Fenster des „Stadthauses". Es drohte ein Sturm auf das Gebäude. Als daraufhin Bürgermilitär und Ulanen gegen die Demonstranten vorgingen, stießen sie bei ihrem Eingreifen und Vorrücken teilweise auf „ernstlichen Widerstand".[182]

In einem Hamburger Schauspielhaus schob die Direktion das Stück „Die Stumme von Portici", in dem es um einen Volksaufstand in Neapel ging, ins Programm. Wenn die Verantwortlichen die Stimmung des Publikums richtig deuteten, dann wollten die ins Theater strömenden Hamburger grundsätzlich

182 Vgl. Prösch, Heinrich, Die Hamburger Unruhen 1830, (Manuskript des Vortrags im Verein für Hamburgische Geschichte), Hamburg 1931, Bl. 6 (Staatsarchiv Hamburg A 320/41) Der Historiker G. Seelig formulierte in diesem Zusammenhang, der anfängliche Unfug habe sich zum Krawall und dann „bis zu den Anfängen einer Revolution" gesteigert. Vgl. Seelig, Geert, Die Julirevolution in Hamburg, in: „Der Lotse. Hamburgische Wochenschrift für deutsche Kultur", 1. Jg., Heft 5, 1900, S. 131 - S. 136, hier S.132.

Anderes als Steinwürfe und antijüdische Hetze. Kennzeichnend für die Tendenz des Stückes sind Aussagen von Masaniello und Pietro, den Leitern des Volksaufstandes:

Schwer liegt auf uns das Joch der Sclaverei,
Nur Muth allein vermag uns noch zu retten.
Abschütteln wir der Knechtschaft Ketten.
Wenn die Tyrannen fallen, sind wir frei.
Der Unterdrückung mächt'ge Schranke
Dränget siegreich fester Muth zurück.
O Land, dem ich das Leben danke,
Bald dankst du mir der Freiheit Glück.[183]

Die Hamburger Presse hatte am 1. September über eine Aufführung des Stücks in Brüssel berichtet: „Das Haus vermochte nicht alle Neugierigen zu fassen, und eine zahlreiche Menschenmasse blieb vor den Thüren und auf dem Platze stehen. Viele Szenen der Oper, in welcher der Aufstand des neapolitanischen Volkes unter Masaniello's Leitung ... geschildert wird, wurden mit lautem Jubel" aufgenommen.

Nach der Vorstellung wäre ein „starker Volkshaufe" durch Brüssel gezogen, hätte Reformgegnern die Scheiben eingeworfen und bei einzelnen Häusern Türen und Fenster eingeschlagen. Hausrat und Bücher flogen dort auf die Straße. Polizei und

---

183 Vgl. „Die Stumme von Portici. Große Oper in 5 Aufzügen." Text von Scribe und Delavigne; Musik von Auber. Für die deutsche Bühne bearbeitet von R. A. Ritter, München [1830], S. 17. Es ist zwar nicht sicher, welcher Text auf der Hamburger Bühne vorgetragen wurde. Für die Tendenz macht das aber keinen Unterschied. Masanielo war seinerzeit in Westeuropa etwa so populär wie später Robin Hood. Mit ihm beschäftigten sich selbst Goethe und Lessing. Vgl. Rudolph, Johanna, Das Masaniello-Thema im Spiegel der deutschen Klassik, in dies., Lebendiges Erbe, Leipzig 1972, S. 201 - S. 236.
Aus dem Blickwinkel der hamburgischen Geschichte ist anzumerken, dass diese Thematik bereits 1706 eine Rolle spielte, damals beschrieben Autoren der „Rats-Parthey" Masaniello jedoch als abschreckendes Exempel für Volksbewegungen. Vgl. Berlin, Jörg, Bürgerfreiheit statt Ratsregiment. Das Manifest der bürgerlichen Freiheit und der Kampf um Demokratie in Hamburg um 1700, Norderstedt 2012, S. 242 f.

Militär wurden durch Wurfgeschosse abgewehrt und zurückgedrängt.[184]

Die Auftritte der Hamburger Demonstranten in den ersten Septembertagen könnten durch solche Berichte radikalisiert worden sein, jedenfalls machten die Demonstrationen eine allgemeine politische Unzufriedenheit vieler Hamburger unübersehbar bzw. unüberhörbar. Die skandierten Parolen und Forderungen betrafen zunächst eine Bestrafung der Verantwortlichen für die blutigen Polizeieinsätze, die Auflösung der Ulanen und der Stadtsoldaten sowie eine Entschädigung der bei den Demonstrationen Verletzten. Weitergehende politische Forderungen lauteten: Herabsetzung von Steuern und Abgaben, Kontrolle der Verwaltung, die einer Verschwendung von Steuergeld verdächtigt wurde, Hilfen für Arme im Winter, Aufhebung der Kosten verursachenden Torsperre, bessere Kontrolle der Gewichte und Maße bei den Kaufleuten. Durch ein Verbot des Vorkaufs bei Waren und Früchten sowie des Winkelhandels und des Hausierens sollten die Lebensmittel billiger werden. Forderungen nach einer Kontrolle von Maßen und Gewichten kritisierte indirekt Betrügereien von Kaufleuten. Revolutionär klangen Parolen wie „Aux arms Citoyens“, „Die dreifarbige Fahne hoch!“, „Nieder mit dem Rat!“. Die Quellen geben keinen Aufschluss darüber, wie oft die einzelnen Forderungen zu hören waren, wie die Protestierenden sie gewichteten und welches Echo die verschiedenen Parolen hervorriefen. Klagen über die Zensur werden viele Demonstranten geteilt haben, ob es sich mit der Parole „Nieder mit den Juden und Hausierern“ ebenso verhielt, bleibt ungewiss.[185]

---

184 Vgl. den Bericht auf der Titelseite in: „Staats und Gelehrte Zeitung des Hamburgischen unpartheiischen Correspondenten“, No. 158 v. 1.9. 1830. Bei den Hamburger Unruhen sind deutliche Parallelen zu den Brüsseler Ereignissen augenfällig.

185 Zu einer Auflistung der Parolen und Forderungen der Demonstranten siehe Stümke, Hans-Georg, „Wo nix is, hett de Kaiser sien Recht verlor`n.“ oder „Der Stein auf dem Sofa der Frau Senatorin“. Die Hamburger Unruhen vom 31. August bis 5. September 1830, in: Berlin, Jörg (Hg.), Das andere Hamburg. Freiheitliche Bestrebungen in der Hansestadt seit dem Spätmittelalter, 2. Aufl., Köln 1982, S. 48 -S. 68. Hier S. 53.

Die Ereignisse einer dritten Phase der Unruhen konzentrierten sich auf die außerhalb des Stadtwalls gelegene Vorstadt St. Pauli, den damals sogenannten Hamburger Berg. Hier versuchten Demonstranten am Samstag, dem 4. September, u.a. eine Gastwirtschaft zu demolieren. Dem Bürgermilitär gelang es jedoch, das Schlimmste zu verhindern. Deshalb versammelten sich am folgenden Tag noch mehr unzufriedene St. Paulianer und versuchten ein zum Schutz der Wirtschaft bereitstehendes „Ulanenpiquet" mit Steinwürfen, Latten und Knüppeln zu vertreiben. Erst nach dem Einsatz von Schusswaffen und dem zusätzlichen Einsatz von Infanterie in zahlreichen Straßen und Häusern gelang es, die heftigen Auseinandersetzungen zu beenden und die „Tumultuanten" zu vertreiben. [186]

Die genaue Zahl der Verwundeten und Toten ließ sich nicht feststellen. Im Krankenhaus starben sechs von 11 eingelieferten Schwerverletzten. Wie viele der 91 Verhafteten zu jenen gehörten, die sich an den ersten Abenden der Unruhen Gewalttaten gegen Juden und deren Besitz schuldig gemacht hatten, ist unbekannt. Später verhängte Gefängnistrafen reichten von zwei Monaten bis zu einem Jahr.

Die soziale Herkunft der bei den Auschreitungen und Kämpfen vor allem auf St. Pauli verhafteten Männer ist teilweise bekannt. Es handelte sich um Arbeitsleute, Tischler, Bürstenmacher, Ewerführerknechte.[187] Diese Berufsangaben über die

Vgl. auch die entsprechenden Angaben bei Prösch, Heinrich, Die Hamburger Unruhen 1830, (Manuskript des Vortrags im Verein fur Hamburgische Geschichte), Hamburg 1931, Bl. 1 (Staatsarchiv Hamburg A 320/41).

186 Vgl. zu den Phasen die knappe aus Ratssicht geschriebene Darstellung in: Hudtwalcker, Martin Michael, Ein halbes Jahrhundert aus meiner Lebensgeschichte, 3. Teil, Hamburg 1864, S. 357 f.

187 Vgl. Laufenberg, Heinrich, Geschichte der Arbeiterbewegung in Hamburg, Altona und Umgebung, Hamburg 1911, S. 63. Die Ewerführerknechte protestierten zu der Zeit bereits gegen die vom Rat genehmigte Beschäftigung von Nichthamburgern, was Lohndrückerei erleichterte. Über ähnliche Forderungen von Arbeitern hatte die Hamburger Presse bereits Ende August 1830 aus Paris berichtet. Dort verbanden sich wirtschaftliche und politische Konflikte. In Paris hatte die Arbeitslosigkeit bereits im Bürgertum „Besorgnisse wegen der arbeitenden Classe" verursacht. Deshalb forcierte die Pariser Verwaltung die Vergabe von öffentlichen Arbeiten und versuchte, sich mit den „vorzüglichsten Manufacturisten und Fabri-

Verhafteten und Verletzten aus der letzten Phase der Unruhen geben jedoch keinen Aufschluss über jene Personen, die im Bereich des Jungfernstiegs die Konflikte ausgelöst hatten. Zeitzeugen berichteten, dort hätte der „noble Pöbel der Pavillons einen Sieg gefeiert."[188]

In Hamburg wäre es 1830 mit großer Wahrscheinlichkeit ohne Nachrichten über die Julirevolution in Frankreich, die Unruhen in Belgien und zahlreichen deutschen Staaten nicht zu Übergriffe gegen Juden und Protesten gegen das Ratsregiment gekommen. Eine der zeitgenössischen Stimmen, die dies berichteten war die des den Juden durchaus nicht freundlich gesonnenen C. F. Schoene. Er erklärte, die „anfänglichen, gegen die Juden gerichteten Hep, Hep!" zur Nebensache. Das treibende Moment der Hamburger Unruhen wäre „in dem fortreißenden Strome der neueren Freiheitsbegeisterung der Franzosen, Belgier usw." zu finden.[189]

Dagegen ist festzuhalten, dass antijüdische Affekte ab dem

---

kanten wegen der Versorgung unbeschäftigter Personen zu verständigen." Eine selbständige Delegation von Arbeitervertretern hatte zudem u. a. die „Entfernung fremder Arbeiter, worunter sie die Elsässer mitbegriffen, verlangt." Vgl. „Staats- und Gelehrte Zeitung des Hamburgischen unpartheiischen Correspondenten", No. 151 v. 24. 8. 1830 sowie No. 152 v. 25. 8. 1830.

188 Eine Liste mit einigen der Verhafteten findet sich in: Gädechens, O. C., Unpartheyische Darstellung der Unruhen in Hamburg im September 1830, (Manuskript Staatsarchiv Hamburg Sign. A A20/40), S. 23 ff. Vgl. außerdem Beurmann, Eduard, Skizzen aus den Hanse-Städten, Hanau 1836, S. 172 f. Ähnlich schrieb Heinrich Heine über Teilnehmer der Unruhen von einem „honetten Bürgerstand", d.h. von solchen „Krämern, die in Pantoffeln vor ihren Türen stehn, das Geschäft bequem treiben" und von dort ärgerlich und verächtlich auf vorbeikommende Hausierer herabschauten. Vgl. Heine, Heinrich, Der Prosa-Nachlaß. 2. Teil, Hamburg 1925, S. 147. Zu unterschiedlichen Gruppen von „Pöbel" siehe bereits für die Exzesse 1819 bei Friedrich Alexander Simon (Beleuchtung der Stimme des Volks über die Juden, Niedersachsen [fing.] [=Hamburg] 1819, S. 9 f.) die Erwähnung eines „bemittelten Pöbels, de[ssen] kleinlicher Eigennutz vielleicht hie und da durch Juden leidet."

189 Vgl. (Schoene, C. F.), Die Rechte und Forderungen der freien Hamburger, wie sich die öffentliche Stimme bei Gelegenheit der gegenwärtigen Unruhen deutlich darüber ausgesprochen, Hamburg (September) 1830, S. 4. Schoene schrieb z.B. „ Was, namentlich der Handelsstand durch den immer unverschämter um sich greifenden Judentrödel leidet, ist schmerzlich empfunden. " Vgl. ebd. S. 8.

dritten Unruhetag zwar nicht mehr im Vordergrund der Übergriffe und Gewalttaten standen, jedoch präsent blieben. Die Menschen in den jüdischen Wohnbezirken der Alt- und Neustadt mussten sich weiterhin fürchten; denn nach dem Dunkelwerden zogen dort immer wieder Trupps durch die Straßen und warfen Fensterscheiben ein. Deshalb wagten viele Juden nicht einmal, in ihren Wohnungen Lichter anzuzünden. Nicht wenige Juden fürchteten, wenn sie sich auf der Straße blicken ließen, würden sie „in aller Behaglichkeit totgeschlagen". Selbst vor Attacken auf Gotteshäuser schreckten einzelne Gewalttäter nicht zurück. Vor allem die Synagoge in der Elbstraße erlitt Schäden.[190]

10.3 „Neue Erbärmlichkeiten" und „schmutzige Vorfälle". Unruhe und Gewalttaten vom 30. Juli bis 1. August 1835

Nach den Exzessen 1830 verkündete der Chef des Hamburger Bürgermilitärs, seine Truppe sei stark genug, um „Tumultuanten, ... wenn sie sich wieder blicken lassen sollten, zu zermalmen."[191]

Bereits 1835 zeigte sich, wie stark er übertrieben hatte. In diesem Jahr kam es in Hamburg wiederum zu Ausschreitungen gegen Juden. Die Übergriffe nahmen jedoch nicht die bedrohlichen Ausmaße an wie 1819 und 1830. Zeichen eines allgemeinen Protests oder besonderer sozialer Unzufriedenheit mit den Verhältnissen in der Hansestadt finden sich 1835 anders als fünf Jahre zuvor in den Quellen nicht.[192] Der Autor eines

---

190 Vgl. die noch weitergehenden Aussagen in: Beurmann, Eduard, Skizzen aus den Hanse-Städten, Hanau 1836, S. 185 f.

191 Vgl. Prell, Johannes Andreas, Darstellung der Unruhen weniger Tage in Hamburg, Hamburg im September 1830, S. 23.

192 „Frevel gegen die öffentliche Ruhe" registrierten die Behörden kontinuierlich: im Jahr 1834: 4595 Fälle, im Jahr 1835: 4372 Fälle, im Jahr 1836: 5946 Fälle. Das Jahr 1835 verlief demnach insgesamt betrachtet nicht besonders unruhig. Vgl. hierzu: „Aufsatz des Dr.

Berichts in der „Allgemeine[n] Zeitung des Judenthums“ bezeichnete die Vorfälle 1837 im Rückblick als „unwichtig“ aber zugleich als „treues Abbild“ aller Judenverfolgungen. Bei den Tätern diagnostizierte er eine Kombination von „Uebermuth“ und Bosheit. Die Begleitumstände erschienen ihm als typisch. Nach gemeinen Angriffen und Überfällen würden die Ereignisse im Stadtgespräch und in der Presse durch erfundene Lügen beschönigt. Dies erleichtere dann eine weitere „Aufhetzung der Massen.“ Im „Hintergrund .... [ließe sich] aber der Eigennutz“ bestimmter Individuen oder Gruppen ausmachen.

Dies traf 1835 in eklatanter Weise zu. Im Sommer des Jahres hatten die Wirte der „Alsterhalle“, eines Kaffeehauses, das nicht genügend Gewinn abwarf, gemeint, es könne gelingen „erst durch tumultuarische, und nachher durch geregelte Austreibung der Juden ihr Publikum [und ihren Gewinn] zu erhöhen und zu vermehren.“ Solange es sich bei der „Alsterhalle“ um eine konzessionierte, öffentliche Gaststätte handelte, war es rechtlich nicht möglich, ein formales Verbot für Juden zum Betreten des Hauses durchzusetzen. [193]

Um Juden aus ihrem Lokal fernzuhalten, stellten ihnen die Wirte im Sommer 1835 gezielt überhöhte Getränkepreise in Rechnung. Als jene sich auf diese Weise nicht abschrecken ließen, sollen die Gastronomen - oder mit ihnen im Einverständnis befindliche Gäste - ein gewaltsames Vorgehen gegen die missliebigen Besucher geplant und Tumulte provoziert haben. Erste verbale Auseinandersetzungen und Handgreiflichkeiten

---

N. A. Westphalen, Hamburgs öffentliche Verhältnisse in den Jahren 1834, 1835 und 1836.“ Veröffentlicht im Januar 1838 in den „Wöchentlichen Nachrichten“. Vorhanden als gebundene Kopie im Staatsarchiv mit der Notiz: Aus Dr. F. Beneckes jährlichen Berichten für Oberalte.

193 Vgl. auch zum Folgenden: „Allgemeine Zeitung des Judenthums“ (Leipzig), Nr. 72 v. 19.9. 1837, S. 285 f. Nach Ende der Unruhen wählten die Betreiber der „Alsterhalle“ einen anderen Weg zur Erreichung ihres Ziels, nicht willkommene Gäste auszuschließen. Weil nach Hamburger Recht ein Anschluss von Juden aus öffentlichen Gaststätten unzulässig war, gründeten die Wirte in der „Alsterhalle“ für willkommene Gäste einen „Privatverein an der Alster“, der Juden nicht aufnahm. Der Plan, auf diese Weise mehr Gäste heranzuziehen, ging jedoch nicht auf. Damit blieb auch die erhoffte Gewinnsteigerung aus. Die Wirte mussten ihr Lokal aufgeben.

im Lokal endeten am Donnerstagabend, dem 30. Juli 1835, mit dem gewaltsamen Hinauswurf der anwesenden Juden durch eine Überzahl anderer Gäste. Bei den Beteiligten handelte es sich auf beiden Seiten um junge Männer. Der Rädelsführer der Angreifer arbeitete angeblich als Schreiber bei einem Schiffsmakler. Er gehörte also nicht zur Unterschicht, zum „Pöbel". Nach Angaben von John Strang griffen etwa 50 Männer vorsätzlich sechs oder sieben Juden an und warfen sie gewaltsam aus der „Alsterhalle".

Karikatur auf den Judentumult vom 30. Juli 1835

Die jungen jüdischen Männer gaben sich jedoch nicht so schnell geschlagen. Sie rückten am Freitagabend in größerer Zahl und wohl auch mit Schlaggeräten ausgestattet wieder an.[194]
Vor dem Lokal wartete bereits eine Menschenmenge auf den erhofften Spektakel. Sie wurde nicht enttäuscht. Im Lokal kam es wieder zu „Wortwechseln, Thätlichkeiten und am Ende auch zu einer Prügelei, wobei es einige blutige Köpfe, einige zerbrochene Tische und am Ende einige Arretierungen" gab. Mit etwa

194 Zu den (unsicheren) Zahlenangaben vgl. Strang, John, Hamburg 1831. Ein Besuch in der Hansestadt vor 150 Jahren. Ein authentischer Bericht, Hamburg 1981, S. 118. J. Strang beruft sich auf Angaben aus deutschen Zeitungen. Das Buch wurde erstmals 1836 (in englischer Sprache) publiziert.

40 Mann konnte die jüdische Gruppe den wartenden 200 bis 250 „Raufbolden“ immerhin eine gewisse Zeit Paroli bieten.

Erst nach einer Stunde schritt das Bürgermilitär ein und machte den Auseinandersetzungen im Lokal ein Ende. Die Uniformierten vertrieben unterschiedslos alle Anwesenden und ordneten an, das Lokal zu schließen.

Ein anonym als Flugschrift publizierter, gereimter „Schlacht-Bericht vom 30. und 31. Juli und 1. August 1835“ vermittelte Zeitgenossen den Eindruck, als hätte es sich um eine vom „Punschgott“ und „Branntewein“ verursachte „Hundstagentollheit“ von „Janhagel“ und „Pöbel“ gehandelt, die nach ihrer Festnahme „vom versammelten Haufen [der Zuschauer] noch ausgelacht“ worden wären. Dies war mehr als eine Verharmlosung. Nach im „Freischütz“ abgedruckten Mitteilungen entstand der Streit am Donnerstag nicht zufällig: „Vielmehr wird behauptet, daß es eine förmliche Verabredung [gab], an diesem Abend die etwa anwesenden Juden hinauszudrängen.“ Mehrere Juden wären von christlichen Bekannten bereits vor „längerer Zeit ... vor der ihnen drohenden Gefahr gewarnt worden.“[195]

Als der Jungfernstieg am nächsten Abend, einem Sonnabend, wiederum nicht nur wegen des schönen Wetters mit einer großen Menschenmenge angefüllt war, besetzte das Bürgermilitär rechtzeitig die Straße und drängte unter Anwendung von Gewalt die „ansehnliche Menschenmasse“ fort. Bei folgenden Prügeleien und erheblichen Ausschreitungen soll ein „jüdischer Sergeant in der Uniform, zwischen seinen Cameraden, die unthätig zusahen, herausgeholt und gemißhandelt“ worden sein.[196]

---

195 Vgl. „Freischütz“, Nr. 33 v. 15.8. 1835.

196 Vgl. hierzu: „Allgemeine Zeitung des Judenthums“ (Leipzig), Nr. 72 v. 19.9. 1837, S. 285 f. Zum Ablauf siehe allgemein den Bericht in: „Neue Zeitung und Hamburgische Adreß-Comptoir Nachrichten“ Nr. 183 v. 3.8. 1835 sowie wesentlich kritischer den „Freischütz“, Nr. 32 v. 8.8. 1835. Zum Folgenden vgl. auch: Zimmermann, Moshe, Das Kaffeehaus als Ort des anti-jüdischen Sozialprotests im Vormärz, in: ders., Deutsch-jüdische Vergangenheit: Der Judenhaß als Herausforderung, Paderborn 2005, S. 57 – 66. Hier S. 64.

Neuer Jungfernstieg um 1835

Damit war der dritte große Judentumult der ersten Hälfte des 19. Jahrhunderts nicht vorüber. Obwohl am Samstagabend kein „Israelit“ die „Alsterhalle“ betreten hatte, bildeten sich in enigen Straßen „Pöbelhaufen“ - wohl auch aus den vom Jungfernstieg vertriebenen Gaffern. Nach dem erwähnten Bericht im „Freischütz“ blieb es zwar an der Binnenalster ruhig, aber „desto stürmischer“ ging es bald in den Straßen im Zentrum des jüdischen Wohnbezirks zu. Verschiedene Trupps „durchzogen die Neustadt, randalierten in der Nähe des Millerntores, in den Peterstraßen, den Elbstraßen, der Schlachterstraße, am Großneumarkt, in der Marienstraße etc.“ Sie warfen in von Juden bewohnten Häusern die Fenster ein und versetzten die Bewohner durch Schreien und Pfeifen zusätzlich in Angst und Schrecken. Auch bei Christen gingen einige Scheiben zu Bruch. Erst nachdem aus einer nahen Kaserne 200 Bewaffnete zum Einsatz ausgerückt waren, gelang es, zumindest zwölf der Tumultuanten festzunehmen, darunter „einige, die man in solcher Gesellschaft nicht zu finden erwartete, nemlich junge Leute, die bis jetzt als zur bessern Gesellschaft gehörend betrachtet werden mußten“.

Ein wohl am Samstag auf dem Neuen Wall gefundener Zettel zeigt, dass einzelne Angehörige der Unterschicht beabsichtigten, größere Aktionen zu organisieren. (Der Text wird hier mit unveränderter Orthographie wiedergegeben.):

„Gebt acht Kameraden = Handwerkers = Gesellen = Lehrburschen = und Arbeit = lose Leute und sonst wer noch Hände hat, stellt euch ja so früh als möglich ein, Ihr wist ja in der Alsterhalle in neuen Jungfernstieg, den heute ist denn verdamten juden ihr Schabbes und unser Großer Klub bekömt heute abend Geldt und für Geldt und Gewaldt bemächtigen wier uns ein von den 5 Thürmen [der Hauptkirchen], um die Sturmglocke zu ziehen und dan Geht Alles nach der Alsterhalle hin um Theil daran zu nehmen den die verdamten Judenziehen doch den kürzesten davon. Also frisch Muth = Muth gefaßt."[197]

Bekanntmachung.

Der vorgestern Abend in der Alsterhalle stattgehabte Unfug, hat sich gestern Abend weiter verbreitet, und zu Freveln in einigen Straßen der Neustadt Anlaß gegeben, deren Wiederholung nicht geduldet werden kann.

Es wird daher alles Stillestehen im Jungfernstieg und auf den Gassen und freien Plätzen, so wie alles Lärmen und Umherziehen in Haufen, hiemit bei nachdrücklicher Strafe untersagt, und sollen etwanige Attroupements sogleich auseinander getrieben werden.

Sollten sich in der Alsterhalle oder in anderen ähnlichen Localen die Unordnungen erneuern, so werden die Gäste hinausgewiesen, die Unruhestifter arretirt, und die Locale geschlossen werden.

Ein Hochedler Rath hegt die Zuversicht zu dem oft erprobten guten Sinne der hiesigen Bürger und Einwohner, daß die jetzt getroffenen Maaßregeln zur Aufrechthaltung der Ruhe hinreichen werden, und ermahnt daher jedermann mit dahin zu wirken, daß die öffentliche Sicherheit und Ordnung nicht weiter gestört werden, wes Endes besonders alle Eltern, Amtsmeister, Lehr- und Brodherren aufgefordert werden, die Ihrigen nach 8 Uhr Abends nicht ausgehen zu lassen.

Gegeben in Unserer Raths-Versammlung, Hamburg den 2. August 1835.

An den folgenden Tagen des August 1835 besetzte Bürgermilitär alle öffentlichen Plätze und verhinderte durch Patrouillen

197 Zitiert nach dem Quellenanhang in: Rohrbacher, St., Gewalt im Biedermeier. Antijüdische Ausschreitungen in Vormärz und Revolution (1815 – 1848/49), Frankfurt 1993 S. 307.

weitere Ausschreitungen. Als es am folgenden Mittwoch in der Alsterhalle trotzdem wieder zu einem Konflikt kam, weil einem jüdischen Gast für den bestellten „Punsch" ein überhöhter Preis abgefordert wurde, schloss die Polizei das Lokal für längere Zeit. (Die Wiedereröffnung erfolgte wohl erst am 1. September.)

Ein Vertreter des Rats forderte zudem die Jüdische Gemeinde auf, sie solle dafür sorgen, dass ihre Angehörigen zumindest für einige Zeit den Kaffeehäusern an der Alster fernblieben. Dabei wies er darauf hin, dass ein - zwar altes aber noch gültiges - Gesetz den Juden einen Aufenthalt an bestimmten Plätzen und auf gewissen Straßen verbiete. Das traf zu. Nach Artikel 1 des Judenreglements von 1710 sollten Juden zudem ein „stilles frommes Leben führen und ... sich stille und eingezogen verhalten; denen Christen auch ... sonsten ... kein Aergerniß geben."

Der rechtskundige Ratsherr unterließ es verständlicherweise hingegen, die Artikel 17 und 18 des Reglements anzuführen, die Juden eindeutig Schutz versprachen. Diese Bestimmungen verboten den Hamburgern bei Strafe jeglichen „Frevel und Muthwillen, so auf öffentlichen Straßen, und ansonsten an ihnen [den Juden] verübet wird." Auch sollte jeder schwer bestraft werden, der es wagte, „Juden auf öffentlicher Straßen, noch weniger in Häusern ... anzugreifen" und sie zu bestehlen.

Die ersten von der Zensur in Hamburger Zeitungen freigegebenen Berichte über die Ausschreitungen verharmlosten die Ereignisse. Die in der „Allgemeine[n] Zeitung des Judenthums" erwähnten beschönigenden „Lügen" in der Berichterstattung über „Judentumulte" zielten 1835 zudem wieder darauf ab, den Juden oder zumindest einzelnen von ihnen die Schuld am Ausbruch des Konflikts zuzuschieben. Erinnert sei in diesem Zusammenhang an die Zigarre rauchenden Juden, die 1830 angeblich einer der Gründe für Exzesse gewesen sein sollten. Um die Frage nach einer Mitverantwortung der städtischen Behörden gar nicht aufkommen zu lassen, hieß es ergänzend über die getauften Teilnehmer der Krawalle und Übergriffe, diese wären gar keine richtigen Hamburger oder zumindest keine Bürger, sondern wohl „Ausländer" gewesen, jedenfalls gehörten sie zur „Hefe des Volkes", zum niedrigsten „Pöbel." (Wobei „Ausländer" derzeit auch Deutsche aus den Hamburg umgebenden Territorien meinte.) Mit einer solchen Abqualifizierung sollten wohl auch potentielle Mitläufer abgeschreckt und die Bürger beruhigt werden; denn die Mehrheit der Hamburger erwartete von den Behörden eine Aufrechterhaltung von Ruhe und Ordnung. Berichte über Unruhen schadeten Handel und Kredit.

In Bezug auf die Schuldigen an den Exzessen 1835 behauptete der für die Polizei zuständige Ratsherr Hudtwalcker in einem Rückblick, „der Judenlärm" wäre durch das insolente [unverschämte, freche, übermütige, J. B.] Betragen junger Juden" in der „Alsterhalle" verursacht worden. Als sie aus „ jenem Local ... hinausgeworfen" wurden, hatten sie sich dies demnach selbst zuzuschreiben. Hudtwalcker fügte den bekannten Argumenten noch ein neues hinzu, das Rat und Bürgerschaft zusätzlich entlastete. Er erklärte, eine „entferntere Veranlassung" für die Gewalttaten habe „vielleicht die damals wieder auftauchende Frage wegen der Emancipation (richtiger: bürgerlichen Gleichstellung) der Juden", gegeben, die „in mehreren Schriften von jüdischer Seite wieder angeregt ward."[198]

Hier hob Hudtwalcker eine seiner Meinung nach „unglaublich freche, den christlichen Glauben in platt-rationalistischer Weise verhöhnende" Broschüre hervor, die er der Feder eines „Kaufmanns und (Lotto)-Collecteurs Eduard Moses Heilbutt in Altona", eines Juden zuschrieb. Heilbutt betätigte sich auch Buchhändler. In den Sätzen des Ratsherrn Hudtwalcker deutetet sich die Auffassung an, wer (womöglich noch als Jude) den christlichen Glauben - und dazu noch - frech und höhnisch angriff, sollte sich nicht wundern, wenn er Prügel bezog und ihm die Scheiben eingeworfen wurden.

Gemeint war die anonym erschienene Schrift: „Der Christianismus und der Mosaismus als Beitrag zur Frage der bürger-

---

198 Die Jüdische Gemeinde und prominente Hamburger Juden hatten 1834 und 1835 mehrere Suppliken mit Bitte um Revision des alten Judenreglements an den Rat gerichtet. Es ist wenig wahrscheinlich, dass die breite Öffentlichkeit deren Inhalte kannte. Selbst vielen Mitgliedern der Jüdischen Gemeinde waren sie nicht bekannt. Vgl. zu den Eingaben außer den Werken von M. Zimmermann, T. Stieve und St. Rohrbacher auch Büttner, Annett, Hoffnungen einer Minderheit. Suppliken jüdischer Einwohner an den Hamburger Senat im 19. Jahrhundert, Münster 2003, S. 37 ff.

lichen Gleichstellung der Israeliten von einem Layen", Altona 1835. Der (keineswegs provozierende) Text selbst verriet mit keinem Wort Namen oder Religion des Autors. Hudtwalcker meinte, den Verfasser zu kennen, weil E. M. Heilbutt ihm die Schrift aus Altona persönlich zugesandt hatte. Tatsächlich stammte die Schrift von dem Schriftsteller Friedrich Clemens Gerke. [199]

In Hamburg hatte die Zensur den Druck von „Christianismus und der Mosaismus" verhindert. Es ist deshalb mehr als unwahrscheinlich, dass der Text auch nur einen der an den Unruhen beteiligten 'Christen' zu seinen Untaten inspirierte. Ähnlich verhält es sich mit verschiedenen Bittschriften der jüdischen Gemeinde und bescheidenen Reformvorhaben des Rats selbst. Ob die Wirte und Schläger in der „Alsterhalle" oder die Gaffer und Demonstranten vor dem Lokal überhaupt etwas von diesen Initiativen wussten, ist ungewiss.[200]

Ebenso wie 1819 und 1830 zeigten die hamburgischen Behörden auch nach den Ausschreitungen des Jahres 1835 weder Mitgefühl noch irgendein Entgegenkommen für die Betroffe-

---

199 Zur Person und Autorschaft vgl. Brecht, Hans, Friedrich Clemens Gerke, ein fast vergessener Hamburger Schriftsteller und Erfinder, in: ZVHG, Bd.. 86, 2000, S. 43 - S. 88. Hier S. 48 f. u. S. 62. H. Brecht verweist an anderer Stelle ohne weitere Quellenangaben darauf, die Autorschaft F. Gerkes wäre in den 1840er Jahren bei Recherchen zu einem Zensurprozess herausgekommen. Vgl. Brecht, Hans, „Stets der Welt die Stirn geboten": Leben und Zeiten des Hamburger Schriftstellers Friedrich Clemens Gerke, [Hamburg] 2003 (Manuskript im Staatsarchiv Hbg.), S. 243. Der Bundestag verhängte 1836 gegen sämtliche Schriften F. Gerkes ein Verbot. Dessen Werk „Manifest der Vernunft" überböte „noch in frevelhafter Lästerung des Christenthums und aller positiven Religion, die Schriften des Gutzkow und Genossen." Da die Absicht solcher Maßnahmen und Beschlüsse sicherlich bereits vor der öffentlichen Verkündung bekannt wurden, könnte dies die Anonymität und Pseudonyme F. Gerkes erklären. Vgl. zum Beschluss: Protokolle der Deutschen Bundesversammlung vom Jahrgange 1836, Frankfurt o. J., S. 10.

200 Einem möglichen Zusammenhang der verschiedenen Bestrebungen für eine Verbesserung der Lage der Juden mit dadurch eventuell verstärkten antijüdischen Ressentiments und Aktionen nachzuspüren, ist sinnvoll. Eine entsprechende Hypothese erscheint durchaus plausibel. Aber gegenüber möglichen Schutzbehauptungen von Beteiligten ist Skepsis angebracht. Zu prüfen wäre, ob hier nicht Argumente gegen Emanzipationsbemühungen herangezogen und überbetont wurden. Vgl. hierzu auch die These von R. Michalski, mit den Unruhen 1835 hätten die Judengegner intentional jeden Fortschritt in der Emanzipation bekämpfen wollen. Michalski, Raoul, Wenzel, Die bürgerliche Hamburger Presse und die „Judenfrage" 1819-1849, Magisterarbeit Hamburg 1988, S. 60.

nen. Der Antrag einiger Juden beim Rat, ihnen die zerschlagenen Fensterscheiben zu bezahlen, blieb ohne Erfolg. Stattdessen wurde ihnen von der Polizei „deren sofortige [Her]stellung" befohlen.[201]

Auch die Folgen der Unruhen, die Gerichtsverfahren und Bestrafungen von „Tumultuanten" trugen nicht dazu bei, die Juden in der Stadt zu beruhigen. Nur wenige Teilnehmer erhielten Haftstrafen. Dabei traf es mehr Juden als Christen. Letztere kamen zudem als „Bürger" bzw. „Bürgersöhne" - formal korrekt - in den sogenannten „Winserbaum", ein Gefängnis, das in manchen Zellen einen gewissen Komfort bot, während die Juden, sie besaßen eben kein Bürgerrecht, mit gewöhnlichen Gesetzesbrechern in einem anderen Gebäude zusammengesperrt wurden.

Das Unrecht der Prozesse prangerte insbesondere der Jurist Gabriel Riesser in einem Schreiben an den Rat an. Als Jude durfte Riesser zwar in Hamburg nicht als Rechtsanwalt arbeiten, da aber einer der verhafteten Juden aus Altona kam, konnte er in diesem Fall als Rechtsvertreter aktiv werden. Er hielt fest, die verurteilten Juden wären sich keines unrechtmäßigen Verhaltens bewusst. Ihr angebliches „Vergehen" bestehe doch unparteiisch betrachtet darin, daß sie es, in Gemeinschaft mit etwa 20 anderen ... Israeliten, bewirkt haben, daß ein frevelhafter Angriff [zurückgeschlagen worden sei], welcher neun aufeinander folgende Tage lang auf ... die Juden als solche gemacht worden."

Die Angreifer wären in einer „mit unerhörter Frechheit den Gesetzen und der gesellschaftlichen Ordnung hohnsprechende[n] ... Weise" aufgetreten. „Hundert Mal [wären] einzelne Juden von ganzen Haufen, die über sie herfielen, auf die empörendste Weise mißhandelt und aus einem öffentlichen Local unter dem Jauchzen von Hundert ehrlosen Buben, die an einem sochen Schauspiel ihre Freude fanden, hinausgestoßen worden.

201 Vgl. die im Konvolut der Schriften A. Sutors befindlichen unpaginierten Blätter mit z. T. kritischen Anmerkungen und Hinweisen eines Bekannten zum Text „Hamburg und die Juden. Hier den Hinweis unter „P".

... Und wie schreitet nun die strafende Gerechtigkeit ein? Für die zahllosen Schändlichkeiten, die von mindestens hundert Frevlern gefahrlos an Wehrlosen verübt worden, sehen wir einen Einzigen Bestraften; für die in einem einzigen Falle gelungene Vertheidigung sehen wir zwei der Angegriffenen, der auf's schmählichste Beleidigten und Gekränkten erst bestraft und dann verurtheilt und zwar zu einer Strafe, die noch härter ist, als die dem einzigen Bestraften unter den Angreifenden zuerkannte!"[202]

Ähnlich negativ wie Riesser beurteilte die „Allgemeine Zeitung des Judenthums" in einem Rückblick die Prozesse. Auf Anordnung des Rats wären die „Juden, die sich ihrer Haut gewehrt, wegen zu weit getriebener Vertheidigung condemnirt, und die frevelhaften Angreifer, Schläger, Scheibeneinwerfer u.s.w. nach kurzem Arrest wieder entlassen!"[203]

Den Hamburger Juden machten die Ereignisse ebenso wie deren gerichtliches Nachspiel deutlich, dass Widerstand nicht nur zwecklos war, sondern sogar gestraft wurde. Das Wirken für eine Emanzipation der Juden schien damit in Hamburg zunächst gescheitert. Die Bürgerschaft wies Reformversuche ab, der Rat scheute sich nicht, Gesetze willkürlich anzuwenden, um einflussreiche Bürgergruppen möglichst nicht gegen sich aufzubringen. Die allgemeine Resignation macht ein privater Brief G. Riessers vom 27.1. 1836 deutlich. Er entschloss sich, Hamburg zu verlassen und schrieb über die „Ungerechtigkeiten, die mich empören": „Ich glaubte im Augenblick gerade dieses Beispiel geben zu müssen, ohne dass die schmutzigen Vorfälle in Ham-

---

202 Vgl. die Supplik Gabriel Riessers als Rechtsvertreter des Bernhard Schiff an den Rat der Stadt Hamburg, 16. Oktober 1835. Zitiert nach dem Quellenanhang in: Rohrbacher, St., Gewalt im Biedermeier. Antijüdische Ausschreitungen in Vormärz und Revolution (1815 – 1848/49), Frankfurt 1993 S. 307 f. Vgl. zur Beurteilung der Verfahren aus jüdischer Sicht auch: Isler, M[eyer]. Gabriel Riesser's Leben nebst Mittheilungen aus seinen Briefen, Frankfurt 1871, S. 156 f.

203 Vgl. „Allgemeinen Zeitung des Judenthums" , Nr. 72 v. 19.9.1837, S. 285 f. G. Riesser hatte wohl noch während der Ausschreitungen erfolglos versucht, mit einem der Gastronomen ins Gespräch zu kommen. „Ihm wurde „von dem Wirt injuriös, wenn auch nicht tätlich begegnet." Ein Versuch Riessers, zusätzlich zur Verteidigung der verhaftete Juden auch gegen das Verhalten der Wirte juristisch vorzugehen, blieb ohne Erfolg.

burg auf mein Gemüt einen besonderen Eindruck gemacht hätten. ... Auch verlasse ich Hamburg mit der Beruhigung, dass sich in der letzten Zeit auch in Betreff der Juden, unter den gebildeten Ständen wenigstens, eine etwas honettere Stimmung, eine Art von Reaktion gegen die neuesten Erbärmlichkeiten gezeigt hat."[204]

Während es Riessler möglich war, Hamburg zu verlassen, „bemächtigte sich der jüdischen Bevölkerung Hamburgs ... eine allgemeine Niedergeschlagenheit." Nicht wenige fühlten sich als „mißachtete Fremdlinge". Sie empfanden einen „einen unüberwindlichen Greuel" gegen ihre Verfolger.[205].

Hier bedarf es keines besonderen Vorstellungsvermögens, um zu erahnen, wie das Erscheinen, die Argumentation und eine Verbreitung der Arbeit von August Sutor auf diese Menschen gewirkt hätten. Obgleich die erklärte Absicht des Autors darin bestand, zunächst eine Mehrheit der stimmberechtigten Hamburger Bürger davon zu überzeugen, dass die Gewährung der politischen Gleichberechtigung ein Gebot der Gerechtigkeit wäre, hätte die Publikation „Hamburg und die Juden" bei Gedemütigten Hoffnung wecken und Zuversicht beleben können.

Die Tumulte von 1819, 1830 und 1835 zeigten den Juden die antijüdischen Ressentiments in Teilen der Bevölkerung mehr als deutlich. Nach Auffassung mancher ihrer Vertreter verfolgten Anstifter und „geheime Leiter" der Exzesse weitergehende Absichten. Diese beabsichtigten demnach, Initiativen zu unterbinden, die den Juden eine Möglichkeit eröffneten, in absehbarer Zeit das Bürgerrecht zu erwerben. (Mit dem Status des Bürgers waren, was stets zu beachten ist, neben politischen auch wirtschaftliche und gewerbliche Rechte verbunden.) Richtig ist daran immerhin, dass der Rat nach den Exzessen begonnene

---

204 Zitiert nach: Isler, M[eyer]. Gabriel Riesser`s Leben nebst Mittheilungen aus seinen Briefen, Frankfurt 1871, S. 174. Zum Folgenden sieh ebd. S. 157 f.

205 Vgl. die Erinnerungen von Anton May in: Richarz, Monika (Hg.), Jüdisches Leben in Deutschland. Selbstzeugnisse zur Sozialgeschichte 1780 - 1871, Bd. 1, Stuttgart 1976, S. 192.

Vorarbeiten für Reformen des Judenreglements einstellte. Aber Beweise für eine gezielte Verhinderung solcher Reformvorhaben gibt es nicht.

Um die mentale Disposition für die Exzesse zu verstehen, sei an die nicht mehr nur antijüdischen, sondern bereits antisemitischen Ausfälle eines Mitglieds des akademischen Bürgertums, des Lehrers am renommierten Hamburger „Johanneum", Dr. Eduard Meyer erinnert. Er hatte in seinen Schriften 1831 und 1832 von den „vielen häßlichen Eigenthümlichkeiten dieser Asiaten" schwadroniert, die auch mit der Taufe „nicht so leicht abgelegt" werden könnten. Er hob dazu eine „unter ihnen so häufige Unverschämtheit und Anmaßung, die Unsittlichkeit und Leichtfertigkeit, ihr vorlautes Wesen und ihre oft so gemeine Grundgesinnung" hervor. Meyer bezweifelte grundsätzlich die Möglichkeit einer Emanzipation und Integration von Juden und schrieb von scharf abgegrenzten „Stammunterschieden der Völker", die „wohl modifiziert aber nie verwischt werden" könnten. Das deutsche Volk müsse „den Gegensatz, welchen fremden Volkscharakter gegen den seinigen" bilde, klar erkennen. Gegenüber dem mosaischen Glauben trat E. Meyers dabei durchaus für Toleranz und gegen den einzelnen Juden für „gutmüthige Nachsicht und Milde" ein, anders verhalte es sich hingegen mit der Behandlung des „fremden" Volkes insgesamt.[206]

Sowohl der Hamburger wie auch der Altonaer Zensor hatten versucht, die Veröffentlichung einer Replik auf E. Meyers Schriften durch G. Riesser zu verhindern. Das gelang nicht, aber der Autor musste für eine Druckgenehmigung bis nach Altenburg in Thüringen ausweichen.[207]

---

206 Vgl. Meyer, Eduard, Gegen L. Börne den Wahrheit-, Recht- und Ehrvergeßnen Briefsteller aus Paris, Altona 1831, S. 13 und ders., Nachträge zu der Beurtheilung der Börne´schen Briefe aus Paris, Altona 1832, S. 4 ff. Zur Kritik an E. Meyer siehe: Riesser, G., Börne und die Juden. Ein Wort der Erwiderung auf die Flugschrift des Herrn Dr. Eduard Meyer gegen Börne, Altenburg 1832.

207 Vgl. hierzu den Kommentar L. Börnes in seinen Briefen aus Paris (Sechzehnter Brief. Paris, den 24. Dezember 1831): „Dr. Rießer in Hamburg hat für mich gegen meinen Eduard [Meyer] geschrieben; aber weder in Hamburg noch in Altona wollte die Censur den Druck der

Nach einem mehrseitigen Bericht der „Börsenhalle" (Nr. 86 vom 13.2. 1832) beschäftigte die Hamburger Öffentlichkeit sich „vierzehn Tage" lang mit Riessers Broschüre. Dabei war „man ... auf allen Seiten einverstanden" den Angriff E. Meyers „gegen die Juden im Allgemeinen" zurückzuweisen. Der Redakteur der „Börsenhalle" vermochte in den beiden Pamphleten E. Meyers jedoch nur „eine ohne gehörige Überlegung, ohne genügende Begründung hingeworfene Kränkung" zu sehen, obwohl für den Autor zwischen den Veröffentlichungen der Schriften doch genug Zeit zum Nachdenken zur Verfügung stand.

Aufschlussreich ist der Zeitungskommentar auch, weil der Verfasser hinsichtlich einer Judenemanzipation ausdrücklich auf eine geteilte öffentliche Meinung in Hamburg verwies. Auf dieses Faktum wies die Presse sonst kaum hin. Auf der Seite der Judengegner unterschied der Redakteur zwischen einem weitverbreiteten „Vorurtheil ... der weniger prüfenden Mehrzahl" und „Besorgnisse[n] und Einwendungen ernster und einsichtsvoller Sprecher". Worin diese bestanden machte er nur andeutungsweise klar. Gegen eine allmähliche Freigabe des Immobilienmarktes und eine Wahlberechtigung für gewisse Ämter ohne Bezug zu Kirchenfragen gab es bei den 'Einsichtsvollen' wohl keine Einwände. Eine „Freigebung der zünftigen Gewerbe" erschien hingegen problematisch, da „ein plötzlicher Zudrang" von Juden auf den „industriellen Markt ... bürgerliche Interessen gefährden" könnte. Änderungen sollten grundsätzlich nicht „durch plötzliche und ideologische, sondern durch allmählige und erfahrungsgemäße Umwandlung sich gestalte[n]." So könnten z. B. zunächst Lehrlinge und Gesellen zu den Zünften

Schrift erlauben. ... So sind die deutschen Regierungen! So schaamlos [!] ist ihre Censur! So sind die freien Städte - welche die Monarchen nur darum fortbestehen ließen, um republikanische Regierungsformen lächerlich und verächtlich zu machen, um zu zeigen, daß ein Senat von Bürgern so knechtischer Gesinnung seyn könne, als ein Staatsrath von Edelleuten. Der nehmliche Censor, der es doch geschehen ließ, daß eine Schrift voll der unerhörtesten Schimpfreden gegen mich erschien, deren Titel schon eine Beleidigung war, verbot die Schrift, die meine Vertheidigung übernahm! Und solche Regierungen verlangen noch, daß man sie achte!" Hier zitiert nach: Börne, Ludwig, Mittheilungen aus dem Gebiete der Länder- und Völkerkunde, 2. Teil, Offenbach 1833, S. 1 f.

zugelassen werden, ohne zugleich eine allgemeine Gewerbefreiheit einzuführen.

Auswirkungen der Unruhen und Übergriffe des Jahres 1835 auf viele der geschmähten und angegriffenen jüdischen Männer, Frauen und Kinder in Hamburg sind leicht vorstellbar. Es wird ähnlich gewesen sein, wie bei den „Hep-Hep-Ausschreitungen" 1819. Die Betroffenen durften in den ersten Tagen kaum wagen, auf die Straße zu gehen, ohne sich der Gefahr von Beschimpfungen und Prügel auszusetzen. Selbst in den Häusern konnten sie sich nicht sicher fühlen. Allabendlich war mit Zerstörungen der Fenster und Türen sowie mit Verwüstungen und Plünderungen zu rechnen. Sie mussten sich als Geächtete oder Aussätzige empfinden. Vor allem jene, die für ihren Broterwerb auf freien Straßenverkehr angewiesen waren, wussten in manchen Wochen wohl kaum, wie sie die Familie vor Hunger bewahren könnten, zumal während der Tage und Nächte der Ausschreitungen völlig ungewiss war, wie lange die Verfolgungen anhalten und welches Ausmaß sie annehmen würden.

Hier könnte die historische Forschung intensiver nach Quellen mit Darstellungen aus der Perspektive der Betroffenen suchen. Ebenso wäre Hinweisen auf Fälle nachzuspüren, in denen christliche Passanten, Nachbarn oder Bekannte einem Verängstigten oder Gefährdeten Hilfe leisteten oder zumindest anboten.

Der Staat setzte seine bewaffnete Macht zwar letztlich erfolgreich zur Dämpfung und Unterdrückung der Gewalttaten ein, aber Mitgefühl mit Verängstigten und Geschädigten zeigte sich nicht. Im Gegenteil, die Juden wurden für den Ausbruch der Ausschreitungen noch mitverantwortlich gemacht.

Es lässt sich denken, wie groß unter den Angehörigen der Jüdischen Gemeinde die Enttäuschung gewesen sein wird, dass der langjährige Prozess zur Förderung von Humanität, Rationalität und Aufklärung und die gelungenen Beispiele für eine Emanzipation in mehreren europäischen Staaten in Hamburg so wenig an den überkommenen Mentalitätsstrukturen geändert hatte. Dies gilt umso mehr, als nach der Welle der Unruhen und Übergriffe durchaus kein allgemeines Erschrecken über das erlebte Ausmaß der antijüdischen Affekte und Aggressionen einsetzte.[208]

Heinrich Heine beobachtete in einem Hamburger Feinschmeckerrestaurant die Reaktionen anwesender unbeteiligter Gäste auf die Nachricht von antijüdischen Tumulten. Er bemerkte niemanden, der die Vorgänge empört kommentierte. Entsprechend ihrer Charaktere reagierten Bürger unterschiedlich: „Der Löwe war am ruhigsten, vornehm indigniert, die Affen freuten sich, die Schlangen wanden sich, die Hyäne war unruhig gierig, der Eisbär streckte sich bequem hin und wartete, das Chamäleon veränderte jeden Augenblick die Farbe."[209]

Für die Auffassung, dass der Antijudaismus in der hamburgischen Gesellschaftspyramide von unten nach oben abnahm, sprach zunächst die Tatsache, dass sich an Tumulten überwiegend Angehörige der Unterschichten beteiligten. Aber sie stellten ohnehin einen Großteil der Bevölkerung und verfolgten ihre Ziele auch bei andern Gelegenheiten durch ungestüme Aktionen.

Da aber auch die Mehrheit der politischen berechtigten Hamburger in der „Bürgerschaft" bei Initiativen des Rats zur Verbesserung der Lage der Juden „jedem Zugeständnis beharrlich und mit Erfolg" widerstrebte, brächte die Darstellung des Antijudaismus vor allem als Unterschichtenphänomen wenig Klarheit. Deshalb ist in zeitgenössischen Publikationen weitergehend versucht worden, auch die Haltung der „Bürgerschaft" damit zu erklären, dass nicht „die Intelligenz und das Kapital", sondern „Grundbesitz und ... zünftiges Gewerbe", Handwerksmeister und Einzelhändler in den Kirchspielversammlungen der „Bürgerschaft" über die meisten Stimmen verfügten. [210]Aber

---

208 Vgl. Rohrbacher, Stefan, Schmidt, Michael, Judenbilder. Kulturgeschichte antijüdischer Mythen und antisemitischer Vorurteile, Reinbek 1991, S. 316.

209 Siehe Heine, Heinrich, Der Prosa-Nachlaß. 2. Teil, Hamburg 1925, S. 148 f.

210 Vgl. hierzu exemplarisch den Artikel „Ueber die sociale Stellung der Juden" von Eduard Cohen , in:„Der Wächter an der Ostsee. Monatsschrift für öffentliches Leben der Deutschen Ostseeländer". Hg. von W. Lüders, Stettin 1847, Erstes Heft, S. 414 f.

dies war ebenfalls nur ein Teil des Problems; denn selbst bei einer Mehrheit der Mitglieder des „Ehrbaren Kaufmanns", die keineswegs dem Pöbel zuzurechnen sind, überwogen antijüdische Ressentiments die humanen Einstellungen.

Dies zeigte sich wiederholt als der Vorstand der Commerzdeputation 1832, 1842, 1843, 1844, 1846 und 1847 mit einer gewissen Zähigkeit aber ohne Erfolg versuchte, zumindest einer kleinen Zahl von jüdischen Großkaufleuten, solchen mit eigenem „Bankfolium", den Zutritt zu dieser Institution zu öffnen.[211] Der Vorsitzende Godeffroy bezeichnete es (1832) als „zeitgemäß und wünschenswert, eine bis jetzt gänzlich ausgeschlossene Klasse Kaufleute, die doch sowohl in intellectueller und industrieller Hinsicht wie nach ihren Vermögens-Umständen zu den Ausgezeichnetsten unserer Börse gehören, den Zutritt, wenn auch nur theilweise, zu gestatten". Vierzehn Jahre später plädierte der neue Präsident Dill mit der gleichen Zielsetzung aber wiederum vergeblich an die stimmberechtigten Kaufleute und stellte die rhetorische Frage: „Was hat die Art und Weise, in der wir zu Gott beten, mit den kaufmännischen Berathungen zu schaffen?"

Die „Ehrbaren Kaufleute" ließen sich jedoch wieder nicht überzeugen und verweigerten mehrheitlich eine Zulassung von Juden in das Selbstverwaltungsorgan der Kaufmannschaft. Da die abgelehnten Anträge meist auch Vorschläge zu anderen Bereichen enthielten, ist nicht eindeutig zu sagen, ob sie vor allem wegen der die Juden betreffenden Reformvorschläge keine Mehrheit fanden. Anzunehmen ist dies jedoch.

Die „Allgemeine Zeitung des Judenthums" vom 3. 6. 1844 verwies darauf, dass die Hamburger Kaufmannschaft bei der Abstimmung in diesem Jahres mit 195 gegen 133 Stimmen wiederum den Antrag abgelehnt hatte, auch Kaufleuten jüdischen Glaubens künftig den Zutritt zu ihren Versammlungen und eine Teilnahme an ihren Beratungen zu gestatten: „Die Mehr-

---

E. Cohen (auch Cohn) hatte 1846 vergeblich versucht, mit dem Verlag Hoffmann & Campe eine Zeitschrift mit dem Titel „Der Jude in Deutschlands Gegenwart" zu etablieren.

211 Vgl. zum Folgenden: Baasch, Ernst, Die Handelskammer zu Hamburg 1665-1915, Bd. II, Abt. 2, Hamburg 1915, S. 615 - S. 620.

heit verlangt erst gewisse Zugeständnisse" seitens der Juden. Der Verfasser des Artikels empfand dies als empörend, zumal die Hamburger Juden während und insbesondere nach dem Hamburger Brand 1842 ihrerseits keine Zugeständnisse verlangt hätten, bevor sie Hilfe leisteten. [212]

Bereits am 13. 5. 1844 hatte die „Allgemeine Zeitung des Judenthums", eine „Privatmittheilung" aus Hamburg vom 2. Mai veröffentlicht, die einige Umstände der Abstimmung beleuchtete. Demnach überraschte zunächst die hohe Zahl der zur Abstimmung erschienen Kaufleute. Bei anderen Zusammenkünften würden nur 30 bis 50 Personen erscheinen, und unter den normalen Umständen wäre der „Vorschlag sicherlich ohne besondere Sensation durchgegangen". Nun hätten jedoch „einige eingefleischte Judenfeinde – denn hier ist nur reiner Haß und gar kein Interesse im Spiel – am Tag zuvor eine Menge Leute aller Klassen zur feindlichen Abstimmung in den Konferenzsaal abgeschickt." Von dieser Intrige hätten die Befürworter des Antrags auf Zulassung der Juden zu den Versammlungen des „Ehrbaren Kaufmanns" erst am Tage der Abstimmung erfahren. Deshalb fehlte ihnen die Zeit, ihrerseits genügend Befürworter des Antrags zum Versammlungsbesuch zu mobilisieren.

Dies mag 1844 für die Ablehnung des Antrags durchaus von Bedeutung gewesen sein. Es erklärt jedoch nicht die Stabilität der Einstellungen selbst gegen eine auch nur partielle Öffnung der Institution für Juden. Diese trat bei folgenden Abstimmungen immer wieder zu Tage. 1846 lehnten die erschienenen Mitglieder des „Ehrbaren Kaufmanns" den entsprechenden Antrag mit 198 gegen 113 Stimmen ab. Ein Jahr später hatte sich kaum etwas geändert. Das Stimmenverhältnis betrug 196 gegen 119 Stimmen.

---

212 Vgl. „Allgemeine Zeitung des Judenthums" v. 3. 6. 1844, S. 309. Zum Folgenden siehe ebd., 8. Jg., 1844, Nr. 20 v.13.5 1844, S. 270 f.

11 Parteinahme und Fürsprache im „Freiheits-Kampfe" der Juden

Der erwähnte Artikel über die Kontroverse Meyer-Riesser in der „Börsenhalle" vom 13.2. 1832 verwies auf eine geteilte öffentliche Meinung über die Emanzipation (auch) in Hamburg. Demnach gab es in der Stadt durchaus nicht wenige Menschen, die generell für die jüdischen Hamburger, für eine Verbesserung von deren Lage oder sogar für eine Gewährung der politischen Gleichberechtigung eintraten. Mengenmäßig lässt sich der Anteil dieser Hanseaten an der Gesamtbevölkerung der Stadt nicht bestimmen. Eine Mehrheit bildeten sie gewiss nicht. Dies verdeutlichen auch die oben mitgeteilten Abstimmungsergebnisse bei den Versammlungen des „Ehrbaren Kaufmanns". Sicher ist jedoch, dass August Sutor, der Verfasser von „Hamburg und die Juden" mit seinem Anliegen nicht allein stand.

Auf die Schriften von zwei jener Männer, die noch im Jahr 1835 öffentlich gegen die Ausschreitungen Stellung bezogen und in ihren Texten klar für die Juden Partei ergriffen, ist hier einzugehen. Ein Vergleich mit diesen Texten verdeutlicht den besonderen Ansatz von August Sutor, der zwar auch sein Mitgefühl mit den Gedemütigten ausdrückte, aber insgesamt doch stärker auf grundsätzliche rechtliche Argumente für die Emanzipation setzte.

Einer der Hamburger, die öffentlich für die Juden Partei nahmen, war der Hamburger Jurist und Notar Johann Otto-WilhelmPatow. Bereits im August 1835, unmittelbar nach den Exzessen, verurteilte er in einer achtseitigen Broschüre öffentlich die Gewalttäter und allgemein die Vorgänge um die „Alsterhalle".[213]

---

213 Vgl. Patow, J. O. W., Auskunftsmittel bei der Eröffnung der Alsterhalle, Hamburg [1835]. Dem „Lexikon der hamburgischen Schriftsteller" ist zu entnehmen, dass der Autor sich bei verschiedenen Gelegenheiten mit kleinen Schriften an öffentlichen Diskussionen beteiligte. Auch nach der Lockerung der Zensur 1842 trat Patow wiederum für eine vollständige Gleichstellung der Juden ein. Vgl. etwa seinen Artikel in den „Vaterstädtischen Blättern", Nr. 171 v. 21.7. 1843 und die Darstellung bei Michalski, Raoul, Wenzel, Die bürgerliche

Er trat prinzipiell dafür ein, die „eingesogenen und ererbten Vorurtheile“ gegen Juden „gänzlich zu unterdrücken und letztern neben freier Religionsausübung auch alle staatsbürgerlichen Rechte einzuräumen“, denn die Israeliten stellten eine „höchst achtbare Classe von Mitbürgern oder Mitbewohnern.“ Nebenbei verwies Patow auf deren wichtige Stellung im Hamburger Bankwesen und im Handel. Dieser Hinweis erklärt aber nicht Patows Motive, sondern richtete sich an die Gegner, die aus wirtschaftlichem Eigennutz jüdische Konkurrenten fürchteten. Gerade jene, die nur wirtschaftliche Interessen im Sinn hätten, sollten die Bedeutung von Juden für Hamburgs Wirtschaft nicht außer Acht lassen. Hinsichtlich der Ereignisse des August 1835 vertrat der Autor die Auffassung, durch „Krämersinn“ und Eigennutz angetriebene Schreier hätten eine tagelange Bewegung erzeugt, der gar kein klarer „Plan noch Zweck“ zu Grunde lag. Er wies die Vermutung zurück, bei den Ausschreitungen wären „Religionshaß und Fanatismus“ auschlaggebend. Daran ist richtig, dass die Wirte und Schläger der „Alsterhalle“ bei ihren Aktionen wohl kaum bereits die folgenden Exzesse im Judenviertel der Neustadt im Sinn gehabt hatten.

J. O. W. Patow räumte in seiner Stellungnahme durchaus ein, dass es „höchst schmutzige“ und Abscheu erregende Juden und zudringliche, vorlaute und anmaßende „Judenjungen“ gäbe. Solche „Creaturen“ träfe man aber doch ebenso unter Christen und Angehörigen anderer Religionen. „Man meide den, mit dem man nicht umgehen mag, und weise den zurück, der sich im gesellschaftlichen oder Geschäftsleben mehr herausnimmt, als Anstand und Sitte gestatten. Geschrei und Rauferei“ lösten keine Probleme. Um die „Eintracht“ in der Stadt nicht zu gefährden, schlug er vor, das „Vergangene der Vergessenheit“ zu überantworten. Patow argumentierte zwar nicht besonders

---

Hamburger Presse und die „Judenfrage“ 1819-1849, Magisterarbeit Hamburg 1988, S. 89. Interessant wäre in diesem Zusammenhang, der Frage nachzugehen, inwieweit Nachfrage bzw. Verkaufsmöglichkeit von projüdischen Schriften auf dem Büchermarkt einen Rückschluss zumindest auf Teile der öffentlichen Meinung zulassen.

kämpferisch gegen die Gewalttäter und den Antijudaismus, aber der erschrockenen und gedemütigten jüdische Bevölkerung Hamburgs vermochte seine Schrift sicherlich das Gefühl zu vermitteln, nicht allein zu stehen.

Deutlich offensiver als dieser eher bedächtige Hanseat trat der bereits erwähnte Friedrich Clemens Gerke für die Juden ein. Dies machte bereits der Titel einer seiner Schriften deutlich. Er lautete „Diversion eines Christen im Freiheits-Kampfe der Juden“ (Altona 1835). [214] Friedrich Clemens Gerke ist vermutlich der einzige Hamburger, von dem bekannt ist, dass er in jener Zeit selbst zupackte, als er einen Übergriff auf einen Juden erlebte. Er ging an einem der Tage nach den Prügeleien in der „Alsterhalle“ zufällig neben einem alten, ärmlichen und schwächlichen Israeliten, da kam plötzlich ein „ein keckes Bürschlein - es mußte nahe zur Confirmation wohl seyn - über den Weg und zu dem Alten herangehüpft, spie ihm ins Gesicht und nannte ihn: Mauschel!“ Gerke trat entschlossen zwischen die beiden und „stieß mit der Rechten den getauften Thier-Menschen auf die Seite, so daß er taumelte.“[215]

In seiner literarischen Ausseinandersetzung mit dem Antijudaismus setzte Gercke deutlich andere Akzente als A. Sutor. Obwohl hier nicht der Ort für einen detaillierten Vergleich ist, werden sie behandelt, weil so das Besondere an A. Sutors Ansatz deutliche Konturen gewinnt.

Abstoßende Aspekte und Schattenseiten des jüdischen Lebens in Hamburg sprach Cl. Gerke - ähnlich wie J. O. W. Patow und drei Jahre später A. Sutor - in seinen Schriften offen und ungeschminkt an. Er empfahl z. B. allen, die für die „die bürgerliche

---

214 Im Titelbild der Broschüre deutete neben der Schreibfeder ein Schwert an, dass entschieden gefochten werden sollte. Auch das sonst im militärischen Bereich verwendete Wort „Diversion“ [plötzlicher (Seiten-) Angriff, J B.] deutete in diese Richtung.
Zu Gerkes Biographie vgl. oben Anm. 199 und ein in Hamburg erschienenes „Allgemeines deutsches Volks-Conversations-Lexikon und Fremdwörterbuch“, Bd. 2, Hamburg 1846, S. 214 f. (Clemens, Friedrich, mit seinem bürgerlichen Namen Gerke, ward am 22. Januar 1801 in Osnabrück geboren. ...).

215 Vgl. Mein Spaziergang durch Hamburg. Poleographische [!]
Genre-Bilder von Fr. Clemens, Altona 1838, S. 198. Leider berichtet Gerke nicht, welche Haltung die nach seiner Intervention „zusammeneilende Menschenmenge“ einnahm.

Gleichberechtigung der Juden“ eintreten wollten, den Neuen Steinweg zu meiden - oder „besser noch hier Studien zu treiben“. Dort hausten Juden wie „Troglodyten, die zwischen alten Hosen niste[te]n wie Motten, ohne Sonne und Luft in feuchtem Dunkel.“ Hier begegneten Besucher dem „personificirten Schacher“. Gerke forderte aber nachdrücklich, stets zu bedenken, dass solche Verhältnisse aus „christlicher Ungerechtigkeit und jüdischer Noth frühe gezeugt ... und ... fort und fort regeneriert [würden]. - Wehe aber, wer hier nicht Mitleid sondern Haß empfindet, er lasse sich im Taufregister löschen.“ Das Verbot für Juden, als Handwerker und Krämer den Lebensunterhalt zu erarbeiten, zwinge eine große Zahl ihrer Gemeinschaft, das Geld z. B. als Trödler zu verdienen.[216]

Diese würden tatsächlich versuchen, überhöhte Preise zu erzielen, aber - dies wiederholte Gerke stets bei seinen Schilderungen: „Alles dieses sind Schacher-Maximen, die aus christlicher Inhumanität hervorgegangen sind, denn der Gewerbszwang gebiert Noth, weil die Natur hungrige Magen gebiert.“[217]

Es ist davon auszugehen, dass Gerkes „Diversion eines Christen“ bald nach den Ausschreitungen 1835 entstand. Der Autor schrieb, er habe gesehen, wie der „Pöbel“ Latten aus Zäunen brach und dann auf Juden, „diese unglückliche Nation“, einschlug.[218]

---

216 Vgl. ebd., S. 64 ff. Wie drastisch Gerke formulierte, zeigen seine Ausführungen über Trödler: In „Kleiderhöhlen“ jüdischer Altwarenhändler würden „viele tausend Kleidungsstücke ... uneingedenk der Gefahr der Infection von so manchen ekelhaften Krankheiten, ... jährlich um einen Spottpreis erstanden.“

217 Siehe den längeren Katalog mit Reformvorschlägen in: „Der Christianismus und der Mosaismus als Beitrag zur Frage der bürgerlichen Gleichstellung der Israeliten von einem Layen“, Altona 1835, S. 18. Gerke schlug u. a. eine Verschiebung des Sabbat vor und wünschte, dass „die Beschneidung abgeschafft oder wenigstens deren Unterlassung erlaubt würde als eine schmerzliche, ganz unnütze und durchaus verwerfliche Operation“.

218 Zum Folgenden vgl. Friedr. Clemens (Gerke), Diversion eines Christen im Freiheits-Kampfe der Juden, Altona 1835, insbesondere S. 4 f, S. 12, S. 14. Gerke hatte sich bereits im frühen Alter vor antijüdischen Sprüchen „von lederherzigen Idioten“ „geekelt“, die er vielerorts - im Schusterladen, in der Schule, im Studierzimmer des Professors - hatte anhören müssen. Hinter solchen Redereien sah er nur „allerschmutzigsten Eigennutz“.

Bei seinem ersten publizistischen Eingreifen in den „Freiheits-Kampfe der Juden" appellierte er auch an das Mitgefühl für unterdrückte Menschen, an die „christliche Menschen-, an die Bruderliebe." Jedem Christen wäre doch eigentlich klar, dass nach Gottes Gebot alle Menschen den gleichen Wert hätten und Geiz, Neid, Missgunst, Ungerechtigkeit „verabscheuungswürdige Laster" wären.

Gerke argumentierte aber nicht allein moralisch, er ging zudem inhaltlich auf bekannte Behauptungen von Emanzipationsgegnern ein. Deren oft vorgebrachten Hinweis auf die Kreuzigung Christi durch Juden vor über 1830 Jahren, wies er mit der rhetorischen Frage zurück, ob sie wohl sonst irgendein getauftes „artiges, gemüthliches und gescheutes Männchen" von der Tür ihres Haus zurückwiesen, nur weil bekannt geworden wäre, einer von dessen Vorfahren habe vor über tausend Jahren ein Verbrechen begangen. Indirekt charakterisierte er damit zugleich die Mehrheit der in Hamburg lebenden Israeliten, mit denen manche Zeitgenossen nichts zu tun haben wollten. Er bezeichnete jene als artig, gemütlich und gescheit.

Den Versuch, das Verweigern des Bürgerrechts für die Juden mit religiösen Gründen zu rechtfertigen, wies Gerke als Scheinargument zurück. Zwar wären gewisse Ämter der Stadt mit der lutherischen Kirche und deren Organisation verbunden, aber mit dem Verweis darauf würde versucht, „hinter das Kreuz zu kriechen", um Sonderinteressen zu verbergen. Wer gegen die Aufnahme der Juden als Bürger wäre, könnte diese doch zumindest so behandeln wie Katholiken und Reformierte. Diesen ständen auch nicht alle Ämter offen, aber ihnen würden weder das politische Bürgerrecht noch die mit diesem verbundenen wirtschaftlichen Vorteile verweigert. (Gemeint waren u.a. eine Mitgliedschaft in Zünften und im Krameramt sowie bestimmte Privilegien bei Zöllen und im Schifffahrtswesen.) Würden den Juden zumindest die gleichen Rechte eingeräumt wie den christlichen Minderheiten, gäbe es keine Klagen mehr. Und für den Herrgott zählten ein „Läppchen Vorhaut und einige Tropfen Wasser" bei der Taufe ohnehin nicht. Auch aus der Einhaltung des arbeitsfreien Sabbats ergäbe sich, anders als die

Judengegner behaupteten, weder im politischen noch im wirtschaftlichen Bereich Probleme. Das bewiesen doch z. B. für das Handwerk die Erfahrungen überall dort, „wo humane Regierungen unsere[n] Parias lange schon die Thüren zu zünftigen Werkstätten erschlossen haben." Die Pflichten bei der Verteidigung der Stadt und im Bürgermilitär erfüllten Juden nicht schlechter als andere Hanseaten. Im „Völkerkampf" gegen die napoleonischen Truppen hätten sie sich „tapfer geschlagen".

Daraus, dass die Juden sich für die „beste, die auserwählte Nation Gottes" hielten, dürfe ihnen kein Vorwurf gemacht werden: Sie „glauben es sich selbst zum Trost; sie haben dessen bedürftig [!], und nur eine niedere Seele kann sie um ihres Trostes willen hassen."

Im Übrigen verträten doch wohl auch die Katholiken eine ähnliche Überzeugung, ohne dass ihnen Bürgerrecht und zünftiges Handwerk versperrt würden.

Gerke machte sich auch Gedanken über die Art der Glaubensvermittlung. Die Erklärung der mosaischen Religion in den Synagogen sollte nach F. Cl. Gerke Auffassung aufgeklärten Predigern statt „jüdischen Jesuiten" übertragen werden. Jene wüssten, dass eine Befolgung „moralischer Lehren" wichtiger wäre als eine „buchstäbliche und genaue Befolgung der Ceremonial-Gesetze."

Gerke kritisierte aber nicht nur manche Aspekte der mosaischen Religion, sondern auch christliche Glaubensgrundsätze. Völlig unglaubwürdig wären u. a. die behauptete Jungfrauengeburt Jesu, das Reden von einer Dreifaltigkeit aus Vater, Sohn und heiligem Geist, die Auferstehung Jesu sowie die Lehre, dass es für eine „Vergebung der Sünden nothwendig [wäre], daß man durch das Abendmahl, seinen [Jesu] Leib esse und sein Blut trinke." Wer solchen Unsinn zu Grundsätzen seiner Religion mache, dürfe sich nicht wundern, wenn er nur wenige zum Anschluss, zur Konversion bewegen könne.

Die Hamburger Juden als „Fremde" zu bezeichnen, galt für Gerke als bewusste Irreführung. Zwar wären deren Vorfahren - wie die aller Hamburger - irgendwann als Fremde in die Stadt gekommen, aber wer seit Generationen oder Jahrzehnten in der Stadt lebe, den könne niemand im Ernst als Fremden bezeichnen.

Wegen all des Unsinns, der über die Juden verbreitet würde, sowie wegen der Gemeinheiten, die sie erdulden müssten, schäme er sich dermaßen, dass er „vor der jammernden Nation fast [sein] Auge nicht aufschlagen“ möge.

Die Forderungen Gerkes waren unmissverständlich: „Ein Mittel nur giebt es, um alle diese Uebel auf einmal zu beseitigen, und dieses ist: volle bürgerliche Gleichberechtigung und Emancipation der Israeliten, für alle ohne Ausnahme [fett i. O.], für Gute und Schlechte, für Gebildete und Ungebildete, für Aufgeklärte und Orthodoxe; eben so wie dies in allen Theilen, für die von christlichen Eltern gebornen Christen der Fall ist,bei denen die guten Eigenschaften die Gleichstellung nicht fördern, und die entgegengesetzten sie nicht hemmen.“[219] Eines gelte ihm als gewiss, auch in Hamburg würden die Juden in nicht allzu ferner Zukunft frei und gleichberechtigt sein, „wie sie es in anderen Erdstrichen längst sind.“ „Großartige Ideen realisir[t]en sich vermöge ihrer inneren göttlichen Natur.“[220]

---

219 Vgl. „Der Christianismus und der Mosaismus als Beitrag zur Frage der bürgerlichen Gleichstellung der Israeliten von einem Layen! [!], Altona 1835, S. 21. Gerke schrieb u. a., wer einen durstenden, schwachen Menschen von der Quelle wegstoße oder einen elenden Hungernden so fessele, dass er sich nicht durch seiner Hände Arbeit als Handwerker sein Brot verdienen könne, handle gegen die Gebote der Menschlichkeit. Wer dann auch noch „herzlos“ schimpfe, weil die Hungernden versuchten, sich auf jede ihnen sonst mögliche Art und Weise ihren Lebensunterhalt zu sichern, der sollte sich schämen. Die gegen Emanzipation und die Gleichberechtigung vorgebrachten Argumente wären doch lediglich vorgeschoben, weil wirtschaftliche Einbußen befürchtet würden.

220 Bei seinem Eintreten für die Emanzipation hoffte der Autor allerdings ähnlich wie A. Sutor nicht auf kurzfristige Erfolge; „denn die Angelegenheit gehörte in jener Zeit noch zu denjenigen Dingen, bei welchen man voraussichtlich nicht um den Sieg, sondern des Bewußtseins erfüllter Pflicht halber zur That schreitet, das weitere dem Himmel, d. h. der Zeit überlassend. Junge Bäume tragen … in den ersten Jahren nicht.“ Vgl. Friedr. Clemens (Gerke), Der Juden Sache ist unsre Sache. Zweite Diversion im Kampf für Recht und Wahrheit, Hamburg 1843, S. 4.

Jüdische Leser der Schrift überlegten sicherlich nicht, ob dieser Satz eine philosophische Überzeugung ausdrückte oder lediglich eine rhetorische Floskel darstellte. Für sie waren das ihnen entgegengebrachte Mitgefühl, die Zurückweisung von Vorwürfen und die Feststellung wichtiger, eines Tages würden sie die Gleichstellung erlangen.

August Sutor nahm anders als F. Cl. Gerke zu religiösen Fragen und Problemen nur nebenbei Stellung. Zwar bezeichnete er an einer Stelle seiner Schrift manche Lehren des Talmud als „Quelle mancher lächerlicher Ceremonial-Gesetze ... welche ihrer [der Juden] Cultivirung hemmend in den Weg" träten, andererseits lobte er den „hochmoralischen Geist" insbesondere der gläubigen Juden, die jeder Staat „mit Freude zum Staatsbürger" aufnehmen sollte. Ihm ging es nicht um religiöse Lehren und Differenzen. Sein Eintreten für die Juden begründete er zunächst sachbezogen; denn allein die ethische Forderung nach Toleranz hätte wohl nur wenige Hamburger zu einem Gesinnungswandel veranlasst. Zur mosaischen Religion äußerte Sutor sich rein pragmatisch. Sollten deren Lehren Handlungsweisen hervorrufen, die im Gegensatz zu bürgerlichen Gesetzen Hamburgs ständen, dann müssten solche Regeln eben verboten werden. In der Vergangenheit habe eine Orientierung an den heiligen Büchern der Juden aber kein wirkliches Problem ergeben. Außerdem hätten traditionelle Lehren für viele Hamburger Juden ohnehin an Bedeutung verloren. Dies zeige etwa die „Gemeinde zum neuen Tempel in Hamburg an deren Spitze Dr. Salomon [und] Dr. Kley" ständen. Sicherlich stehe in religiösen Schriften und Veröffentlichungen einzelner Juden manches, was Anstoß erregen könne. Aber, so fasste A. Sutor seine Meinung zusammen, für ihn gelte: „Mag aber im Talmud stehen, was da will, mag der Rabbiner, dessen Weib vielleicht auf dem Scheiterhaufen dem Christengott zur Ehre hingeopfert wurde, seinem Haß in Worten Luft gemacht haben, die Erfahrung hat es uns gezeigt, daß der Jude nicht der Feind des Christen ist, sobald der Christ nicht der seine. Gottlob, wir zählen in

Hamburg, wie an manchen anderen Orten, zu den liebevollsten Menschen mehrere Israeliten."[221]

August Sutor trat nicht aus Empörung über einzelne Untaten öffentlich für die auch in Hamburg verfolgten und gedemütigten Juden ein. Seine Arbeit „Hamburg und die Juden" ging von allgemeinen Erwägungen aus. Formal begründete er dies mit dem Grundsatz „Gleiche Pflichten, gleiche Rechte." Durch sorgfältig vorbereitete, gut begründete und umsichtig formulierte Publikationen beabsichtige er zunächst dazu beitragen, die politisch berechtigten Hamburger Bürger von ihren antijüdischen Vorurteilen abzubringen und sie dazu bewegen, alle Hamburger - unabhängig von Religion oder Herkunft - zu politisch und wirtschaftlich gleichberechtigten Mitbürgern zu machen.

Sutors eigentlicher Ausgangspunkt war aber humaner. Ihm ging es grundsätzlich um „Freiheit, Gleichheit und Gerechtigkeit für alle Menschen", und der Jude wäre „ein Mensch, wie der Christ, theilhaftig gleicher Vorzüge, unterliegend gleichen Mängeln." Er bezeichnete es als eine beispiellose „Grausamkeit", dass „unsere Vorfahren den Israeliten das Recht, Menschen zu sein, raubten". Der Staat sei ebenso wie die einzelnen Menschen aufgerufen, sich in jeder Hinsicht „von den Fesseln der Intoleranz" befreien. Dann würde die Menschheit „das Ideal erreichen, in welchem der Jude, der Muhamedaner, der Christ, und welchen Namen ein Mensch nach seinem Glaubensbekenntnis sonst noch führen mag, vereint, ruhig, sicher und friedlich leben" könne. [222]

---

221 Vgl. in Sutors Manuskript Blatt [73] .

222 Zu den Zitaten in diesem Absatz vgl. im Transkript die Blätter [45 b], [53], [80], [88].

Insbesondere wegen dieser Einstellung ist es angebracht und überfällig - wie Salomon Goldschmidt 1905 im hamburgischen „Israelitische Familienblatt“ schrieb „ein ehrendes Gedenken wachzuhalten für einen edlen, großherzigen, Gerechtigkeit liebenden Vorkämpfer für die Emanzipation der Juden in Hamburg.“

V. „Hamburg und die Juden"
Das transkribierte Manuskript

Das Manuskript enthält weder eine Gliederung noch Zwischenüberschriften. Diese hat der Herausgeber eingefügt. Die Angaben zu den Blättern beziehen sich auf eine nachträgliche handschriftliche Paginierung des Manuskripts. Die Blattzahlen stehen im laufenden Text. Sie sind von den Seitenzahlen des vorliegenden Buches zu unterscheiden.

I Einführung

Motive, Gefühle und Ziele des Autors:
Gerechtigkeit für unterdrückte Menschen *Bl. 3*

Fortschritte andernorts, „Lethargie"in Hamburg.
Israeliten erscheinen mutlos *Bl. 10*

Antrag und Denkschrift („Proposition" und „Promemoria")
des Rats von 1814 zur Judenemanzipation *Bl. 11*

Vorschläge des Rats für ein neues Juden-Reglement *Bl. 18*

Freiwillige Vorleistung der Juden: Lösung der Verbindung zu Dänemark. Verzicht auf eigene Gerichtsbarkeit und Nutzung der Gewerbefreiheit in dänischen Gebieten *Bl. 20*

II Politische Benachteiligung der Juden

Israeliten tragen gleiche Abgaben. Verschlechterung ihrer Lage nach 1814 u.a. durch Wachdienst und Kriegsdienstpflicht *Bl. 22*

Ausschließung von „Erbgesessenheit", „Bürgerschaft", Collegien und Rat *Bl. 24*

III „Privatrechtliche" Beschränkungen

Ungleichbehandlung durch Justiz und Polizei *Bl. 25 b*

Faktischer Ausschluss von Handwerk, Bereichen des Detailhandels und Advokatur *Bl. 27*

Kein Zugang zu Armenanstalt, Kranken- und Waisenhaus trotz finanzieller Leistungen *Bl. 28 b*

Kein Recht, Grundstücke zu erwerben und Schiffe unter hamburgischer Flagge zu besitzen, Verpflichtung in der Bürgergarde zu dienen, ohne Aussicht auf Gleichbehandlung *Bl. 31*

Verpflichtung, israelit. Hilfsbedürftige in gesonderten Hilfsanstalten zu versorgen *Bl.34*

Nahrungserwerb nur in wenigen und deshalb überfüllten Geschäftszweigen möglich *Bl. 36*

Lage war früher faktisch schlimmer, wird nach Gleichberechtigung in der Franzosenzeit jedoch als drückender empfunden *Bl 38*

Israelitisches „Emancipations Comite'" und Suppliken an den Rat *Bl. 39 b*

Judentumulte verhinder(te)n Fortschritte *Bl. 40*

IV Prüfung verbreiteter Einwände gegen eine Emanzipation

Orientierung an Aufklärung: Verweise auf Herder und Lessing *Bl. 44*

Sutor über die Religion. Gott sieht in Herzen nicht auf Kultus *Bl. 46*

Vorwurf gegen die Juden, sie seien „Christusmörder" *Bl. 50* b

Verhältnis des Staates und des Staatsbürgertums zur Religion: Nicht Formen der Anbetung sind entscheidend, sondern das Verhalten *Bl. 51*

Israeliten öffnen sich seit Jahren für Umwelt *Bl. 53*

Verachtung" der Juden ist nicht Folge von deren Charakter. Deren „Flecken" sind Folgen ihrer schlechten Behandlung *Bl. 54*

V Nochmals zu den Hamburger Verhältnissen

Bekenntnis auch der Altonaer und Wandsbeker Juden zu Hamburg bedeutete für diese Nachteile (Verzicht auf eigene Gerichte, Gewerbefreiheit) und neue Lasten *Bl. 55*

Hamburger wenden Prinzip der Gleichbehandlung nicht bei Juden an *Bl 56.*

Hamburgische Stimmen gegen Judenreglement von 1710: Außer dem Rat sind Persönlichkeiten wie J. H. Bartels, F. G. Zimmermann, F. G. Buek für Reformen *Bl. 57*

Warten auf Initiativen des „Bundestags" sinnlos *Bl. 58*

VI. Widerlegung weiterer Ablehnungsgründe gegen eine Emanzipation

Befürworter einer Emanzipation als Freigeister und Neuerungssüchtige verunglimpft *Bl. 60*

Unterschied zwischen persönlicher Sympathie und staatlicher Behandlung *Bl. 61*

Aus staatlicher Sicht irrelevante Ablehnungsgründe einer Emanzipation: Juden bilden eigene Nation und kapseln sich ab, Speisegesetze, Sprache der Juden, Eid, Ehevorschriften, Beschneidung, Sabbat, Anerkennung des Talmuds *Bl. 62*

Geringe Zahl der Juden macht Reformen nicht überflüssig *Bl. 76*

Sind Juden feige? *Bl. 77*

Sehen Juden in Christen Feinde? *Bl. 77*

Zum Vorwurf, Juden wären „Christusmörder" *Bl. 80 b*

VII Moralische Scheingründe für eine Ablehnung der Gleichstellung

Zu den Vorwürfen des Schacherns, des Wucherns, der Gaunerei und Betrügerei, der Prunksucht, der ostentativen „erniedrigenden Demuth“ sowie der Falschheit, List und Geldsucht *Bl. 82 b*

Das Zerrbild vom Juden ist eine üble Karikatur *Bl. 84 b*
Unterschiede zwischen armen, wohlhabenden und reichen Juden *Bl. 85*

Geldsucht durch Unterdrückung zu erklären *Bl. 86 b*

Arme Juden müssen feilschen oder Familie hungert *Bl. 89 b*

Schlechtigkeiten sind Folge der gedrückten, unfreien Lage *Bl. 90 b*

VIII Resumée

Vor Gott wird den Christen ein großer Teil der Schuld für Verbiegung und Unterdrückung der Juden angelastet *Bl. 92*

Hamburg
und die Juden

von
Dr. August Sutor

❖

[Motto]
Es thut mir leid, daß in einem Staate,
worin ich lebe, Einwohner noch um
Gleichstellung bitten müssen.

Prinz Johann von Sachsen in der ersten Kammer
[des sächsischen Landtags 1837]

❖

Geschrieben
Hamburg 1838

|*Bl. 2*|

Seiner königlichen Hoheit,
dem Prinzen Johann von Sachsen.
dem Redner
für
Wahrheit und Recht
aus
wahrer und unerheuchelter
Hochachtung
vom
Verfasser

Das auf der ersten Seite des Manuskripts abgedruckte Motto, der Ausspruch des Prinzen Johann von Sachsen, ließ sich nicht als wörtliches Zitat verifizieren. A. Sutor übernahm den Satz wahrscheinlich aus: „Allgemeine Zeitung des Judenthums. Ein unpartheiisches Organ für alles jüdische Interesse, I. Jg. Leipzig 1837" (Nr. 2 v. 4.5. 1837 S. 7). In einem Bericht über die „israelitische Gemeinde zu Dresden" steht dort über einen einstimmigen Beschluss der Ersten Kammer des Landtags zur Verbesserung der Lage der Juden: „Vorzüglich hatten die kräftigen Worte Sr. Königl. Hoheit des Prinzen Johann, welcher u. A. erklärte, es thue ihm leid, daß in dem Lande, worin er lebe, Einwohner noch um Gleichstellung bitten [Hervorh. i. O.] müßten, jenen günstigen Beschluß bewirkt."

Nach einem in der „Außerordentlichen Beilage zur Leipziger Zeitung" (Nr. 99 v. 3.7. 1833) abgedruckten Protokoll hatte Prinz Johann am 26. Juni 1833 in einer Sitzung der Ersten Kammer des sächsischen Landtage geäußert: „So schmerzlich es mir hat sein müssen, daß im Jahre 1833 im gebildeten Sachsen eine Petition einer zahlreichen Classe von Unterthanen um Gleichstellung unterschrieben werden mußte, um so erfreulicher ist es mir, im Berichte der Deputation [der Kammer des Landtages] so wahrhaft menschenfreundliche Grundsätze aufgestellt zu sehen." Der liberale Prinz trat im Übrigen nicht für eine rasche und vollständige „Emancipation" ein. Ihm ging es zunächst um eine Aufhebung von Berufsbeschränkungen. Das „bürgerliche Fortkommen" sollte erleichtert werden: „Von der anderen Seite ist es aber unläugbar, daß man in Beziehung auf die Ertheilung anderer Rechte nur stufenweise fortgehen darf ... "

Im offiziellen Landtagsprotokoll fehlt der erste Teil des oben zitierten Satzes („So schmerzlich es mir hat sein müssen, daß im Jahre 1833 im gebildeten Sachsen eine Petition einer zahlreichen Classe von Unterthanen um Gleichstellung unterschrieben werden mußte ...". Da nicht davon auszugehen ist, dass die zeitnah veröffentlichte Protokollversion in der „Leipziger Zeitung" unzutreffend ist, lässt sich dies als böses Omen deuten. Es erschien wohl nicht opportun, die spontane menschliche Anteilnahme des Prinzen am Schicksal der jüdischen Menschen im von staatlicher Seite herausgegebenen Protokoll offiziell vollständig zu dokumentieren.

Vgl. Landtags-Acten vom Jahre 1833. Zweite Abtheilung, die Protocolle der Isten Kammer enthaltend, Dresden (1834) (Sitzung vom 26. Juni 1833), S. 841.

~~|Bl. 2b|~~
Für den Drucker
~~Die Anmerkungen unter großen lateinischen Buchstaben (A, B) befinden sich am Schlusse, werden aber auf die gehörigen Seiten selbst abgedruckt.~~

|Bl. 3|

Vorrede

Nicht mit einer Stirne, auf der die Zeit ihre Runen eingegraben, nicht mit ehrwürdigem Silberhaar, dessen Glanz im Kampfe des Lebens arbeitet, nicht zitternd und am Stabe wie ein alter Mann, gebückt durch die Last der Erfahrung, tritt der Verfasser dieser Blätter zu seinen Lesern, nein, jung, wohlgemuth und lebenslustig bietet er ihnen, was aus dem Herzen hervor sich drängte, wenn er im blüthenreichen Garten des Lebens, worin Alles emporstrebt nach Luft und Licht, eine störende Klage vernahm. - Er weiß es wohl, daß dem Worte Gewicht verliehen wird, wenn es und aus zahnlosen [!] Munde zitternd über welke Lippen sich drängt, wenn es mahnend erschallt, gesprochen von dem Vielerfahrenen! Aber er fürchtet darum noch nicht, daß das Wort des Jünglings |Bl. 3b| unerhört verhallen werde, wenn es dem Recht und der Wahrheit gilt.[223]

Das lebendige Gefühl für Wahrheit und Recht ist die schönste Blume in dem Kranze, welchen eine Gottheit der Jugend auf's Haupt legte. Wie oft verwelkt sie in den Stürmen späterer Jahre, wie viel öfter nehmen ihr die Fäden des Lebens, in deren Netz der Mann gefangen wird, den Glanz, den Duft! Da blüht sie dann wohl noch einsam, wie die Rose einer verschwundenen Liebe, und eine Thräne im Auge des Mannes kündet nicht selten, daß er sie heilig noch hält, doch nicht nennen darf ihren Namen, nicht kämpfen und streiten darf für sie mit glühenden herzgeborenen Worten. Das Netz des Lebens hat noch den Jüngling nicht gefangen, noch duftet ihm die Blume, und ihr Duft |Bl. 4| ist das lebendige Wort! – Aus den Kinderjahren, hineingetreten in die bunte Welt der Dinge, bringt er mit sich

223 [Die Ausdrucksweise Sutors in manchen Abschnitten seiner „Vorrede" lässt sich schematisch der literaturhistorischen Periode der „Empfindsamkeit" und dem Biedermeier zuordnen. Dieser nur in der einleitenden Passage verwendete Stil A. Sutors wird deshalb seinen Zeitgenossen nicht als schwülstig erschienen sein. Sie hielten ihn wohl eher für „natürlich". Vgl. Balet, L.Gerhard, E., Die Verbürgerlichung der deutschen Kunst, Literatur und Musik im 18. Jahrhundert. Hg. und eingeleitet von G. Mattenklott, Frankfurt 1979, S. 299 ff. Siehe hierzu auch A. Sutors eigene Formulierung |Bl. 9|: „das Gefühl sollte sich … aussprechen."]

den schönen Wahn, redlich, treu und bieder sey jeder Mann, keusch, fromm und gut jedes Weib, Gerechtigkeit herrsche auf dem Throne und Billigkeit in der Brust! –

Aurea aetas! [Goldenes Zeitalter, J. B.] Nur in der Sage wohnt eine Zeit mit solchen Attributen. Anders tritt ihm die Wirklichkeit entgegen. Dort sieht er den Mann schelmisch, treulos, ehrlos, hier das Weib verachtend die heilige Scham, eitel und böse; er sieht das Zünglein an der Waage der Themis [Griechische Göttin der Gerechtigkeit, J. B.] geschickt geleitet und die gerechte Sache leicht in die Höhe fliegen, gegen Gold, Ansehen und Macht, in der anderen Schale; er sieht aus der Brust das Gefühl die Billigkeit verdrängt von dem Egoismus, |Bl. 4 b| dem starren Bollwerke, das jeder freundlichen Mahnung den Eingang verwehrt in das Herz. - Da zittert ihm bald in dem Auge eine Thräne, bald ballt sich die Hand im gerechten Zorn, bald bricht sein Gefühl hervor in wogenden Worten! Und wenn dann auch die Menge lächelt ob solchen Paroxismus [Verstärkter Anfall einer Krankheit, z. B Fieberanfall, J. B.], wenn auch manche zitternde Stimme mahnend ihm zuruft: was geht es dich an? Wo deines Amtes nicht ist, da laß deinen Vorwitz ! So spricht doch auch manche leise wieder: er hat Recht! Mancher drückt ihm heimlich die Hand, schätzend das Gefühl, was in des Jünglings Adern pulst, und gedenkt freudig jener Zeit, wo auch er noch, hingerissen von dem, was er für Recht und Wahrheit erkannt hatte, des Wortes blanke Klinge geführt hat. – |Bl. 5| Und hat dann nun der Jüngling gesprochen, gerügt, getadelt –, sollte nicht der weise Mann erwägen und prüfen? Sollte nicht das, aus voller Überzeugung gesprochene Wort dem Saamen gleichen, der ~~auf schlechtem Boden~~ wenn auch noch von ungeschickter Hand gesäet, doch hie und da aufgeht, blüht und reift? – Es muß, es kann nicht anders seyn!

Was wahr ist, was recht ist, das wird erkannt werden und wenn auch des Kindes Lippe es verkündet hätte! Das ist mein Glaube! In dieser Überzeugung wage ich es zu sprechen für eine Anzahl unterdrückter, verstoßener Menschen, zu fodern in ihrem Namen Recht und Gerechtigkeit.

„Man wird mir vorwerfen, daß ich nichts Neues vorbringe", sagt der Verfasser einer Broschüre[224] über die Emancipation |Bl. 5 b| der Juden (Leipzig J. Wunder 1837), dasselbe kann man auch mir sagen. Allein nicht beendigt darf der Kampf werden, so lange nicht das Recht den Sieg davongetragen, das ist ein Grund, der mich veranlasste, auch meine Gedanken mitzutheilen.

Männer von meherem [!] Talente als du, von größerem Einflusse, ausgestattet mit umfassenderen Kenntnissen, haben sich für deine Sache schon oft vernehmen lassen, wozu dann noch ein Wort? Das ist eine Frage, die mir mit Recht aufgeworfen werden kann. Ich will sie beantworten, offen und ohne Hinterhalt; mag man mich dann des Eigendünkels zeihen, ich fühle mich derselben nicht schuldig. – Ich weiß recht wohl, daß viel über die Lage der Israeliten geschrieben und gesprochen ist, ich kenne die Freunde der Juden aus ihren Schriften und aus ihren Reden und fühle wohl, |Bl. 6| daß viele unter ihnen sind, vor denen ich zurückstehen muss, allein ich muss bevorworten, daß ehe ich sie kannte, aus mir selbst heraus der Wunsch entstand, etwas für die armen Israeliten thun zu können. Das allgemeine, in meiner Vaterstadt über die Juden ausgesprochene schlimme Urtheil verleitete mich zu einer genaueren Beobachtung derselben, ich hatte Gelegenheit viele kennenzulernen, ich fand das Urtheil nicht bestätigt.

Später auf der Academie, beim Studium des Rechts enthüllte sich mir der Zweck des Staats: das Wohl Aller! Mir erschien aus diesem Gesichtspunkte wiederum die Zurücksetzung der Juden ungereimt und so forschte ich dann nach dem Grunde, aus welchem dieselbe nicht aufgehoben wurde. Zufolge dieser meiner Arbeit ~~enthüllte sich mir~~ entdeckte ich dann die eigentliche |Bl. 6 b| Beschaffenheit der Sache. Ich sah in den Büchern der Geschichte, wie der Fanatismus eherne Ketten schmiedete und den Andersglaubenden fesselte, wie der christliche Stolz, das ungereimteste Ding, mit Füßen den Hebräer trat und doch

224 [Gemeint ist die Publikation: Über die Emancipation der Israeliten: Worte der Wahrheit, Aufklärung und Liebe zu allen Bekennern der Christusreligion und des mosaischen Gesetzes, gesprochen von einem Unpartheiischen, (Leipzig) Wunder 1837.]

sich nicht schämte, sein Gold zu borgen ~~und seine Weiber zu genießen~~;[225] ich sah, gleich wie Rost einfrisst in Stahl, Vorurtheile in des Menschen Haupt sich nisten und sah, daß es gelte sie zu vertilgen im schweren Kampfe. Nun sah ich mich auch um in der Gegenwart und fand der Männer viele aufgestanden und sich rüsten zum Streite. Da glaubte auch ich in mir den Beruf zu fühlen, zu den Waffen zu greifen und wenn auch als Untergeordneter in ihren Reihen zu dienen. Ich griff zur Feder und schrieb, was ich fühlte und dachte. – |Bl. 7|

Es ist eine Zeit darüber hingegangen, ehe ich die einzelnen Theile zusammenstellen, ordnen und verbinden konnte. Während derselben lernte ich manches noch kennen, was ich nicht übergehen durfte; ich bemerkte nur so viel ich konnte. Bis dahin galt meine Arbeit dem Allgemeinen. Zurückgekehrt in meine Vaterstadt, hielt ich es für meine Pflicht auf dieselbe besonders meine Aufmerksamkeit zu richten. Ich fand, daß, obgleich in Norden und Süden gekämpft wurde und siegreich gekämpft wurde für das unterdrückte Volk, in den Mauern der freien Stadt noch eine schwere Lethargie herrsche; ich fand zwar, daß der Senat früher eine Emancipation beabsichtigt, aber auch, daß derselbe seit 1814 also 24 Jahre hindurch, abgeschreckt durch das Misslingen |Bl. 7 b| seines ersten Versuchs, geschwiegen hatte. Das Verhältnis der Israeliten war während der ganzen Zeit, in Bezug auf die ihnen zustehenden Rechte, dasselbe geblieben, obgleich man sich nicht gescheut hatte, ihnen neue Verpflichtungen aufzubürden, das hielt ich für ungerecht und widmete die Stunden der Muße der Untersuchung über die Verhältnisse der Israeliten zum hamburgischen Staate.

Ich begann dieselbe mit ihrem ersten Erscheinen in den Mauern der freien Stadt und schloss mit der Prüfung der Gegenwart. Nach diesem war ich überzeugt, daß nicht allein die allgemeinen Gründe für die Befreiung einer thätigen Masse von den

225 [Im Konvolut der Schriften Sutors befinden sich zwei Blätter mit Anmerkungen eines Bekannten zu Sutors Text. Dieser bemerkte zu dem Punkt: „Die Bemerkung wegen des Genusses jüdischer Weiber könnte füglich wegbleiben, weniger vielleicht [weil] sie beleidigend als vielmehr sie, hier in Hamburg wenigstens, unwahr ist; denn Ehen sind nicht zwischen Jud. und Ch. erlaubt und uneheliche Kinder haben die Juden fast gar nicht.]

Fesseln des ~~Dunkels~~ Druckes und der Verachtung in Hamburg zu Gunsten der Israeliten aufgeführt werden dürften, sondern, |Bl. 8| daß für sie speciell noch aus ihrer neuern Geschichte mancher Grund zu nehmen sey, aus welchem jeder billig und gerecht Denkende auf ihre Seite gezogen werden müsste. – Ich sah aber auch, daß mein Fund zu wenig bekannt war, und hielt es für nöthig diesen allgemein zu machen. –

Zwar hat Herr Dr. Rießer demselben Gegenstande eine ~~kleine~~ Schrift gewidmet, allein sie, von der in der Abhandlung selbst die Rede sein wird, ist nicht in den Buchhandel gekommen. Was einzelne Literaten sonst über die Hamburger Juden gesagt haben, ist theils im Vorbeigehn gesagt, theils geht es nicht auf die Specialia ein, theils aber findet es sich nur in einem Blatte, dessen Leser größtentheils Israeliten sind, nämlich im 1sten Jahrgange der allgemeinen |Bl. 8b| Zeitung des Judenthums.[226] –

Ich hielt es aber für nöthig, daß die Lage der Dinge eben dem größeren Publikum in Hamburg selbst recht genau bekannt werde, ohne dies schien mir ein Sieg des Rechts und der Wahrheit fast unmöglich. Die gesetzgebende Behörde unserer Republik besteht ja aus dem Senate und der Bürgerschaft; der Consens der Letzteren ist erforderlich, um ein neues Gesetz ergehen zu lassen und sie, also die Bürgerschaft, muß zum größten Theile wenigstens im voraus von der Unrechtmäßigkeit des gegenwärtigen Zustandes überzeugt sein, ehe mit Erfolg ein neues Gesetz von der obersten Behörde vorgeschlagen werden kann.

Zu diesem Zwecke nun soll die vorliegende |Bl. 9| Schrift dienen, aus demselben rech[t]fertigt sich die Herausgabe derselben und ihre Form. ~~Es ist nur zu bekannt wie wenig den oberflächlich Gebildeten es zugemuthet werden darf allgemeine Wahrheiten auf einen concreten, es scheint ihm zu mühsam, Fall anzuwenden, es scheint ihm zu mühsam, den Schluss zu formieren. Deswegen habe ich ohne Eigendünkel, neben den großen Männern, welche für die Israeliten sprechen, speciell~~

226 [Vgl. hierzu: „Allgemeine Zeitung des Judenthums“, 1. Jg. 1837, Nr. 41, 55, 57, 61, 64, 68.]

~~für die hamburgischen Bekenner des Mosaischen Gesetzes schreiben können, indem ich neben den Gründen, welche für diese aufgeführt werden können, die allgemeinen nur auf sie anwandte. Die Form wird aber gleichfalls durch den Zweck gerechtfertigt. Es sollte kein wissenschaftliches Buch entstehen, sondern |Bl. 9 b| das Gefühl sollte sich aussprechen und Facta sollten mit den daraus geleiteten Schlüssen allgemein verständlich dargelegt werden.~~

Das ist es denn, was ich voraus zu sagen habe. Möge nun der Erfolg meiner Schrift sein, welcher er wolle, ich darf jedem ruhig entgegensehen. Denn ~~selbst wenn man mir jugendhaften Paroxismus vorwerfen will, so muß man doch gestehen, daß~~ ich habe nur für Recht und Wahrheit sprechen wollen.

Aber noch eines möchte ich hier nicht unerwähnt lassen, nämlich die Lauheit der Unterdrückten selbst, das wenige Interesse, welches sie bei den sie betreffenden Verhandlungen zeigen.

Ich muss gestehen, daß ich erwartet habe, die Israeliten in Hamburg würden die |Bl. 10| Bestrebungen derer, welche ihre Parthei nehmen, unterstützen, würden sie aufmuntern und anfeuern, allein im Gegentheil habe ich bei mancher mit mehreren gepflogenen Unterredung eine Muthlosigkeit sonder Gleichen, ich möchte sagen eine förmliche Abgestumpftheit gefunden.[227]

Es wird nichts helfen! war gewöhnlich das Resultat ihrer Rede, wenn über geeignete Mittel hin und her gesprochen war. Sie kommen mir vor, wie der an den Block Geschlossene, der anfangs sich bemüht, den eisernen Ring zu lösen, dessen Anstrengungen mehremal [!] fruchtlos gewesen, und der nun allmählig an den Druck gewöhnt, an dessen Beseitigung kaum mehr den-

227 [Vgl. auch den kritischen Kommentar des in Anm. 225 erwähnten, unbekannten zeitgenössischen Leser des Manuskripts zu dieser Aussage: „Keineswegs Apathie, aber völlig begründete Überzeugung, dass Vernunftgründe nicht helfen würden. Kein Jude glaubt, dass irgend ein Christ im Ernste glaubt, Gründe und Recht zur Bedrückung der Juden zu haben, und [so] wie er sich passiv nur als Opfer der Gewalt fühlt, so glaubt er jener sei sich <nur> der activen Ausübung der Gewalt bewußt, einem Terrain wo ihmnatürlich keine [Fähigkeit zu] antworten beiwohnt. Andererseits aber arbeiten die Juden unablässig auf [innere] Emancipation.“]

ken mag, sondern lieber in ohnmächtiger Ruhe |Bl. 10 b| den schweren Klotz bei jedem Schritte mit sich schleppt. Mögen sie bedenken, daß es ihre Sache ist, die Bestrebungen ihrer Freunde durch Rath, Wort und That zu unterstützen, mögen sie bedenken, daß es in ihrer Macht steht, die Reihe ihrer Streiter zu mehren und zu mindern, je nachdem sie freundlich dem Gerüsteten entgegen kommen oder nicht, und mögen sie bedenken, ~~daß ein zur rechten Zeit gesprochenes Wort oft mehr Gewicht hat, als der blendende Glanz des Goldes~~.[228]

~~Hamburg Oktober 1838~~

daß ohne Anfang kein Ende existirt. Ist auch die Arbeit auf einen Zweck gerichtet, dessen Erreichung erst nach großen Anstrengungen und vielleicht erst sehr spät zu vermuthen ist, so ist doch darum die Arbeit nicht vergebens. Um den Sumpf auszudämmen ist eine anstrengende und unausgesetzte Mühe erforderlich.

~~Der Verfasser~~

Der ersten Arbeiter Anstrengung wird fruchtlos bleiben – sollte darum keiner die erste Hand anlegen wollen? Dann wird der Sumpf bleiben, wie er ist. – Aber laßt Arbeiter auf Arbeiter folgen, und die pontinischen Sümpfe trocknen aus.[229] Darum Hand angelegt:

Frisch gewagt ist halb gewonnen
Wer nie verzagt, hat nicht umsonst begonnen.

Der Verfasser
Hamburg 1838

---

228 [Nach dem Schriftbild endete an dieser Stelle zunächst das Vorwort. Nachträglich fügte der Autor wiederholt einzelne Sätze hinzu.]

229 [Vgl. hierzu den Satz L. Börnes: „Der Judenhaß ist einer der pontinischen Sümpfe, welche das schöne Frühlingsland unsrer Freiheit verpesten."
In: Börne, L., Der ewige Jude in: ders., Sämtliche Schriften. Neu bearbeitet und herausgegeben von I. u. P. Rippmann, Zweiter Band, Düsseldorf 1964, S. 494 ff., hier S. 498.]

|Bl. 11|

[Hier weist das Manuskript A. Sutors eine durch das Ausreißen von Blättern entstandene Lücke auf. Wahrscheinlich standen dort Auszüge aus der Senatsproposition vom 30.10. 1814 über die Gleichstellung der nichtlutherischen christlichen Religionsgemeinschaften und der „Israeliten". Einen wichtigen Teil des Dokuments machte das die politische Emanzipation der Hamburger Juden betreffende „Promemoria" aus.

Von der Proposition und dem Promemoria ist im Manuskript nur der letzte Teil erhalten geblieben. Die Zahl der entnommenen Blätter lässt sich nicht genau bestimmen, da deren Paginierung erst nachträglich vorgenommen wurde. Auf |Bl.80| seines Manuskripts verwies A. Sutor auf das in seinem Text „angeführte Promemoria", d.h. auf die im Folgenden eingefügte Passage. Da die Senatsproposition und der erste Teil des Promemoria sonst im Text nicht vorkommen, aber inhaltlich nur an diese Stelle des Textes passen, werden sie in Kursivschrift eingefügt. Als Vorlage diente - wie für A. Sutor - der Abdruck in der „Allgemeinen Zeitung des Judenthums", 1. Jg. 1837, Nr. 41, 55, 57, 61, 64, 68. (= S. 162 f., 186 f., 198 f., 217 f., 225 ff., 242 f., 254 f., 270 f.) Wünschenswert wäre ein Abgleich mit den Akten des Rats. Die Proposition enthielt zusätzlich einen detaillierten „Reglements-Entwurf über die Aufnahme der Israeliten nach den bürgerlichen und religiösen Verhältnissen in der freien Hansestadt Hamburg". Auf diesen ging A. Sutor in „Hamburg und die Juden" nicht ein. Sein Kommentar und seine teilweise scharfe Kritik an diesem Entwurf sind in Anhang 2 der vorliegenden Arbeit nachzulesen:

„Was soll denn in Hamburg geschehen, um die Lage der Israeliten zu verbeßern?"]

Propositio

in Conventu Senatus et Civium. Hamburgi, Jovis d. 20. Oct. 1814

(Anwesend 198 Bürger)
Vors. Herr Bürgermeister Fried. von Graffen Lt.

In Anbetracht, sowohl der großen Veränderungen, welche die Zeitumstände überhaupt, nicht nur in den Gesinnungen, sondern selbst in den innern und äußern Verhältnissen der Nationen und Staaten veranlaßt haben, als auch in Betrachtung der seit mehreren Jahren schon genossenen Rechte und Begünstigungen, und endlich der Beispiele andrer nahen und fernen Staaten, hat E. E. Rath die Angelegenheiten der hiesigen nicht-lutherischen christlichen Religionsverwandten und der Israeliten für das wahre Wohl der Stadt in allen Rücksichten um so mehr in nähere Erwägung gezogen, je allgemeiner auch der öffentliche Wunsch sich dafür zu äußern geschienen hat.

Zu dem Ende legt derselbe in einem besonderen Promemoria sowohl die ganz umständliche Ansicht dieser Angelegenheit, als auch in dessen Neben-Anlagen die darauf gegründeten Reglements sowohl:

a) über die künftigen bürgerlichen Verhältnisse der christlichen Religionsverwandten, als

b) über die Aufnahme der Israeliten nach den bürgerlichen und Religionsverhältnissen

mit dem Ersuchen an, daß Erbgesessene Bürgerschaft diese, unter andern auch mit der Zufriedenheit einer großen Anzahl wohlhabender Einwohner, und folglich mit deren Erhaltung für unsre so sehr ruinirte Stadt, so wie mit dem Hereinziehen begüterter Fremden verbundene Angelegenheit in sorgfältige Erwägung zu ziehen und demzufolge beide Reglements zu genehmigen geneigen wollen.

Anlage Nr. I
cum subadjunctis A. B. et C.

Promemoria.

Die länger als drei Jahre hierselbst durch die Einführung der französischen Gesetze und Verfassung bestehende Gleichheit aller Bürger ohne Rücksicht auf ihr Religionsbekenntniß hat E. E. Rath veranlaßt, die Folgen näher in Betrachtung zu nehmen, welche sie nach Herstellung unseres Staats und seiner Verfassung, der Billigkeit und dem Wohl der Stadt gemäß, auf die Aufhebung mancher vorigen Einschränkungen der fremden Religionsverwandten haben werde.

Er kann auch in dieser Angelegenheit einen Beifall – wenigstens des größeren Theils der Bürgerschaft für seine Ansichten um so mehr erwarten, da schon in einer der letztern Versammlungen derselben, obwohl nach der Verfassung zu voreilig, ein Vorschritt der Art gemacht ist, welchen E. E. Rath sich nur aus besondrer Achtung gegen dieselben, und in Rücksicht auf sein Vorhaben einer verfassungsmäßigen ähnlichen Bestimmung für die Zukunft hat gefallen lassen.

Freilich ist es nicht zu leugnen, daß der Einfluß mancher Religion auf Denkungsart, Sitten und selbst auf bürgerliche Staatsverhältnisse, noch viel mehr aber auf mehrere oder mindere Trennung der Gemüther, auf Neigung zur Unterdrückung an der einen, und zum Kampf dagegen und Erlangung des Übergewichts an der anderen Seite sich von jeher mannigfaltig geäußert hat, und daß der seit einigen Jahren vermehrte Religions-Indifferentismus keineswegs dafür sichert, daß bei dem schon aufkeimenden Mysticismus nicht die leichte Hinneigung der Menschen zur Schwärmerei künftig wiederum die religiöse Seite ergreifen möchte. Die Beispiele der Stimmung des größern Theils, selbst in nicht sehr entfernten Zeiten, können es annoch jetzt zweifelhaft machen, wie groß die Zahl derer sei, welche sich selbst von Religionshaß leiten lassen könnten, und wenn auch die Gesetzgebung sich von Vorurtheilen nicht beherrschen läßt, so schont sie solche auch um der allgemeinen Ruhe und Zufriedenheit willen dennoch gern.

Indessen ist an der andern Seite das Gewicht der Gründe überwiegender, daß eine vernünftige allgemeiner verbreitete Toleranz den Wunsch, die Mitglieder eines Staats nach Religionsgebräuchen und Meinungen geschieden, und mehr oder minder begünstigt zu sehen, und besonders in den letztern Jahren selbst durch die Gewährung an Gleichheit größtentheils vertilgt hat, daß die Anhänglichkeit an die väterliche Religion weniger auf bürgerliche Verhältnisse, als auf die äußere Religionsübung aufmerksam ist, daß vielmehr noch die Gerechtigkeit gegen alle ruhige, gleiche Lasten tragende, gleichen Gesetzen unterworfene Bürger, eine Gleichheit aller Rechte im Staate, worin Religions-Angelegenheiten keinen Einfluß haben, verlangt, und daß hingegen eine Ungerechtigkeit und Unbilligkeit des herrschenden Theils, welcher die Übrigen von dem Einfluß in den öffentlichen Angelegenheiten entfernt hält, und sie wohl gar mit auffallenden Einschränkungen und Belästigungen willkührlich belegt, den willigsten Patriotismus lähmt, gerade die zuweilen befürchteten Anmaßungen, welche am sichersten durch gerechte Gleichheit unterdrückt werden, befördert, oder wohl gar, wie es unsre Stadt leider mehrmals erfahren hat – die Wohlhabendsten, die dem Staate sonst nach ihrem Interesse am anhänglichsten und nützlichsten Bürger verscheucht, und mindere Theilnahme an allen Gegenständen des freien wohlwollenden Entschlusses veranlaßt: daß endlich das vorzüglichste Augenmerk nicht nur einer bloßen Handelsstadt, sondern vielmehr noch einer sehr gesunkenen Handelsstadt, die Zufriedenheit und Erhaltung, ja selbst die Anlockung wohlhabender Bürger sein muß. Dadurch wird das erforderliche größere Capitalvermögen vermehrt, das Geschäft insonderheit des ausgebreitetsten Handels, erweitert, die Tragung der Lasten des Staates erleichtert, und der Werth des Grundeigenthums und Mobiliars erhalten, erhöhet. Wie sehr übrigens mit der Gerechtigkeit der Grundsätze, alles Staatswohl, und mit der Befördrung des Staatsreichthums die Verschiedenheit der Religionssysteme und Meinungen bestehen kann, wenn nur wahre und reine Religiosität die Bürger veredelt, dieses lehrt gesunde Sachkenntnis, und immer allgemeiner die sichere Erfahrung. Und die Richtigkeit des Grundsatzes, daß die einfachste Staatsverfassung die vollkommenste sei, und diese unter ihren Mitgliedern keine bürgerliche Unterschiede zulassen müsse, wird Niemand läugnen.

Wenn nun unter solchen Grundsätzen und Ansichten nicht allein in den mehrsten nahen und fernen Reichen eine Gleichheit der Rechte aller Religionsbekenner im Staat große Fortschritte gemacht, sondern auch insonderheit bei uns während der französischen Regierung eine solche Gleichheit in bürgerlichen Verhältnissen mehrere Jahre hindurch dergestalt bereits geherrscht hat, daß jetzt weniger die Frage von neuen Begünstigungen als vom Entziehen des Genusses, vom Vernichten wirklich vorhin erlangter Rechte, z. B. in der Zulassung zum Bürgerrecht, zu Gewerken, zum Immobiliar-Eigenthum entsteht, wenn diese Veränderungen nicht die Folge von vorübergehenden Zeitereignissen, sondern von allgemein angenommenen und auf die Gerechtigkeit und Billigkeit gestützten Grundsätzen sind, so muß sich von selbst die vorhin begründete Ansicht dahin verstärken, daß Gerechtigkeit und Billigkeit es nicht gestatten, unverändert und unbedingt zu den Einschränkungen der vorigen Hamburgischen Verfassung in Rücksicht der sogenannten fremden Religionsverwandten zurückzukehren.

Indessen werden noch immer einige Einschränkungen bestehen, und erregt das Beispiel aller wohlgeordneten Staaten vorzüglich die Aufmerksamkeit darauf, daß es für das Staatsrecht nothwendig oder doch besser ist, eine Einheit der Religion im Staate durch den Vorzug Einer wenigstens in der Regierungsverwaltung zu bezeichnen, ohne in dem wesentlichen Genuß der bürgerlichen Freiheit und selbst an der Theilnahme an einzelnen Verwaltungszweigen und an der Stimme bei der Beurtheilung des Staatswohls eine Ausnahme zu gestatten.

In unsrer Verfassung insonderheit aber ist der Vorzug der herrschenden Religion des Staats sowohl in die 3 bürgerlichen Collegia Ehrbarer Oberalten und der löblichen Sechziger und Hundertachziger, welche aus den Vorstehern der lutherischen Kirchen hervorgehen, als in den Einrichtungen des Senats durch Vertheilung der Patronate, der landherrlichen Kirchen- und Schulaufsicht, der Kirchspielsherren, des Scholarchats verwebt, daher es der desfalls annoch unentbehrlichen Polizeiverfügungen merklich von allen christlichen Religionsverwandten unterscheidet, so hat E. E. Rath die Vorschläge über die ganze Angelegenheit abgesondert von einander vortragen wollen.

Anlage I.
Betrifft die Verhältnisse der hiesigen,
nichtlutherischen Christen

[Diese Anlage I ist hier weggelassen. Sie betraf Reformierte und Katholiken.]

[Der im Manuskript fehlende Übergang zu den folgenden Sätzen in A. Sutors Wiedergabe und Kommentierung der Ratsproposition könnte lauten: Da der Frage der Judenemanzipation nach dem Ende der napoleonischen Herrschaft über die deutschen Staaten]

|Bl. 11| besondere Betrachtung gewidmet ward, legte der Senat [1814] in Anlage II [einer Senatsproposition, J. B.] seine Ansicht über die Verhältnisse der Israeliten zum Hamburgischen Staate vor; wir können uns nicht enthalten auch diese mitzutheilen, sie wird bei unserer späteren Betrachtung von großem Werthe sein, da wir oft darauf zurückgreifend, unsere Behauptungen belegen und durch eine in der That gewichtige Autorität unterstützen werden können.

Anlage II

„In Rücksicht auf die damit [d. h. die Verhältnisse der hiesigen, nichtlutherischen Christen, J. B.] verwandte Angelegenheit der Bekenner der Israelitischen Religion verdient es jedoch noch ferner eine vorzügliche Erwägung, wie groß der Abstand dessen, was diese unter der französischen |Bl. 11 b| Regierung in der Gleichheit mit anderen Bürgern an öffentlicher Ehre und Achtung, selbst in der Freiheit des Gewerbes und in dem Besitz an Eigenthum und [230] Wohnung bereits hieselbst genossen, von ihrer vor 1811 bestandenen Einschränkung ist, und welche große Veränderungen sowohl allgemein in so vielen Landen, z.B. in Frankreich, Preußen und vorzüglich in der größten Ausdeh-

230 [An dieser Stelle ist mit Bleistift angemerkt:] hier beginnt d. Druck d. 2. Bogens.

nung der Rechte und Pflichten in dem handelsklugen Holland selbst bei der neuesten Constitution, als auch in ihren innern vormaligen Staatsverhältnissen vorgegangen sind, durch die öffentlich sanctionierten Grundsätze des großen Sanhedrins von 1807, [231] welches gleich den Concilien bei den Katholiken die gesamte Nation verpflichtet, sowie ihre |Bl. 12| Gesetze größtentheils nur aus den Aussprüchen der Sanhedrin gezogen sind, ist es insonderheit auch den hiesigen Israeliten späterhin als französischen Unterthanen zum Gesetz gemacht worden, daß die Unterwerfung unter die Gesetze des Staats eine religiöse Pflicht, daß es in der israelitischen Religion gegründet ist, da wo die Nation als Bürger behandelt wird, sich den bürgerlichen Gesetzen, auch des Civilrechts, zu unterwerfen, und ohne irgendein Hindernis der Religion gleich allen Bürgern und Unterthanen, dem Staat und der Regierung treu und aus allen Kräften willig und gehorsam zu sein.

Es ist daher denn auch nicht allein während der französischen Regierung schon in Ausübung gekommen, daß die sonst so sehr von den christlichen verschiedenen Bestimmungen aller ihrer Gesetze,|Bl. 12 b| auch der Civilgesetze, aufgegeben wurden, und außer den eigentlichen Religionsanordnungen eine völlige Gleichstellung mit allen übrigen Bürgern des Staats wirklich eintrat, sondern es ist die Unterwerfung unter unsere Rechte auch nunmehr von der israelitischen Gemeinde hier per supplicias ad senatum [in Gesuchen, Bittschriften an den Senat, J. B.] wiederholt erklärt.

Außerdem ist mit bedeutenden Aufopferungen durch einen förmlichen Vergleich die längst von der Stadt gewünschte Trennung der hiesigen israelitischen Gemeinde von der Altonaer und die Vereinigung aller ehemaligen hiesigen deutschen Gemeinden, der sogenannten Altonaer, Hamburger und Wandsbeker bewirkt.

Nur die im Religions-Ritual unterschiedenen, längst schon den christlichen Gesetzen sich annähernden Portugiesen [be-

231 [Hier hatte Sutor eine Fußnote H vorgesehen. Diese fehlt jedoch im Konvolut. Zum Sanhedrin vgl. Anm. 81.]

harren] |Bl. 13| freilich [auf] einer, indessen auf bürgerliche Verhältnisse im Ganzen [sich] nicht zu erstreckenden, sondern bloß die innere Organisation der Gemeinde betreffenden Absonderung, wenn auch ihre nur annoch etwas über 200 Seelen begreifende Zahl und ihre gesammte Vermögenheit leider durch die ehemaligen auf Veranlassung der strengeren Einschränkungen eingetretenen Auswanderungen der Wohlhabenden, so sehr gelitten hat.

Übrigens sind während der französischen Regierung, wodurch alle hiesigen Religionsbekenner von selbst das Bürgerrecht überkommen haben, noch ungefähr 200 Israeliten in die Bürgerregister ausdrücklich eingezeichnet. Und bei allen erhaltenen und beschützten Begünstigungen |Bl. 13 b| dieser Gleichheit ist nicht allein keine zuweilen besorgte Anmaßung, noch irgend ein andrer Nachteil christlicher Bürger erspürt, sondern es hat vielmehr ein stilles, bescheidenes und gemäßigtes Benehmen selbst in Rücksicht des von den erhaltenen Vorzügen gemachten Gebrauchs und die willigste Anstrengung mit anderen für's allgemeine Wohl, ja selbst eine vorzügliche Wohltätigkeit und Vaterlandsliebe Mehrerer unter ihnen sich aus[ge]zeichnet.

In dieser Lage wird also auch für die mehrere verfassungsmäßig zu sanctionierende Begünstigung der Israeliten sowohl die Religion, als die Politik der herrschenden Kirche ungezweifelt reden. Ihre Religion macht die |Bl. 14| Liebe des Nächsten zur ersten Menschenpflicht, und beantwortet die Frage, wer der Nächste sei, sehr ausgedehnt. Sie verbietet allen Religionshass, jede willkürliche Kränkung und Bedrückung. Und wenn das äußere Religionsbekenntnis auf den Staat so wenig Einfluss hat, daß selbst Menschen ohne Religion [Bürger] sein und werden können, so kann auch die Religion der Israeliten an sich als die älteste Religion der Bibel und die Vorgängerin der bessern christlichen, deren Stifter ihr wesentliches Ritual bis an seinen Tod selbst beobachtete, und deren Moralgesetze[232] wir noch in unseren Schulen lehren, kein Hindernis sein.

Die Politik aber von der Gerechtigkeit unterstützt, fordert uns

232 [Hinweis auf die 10 Gebote des Moses.]

auf, daß wir eine große Zahl Menschen, die als Mitglieder des Staats |Bl. 14 b| unter uns leben, auch den Formen nach als Bürger fester zu verpflichten suchen, daß wir sie, nachdem sie von allen, vorhin befolgten besonderen Civilgesetzen und Gerichten abstehen, und von den Verhältnissen zu dem Staate gleiche Grundsätze mit uns hegen in demjenigen, worin sie allen anderen Bürgern gleich, die wesentlichste [Aufgabe] des Staats befördern helfen, in Handelsgegenständen insonderheit, ferner nicht schimpflich zurücksetzen: daß wir die besseren der Aufhelfung des ohnehin gesunkenen Staats nützlichen Mitglieder durch Kränkung und durch Entziehung schon größerer billig zu gestattender und befriedigender Vorzüge nicht von hier in andere, weiser regierte Gegenden oder wohl gar in die Nähe[233], wo |Bl. 15| keine der hiesigen, wesentlichen Vortheile entbehrt werden, vertreiben, und dagegen einen dem Staat alsdann desto lästigeren Rest allein zurückbehalten, daß wir durch mildern Schutz eine große, sich über 7000 Seelen erstreckende Zahl von Einwohnern, die sich mit großen Aufopferungen und zu unsers Staates wesentlichem Nutzen von fremdem Einfluss zu befreien gesucht haben, abhalten, möglichen und der Stadt bedenklichen Anlockungen dazu, wiederum Gehör zu geben, und daß wir Ehrgefühl und Dankbarkeit selbst dazu benutzen, auf die Verbesserung einer großen Classe günstiger als vorher aufgenommener Einwohner mannigfaltig hinzuwirken.

Dennoch aber wird die sehr große Verschiedenheit |Bl. 15 b| der israelit[ischen] Religion nebst ihren besonderen religiösen Gebräuchen auch Sabbath und Festen, bei aller gegenseitigen Toleranz und Aufklärung, immer noch eine Absonderung veranlassen. Insonderheit wird die gegenwärtige Lage, die größere Zahl geringer Classe und der Armen mit allen ihren besondern Armen[-] und Krankenpflegen, und vorzüglich die Abhaltung Fremder der geringern Classe eine vermehrte und strengere Polizei-Aufsicht desto dringender erforderlich machen, je mehr in den letzten Jahren auch diese neuere Angelegenheit in Unordnung gerathen ist, wie denn auch die Aufhebung der vorigen

233 [Gemeint war insbesondere Altona.]

äußern Verhältnisse, so wie die Vereinigung |Bl. 16| mehrerer Gemeinden, die unsre Verfassung gänzlich verändert, und daher eine zweckmäßige Organisation erforderlich macht.

In allen diesen Hinsichten wird es dann einleuchten, daß das Reglement der Juden von 1710, welches unter ganz anderen Umständen entworfen wurde und daher Manches enthält, was gar nicht mehr passt, und Manches, was durch die nunmehrige Anwendung aller unsrer Gesetze auf sie überflüssig ist, hingegen den Mangel jetzt erst zu treffender Verfügungen bemerken lässt, daß eine gänzliche Umarbeitung mit der Beibehaltung des Zweckdienlichen in der Sache erforderlich ist, so hat E. E. Rath daher in dem sub Lit. C anliegenden Entwurf eines neuen Reglements für |Bl. 16 b| sämmtliche hiesige Israeliten, an der einen Seite die nunmehrige Ertheilung des Bürgerrechts, als der Gerechtigkeit, der Staatsklugheit und dem wahren Wohle des Staates angemessen, festgestellt, an der anderen Seite aber auch durch mannigfaltige Modificationen und Einschränkungen, theils nur die wohlhabenden und dem Staate nützlichen Bürger unter ihnen begünstigt und zugleich die Verbesserung des Ganzen eingeleitet, theils die polizeilichen Verfügungen, wo es annoch erforderlich ist, selbst geschärft. Und wenn man billig voraussetzen muss, daß nirgends mehr ein bloß leidenschaftliches Vorurtheil herrsche, welches in unsern Zeiten doppelt den Vorwurf gehässiger Gesinnungen |Bl. 17| zu fürchten hat, und sich von den vorhin bemerkten andern Ländern so sehr unterscheiden würde; so hofft E. E. Rath auch so sehr die Besorgnisse derer, welche noch bedenklich in neuen, mit der Zeit fortrückenden Fortschritten verbleiben, geschont und beruhigt, als manchen rascher unter uns Fortschreitenden befriedigt, im Ganzen aber nach Lage und Umständen das Wohl der Einzelnen mit dem Wohl des Ganzen zweckmäßig vereinigt, und hauptsächlich durch manchen Vorbehalt den Weg zu etwa nothwendigen künftigen Veränderungen geöffnet, und dadurch zugleich der israelitischen Nation Antriebe zum Besseren ertheilt zu haben.

Es darf demnach E. E. Rath hoffen, daß nunmehr auch die erbgesessene Bürgerschaft das in der Anlage sub Lit. C enthaltene Reglement |Bl. 17 b| über die Aufnahme der Israeliten nach den bürgerlichen und Religionsverhältnissen unsrer Stadt Ihrerseits genehmigen werde. E. E. Rath bemerkt übrigens, daß das Collegium der Sechziger den obigen Propositionen des Senats nicht beygetreten sey, zweifelt indessen nicht, daß erbgesessene Bürgerschaft, in Erwägung der bemerkten wichtigen, für diese Proposition redenden Gründe selbigen ihre Beistimmung zu ertheilen sich bewogen finden werde."

[Diesem wörtlich übernommenen Text des Rats folgt ein zusammenfassender Kommentar Sutors zum Reglements-Entwurf. Vgl. Anlage II,]

Zu dem Sub adjuncto sub Lit. C legte der Senat der durch das Mitgetheilte vorbereiteten Bürgerschaft einen ausführlichen Reglements-Entwurf über die Aufnahme der Israeliten nach den bürgerlichen und religiösen Verhältnissen in der freien Hansestadt Hamburg vor, |Bl. 18| dessen wesentlichen Inhalt (auf den speciellen, werden wir unten eingehen) dieser ist[234]: Es solle, und dies ist die Cardinalbestimmung, den Israeliten die Zulassung zum Bürgerrecht verstattet, ihnen dagegen die Annahme eines ordentlichen Familiennamens zur Pflicht gemacht werden. Die israelitischen Bürger sollen sodann in 2 Classen zerfallen, deren letzte noch einige Einschränkungen erdulden muß. Sie sind ferner nur aufgenommen unter der Bedingung, die bekannten Beschlüsse und Erklärungen des zweyten Sanhedrins von Februar und März 1807 als verbindlich anzuerkennen.[235] Sie sollen sich bei Strafe der Nullität in allen vor Gericht zu producirenden Schriften der deutschen Sprache und deutschen oder lateinischen Buchstaben bedienen. Dagegen sollen sie in |Bl. 18 b| Bezug auf Gewerbe die Rechte aller Bürger erhalten, die der ersten Classe werden unter den sonst obwaltenden Bedingungen befähigt, in der Versammlung des

---

234 [Vgl. hierzu auch S. 282, Anhang II
„Was soll denn in Hamburg geschehen, um die Lage der Israeliten zu verbeßern?"

235 [Der Text der hier vorgesehenen Fußnote J fehlt.
Zu den vom Rat vorgeschlagenen Bestimmungen und der Kritik Sutors vgl. Anhang II.]

Ehrbaren Kaufmanns zu erscheinen, sowie zu Vorstehern und Deputierten der Cämmerei als auch zum Cämmerey-Gerichte erwählt zu werden. Zutritt in die Bürgerschaft sollen für jedes Kirchspiel zwei Personen aus der ersten Classe haben. Die Ausübung ihrer Religion soll ihnen unter Vorbehalt der obrigkeitlichen und landesherrlichen Rechte und der Ober-Aufsicht freigegeben und in Bezug auf die Verordnungen derselben einige Privilegien ertheilt werden. Dies bildete den Hauptinhalt des vorgeschlagenen Gesetzes.

Werfen wir nun einen Blick auf die Zeit, in welcher diese Mittheilung geschieht, auf |Bl. 19| jene Zeit in der das Wort Freiheit aus dem Munde eines Jeden erschallte, wo die Sclaverei und den Druck von sich abzuwälzen, Gut und Blut von Tausenden freudig dargebracht wurde, so wird uns, wie den damals bei der obigen Proposition Betheiligten, die abschlägige Antwort der Bürgerschaft im höchsten Grade unerwartet kommen: Man durfte hoffen, daß [den] soeben aus den Fesseln der französischen Bedrücker Erlösten, nichts mehr in ihrer freudigen Stimmung am Herzen liegen würde, als durch ein frisches Eingehen in die lebensgrünen Vorschläge zu zeigen, wie verabscheuungswürdig der Unterdrücker, der Despot sey. Vergebens! Die am 20. Oct. 1814, 19[8] Personen starke [236] Bürgerschaft wies den Antrag des Senats ohne weiteres zurück: Nur |Bl. 19 b| daraus, sagt ein geistreicher Beobachter dieses Versuches des Senats in der neuen Judenzeitung (Jahrgang 1, No 61 = [Allgemeine Zeitung des Judenthums, 1. Jg. 1837], J. B.), läßt sich der unerwartete Erfolg erklären, daß die votierende Bürgerschaft zusammengesetzt war, aus den von tausend alten Rücksichten und Bedenklichkeiten sich gebunden wäh[n]enden bürgerlichen Collegien und den überall und immer nur auf Ausschließung bedachten Zunft-Ältermeistern.

Der seelige [!] Bürgermeister Amsink [richtig: Amsinck, J. B.], der Verfasser des mitgetheilten Promemoria, soll bittere Thränen über die Engherzigkeit der hamburgischen Bürger vergossen haben. Der Senat in corpore bedauerte die abschlägige

---

236 [Abweisung mit 126 : 72 Stimmen. Der Text einer hier vorgesehenen Fußnote fehlt.]

Antwort und behielt sich neue Vorschläge vor. 24 Jahre aber sind seither vergangen, ohne daß |Bl. 20| solche zum Vorschein gekommen, und die Lage der Israeliten ist während dieser Zeit von Tage zu Tage[237] drückender geworden.

Mit der Wiederherstellung der alten Verfassung traten natürlich alle Gesetze und Gewohnheiten hinsichtlich der Juden wieder in Wirksamkeit; das Bürgerecht welches die 1811 ansässigen durch die Publication der französischen Gesetze erlangt, und das, welches die 200 [Gemeindemitglieder], welche während der 3 französischen Jahre in die Bürgerregister eingetragen waren, auf eine rechtmäßige Weise erworben hatten, ward ihnen ohne alle Vergütung plötzlich genommen; die ihnen in jener Zeit ertheilte Gewerbefreiheit ward aufgehoben; die alte Beschränkung hinsichtlich ihrer Wohnplätze trat wieder ein, und wie früher mussten sie in versteckten Privatgebäuden Gott ihre |Bl. 20 b| Noth klagen.

So sehen wird das alte Bild der ersten Periode wieder hervorgeholt, aber es ist gebräunt von der Zeit und die Lichtpunkte in demselben sind verwischt. Während der französischen Zeit hatte die Judenschaft ihre Verbindung mit dem dänischen Staate aufgehoben. Bedeutende Summen waren zu diesem Zwecke von ihr angewandt, allein in der Hoffnung, daß auch nach einer etwanigen [!] Erlösung von der Fremdherrschaft, der Staat nimmer sie wieder in die alte Lage versetzen werde. Daß die Israeliten damit dem hamburgischen Staate einen Dienst leisteten ist offenbar, sie entzogen sich freiwillig der Oberhoheit des dänischen Königs und schlossen sich ganz an Hamburg an, sie knüpften so das bisher lockere Band inniger und thaten es kund, daß sie die Hansestadt als ihre wirkliche Vaterstadt betrachten wollten. Nach |Bl. 21| Aufhebung der Fremdherrschaft und nach fehlgeschlagener Hoffnung auf Emancipation , wäre

---

237 [Auf einem Zettel im Konvolut steht in Sutors Handschrift folgende] Notiz zu pag. 35: Der Senat behielt sich andere Propositionen vor, vier und zwanzig Jahre aber sind seitdem vergangen, die Emanzipationsfrage ist fast in allen Ländern zur Erörterung gekommen u. meisthenteils mit glücklichem Erfolg, hier in Hamburg ist sie nicht wieder aufgeworfen u. die Lage der Israeliten ist während dieser Zeit von Tage zu Tage drückender geworden.]

es ihnen leicht gewesen, den früheren Nexus zu erneuern, denn es war bei jenem Trennungskontrakte vergessen worden, die Confirmation nachzusuchen; der König von Dänemark hat daher bis jetzt noch nicht die Auflösung der alten Verbindung genehmigt, und mehr als einmal ist von ihm eine Aufforderung an die hamburgischen Juden zur Bezahlung rückständiger Schutzgelder erlassen worden. Allein die Israeliten hofften, es werde endlich die gute Sache siegen und traten nicht wieder in das gelöste Verhältnis ein, wenn auch sie ihrerseits dadurch manchen Nachtheil erlitten. Als solcher erscheint die damit verknüpfte Aufhebung eines eigenen Gerichtsstand[es]. Die eigenthümlichen Erbschafts [-]und Ehe[-] Gesetze, welche ihnen der Art. 28 des alten Reglements lässt, |Bl. 21 b| sind, wie wir schon oben sagten, der Grund weswegen ihnen ein besonderes Tribunal höchst angenehmer sein muß; die Folge des Mangels an solchem trifft sie jetzt schwer; sie müssen mit ihren Streitigkeiten vor, wenn auch gelehrte und geachtete, doch solche Männer treten, die unmöglich das Detail der abnormen jüdischen Bestimmungen fassen können, denen meistenstheils die Ursprache der jüdischen Gesetze fremd und der Geist derselben unbekannt ist, die daher fast immer nach Hörensagen urtheilen müssen, woher die endlose Dauer der sich um Streitfragen des jüdischen Rechts drehenden Processe und die >Erscheinung<, daß noch keiner derselben nach jahrelangem Hin und Her ziehen anders beendigt ist, als durch Vergleich.

Die Entbehrung des eigenen Gerichts ist aber nicht die einzige nachtheilige Folge, welche den Israeliten aus der Aufhebung ihres Verhältnisses mit |Bl. 22| Dänemark entsprang, ein noch größerer daraus sich ergebender Nachtheil zeigt sich uns, wenn wir bedenken, daß, abgesehen von dem eigentlichen Dänemark, wo ihnen das volle bürgerliche Recht, mit Ausnahme einiger politischer Befugnisse zusteht,[238] sie in den Städten Hol-

238 Die Emancipation der Juden in Dänemark geschah 1814. [Vgl. hierzu u. a. die zeitgenössische Schrift: Ueber die Emancipation der Juden in Schleswig-Holstein. Ein Wort zur Beherzigung an die Schleswig-Holsteinischen Provinzialstände, Hamburg 1836 (Bei Hoffmann und Campe) 67 S.]

steins und Schleswigs ihre Söhne als Lehrlinge und Gesellen in alle zünftigen Gewerbe unterbringen können, statt daß ihnen jetzt die Erlernung und Ausübung zünftiger Gewerbe nur auf gesetzumgehenden Wegen möglich ist.

Es hatte sich also die Judenschaft mit Aufopferungen von ihren günstigen Verhältnissen dem hamburgischen Staate um so viel genähert, als sie konnte. Ihr Verhältnis blieb aber doch das alte, nur das es noch um etwas krasser erscheint, wenn man |Bl. 22 b| die sonstigen Veränderungen im Staate dabei in's Auge fasst.

Wir wollen von den Lehren der Geschichte in die Gegenwart hinübertreten und unsere Behauptungen zu belegen versuchen.

Die Verpflichtungen des Reglements von 1710 bestehen in voller Kraft; nach wie vor tragen die Israeliten jede Abgabe gleich dem wirklichen Bürger. Dazu ist ihnen aber noch, gegen das Conclusum vom 10 ten April 1752, die Verpflichtung zum persönlichen Wachdienst aufgebürdet (Reglement des Bürger-Militärs vom 10 ten Sept. 1814), ja sogar die bürgerliche Kriegspflichtanordnung vom Jahr 1821, welche, nach dem Beispiel größerer Staaten, die Completirung des Bundes-Contingentes mittelst Losung anordnet, erstreckt sich mit auf sie und gleich dem Christen sind sie verpflichtet, wenn das Loos sie trifft und ihre körperliche Constitution nicht im Wege steht, persönlich oder durch einen |Bl. 23| Stellvertreter die Jahre hindurch den Garnisondienst zu leisten. Daß diese Verpflichtungen für die Israeliten eine Bürde sein müssen, ist klar, schon deswegen, weil selbst die Christen sie als solche ansehen, dem Dienst in der Bürgergarde sucht sich mancher wegen des damit verknüpften Kosten- und Zeit-Aufwandes zu entziehen, und gegen die Kriegsdienst-Pflichtigkeit haben wir uns zu oft als Opponenten vernehmen lassen, als daß nicht dieselbe als eine bedeutende Bürde bezeichnet werden sollte. So ehrenvoll es uns als Bürger der alten Hansestadt erscheinen muss, in den Tagen der Gefahr für das Vaterland die Waffen zu tragen, so wenig schicklich scheint uns, den Mitgliedern eines handeltreibenden Staates, der Dienst im Frieden und <u>wir</u> haben doch Theil am Staate, unter dessen Fahnen wir uns stellen sollen, wir haben doch durch |Bl. 23 b| einen Eid uns verpflichtet, ihm treu und hold zu sein, wir tragen im Notfall die Waffen für unseren Heerd und unsere Rechte – der Israelit dagegen? – Er hat keinen Heerd und keine Rechte - . Er trägt die Waffen nur um seine Disabilities zu erhalten.

Diese Disabilities[239], Unfähigkeiten möchte man sagen, sind es aber, welche die jüdische Lage in Hamburg zu einer so unangenehmen machen, welche es verursachen, daß de[m] Israeliten die Verpflichtungen, welche [er] mit dem Bürger gemeinschaftlich trägt, so lästig werden.

Sie sind es, welche den Vorwurf der Ungerechtigkeit gegen die Juden, den man dem hamburgischen Staate macht, begründen. Der Schale, in welcher die bürgerlichen Verpflichtungen ruhen, gegenüber, hängt an der Waage der Gerechtigkeit die Schale, welche die bürgerlichen Befugnisse enthält. Es sind dieselben theils politischer |Bl. 24| theils privatrechtlicher Art; Gesetze und Gewohnheiten haben die Israeliten von der ersten Gattung gar keine, von der letzten höchst unbedeutende zuertheilt [bekommen].

Um die ersten, nämlich die politischen Befugnisse der Bürger Hamburgs, näher zu betrachten, so zählt man dahin das Recht, sich Erbgesessenheit und durch diese, Zutritt in die gesetzgebenden Versammlungen zu erwerben. In den früheren Zeiten konnte nur der Lutheraner dazu gelangen; seit 1814 ist aber den Bekennern der anderen christlichen Confessionen unter den sonstigen Bedingungen[240] diese Befugnis zugestanden, nur den Israeliten ist, wenn auch Bildung, Geist und Wohlhabenheit ihnen zur Seite steht, eben weil sie Juden sind, jede Möglichkeit, die Gesetze, denen sie sich unterwerfen müssen, mitzuberathen, genommen.

---

239 [Den Begriff übernahm Sutor wohl aus der „Zeitung für das gesamte Judenthum“. Jedenfalls tauchte dieser in den oben genannten Ausgaben auf.]

240 Die[se] Bedingungen sind aufgestellt in dem Neuen Reglement der hambg. Rath- u. Bürger-Convente v. 4. Junii 1710. Tit I. Cf. Neuer Abdruck der vier Hauptgesetze d. hamburgischen Verfassung, Hamburg 1823.

Man zählt ferner dahin |Bl. 24 b| die Wahlfähigkeit zu [!] Senat, früher ebenfalls bedingt durch das Bekenntnis der lutherischen Religion, seit dem 16. Decbr. 1819 aber auf alle Christen ausgedehnt. Auch hier ist der Jude unfähig.

Dahin gehört endlich die Wahlfähigkeit in die bürgerlichen Collegien, und auch diese fehlt den Israeliten, schon zu Folge der uralten Einrichtung, daß dieser Corporation die Verwaltung der lutherischen Kirchen obliegt.[241]

Aber nicht allein, daß ihm jeder Zutrit[t] zu den gesetzgebenden Behörden verschlossen ist, auch alle verwaltenden Behörden schließen ihn aus ihrer Mitte aus. Kein Amt, weder ein Ehrenamt[242], noch ein besoldetes Amt kann der Bekenner des mosaischen Glaubens bekleiden, und es ist wahr, daß selbst die niedrigsten Bedienungen an der Stadt nie an einen seinesgleichen vergeben werden. |Bl. 25|

Bei einer Aufzählung der privatrechtlichen Befugnisse der hamburgischen Bürger und bei einer Betrachtung derselben hinsichtlich der Befähigung der Israeliten zu ihnen, müssen wir den gesetzlichen Zustand festhalten. Es wird sich oft zeigen, daß die Existenz desselben eine schwankende ist, daß häufige Ausnahmen die Härte, welche in ihm liegt, gemildert haben, allein diese Ausnahmen sind eben nur Ausnahmen, für einzelne Fälle gestattet, und zeigen theils, daß die Gegenwart nicht mehr die klirrenden Fesseln der früheren Zeiten liebt, theils aber auch, daß eine folgende Zeit, mag sein aus welchem Grunde, mit leichter Mühe sie wieder wird aufputzen und an ihnen sich waiden [!] können. Beides wird im Verlaufe unserer Betrachtung die Ansicht unterstützen, daß eine Veränderung in |Bl. 25 b| der Lage der Israeliten vorgenommen werden müsse.

Die erste privatrechtliche Befugnis, welche ein Bürger als solcher hat, ist die: Schutz vom Staate im Innern und nach Außen hin zu fodern. Es ist dies die einzige Fodrung welche der Jude gesetzmäßig auch an den hamburgischen Staat machen kann.

241 [Der Text einer von A. Sutor hier vorgesehenen Fußnote K fehlt.]

242 [Gemeint ist: Außerhalb seiner mosaischen Religionsgemeinschaft.]

Der Schutz im Innern, welcher der Polizeibehörde obliegt, möchte im allgemeinen aber, sofern er darauf abzielt den Privatmann gegen Angriffe zu sichern, Juden, ohne Unterschied, im Staate geleistet werden müssen, er sei Bürger oder Fremder. Die Tendenz des Staates, Ruhe und Ordnung aufrecht zu erhalten, legt ihm diese Pflicht auf, wir können daher die Befugnis des Israeliten, deren Erfüllung zu fodren nur für eine sehr geringe achten, da offenbar dem Staate |Bl. 26| ein großer Nachtheil aus der Exemtion Einzelner von seinem Schutz entstehen mögte, indem eben diese sodann Anlass zu Tumulten und Störungen der öffentlichen Ruhe und Sicherheit geben würden. Ob aber diese gerechte Fodrung vom Staate erfüllt wird, das ist eine andere Frage und hören wir die Antwort mancher Israeliten, so möchte es scheinen, als ob der Staat zwischen dem einem Christen und dem einem Juden zu leistenden Schutz ~~einen~~ Unterschied mache. Sie behaupten nicht, daß sich diese Unterscheidung täglich zeige, sondern sie versichern uns, daß bei den sogenannten Judentumulten 1819 und 183[5][243] sie, als die Unschuldigen immer gegen die Christen im Nachtheil gewesen wären.

Unsere Erfahrung reicht nicht hin, zu entscheiden, ob sie Recht haben oder nicht, wir glauben aber |Bl. 26 b| daß eine Bevorzugung des Christen vorgekommen sein kann, da eben das Vorurtheil also die Praesumtion [Argwohn, Voranname J. B.] gegen die Juden war.

Etwas gewichtiger ist schon die Befugnis des Israeliten auch Schutz nach Außen hin vom Staate fodern zu können, welcher

---

243 [Im Manuskript steht eindeutig die Jahreszahl 1836. Hier wird es sich um einen Schreibfehler handeln. „Judentumulte" gab es nach 1819 vor allem 1830 aber auch 1835. Zu der inhaltlichen Aussage über die „Behauptung" der Juden passt die Notiz auf einem einzelnen Zettel, der überschrieben ist mit „ zu pag. 44":
„Sie behaupten zwar nicht, daß sich diese Unterscheidung täglich zeige, aber sie wollen auch >versichern< [und, daß bei gleichem Unrecht auch] daß bei besonderen Veranlassungen der Jude sich gegen den Christen zurückgesetzt sieht. Wir sind indeß der Meinung, daß es ihnen wie denen geht, welche in einer niederen Stellung auch bei dem gerechtesten Urtheile den Höheren bevorzugt meinen, denn wir können uns nicht denken, daß Männer, wie sie an der Spitze unserer Polizei stehen, von Vorurtheilen befangen sein u. ihnen Einfluß auf ihre Erkenntnisse einräumen sollten."]

ihm im Recess von 1710 zugesprochen ist. Allein genau betrachtet erscheint auch sie bei dem jetzigen Zustande der Gerichte, die fast überall darin ihren Ruhm setzen, ohne Ansehen der Person zu urtheilen, als eine geringfügige.

Das zweite Recht der Bürger ist ein weit wirksameres, nämlich das, bürgerliche Nahrung und Gewerbe zu treiben und da schon werden die Israeliten vielfach beschränkt. Das Aemter-Reglement von 1710 bedingte den Eintritt |Bl. 27| in Aemter und Zünfte durch das Bekenntnis einer der drei im heiligen römischen Reiche rectificirten Religionen, und schloß somit die Israeliten von demselben aus. Das neue am 6 ten April 1835 publicirte General-Reglement für die hamburgischen Aemter und Bruderschaften hebt zwar diese Bestimmung auf, setzt jedoch an dessen Stelle eine augenblicklich noch gleich wirksame, indem es Tit 4 § 37 und Tit 6 § 111 diejenigen Religionsverwandten von der Aufnahme ausschließt, welche nach der bestehenden Verfassung das Bürgerrecht nicht erlangen können.[244] Somit sind die Israeliten von der Betreibung jedes zünftigen Handwerkes, jedes amtlichen[245] Geschäftes ausgeschlossen, sie können also die 3 am Schlusse des besagten Reglements als zünftig aufgeführten |Bl. 27 b| Gewerbe nicht ergreifen. Auch auf das Recht Handel zu treiben, äußert diese Bestimmung ihren Einfluß, da der Detailhandel mit einer Menge von gangbaren Gegenständen zur alleinigen Befugnis des sogenannten Kramer-Amtes gehört. Demzufolge ist ihnen fast allein der Verkauf von Thee und Tabak sowie von Manufaktur-Waaren, ausgenommen Tuch, Leinwand und Seidenwaaren, gestattet.

Der Kleinhandel, welcher gegen diese Bestimmungen von ihnen mit verbotenen Artikeln auf den Gassen, oft vor den Thüren der allein Berechtigten getrieben wird, existiert eigentlich nur als ein Zeichen, daß die gewerblichen Bestimmungen veraltet und daher abzuschaffen sind. –

---

244 [An dieser Stelle war eine Fußnote vorgesehen.]

245 [Gemeint sind Handwerks- und Krämer-Ämter.]

Zur Advocatur, deren Betreibung nach der |Bl. 28| Notification vom 14 ten Februar 1816 an Erwerbung des Bürgerrechts geknüpft ist, qualificiren sich die Israeliten nicht und wenn trotz dem ein Mitglied der jüdischen Gemeinde als Sachwalter practicirt, so geschieht das nur auf Umwegen.[246] Dagegen steht ihnen aber , wir können nicht umhin es hier ausdrücklich zu erwähnen, die medicinische , sowie die höhere chiru[r]gische Praxis frei, die niedere letztere, welche das Barbier- und Bader-Amt umfasst, ist ihnen, als nicht Zunft- und Amtsfähigen untersagt, woraus sich ergibt, daß, wie von jeher (bekanntlich waren die medizinischen Kenntnisse während des Mittelalters fast allein in den Händen der Israeliten) noch jetzt, wenn es auf Leben und Sterben ankommt, die Hülfe der Israeliten nicht verabscheut wird, so sehr man sie in sonstigen Verhältnissen |Bl. 28 b| zu verachten sich gewöhnt hat.

Die dritte rein privatrechtliche Befugnis, welche den Bürgern Hamburgs zusteht, ist Theilnahme an den bürgerlichen Privilegien und den städtischen Stiftungen. Hier finden wir den Israeliten jeder Berechtigung beraubt, nur den Besitz eines Foliums in der Bank und die Ausübung des Transito-Rechts[247] können sie sich durch Erlegung der Summe, welche sonst für das Haupt-Bürgerrecht, bezahlt wird, erkaufen. Dagegen kommt ihnen aber die für Bürgergut geltende Exemtion vom Staderzoll unter keiner Bedingung zustatten. [248]

Es wird schwer sein, wollten wir die Privilegien eines Hamburger Bürgers aufzählen, sie bestehen meistentheils in Kleinigkeiten, denen das Leben |Bl. 29| so oft seinen Reiz verdankt und ihr Dasein und verkündet sich hinlänglich in dem Stolze, womit das Wort „ich bin ein Bürger" ausgesprochen wird. So z.

246 Die Art u. Weise aber, wie der jüdische Advocat von den christlichen Sachwaltern behandelt wird, zeigt, daß diese die gesetzliche Ausschließung für ungerecht halten.

247 [Transit-Waren bleiben an Bord und im Hafen zoll- und steuerfrei.]

248 Vom Stader Elbzoll ist nur eximirt Hamburger Bürger-Gut auf hamburgischen Schiffen. Wie Hannover das kaiserliche Privilegium interpretirt hat, findet sich in Dr. Soetebehr´s , Des Stader Elbzolles Ursprung, Fortgang und Bestand, Hbg. 1838.

B. ist ihnen nicht gestattet gültig eine Armuthsbescheinigung zu unterzeichnen; wo ein Israelit ihrer vor Gericht bedarf um das beneficium adnotationis (das sogenannte Armenrecht) erlangen zu können, muß er einen von den Vorstehern der israelitischen Gemeinde ausgestellten Bestätigungsschein seiner Dürftigkeit beibringen.

Der Recurs an die bürgerschaftlichen Collegien im Falle einer Rechtsverletzung steht rechtlich und streng genommen ebenfalls nur den Bürgern zu und wenn die Praxis die Beschwerden eines Juden nicht zurückzuweisen erlaubt, so ist [dies] wiederum unserer Meinung |Bl. 29 b| nach nur dem Fortschritte der Zeit gehuldigt. [249]

Was aber die städtischen Stiftungen betrif[f]t, so ist der Genuß derselben ihnen bis jetzt ohne Ausnahme, man möchte denn als solche die Kleinkinderschulen betrachten, versagt. Armenanstalt, Krankenhaus, Waisenhaus – alle diese Institute, die einem wohlthätigen Sinne ihren Ursprung verdanken, sind für sie unzugänglich und ist diese Auschließung um so[250] ungerechter, als für die Erhaltung dieser Anstalten von den Israeliten insofern immer contribuirt wird, als sie ihren Beitrag zu den Staatslasten geben, wie jeder Bürger, und der Staat aus seiner Casse wiederum zu den Ausgaben jener Anstalten contribuirt.

Hieraus ergiebt |Bl. 30| es sich, daß eigentlich der oft aufgestellte Satz, der Israelit gebe dem Staate nichts mehr, als jeder andere Bürger, falsch ist, denn neben den Abgaben, welche er an die öffentliche Casse entrichtet, liegen ihm durch den Ausschluß seiner Glaubensgenossen von der Benutzung der zum Theil vom Staate erhaltenen wohlthätigen Anstalten wiederum Ausgaben auf, und zwar, um diesem Ausschlusse seine schrecklichen Folgen zu nehmen, zur Erhaltung abgesonderter Stiftungen. Ein glückliches Verhältnis zwischen Reich und Arm in der Judengemeinde und der nicht zu verkennende Wohlthätigkeitssinn der Bekenner des mosaischen Glaubens hat bisher

---

249 Cf. Einige Abhandlungen über Gegenstände der hamburgischen Verfassung, Hamburg 1835, pag. 327.

250 [An dieser Textstelle endet die eingangs erwähnte Druckfassung mit S. 48.]

diese Ausschließung dem Ganzen unfühlbarer gemacht, sollte aber die Classe |Bl. 30 b| der wohlhabenden Juden sich verringern, so möchte die dadurch herbeigeführte Versiegung der Hülfsquellen für die jüdischen Armen am Ende den Staat schon zwingen ~~seine ungerechte Handlungsweise einzusehen~~ sie als seine Armen anzuerkennen. Hoffentlich wird aber bis dahin das Recht siegen und durch eine freie Handlung, im Gefühl der moralischen Nothwendigkeit, das ausgeführt werden, was später sonst vielleicht das Mitleid hervorrufen würde.

Das letzte Recht des Bürgers ist die Befugnis, Grundstücke und Schiffe unter hamburgischer Flagge eigenthümlich zu besitzen. Es ist den Juden nicht zu theil geworden, da ihnen, wie wir oben zeigten, der Grundbesitz verboten und das Recht hamburgische Flagge zu führen |Bl. 31| nur den Schiffen hamburgischer Bürger zusteht. Wenn nun in Bezug auf das erste oft Ausnahmen vorkommen, so wurden diese doch nach Einholung einer speciellen Genehmigung und dann auch nur in einem bestimmten Theile der Stadt erlaubt. [251] Dazu kommt nun noch, daß selbst die <u>Befugnis zu wohnen</u> nach altherkömmlichen Formen beschränkt ist und daß wie bisher, es von den Nachbarn abhängt, ob sie ihn dulden wollen in ihrer Nähe oder nicht; in der Vorstadt St. Pauli darf er aber selbst wenn die Nachbarn einverstanden wären, nicht wohnen.

Zu diesen Beschränkungen bürgerlicher Rechte gesellt sich zur Vervollständigung des Leides der jüdischen Lage noch eine, die unter keine der |Bl. 31| obigen Classen paßt, die aber in der That für einen ehrliebenden Menschen, weit drückender sein muß, als alle die genannten. Es ist nämlich, wie wir eben angeführt haben, den Israeliten die Verpflichtung auferlegt in der Bürgergarde zu dienen; man sollte denken, daß nach dem Geiste, welcher dieses Institut in's Leben gerufen, in ihm selbst kein Unterschied zwischen Christen und Juden sein dürfe, allein es hat sich eine Zurücksetzung der letz[t]eren und eine sehr fühlbare eingeschlichen, nämlich die, daß <u>kein Israelit das Portepée zu tragen erhält</u>. Mag derselbe auch solange dienen,

251 Wo Umstände einen Juden zwingen ein Grundstück in ihm nicht zugängiger Gegend zu leihen, da läßt er es auf den Namen eines Christen schreiben.

gegen ihn nicht das Geringste auszusetzen sein, so wird er doch nur bis zum Sergeanten avancieren können[252], und nie wird er zum Offizier erwählt werden. Es |Bl. 32| ist kein Gesetz darüber vorhanden, allein die vom Offiziers-Corps bei den seit Jahren getroffenen Wahlen befolgte Ansicht, hat eine Regel gebildet, deren Verletzung bis jetzt Niemand gewagt hat.

So wäre denn nun das Bild der jetzigen Lage der Israeliten in Hamburg, so weit es zu unserer folgenden Betrachtung als Grundlage zu dienen hat, vollendet, denn was ihre Gemeindeverfassung anbelangt, so gehört diese hier nicht her[253], da es nur darauf ankam, die beschränkten Verhältnisse der Israeliten zum Staate, nicht aber alle ihre Verhältnisse, also auch die unter ihnen selbst bestehenden zu entwickeln.

|Bl. 32 b| Es scheint uns aber, ehe wir das Benehmen der Israeliten in Bezug auf ihre, so seit dem Abzuge der Franzosen gestalteten Lage ins Auge fassen, unumgänglich nöthig zu zeigen, wie so lastend sie ist und wie mit Recht der Wunsch nach einer Veränderung bei ihnen laut werden wird; der Darsteller darf sich dieses Recht nicht nehmen lassen, wenn auch der denkende Leser das Zusagende [!] sich selbst leicht suppliren [ergänzen, hinzudenken, J. B.] könnte.[254]

---

252 Wir kennen Israeliten die 15 – 18 Jahre dienen, und dabei schon 10 Jahre Sergeanten sind.

253 Eine ziemlich ausführliche Darstellung der jüdischen Gemeinde-Verfassung in Hamburg findet man in der neuen Judenzeitung, Jahrgang I, No 97 und No 106 [= Allgemeine Zeitung des Judenthums, 1. Jg. 1837].

254 [Die Jüdische Gemeinde war mit einer weiteren unangenehmen Aufgabe belastet, die Sutor in seinen Notizen nur kurz erwähnt, deshalb wird hier nach einer anderen Quelle zitiert: „Fremde Juden erhalten nur dann eine Aufenthaltskarte, wenn sie von den Vorstehern der Judengemeinden ein Zeugniß beibringen, daß in Hinsicht ihrer Aufführung und ihrer Verbindungen kein Hindernis vorhanden, ihnen einen längeren oder kürzeren Aufenthalt zu gestatten. Auch müssen die Vorsteher die eingeschlichenen und der Gemeinde lästigen oder verdächtigen Juden der Polizei durch ihren Officianten anzeigen. (And. III, 95)."
Vgl. auch Buek, F. G., Handbuch der Hamburgischen Verfassung und Verwaltung, Hamburg 1828, S. 210. Buek verwies auf: Sammlung der Verordnungen der freyen Hanse-Stadt Hamburg … Bearbeitet von Christian Daniel Anderson, Bd. III, S. 95.]

Wir haben gesehen, daß nach der Zeit einer völligen Freiheit das alte ~~Joch~~ >Gesetz< wieder auf die Nacken der Armen gelegt ist; man läßt es nicht allein bei den Lasten, die ihnen die Vorzeit schon aufgebürdet hatte, bewenden, sondern man häufte noch neue hinzu, man verpflichtete sie nämlich zum Tragen der Waffen. Diese Verbindlichkeit, im Frieden und im Kriege dem Staate zu dienen, ist in Ansehung ihrer Lage zu demselben eine außergewöhnliche; da |Bl. 33| sie der Staat nicht als intregrirende [!] Theile ansieht, sondern sie nur Soldat [sein müssen, J. B.] und daher von ihnen die Aufopferung von Gut und Blut zu fodern, kein Recht zu haben scheint. Erst mit Übertragung der Staatsbürgerschaft auf sie haben Länder wie Preußen, Baden, Baiern, die Befreiung der Juden vom Kriegsdienste aufgehoben. Da aber durch ihre Aufnahme in den Staatsverband der frühere Befreiungsgrund wegfiel; die Staaten dagegen welche dem System des Mittelalters forthuldigten, wagten es auch nicht, die dann billig erscheinende Befreiung anzutasten. In Hamburg setzte man sich darüber weg, ohne zu bedenken, daß man eine in der That nicht geringe Last auf die Juden wälze, als welche wir aber sowohl den Dienst in der Bürgergarde, noch viel mehr aber den Dienst im stehenden |Bl. 33 b| Heer dargestellt haben.

Daß nun neben dieser die Vorenthaltung so mancher Rechte, deren Genuss den Bürgern freisteht, eine drückende Ungerechtigkeit enthält, wird keiner leugnen, wenn er bedenkt, daß die Verpflichtungen, welche der Bürger auf seinen Eid gegen die Stadt übernimmt, ohne Ausnahme auch auf dem Juden liegen, und wenn er die Beschränkungen selbst in Bezug auf ihre Wirkungen ins Auge fasst.

Schon darin liegt wirklich ein trauriges Moment im Leben der jüdischen Gemeinde, daß sie die zur Arbeit unfähigen Glieder aus ihren eigenen Mitteln unterhalten muß, daß keine Anstalt, welche für solche Fälle vom Staate getroffen ist, von ihr benutzt werden darf, obgleich sie zum Unterhalte |Bl. 34| derselben indirect beisteuern muß. Ganz abgesehen von der ~~Ungerechtigkeit und~~ Unbilligkeit, welche offenbar in solcher Einrichtung liegt, ist die den Juden dadurch auferlegte besondere Unterstützung ihrer Armen und Kranken eine bedeutende Last für sie, denn unter den 7500 Seelen, welche ihre Gemeinde zählt, sind ungefähr ein Drittel der Hülfe bedürftig, während nur weniger als ein Drittel diese Hülfe herbeizuschaffen vermögend genug ist und so kann dieses Drittel sich wohl beklagen. Bei dem ersten Anblike [!] mag die angegebene Zahl der Hülfsbedürftigen im Verhältnis zu der Zahl der Israeliten überhaupt zu hoch scheinen, allein der Grund dafür liegt eben in den Beschränkungen, der die Juden hinsichtlich der |Bl. 34 b| Gewerbefreiheit unterliegen.

Die wenigen Geschäfts-Zweige, zu welchen ihnen der Zugang nicht abgeschnitten ist, werden durch das Drängen der Menge überhäuft und da gerad diejenigen ganz fehlen, in welchen ohne Capital, durch Händearbeit und Geschicklichkeit, der Bedarf des Lebens ziemlich sicher erworben wird, so ist eine immer mehr überhand nehmende Armuth natürliche Folge, eine ebenso natürliche Folge bei der jetzigen Lage der Dinge, aber auch eine wachsende Belästigung der Reicheren. Unter solchen Umständen kann es leicht geschehen, daß letztere überdrüssig, für eine große Menge sorgen zu müssen, nach und nach sich aus dem hiesigen Nexus fortbegeben werden und möchte dann am |Bl 35| Ende, wie wir schon ausführten, der Staat zur Vorsorge für die jüdische Armuth gezwungen sein, um dem Unheile, welches die nothwendige Folge einer Masse sich selbst überlassener Armen ist vorzubeugen.

Eine besondere Aufmerksamkeit verdient daher, auf dem Standpunkte, von welchem wir jetzt die jüdischen Verhältnisse betrachten wollen, <u>die Beschränkung ihrer Gewerbsfreiheit</u>.

Bekanntlich ist dem mittelalterlichen Zunftwesen die neuere Zeit nicht hold. Gewerbefreiheit ist der schon in mehreren Staaten realisirte Wunsch und man glaubt sowohl die productive Kraft des Staates, als den Erfindungsgeist zu wecken und zu beseelen, wenn man eine ungehinderte Concurenz in allen Zweigen der |Bl. 35 b| menschlichen Thätigkeit zuläßt.

In Hamburg selbst herrscht noch das städtische Zunft- und Aemterwesen mit ziemlicher Strenge, wenigstens in Bezug auf die Juden, und die Erscheinung früherer Jahrhunderte, daß eine bestimmte Menschenclasse unfähig erschien zu dieser oder jener Beschäftigung, zeigt sich hier, wie wir eben belegten, noch in vollem Glanze. Es bedarf wohl keines Wortes um im allgemeinen die freie Wahl eines Berufes als ein unschätzbares Recht darzustellen.

Jeder wird es fühlen, wie schrecklich es sein müsste, in dieser Hinsicht sich gefesselt zu sehen. Der jüdische Hausvater, den Gott mit Kindern gesegnet hat, muß in der That mit traurigem Gefühle auf die Häupter seiner Lieben blicken, wenn ihm nicht |Bl. 36| ein günstiges Geschick zugleich ein erforderliches Capital schenkte, um die Existenz seiner Söhne zu begründen. Der arme Christ wird in solchem Falle den einen Sohn zum Tischler, den anderen zum Zimmermann geben, und wird sich, wenn er auch ihnen nichts nachläßt, trösten damit, daß das Handwerk einen goldenen Boden habe; der jüdische Vater dagegen hat die Wahl seine Söhne mit wenigen Thalern ausgestattet, auf den Markt und in die Gassen zu senden, um zu handeln und zu hausiren, oder sie eines jener wenigen und dazu >keinesweges< einträglichen Handwerke lernen zu lassen, die seines Gleichen auszuüben erlaubt sind.

Selbst in den höheren Regionen der menschlichen |Bl. 36 b| Thätigkeit in unserm Staate tritt dieses Bild uns entgegen. Die Anwendung jener Kenntnisse, die eine ihrer Erlangung gewidmete Jugend fodern, ist, wie wir schon oben zeigten, nicht freigegeben.

Der jüdische Jurist darf nicht practiciren vor unseren Gerichten, so wenig wie ein jüdischer Philologe als Lehrer eine Anstellung vom Staate erhalten kann. So liegt durch die Ausschließung von manchen Gewerben eine in der That drückende Last auf der Judenschaft, die von so bedeutenden Folgen geworden ist, daß aus ihr sich, wie unten gezeigt werden wird, fast gänzlich der Charakter der Juden erklären läßt.

Ob das Verbot des Grundbesitzes für den Israeliten drückend sei, daß wollen wir denen |Bl. 37| zu beurtheilen anheimstellen, welche sich in die Lage eines solchen zu denken vermögen, der mit Gütern gesegnet sein Haupt auf einem freien Eigenthum zur Ruhe zu legen wünscht, und der nun hört: „du bist ein Jude, du darfst es nicht!“ ~~Es liegt darin eine böse Infamie,die jeder Ehrliebende fühlen wird~~; Noch stärker aber wird das Ehrgefühl verwundet durch die Beschränkung hinsichtlich der Wohnung, da durch sie der untadelhafte Jude den Chicanen ~~christlicher Heuchler~~ jedes Christen zu weichen gezwungen wird und am meisten beleidigend ist endlich die gebräuchliche Zurücksetzung der Israeliten in den Reihen des Bürger-Militärs. Es scheint als ob man das Portepée für entweiht ansieht, wenn ein Jude es trägt.[255] |Bl. 37 b|

Zurücksetzung zu erdulden ist schwer und es liegt ein schmerzhaftes Gefühl darin, sich sagen zu müssen, du bist nur aus einer gewissen Ursache zu dieser oder jener Handlung, die sonst Jedem freisteht, zu dieser oder jener Stellung, die sonst Jeder einnehmen kann, unfähig. Dieses Gefühl ist nun aber die Last, welche auf die Israeliten dadurch gelegt ist, daß man sie zu vielem unfähig erklärt, aus dessen Erwerb gerade kein positiver Nutzen deducirt werden kann.

Nach diesem Allen wird es wohl von keinem bestritten werden, wenn wir die Judenschaft als eine vielfach verpflichtete und unterdrückte , dagegen aber sehr wenig berechtigte Gemeinde darstellen. Daß nun die Juden ihre Lage |Bl. 38| fühlen und sich über dieselbe beklagen ist wohl natürlich, wenn wir theils die Stufe der Bildung ins Auge fassen, welche sie mit der Zeit erklommen haben, theils aber auch die Erinnerung an frühere Zeiten und besonders die an die französische Zeit bedenken, welche nothwendig bei ihnen wach bleiben muß, da verlorene Güter ja so selten vergessen zu werden pflegen.

In früheren Zeiten war die allgemeine Lage der Israeliten zwar schlimmer als jetzt, allein für die Unterdrückten selbst nicht so fühlbar. Die kaiserlichen Kammerknechte des Mittelalters kannten und sahen kein freundlicheres Loos für sich, als das ihnen beschiedene und trugen es, daher dem Bestehenden sich fügend.[256]

---

255 In Frankreich weiß man von solcher Ansicht nichts, es gibt vielmehr dort selbst im Stabe ausgezeichnete jüdische Offiziere.

256 Die Lage der Israeliten im Mittelalter ist gewiß, wenn auch nur aus Romanen, Jedem

Die jetzigen Israeliten aber |Bl. 38 b| haben in der Nähe und Ferne ihre Rechte aussprechen hören und haben gesehen, daß man, alle Vorurtheile über den Haufen stoßend, ihre Glaubensgenossen zu Staatsbürgern gemacht hat; die allgemeine Bildung, welche seit den stürmischen ersten Jahren des 19. Jahrhunderts von fast Jedem gesucht und zu deren Erlangung so mancher Weg eröffnet wird, hat auch bei ihnen Eingang gefunden und selbst der tiefer begründeten Gelehrsamkeit in jeder Facultät haben sich mit glänzendem Erfolge Mitglieder des mosaischen Bundes gewidmet. [257]

Daß diese fühlen, wie hart die Behandlung ihrer Glaubensgenossen in Hamburg ist, darf den nicht wundern, der selbst einst die Worte der Griechen und Römer las und sich die freien Ansichten derselben ins Gedächtnis prägte. Daß aber auch der, welcher sich nicht gerade dem gelehrten Fache gewidmet hat, zufolge der Stufe worauf die allgemeine Bildung steht, das ihm zugefügte Unrecht, die ihm zu theil werdende unbillige Behandlung fühlen muß, läßt sich aus den Begebnissen der Zeit, aus ihren Forderungen erklären. Ganz besonders aber fühlt dies der hamburger Israelit, der während der traurigen Jahre der französischen Herrschaft ein Bürger des Staates war, der bei dem ersten Flammenzeichen, welches aufforderte zum Kampfe gegen den unüberwindlich scheinenden Imperator, freudig sein Gut und Blut auf dem Altar des Vaterlands legte, nicht erwartend, daß |Bl. 39 b| man ihn undankbar ~~und verhöhnend~~ zurückstoßen werde in das alte Elend und der jetzt seine Lage noch drückender, seinen Glauben noch wie früher verachtet sieht.

---

bekannt. Sehr schön schildert sie unter andren Walter Scott, Ivanhoe, cap. 5.

267 [Die folgende Fußnote wurde von Sutor gestrichen: „Wir erinnern an Moses Mendelsohn, Dr. J. M. Jost, Dr. Geiger, Heine, Börne.“ Gemeint waren neben den bekannten Persönlichkeiten: J. M. Jost, Geschichte der Israeliten seit der Zeit der Maccabäer bis auf unsre Tage nach den Quellen bearbeitet, 9 Bde. Berlin 1820 – 1857 sowie A. Geiger, Was hat Mohammed Aus Dem Judenthume aufgenommen?
Eine von der Königl. Preussischen Rheinuniversität gekrönte Preisschrift, Bonn 1833.]

In der That es läßt sich erwarten, daß die Israeliten 24 Jahre hindurch nicht müßig gewesen sind. Das waren sie dann auch nicht. Früher supplicirte die Judenschaft alle ein bis zwei Jahre zu Senat und bat um eine Veränderung ihrer Lage; später ernannte sie ein eigenes Emancipations-Comité, bestehend aus 9 Mitgliedern, und nun setzt diese jene bisher fruchtlosen Bemühungen fort. Im Jahre 1835 ward eine solche Supplik begleitet von einer Schrift des Herrn Dr. Rießer betitelt: Denkschrift über die bürgerlichen Verhältnisse der hamburgischen Israeliten |Bl. 40| zur Unterstützung der von denselben an Einen Hochedlen und Hochweisen Rath übergebenen Supplik, welche dann jedem Mitgliede der bürgerlichen Collegien, mit der schriftlichen Bitte um eine Prüfung des Inhalts, zugesandt wurde. – Wie wir vernommen haben ist diese höchst sachgemäß abgefaßte Schrift nicht ohne Wirkung geblieben, allein die im folgenden Jahre entstandenen Juden-Tumulte, angezettelt von irgendeinem Nichtdenkenden, fortgesetzt von der Hefe des Volkes des Volkes und verachtet von den Besseren, hatten doch die Folge, daß der Senat seine Propositionen [aussetzte][258] und in seiner Antwort an die Judenschaft auf eine günstigere Zeit vertröstete.[259]

Daß der Moment jetzt ~~dahin~~ schon da sei, in welchem man |Bl. 40 b| mit Erfolge die Sache der Israeliten vornehmen und ihrem Ziele entgegenführen könne, wird von uns nicht bezweifelt, denn wir sind überzeugt, daß der redliche Wille in jedem Bewohner der Hansestadt wach und kräftig ist, Unrecht gut zu machen und die Billigkeit walten zu lassen; wir sind überzeugt, daß kein Grund welchen die Judenfeinde in das Feld geführt haben, um die verrosteten Fesseln gegen die Feinde der Un-

258 [Im Original steht: „aufstützte“. Dies gibt aber selbst dann keinen Sinn, wenn nach dem Grimm'schen Wörterbuch Nebenbedeutungen wie streitend, uneinig, widerspenstig herangezogen würden.]

259 Seitdem ist, wie wir vernommen haben leider der Emancipations-Verein aufgelößt [!], u. zwar, wie man sagt, weil keine Aussichten vorhanden. - Wir theilen diese Ansicht nicht, uns will es vielmehr scheinen, als wenn die fortgesetzten Bemühungen einer Anzahl geachteter Männer nie ganz ohne Erfolg bleiben können, daß >von|< einem solchen Verein der Wunsch der Judenschaft realisirt wird.

terdrückung zu schützen, gewichtig genug sein wird, um die Forderungen des Rechtes und der Billigkeit zu vereiteln.

Unsere erste Überzeugung können wir nicht weiter belegen, sie beruht auf unserem Glauben an Menschen, wollte Gott, daß wir uns |Bl. 41| nicht täuschen, die zweite ausgesprochene Ueberzeugung aber, stützt sich auf vielerlei; wir wollen sie begründen und wird es daher unsere Aufgabe sein, nachdem wir gezeigt haben; wie sehr Gerechtigkeit und Billigkeit eine Veränderung der jüdischen Verhältnisse fodern, die Gegengründe welche den Emancipations-Forderungen in den Weg gestellt werden im Allgemeinen und in Bezug auf Hamburg zu beleuchten.[260]

II

|Bl.44| Gleiche Pflichten, gleiche Rechte, das ist ein Grundsatz, der dem Herzen eines Juden eingeprägt ist, das ist das große Wort, das wie so manches andere einst in den Bann gethan war, das aber unter dem Donner der Kanonen und unter dem Aechzen der Sterbenden seiner Fesseln sich entledigt hat, und nun wieder frei in die Welt hinaus gesprochen werden darf. Seine Wahrheit liegt in der Brust eines Juden begründet. Es empört sich unser Gefühl, sehen wir Jemanden mit allen möglichen Lasten beladen, und ausgeschlossen von allen Rechten, sehen wir jemanden arbeiten ohne Lohn, unterdrückt von seiner Umgebung, dem Sclaven gleich, der unter der Peitsche des rohen Aufsehers seufzet.

Der Staat läßt sich in der That am Besten unter dem Bilde einer Familie fassen und dann steht die Judenschaft |Bl. 44 b| in vielen Ländern, auch in unserem Hamburg, da, wie Aschenbrödel in jener Sage. Oft freute es uns als Kinder, wenn am warmen Ofen sich das freundliche Phantasie-Gebilde enthüllte, wenn die gütige Fee das zurückgesetzte, von allen Genüssen ausgeschlossene, allein zur Arbeit verdammte Mädchen hineinführte in den glänzenden Ballsaal!

Wir wollen uns als Männer freuen, wenn der Zeitgeist das un-

260 [Die folgenden Blätter 42 - 43b sind unbeschrieben.]

terdrückte Judenvolk hinaus führen wird in die Staatshalle, die erleuchtet wird durch das strahlende Wort: gleiche Pflichten, gleiche Rechte!

„Es wird eine Zeit kommen, sagt Herder in seinen Ideen zur Philosophie der Geschichte der Menschheit, Theil 4, pag. 46, da man in Europa nicht mehr fragen wird, wer Jude oder Christ |Bl. 45| sei, denn auch der Jude wird nach europäischen Gesetzen leben und zum Besten des Staates beitragen. Nur eine barbarische Verfassung hat ihn daran hindern oder seine Fähigkeit schädlich machen können.“ Es wird eine solche Zeit kommen, sie muß kommen, denn wie Rotteck sich ausdrückt, die Emancipation ist nothwendig, weil sie gerecht ist und was gerecht ist, ist nothwendig und unvermeidlich.

Jahrhunderte hindurch hat die Christenheit eine Menge von Menschen ihres Glaubens wegen verachtet und unterdrückt, Fürsten und Pfaffen war sie eine Quelle, um >ausgetrocknete< Kisten mit neuem Golde und den Nimbus der Frömmigkeit mit neuen Strahlen zu füllen, dem Mittelstand war sie ein gewünschter Gegenstand seinem Stolze, Luft zu machen, |Bl. 45 b| dem Pöbel um seine herzzerreißenden Späße ausüben zu können. Das 19. Jahrhundert, das bei seinem Erwachen das gewaltige Gesetz der Menschenrechte ausgesprochen fand, das in seinen ersten Decennien die Kämpfe für Freiheit beleuchtete, scheint in der That berufen zu sein, jener Verachtung und Unterdrückung den Krieg zu erklären; ihm scheint es aufbehalten zu sein, das gutzumachen, was die Jahrhunderte hindurch gefehlt wurde, zu zahlen die der Christenheit obliegende Schuld.

Als Lessing die Parabel von den drei Ringen seinem Nathan in den Mund legte, und seinen Soliman[261] erschüttert die große ihr innewohnende Wahrheit erkennen ließ, da gab er der Menge kund, was in seinen vier Wänden bei nächtlicher Lampe mancher Weise schon |Bl. 46| erkannt hatte. Religion, das heißt, der Glaube an etwas Höherem, eingezwängt in die Schnürbrust einer historischen Quelle, ist gut für den, der so weit zu denken nicht fähig ist, sich selbst eine Religion zu bilden, ist aber nicht

261 [Bedeutungsgleich mit Saladin. J. B.]

für den Denkenden, der über die Erscheinungen sich erhebend, das Allgemeine zu ergründen sucht. Er sieht vor sich die Millionen Menschen, auf deren Staub die jetzigen Erdbewohner einherschreiten, er sieht in einem Tempel den Indianer >knien< vor seinem hölzernen Götzen, den er mit Füßen tritt, wenn seinen Gebeten keine Erhörung zu Theil wird, den Parsen vor der roten Gluth des Feuers, den Aegypter vor seinem Ichnamon [!], den Juden vor seinem Jehovah, den Christen vor seinem Gotte am Kreuz, den Muhammedaner vor |Bl. 46 b| seinem Allah und dessen Propheten; er sieht, wie sie alle, in dem festen Glauben ihr Gebet wohlgefällig dem, der erhören soll, vorgetragen zu haben, mitleidig, verachtend, stolz, entrüstet und wie sonst noch, ihre Genossen betrachten und dann sieht er, wie sich die Wölbung des Tempels öffnet und wie in den unendlichen Räumen des Himmels Gott freundlich das Gebet seiner Geschöpfe hört und den Wolken befiehlt und der Sonne zu wechseln über ihren Häuptern und dem Vertrauen gebeut seine Strahlen zu senden in die Herzen der Beter. –

Oh! des kleinlichen Glaubens, als habe Gott Wohlgefallen an einem Gebete! Und doch welche Wirkungen hat der ~~A~~ armseelige [Glaube] gehabt? – In der That, bei einigem Nachdenken sollte man auf die Idee |Bl. 47| kommen, als habe er seinen Ursprung in dem Hirnkasten eines Verrückten gehabt!

Gott ist der Schöpfer der Welt, er ist der Erhalter des Ganzen, so wie der Theile, er ist allwissend, - das sind Grundlehren fast jeder Religion. Hat er denn nicht den Juden, den Muhammedaner, den Christen geschaffen? Hat er sie nicht eben als solche geschaffen, in dem er ihnen das Leben gab in der religiösen Gemeinschaft?

Erhält er nicht die Juden, trotz aller Verfolgungen, wie den Bekenner Mahomeds und den frommen Christen? Hätte er wirklich den Abscheu, welchen ihn zu aller Zeit und in jeder Religion die Pfaffen gegen Andersglaubende beigelegt haben und beilegen, liegt in seiner Hand nicht Donner und Blitz, nicht |Bl. 47 b| Sturm und Fluth zur Vertilgung? ~~Gott aber kennt keine Religion~~; Vor Gott aber liegt das Buch der Herzen aufgeschlagen und wer den Lehren, die darin geschrieben stehen von allen Zeiten her, folgt, der ist sein Kind und werth des ewigen Lebens!

Wenn nun aber vor Gott kein Unterschied des Glaubens gilt, wenn es keine allein seelig machende Kirche gibt, warum machten und machen noch jetzt christliche Staaten einen Unterschied zwischen Juden und Christen?

Die Beantwortung dieser Frage gibt uns die Geschichte des Christentums. Der Bischof zu Rom, der sich für den Herrn der Welten, für den Statthalter Christi auf Erden, für den König aller Könige erklärte, machte die heilige Lehre des Gekreuzigten zu |Bl. 48| einer Geißel für Tausende. Macht und Ansehn Roms gründete sich auf den Glauben, der von ihm heraus den Völkern eingeprägt wurde, auf dem Glauben, allein der katholische Christ sei Gott angenehm, w[ü]rde seiner Segnungen einst theilhaftig werden. Als nun der kühne Mönch [Luther, J. B.] die dreifache Krone angriff, als er hervor trat mit den Waffen der Wahrheit und die Lüge bekämpfte, da hat Mancher ob solcher Wagnis gestaunt und Mancher hat gezweifelt. Jahrhunderte hatten die geistliche Macht gestärkt und gefestigt, was Wunder, daß ein Angriff auf sie keck schien?

Gutes und Böses, was den Nimbus des Alters trägt, hat einen gewichtigen Schutz zur Seite; die Jugend soll das graue Haupt ehren, die Gegenwart ehrt das bemooste Gebäude in dessen |Bl. 48 b| Hallen die Vorzeit wandelt. Lange, lange wird sich bedacht, hin und her überlegt, ehe der Thurm gesprengt wird, der in früheren Zeiten die Stadt schützte, ehe die Eiche gefällt wird, in deren Schatten die Väter schlummerten.

Könnte der Mensch in die Zukunft schauen, so würde es anders sein, aber so, wie sie seinem Auge undurchdringlich ist, dunkel wie die Nacht, steht er bei jeder Veränderung da und fragt: Wie wird es werden? Eingewurzelte Anhänglichkeit an dem Alten, Ungewißheit über das Neue, das sind die zwei starken Schilder, die der Neuerer zu zerschmettern hat, ehe er die >Antike< selbst angreifen kann, sie schützten auch das Papstthum ehe Luther auftrat. Generation auf Generation hatte sich vor Roms Priester gebeugt, |Bl. 49| das Kind hatte mit der Muttermilch schon Ehrfurcht vor dem Statthalter des Gekreuzigten eingesogen und nun wollte er, ein schwacher Mönch, auf einmal das Papstthum zerstören und die nackte Wahrheit ans Licht führen? – Generation auf Generation war in ihrer Art zufrieden gewesen mit dem Christenthum, wie es bisher gelehrt, der Ablaß hatte das Leben leicht gemacht und den Tod nicht schwer, -

Luther wollte auf einmal das Christenthum umgestalten und reinigen von Flecken und Fehlern. Es war nicht möglich, selbst wenn er dem Einfluß des Alten nicht unterlegen hätte, selbst wenn er ganz das trügerische Gewerbe einer allein beseeligenden Religion hätte durchschauen können. – Er |Bl. 49 b| griff daher nur das Bestehende an, soweit seine Kräfte reichten. Die Religion riß er aus den Händen des Papstes und gab die Quelle des Christenthums, die Bibel, in die Hände des Volkes. Leset in der Schrift, - so wird euch alles klar werden, mit diesen Worten überließ er die Reinigung des Christenthums von inneren Mängeln der folgenden Generation, er hatte genug gethan für seine Zeit. So blieben denn nun aber manche Irrlehren im Christenthum liegen, die ihren Ursprung hatten in jenen Zeiten, wo ein Kaiser in Canossa's Mauern unter den Fenstern eines in den Armen der Wollust schwelgenden Nachfolgers Petri nächtlich klagte. Unter diesen Lehren ist eine noch nach der Reformation |Bl. 50| am Leben geblieben, ja jetzt noch hie und da nicht ganz getödtet, die Lehre: Der Glaube an Christus mache seelig!

Welche Wirkungen dieser an und für sich entschuldbare Lehrsatz gehabt hat, weiß Jeder. Auf dem Wege der Erklärung und Anwendung, mit Hinzuziehung einiger anderer Worte der heiligen Schrift, als: liebet eure Brüder! thut Buße, etc. kam man durch ihn zu den Auto-da-fe's, den Heidenzügen, den amerikanischen Bekehrungen und allen jenen Gräueln, [derer] sich die Bekenner des Christenthums schuldig gemacht haben. Aus ihm ferner ging zum Theil wenigstens auch die Bedrückung der Juden [hervor]. Wo ein aufgeklärter Staatsmann einen Schritt tat zu ihren Gunsten, da stieg der Fanatismus bald wieder aus seiner dunklen Behausung und schwang seine Geißel. Bis auf heute |Bl. 50 b| ist jene Meinung nicht erloschen, die da spricht: Christusmörder! So schien und scheint es jetzt noch machen gesetzgebenden Behörden unpassend, den verfluchten Juden mit den frommen Christen gleichzustellen.

Seit aber durch den Sturz des Papsthumes die Idee, es sei der Staat in der Kirche außer Ansehn gesetzt worden ist, seitdem der Grundsatz anerkannt ist, demzufolge dem Staate die Oberaufsicht über das Religionswesen gebührt, seitdem ist auch als richtig anerkannt worden, daß dem Staate jeder Bürger, ohne Ansehung seines religiösen Bekenntnisses gleich sein müsse.[262]

Der Staat hat sich nur um das Wirkliche zu bekümmern, die Religion ist etwas Absolutes, welche darin voller Kraft |Bl. 51| und Üppigkeit walten zu lassen hat. Was der Bürger in ihm denkt, fühlt, liebt und faßt, ehrt und verachtet, das ist nicht seine [des Staates, J. B.] Sorge, wie er aber handelt und wirkt, das geht ihn an, daher hat der Staat sich nur soweit um die Religion seiner Bürger zu kümmern, als seine Institutionen durch dieselben benachtheiligt werden können. Um dies Behauptung recht populair darzustellen, möchten wir darauf aufmerksam machen, daß das Bekenntnis eines Glaubens ein sehr zweifelhaftes ist, sofern in demselben eine Garantie für gute Handlungen liegen soll, zumal ist dies der Fall bei einer religiösen Gemeinschaft, welche eben in de[n] Glauben das größte Verdienst setzt. Dem Staate ist aber eine Menge gläubiger Bürger eine Sache von Taufen, ihr Werth mag als Bürger eines jenseits |Bl. 51 b| des Grabes erwarteten Reiches noch so groß sein, er fordert den Wirkenden und Handelnden, und muß also diesen ohne Glauben jedenfalls jenem vorziehen.

Nehmen wir einmal den König als personificirten Staat, so wird die Wahrheit sich leichter zeigen lassen, als wenn wir immer eine große Gemeinschaft vor Augen haben. Was fordert der König von seinen Unterthanen? Gehorsam dem Gesetze, Beiträge zu seinen Ausgaben, Hilfe in der Noth – Alle Pflichten des Unterthanen sind hierunter zu subsumiren, und so wie diesen drei Cardinalpflichten des Unterthanen, jeder, er sei, wel-

262 Die Richtigkeit dieses staatsrechtlichen Prinzips ist auch anerkannt in dem Promemoria von 1814. Cf. oben pag. [Bl. 11]ff.

cher Religion er wolle, zugethan, nachkommen kann, so wird er auch jede in diese Cathegorien zu stellenden Pflichten erfüllen können. Wer aber die |Bl. 52| Forderungen des Königs erfüllen kann und sie erfüllt, der wird als guter Unterthan angesehen werden, ohne daß er sich darum bekümmere, nach welchen Ansichten der Gehorsame, der Bezahlende, der Waffentragende bete.

So müßte es auch dem Staate gleich sein, gleichviel ob er unter einem König steht oder nicht, denn einen Thron wenigstens hat jeder Staat, von dem seine Lenkung ausgeht.

Der Cultus der Religion aber, das heißt die sichtliche Ausübung derselben und die Form der Anbetung, unterliegt der Aufsicht des Staates, da es sich hier um etwas Wirkliches handelt. In welchem derselbe den Staats-Gesetzen entspricht, oder ihnen entgegentrit[!], |Bl. 52 b| erlaubt oder verbietet ihn der Staat. Wenn nun der Cultus der jüdischen Religion mit den Gesetzen eines Staats nicht im Widerspruche steht, so ist also der Jude für ein ebenso guter Staatsbürger zu achten, als der Bekenner jeder anderen Religion. Daß aber der jüdische Cultus dieser Forderung eines Staates entspreche, behaupten wir hier und behalten uns die weitere Ausführung darüber bis zu jenem Theile unserer Abhandlung vor, wo wir von dem sogenannten nationalen[263] Gegengrunde sprechen werden.

Die Religion darf also den Staat nicht abhalten, den oben aufgestellten Grundsatz des Vernunft-Rechts, „gleiche Lasten, gleiche Rechte" in Anwendung zu bringen. Der Jude ein Mensch, wie der Christ, theilhaftig gleicher Vorzüge, unterliegend gleichen |Bl. 53| Mängeln, ist herabgewürdigt und entehrt, Ansichten einer finsteren Zeit muß ~~solche Grausamkeit~~ dieses-zugeschrieben werden, der neuen Zeit ist es eine heilige Pflicht zu bessern.

Mit Riesenschritten steigt der menschliche Geist empor, Sclaverei und Tortur, vor 100 Jahren unsere[r] Nation unantastbare Institutionen, liegen verachtet vor der Gegenwart, meistentheils schon aufgehoben und vergessen; die Gerechtigkeit foderte

263 [Das Wort „nationalen" ist im Original - abweichend von der sonstigen Currentschrift - durch lateinische Schrift hervorgehoben.]

ihre Zerstörung, wie sie jetzt die Aenderung in den Verhältnissen der Israeliten zum Staate will. Die Zeiten sind vorüber, wo der Bekenner des mosaischen Glaubens unbekümmert um die Außenwelt seinen talmudischen Studien oblag und vielleicht, nur der Sitte folgend, nebenbei die heiligen Kräfte der Pflanzen erforschte, die Zeiten |Bl. 53 b| sind vorüber, wo kein Gefühl für Ehre dem Juden einwohnte, wo er zufrieden mit der Verachtung, welche auf ihm lag, nur auf die Vermehrung seiner Goldstücke hinarbeitete.

Die Cultur hat sich auch auf ihn erstreckt, er fühlt jetzt die Verachtung, welche auf seinem Bekenntnisse wie ein Fluch ruht, sie schmerzt ihn bitter und er erkennt, daß sie unverdient ist; er strebt zur höheren Vervollkommnung und Ausbildung – Wissenschaften und Künste betrachtet er als Reiche, in welche ihm der Zutritt gestattet und hohe Ehrenstellen verdient er sich in ihnen. Die Zeit hat somit die altherkömmliche Ungerechtigkeit fühlbarer gemacht, als sie je war, die Zeit sprach es aus, daß die Institutionen früherer Jahrhunderte falsch sind und dem Gesetzgeber liegt es ob, der Stimme der Zeit zu gehorchen. Die |Bl. 54| Verachtung welche dem Juden noch stets von der Hefe des Volkes gezeigt wird, ist im höchsten Grade betrübend, und sie entsteht eben durch die Zurücksetzung in bürgerlicher Hinsicht.

Wen faßt des Mitleids Schauer nicht, wenn er sieht
Wie unser Pöbel Canaan's Volk entmenscht?
Und thut der's nicht, weil unsere Fürsten
Sie in eiserne Fesseln schmieden?

So spricht Klopstock , der christliche Sänger, in seiner Ode an den Kaiser und mit Recht legt er das traurige Verhältnis dem Gesetzgeber zur Last.[264]

264 [Gemeint ist Kaiser Joseph II. Er hatte ab 1781 mehrere den Juden förderliche Gesetze erlassen, ohne allerdings völlige Gleichstellung zu beabsichtigen. Klopstock versuchte in den folgenden Zeilen indirekt eine Erklärung für die antijüdische Handlungsweise des „Pöbels“:

„Du lösest ihnen, Retter, die rostige
Engangelegte Fessel, vom wunden Arm,

Man hat oft diese Verachtung, diese Entmenschung als eine Folge des jüdischen Charakters dargestellt, allein es ist die Unrichtigkeit solcher Behauptung jetzt überall anerkannt, und wenn noch irgendein Finsterling sie vertheidigen will, |Bl. 54 b| so wird jeder Gebildete ihn bemitleiden. Wenn in der That der jüdische Charakter besondere Flecken enthalten sollte, so sind diese Folgen der Behandlung, welche den Israeliten von den Christen zu Theil wurde. Wir werden hierauf näher eingehen bei der Beleuchtung des sogenannten moralischen Gegenstandes, wenden uns hier daher zu der speciellen Behauptung, daß in Hamburg eine Verbesserung der Lage der Israeliten nothwendig sei.

Neben dem für alle Israeliten in jedem Staate geltenden vernunftrechtlichen Grunde, der gleichmäßigen Vertheilung der Rechte und Pflichten, kommt bei uns hinzu, daß die Israeliten nach der Reorganisation der alten Verfassung sich der ihnen früher zustehenden Rechte, die offenbar |Bl. 55| dem Staate nicht heilig waren, enthalten und neue Pflichten, wenn auch nicht freiwillig übernommen haben. Wie erzählt worden ist, trennten sich die altonaer [!] und wandsbeker [!] Gemeinden von ihren Muttergemeinden, trennten sich in der französischen Zeit, mit bedeutenden Aufopferungen. Welcher Nachtheil daraus für den Israeliten entstanden, ist oben auseinandergesetzt. Hier braucht nur erwähnt zu werden, daß nach Vertreibung der Franzosen es von den Israeliten abhing, die alte Verbindung wieder anzuknüpfen. Hoffend und vertrauend auf Billigkeit und Gerechtigkeit der obersten Behörde unseres Freistaates aber haben sie den ihnen offenstehenden Weg nicht eingeschlagen, sie haben ihre Gehörigkeit zum dänischen Staate, ihre eigenen Gerichte nicht wieder gesucht – vergebens |Bl. 55 b| aber haben sie sich so dem Staate genähert. Billig wäre es in der That gewesen, eine

Die fühlens, glaubens kaum. So lange
Hats um die Elenden hergeklirrt."

Ode an den Kaiser von [F. G.] Klopstock, Wien 1782, S. S. 21 f.
Die 4. Zeile lautet: „Du machst den Juden zum Menschen."]

Vergütung ihnen für die gemachten Aufopferungen zu geben, billig wäre es gewesen, sie, die sich dem Einflusse einer fremden Regierung entzogen, dafür in einen engeren Verband mit dem Staate zu setzen, wenigstens ihnen das hier zu gewähren, was sie offenbar dort aufgegeben, z. B. die Gewerbefreiheit. – Nicht allein diesen Forderungen der Billigkeit aber ist nicht genügt, sondern es sind sogar neue Lasten, wie wir oben zeigten, auf die Israeliten gehäuft. Wir geben zu, daß dies nur geschah, in der Erwartung, es werde demnächst der Tag kommen, wo man Abrechnung halten und zahlen werde. Allein da er 24 Jahre ausgesetzt ist, so |Bl. 56| darf doch wohl behauptet werden, daß eine große Ungerechtigkeit begangen ist.

In einem Freistaate sollte die Gerechtigkeit und Billigkeit eine ganz besondere Kraft haben, da man eben den Willen des einzelnen Herrschers verabscheute, weil man sich nicht überzeugen kann, daß derselbe stets mit den Foderungen der Gerechtigkeit harmonire. Die Institutionen unserer Republik zeigen in vielerlei Anordnungen die Furcht vor Willkür und eröffnen unter anderen dem, welcher über Ungerechtigkeit zu klagen können glaubt, den Weg sogar bis an die Bürgerschaft. Durch dieses sogenannte Recurs-Verfahren, sagt der hohe Verfasser einiger Abhandlungen über Gegenstände der hamburgischen Verfassung [265] – durch dieses Recurs-Verfahren soll der Bürger sicher gestellt werden |Bl. 56 b| vor jeder absichtlichen oder gefälligen Verletzung seiner Rechte, vor jeder Härte, jeder Willkür, jeder unbürgerlichen Handlung. – Ist ein Gesetz umgangen, so hat der Verletzte das Recht den benannten Weg einzuschlagen. So sorgten unsere Vorfahren für die Aufrechterhaltung der Gerechtigkeit! In der Brust der Menschheit, auch in dem Buche der Vernunft steht trotzdem ein Gesetz, dessen Anwendung eine Menge von Menschen umsonst foderte, hell und klar, so deutlich es auch gefaßt ist, die Bürger Hamburgs, die stolz darauf sind, daß in ihren Mauern Sicherheit gegen Willkür herrschte, sehen es nicht, wenden es nicht an. Die Gerechtigkeit geht gebückt umher und trauert.

---

265 [Gemeint ist Bürgermeister J. Bartels. Johann Heinrich Bartels, Einige Abhandlungen über Gegenstände der Hamburgischen Verfassung, Hamburg 1835.]

Für diese Ansichten spricht sich auch der Senat |Bl. 57| in dem mitgetheilten Promemoria aus, es erkennt derselbe die Wichtigkeit des Grundsatzes an, daß die einfachste Staatsverfassung die vollkomm[en]ste und daß eine solche unter ihren bürgerlichen Mitgliedern keinen Unterschied machen dürfe; es spricht derselbe mit klaren Worten aus, daß die Gerechtigkeit gegen alle ruhige, gleiche Lasten tragende, gleichen Gesetzen unterworfene Bürger eine Gleichheit aller Rechte im Staate, worin Religions-Angelegenheiten keinen Einfluß haben, verlange; es erklärt derselbe, daß die während der französischen Zeit bestandene Gleichheit keinen Rückschritt zu der alten Unterdrückungs-Maxime erlaube. Die Ansicht eines solchen Collegiums, dessen rastloses Wirken für das Wohl Hamburgs, dessen tiefe Einsicht bekannt und unbestritten ist, hätte, wie man glauben sollte, bedeutenden Einfluß haben müssen, |Bl. 57 b| allein sie ward nicht genugsam geprüft; wir aber freuen uns hier durch dieselbe unsere Behauptungen unterstützen zu können, wir freuen uns zugleich noch andere Stimmen anführen zu können, welche, wenn auch weniger ausführlich, doch auf gleiche Weise, wie wir, über das bestehende Verhältnis urtheilen.

Der Herr Herausgeber[266] der 4 Hauptgrundgesetze, der hamburgischen Verfassung, ein Mann der einen tiefen Einblick in den Organismus des Staates gethan hat, sagt in dem Nachtrage (Hamburg 1825): „Auch wäre es wohl gut, wenn die Verhältnisse der Israeliten besser, als durch das Judenreglement geschieht, und zeitgemäßer reguliert würden. Freilich ist nach der Wiedererlangung der hamburgischen Verfassung diese Sache bereits einmal ein Gegenstand der bürgerlichen Verhandlung gewesen, aber sie ist wahrscheinlich, weil man Regulative in dieser Hinsicht vom Bundestage für ganz Deutschland |Bl. 58| erwartete, noch zu keinem Resultate gediehen.“ [267]

266 [Gemeint ist Bürgermeister J. Bartels.]

267 cf. Pag. 313 von Bartels, J. H. Neuer Abdruck der vier Haupt-Grundgesetze der Hamburgischen Verfassung, mit vorausgeschickter erläuternder Uebersicht, Hamburg 1823. [Bei der Formulierung „noch zu keinem Resultate gediehen“ handelte es sich um einen beispielhaften Euphemismus.]

Wir sind gewiß, daß der Herr Verfasser so gut wie wir, Hoffnungen auf den Bundes-Tag und dessen Wirken gestützt, für Schlösser in der Luft gebaut halten wird. Durfte derselbe diese Meinung an seinem hohen Platze nicht aussprechen, so hindert uns nichts zu erklären, daß wir überzeugt sind, aus Frankfurt wird für's erste kein Gesetz der Art erscheinen, ~~welches auf Freiheit, Gleichheit und Gerechtigkeit hinziele~~, andere Gegenstände bieten dort Stoff zu Berathungen u. Beschlüssen. Es muß uns daher also sehr wundern, daß der verstorbene Professor Zimmermann, der freie Denker, selbst in seiner Chronik von Hamburg (1820)[268] in Bezug auf die Juden an jene Versammlung verweist in der über die Gesammtangelegenheiten des Vaterlandes berathen wird. Genug ist aber doch für unsere Ansicht gesagt, da immer die angeführten Worte die Lage der Israeliten bei uns als eine |Bl. 58 b| provisorische, als eine einer baldigen Verbesserung bedürftige hinstellen.[269] Als eine gleiche bezeichnet sie Herr Dr. Buek in seinem Hand-Buche der hamburgischen Verfassung und Verwaltung (pag. 10) [270] und in vielen kleineren Schriften haben ~~die Verfasser~~ Literaten jeder Classe sich offen über die christliche Ungerechtigkeit ausgesprochen.

Was hindert dann noch eine Verbesserung? Was die Aufhe-

---

268 [Vgl. Zimmermann, F. G., Neue Chronik von Hamburg, vom Entstehen der Stadt bis zum Jahre 1819, Hamburg 1820 . Zimmermann (S. 668) formulierte hinsichtlich des Bundestages inhaltlich nicht so neutral, wie ihn A. Sutor darstellt. Antijüdische Ressentiments der hamburgischen Bürger erklärte Zimmermann mit heftigen Predigten der Geistlichkeit. Zugleich schrieb er jedoch von „widerlichen Sitten dieses [seinem] morgenländischen Ursprung schwer sich entwinden“ jüdischen Volkes und beklagte (S. 608) indirekt „dessen voreilige Eingriffe in bürgerliche Gerechtsame und Freyheiten“. Zimmermann wirkte als Geschichtslehrer am „Johanneum“, das A. Sutor als Schüler besucht hatte, und mit seinem Werk in der Öffentlichkeit.]

269 [Vgl. zum Wiener Kongress oben S. 86 ff.]

270 [Vgl. Buek, F. G., Handbuch der Hamburgischen Verfassung und Verwaltung, Hamburg 1828. Dort steht z. B. S. 38 ff.: „Auf seinen Namen ein Haus kaufen, darf ein Jude nur nach vorgängiger Erlaubnis des Senats, es pflegt ihnen solche Erlaubnis nur in der Neustadt zugestanden zu werden, wobei die Constantins- oder Millernthorsbrücke als Grenze angenommen wird. … Es fehlt überhaupt an einer gesetzlichen Bestimmung des Verhältnisses der Fremden zu den Bürgern, so wie auch wol [!] das Judenreglement einer zeitgemäßen Erneuerung bedürfte.“]

bung des provisorischen Zustandes ? Das sind die Fragen, die sich nach dieser Betrachtung aufdrängen und man sollte glauben, es seien gewichtige Gründe, welche den Forderungen der Gerechtigkeit sich in den Weg stellen; man sollte glauben, das Wohl des Staates leide bei einer Emancipation und es trage dafür die Judenschaft ihr Leid, um nicht größeres Leid auf Hamburg zu wälzen; man sollte dies alles glauben, - aber man wird nichts davon finden, wenn man |Bl. 59| die Gründe untersucht, mit welchen die den Forderungen der Gerechtigkeit und Billigkeit sich in den Weg Stellenden streiten. Wir wollen sie angeben und näher betrachten.

III

|Bl. 60| Es ist ein bedeutender Streit über die Emancipationsfrage hinsichtlich der Juden geführt.[271] Seit Jahrhunderten bestand das drückende Verhältnis der letzteren in allen Staaten. Die gelehrten Männer früherer Zeiten hatten den Zustand der Armen als einen wesentlichen betrachtet, die Angreifenden schienen daher Freigeister und Neuerungssüchtige und als wider Erwarten ihre Ideen hie und da Anklang fanden, da rüsteten sich die Freunde des alten Sistemes [!] gegen sie zum Kampfe. Noch ist dieser Kampf nicht ausgekämpft, obgleich fast überall, wo ein entscheidender Moment herbeigeführt wurde, die Streiter für Wahrheit und Recht siegten. Noch erschallen die Stimmen der Freunde der alten, guten Zeit, wie sie sich nennen und gehen gegen die armen Juden mit harten Worten zu Felde. Gelehrte und Staatsmänner haben bei solcher Gelegenheit ihre Meinungen aufgestellt und es läßt sich erwarten, daß sie nicht mit einem dürren Nein sich bewaf[f]net, |Bl. 60 b| sondern daß sie mit Gründen ihr Votum unterstützt haben werden.

Diese Gründe, Gegengründe gegen die Emancipation, wollen wir hier genauer betrachten, wir wollen sie würdigen und ihr Gewicht prüfen und wir wollen endlich fragen, wie dasselbe sich zu den für die Freilassung der Unterdrückten aufgestellten Gründen verhalte. Unsere Betrachtung wird im Ganzen all-

271 [Hier war eine Fußnote B vorgesehen. Der entsprechende Text fehlt.]

gemeiner sein, wir werden aber, so oft sich eine Gelegenheit darbietet, speciell Hamburg ins Auge fassen, was vorzüglich da geschehen muß, wo die Gegengründe abzufertigen sind, die in Hamburg wirken. Eines müssen wir aber auch bemerken und zwar gilt das für die ganze versprochene Betrachtung; die Gründe der Gegner, welche hier aufzuführen sind, haben oft die Wirkung, daß, wenn sie auf wahren Thatsachen beruhen, der Privatmann sich einer innigeren Vereinigung |Bl. 61| mit den Juden ihretwegen entziehen wird, allein darauf haben wir nicht zu sehen, nur kommt es darauf an, zu untersuchen, ob die Gründe gewichtig genug sind, den Staat zu verhindern, sich in ein innigeres Verhältnis mit den Israeliten einzulassen? Was den Einzelnen im Staate abhalten kann, freundschaftlich mit Israeliten umzugehen, das ist noch lange kein Grund, auch den ganzen Staat zu solcher Zurückhaltung zu vermögen. Als Privatmann thue Jeder nach seinem Gefallen, als Staatsbürger aber, frage man, wie wir, ist der aufgeführte Grund dem Staate gegenüber von Gewicht?

Nach diesen Vorbemerkungen können wir zur Sache schreiten. Zuerst opponirt man nun den Emancipanten die Nationalität der Juden. Seit mehr als anderthalb tausend Jahren über den Erdboden zerstreut und flüchtig, irrend durch alle Länder, ist der Jude doch in manchen Reichen seinen |Bl. 61 b| National-Gesetzen treu geblieben, eine merkwürdige Erscheinung, die sich nur daraus erklären läßt, daß eben diese Vorschriften mit seinem Religions-Cultus in dem genauesten Zusammenhang stehen. Wenn wir diese Erscheinung nun nicht leugnen, so müssen wir doch durchaus bestimmt in Abrede stellen, daß aus ihr irgendein Grund genommen werden könne, um die Möglichkeit einer Emancipation zu bestreiten, daß das jetzt von jüdischer Nationalität Vorhandene ein unüberwindliches Hindernis bilde, welches ihrer Aufnahme als Staatsbürger in christlichen Staaten entgegenstehe. Unsere Behauptung wird belegt, wenn wir die einzelnen Theile in's Auge fassen, die man hier anführt.

Die Speisegesetze der Israeliten haben zuerst als Gegengründe dienen müssen. |Bl. 62| Der Jude verdammt ihnen zu folge manches Gericht, welches der Christ gerne auf seiner Tafel sieht. Allein es will uns scheinen, daß dem Staate gleichgültig sein müsse, ob seine Bürger ein oder das andere Gericht, entweder weil es nicht nach ihrem Geschmacke ist, oder weil sie es nicht für gesund halten, unangerührt lassen; seine Sorge für die Tafeln der ihm Angehörenden hört auf, sobald er die Ueberzeugung hat, daß sie mit nahrhafter Kost besetzt sind. Auf keinen Fall darf er nach der Wahl der Speisen den Werth seiner Bürger bestimmen. Die Schwachheit ihres Grundes von diesem Standpunkte aus betrachtet, sehen die Gegner der Emancipation selbst ein, sie wählten daher einen anderen und sagten: Der Jude darf zufolge seiner Gesetze nicht mit Christen essen, es wird also die Emancipation zu einer innigen |Bl. 62 b| Vereinigung nicht führen können. Allein auch hier steht eine falsche Behauptung an der Spitze einer lächerlichen Folgerung. Der Talmud verbietet nicht das Essen mit den Christen, sondern er giebt [!] einige Regeln darüber, wie ~~ein Vieh getödtet werden müsse~~ es mit den Christen zu halten sei; der orthodoxe Jude wird also möglicherweise sich weigern an dem Tisch eines Christen zu essen, da er von der gesetzlichen Qualität der Speisen nicht überzeugt ist, wird der Christ aber an seinem Tische essen wollen, so wird er sich das Essen ebensogut und vielleicht besser schmecken lassen, als wenn er allein bei seiner koscheren Mahlzeit säße. Bei alle dem wird aber das talmudische Gesetz, wie die übrigen der Art von einer großen Zahl von sogenannten aufgeklärten Israeliten[272] schon gar nicht mehr beachtet und selbst wenn es strenge von allen Juden noch gehalten würde, |Bl. 63| so möchte doch auf keinen Fall behauptet werden können, daß seine Anhänger deswegen nicht mit Andersdenkenden im Staate gleichgestellt werden dürften.

Das ist nicht das Requisit eines guten Staatsbürgers, daß er sich fröhlich und gern an die Tafel seiner Mitbürger setze und mit ihnen tafele; erfüllt er seine Bürgerpflichten, ist er thätig, gehorsam dem Gesetze, treu dem Staate, zahlt er seine Abgaben und weigert sich nicht im Falle der Noth, die Waffen zu ergreifen für das Allgemeine, so mag er als Sonderling bei jeder

272 Siehe unten, wo vom Talmud die Rede ist.

Zusammenkunft fehlen, in welcher den Tafelfreuden gehuldigt wird. Der Staat muß ihn achten, und wird ihn achten.

Man hat ferner behauptet, daß die Israeliten eine Nationalsprache hätten und bei einer vollständigen Emancipation dürfe man eine solche nicht dulden. Ob aber wirklich die hebräische Sprache noch |Bl. 63 b| so herrschend unter den Bekennern des mosaischen Glaubens ist, daß man sie als Nationalsprache betrachten könne, wird von uns wohl mit Recht bezweifelt. Die alte Erfahrung, daß eine solche vernachlässigt wird und im gewöhnlichen Leben allmählich verschwindet, sobald die Inhaber in einen anderen Verein treten, in welchem sie sich ihrer nicht bedienen können, hat sich auch bei den Israeliten bewährt. Weder ist das Hebräische i[m] geselligen Leben, noch in Schriften mehr gang und gebe, nur in den Tempeln hat es sich bisher erhalten, in welchen nach altem Ritus der Gottesdienst vorgenommen wird. Hier muß und darf sogar der Staat die fremde Zunge dulden, da es mit seiner Tendenz nichts zu thun hat, ob englisch, französisch, lateinisch oder hebräisch gebetet wird. In Hamburg insbesondere spielt in dem neuen Tempel die hebräische |Bl. 64| Sprache eine ganz untergeordnete Rolle und im bürgerlichen Verkehr ist sie fast gänzlich ausgerottet, da selten ein Israelit vielmehr davon versteht als die Gebete. Das einzige, was von ihr den Israeliten geläufig geblieben, sind die Zeichen und ihrer bedienen sie sich wohl auch dann und wann zu Privatbriefen u. sonstigen Scripturen. Aber selbst wenn die erwähnte Sprache noch in allen Verhältnissen üblich wäre, möchte daraus für den Staat kein Weigerungsgrund gegen die Emancipation herzunehmen sein. Wenn ihm daran gelegen ist, daß in gewissen Angelegenheiten die Landessprache gebraucht wird, so steht es ihm offenbar frei, daß er nur das in ihr Geschriebene oder Gesprochene anerkennen werde und es ist dann die Nichtbeachtung dieser Vorschrift des Fehlenden eigener Schaden. Solche Erklärung würde hinsichtlich |Bl. 64 b| der Israeliten vielleicht rathsam sein und möchte diese dahin lauten: daß alle den Behörden zu producirende Schriften in deutscher Sprache und mit deutschen Lettern abgefaßt sein müssen, widrigenfalls von ihnen keine Notiz genommen wird.[273] Da solche Vorschrift zu geben freisteht, so kann aber auch aus der vermutheten Existenz kein Gegengrund gegen die Emancipation hergenommen werden.

Der jüdische Eid hat ferner zu einem Gegengrunde Anlaß gegeben. Schon seit mehreren hundert Jahren hat man die verkehrten Ideen gehegt, als erlaube die jüdische Religion unter Umständen das Schwören eines falschen Eides; wir glauben nicht zu irren, wenn wir den Ursprung dieser Ideen in der Brust ihrer Träger, nicht aber, |Bl. 65| wie gewöhnlich geschieht, im Talmud suchen. Der Christ früherer Zeiten trug in sich das Bewußtsein feindlich und böse gegen die Israeliten gehandelt zu haben und zu handeln, er wußte es, daß sie Grund hatten, sich an ih[m], wo sie konnten, für tausend Beschimpfungen zu rächen, er wußte, das Rache süß ist und um so ersehnter, je weniger Gelegenheit zu ihr sich darbietet, daher glaubte der Christ, der Jude wird sich nicht bedenken, ihm gegenüber zu seinem Nachtheile falsch zu schwören, um ihm auf diese Weise zu schaden; daher wurden die gräulichsten Eidesformeln erdacht und das Nachbeten derselben vom Juden gefordert und daher blieb doch immer die Idee, der Jude habe dem Christen gegenüber einen Meineid geleistet. Daß man mit der Zeit die Richtigkeit dieser Meinung dadurch zu zeigen versuchte, daß man aus dem Talmud Stellen riß,[274] die außer dem Zusammenhange, eine ge-

---

273 Dieser Ansicht war der Senat im Jahre 1814 auch, es schaltete Derselbe daher einen darauf bezüglichen Passus in den Plan zu einer Emancipations-Acte ein.

274 Eine große Fertigkeit darin hat Eisenmenger in seinem „entdeckten Judenthume“ gezeigt. [Gemeint war das weit verbreitete antijüdische Machwerk: Johann Andreae Eisenmengers, Professors der Orientalischen Sprachen bey der Universität Heydelberg Entdecktes Judenthum, Oder Gründlicher und Wahrhaffter Bericht, Welchergestalt Die verstockte [!] Juden die Hochheilige Drey-Einigkeit Gott Vater, Sohn und Heil. Geist, lästern und verunehren, die Heil. Mutter Christi verschmähen, das Neue Testament, die Evangelisten und Aposteln, die Christliche Religion spöttisch durchziehen, und die gantze Christenheit auff das äusserste verachte]n und verfluchen ... :
In Zweyen Theilen verfasset , Königsberg in Preussen (i.e. Berlin 1711).

Zur Langlebigkeit dieser Schrift siehe das Stichwort „Eisenmenger, Johann Andreas“, in: Staats- und Gesellschafts-Lexikon. Hg. von Hermann Wagener (Königlich preußischer Justizrath), 6. Bd., Berlin 1861, S. 744 - S. 748. Demnach wären die Argumente

wisse Erlaubnis |Bl. 65 b| falsch zu schwören zu enthalten schienen, läßt sich leicht erwarten, und von jener Zeit an datiert sich das allgemeine Vorurtheil gegen den jüdischen Eid. Fragen wir aber, ob es begründet ist, so müssen wir gestehen, daß wir gar nicht einsehen, warum der jüdische Eid einen minderen Werth als der christliche habe. –

Der Eid überhaupt ist ein wunderliches Ding, er ist ein Kind der menschlichen Unvollkommenheit. Eine Betheuerung unter Anrufung eines göttlichen Wesens zum Zeugen und zum Rächer der Unwahrheit muß aushelfen, wo die Wahrheit nicht ans Licht gebracht werden kann, wo für die Redlichkeit keine andere Bürgschaft zu finden ist. Solange eine aufrichtige Religiosität, eine wahren Gottesfurcht in der Brust der Menschen wohnte, war der Eid an seiner Stelle; der gläubige Mensch schwört bei |Bl. 66| dem Höheren, an welchen er glaubt und schwört wahr, es mag dieses Höhere sein, was es wolle. Sobald aber der Glaube fehlt, zerfällt die Heiligkeit des Eids, er wird ein Spielwerk, und ein Mittel Schuld von sich abzuwälzen, Verdienst sich zuzuwenden. Die jetzige Zeit ist in der That nicht arm an falschen Eiden, oder sollten die 1000 Eid, die vor den Richterstühlen geschworen werden, wirklich alle in Bezug auf Wahrheiten abgelegt sein? Ist so der Eid überhaupt nur dann von Werth, wenn der Schwörende glaubt, warum sollte der jüdische Eid nicht denselben relativen Werth haben? Die heiligen Bücher der Juden verlangen Wahrheit von ihnen, wie die unseren von uns.[275] Die Commentare ihrer Gelehrten sagen klar und offen, daß Gott den |Bl. 66 b| Meineid rächen wird, unter den Israeliten gibt es religiöse und irreligiöse, wie unter allen Confessionen, jene werden zurückschaudern vor dem Gedanken an einen Meineid, die letzteren werden gleichviel, ob einem Juden oder einem Christen gegenüber, wo es auf ihren Vortheil ankommt, ruhig die Finger auf die Thora legen und die Unwahrheit durch einige Worte zur Wahrheit machen. – Hat nun so der

---

gegen „Allerweltsherrschaft“ der Juden auch 1861 nicht widerlegt.]

275 Vgl. im Alten Testament den Abschnitt: 2 Moses 20.7.

Eid des Israeliten a priori nichts mehr gegen sich, als der Eid irgend eines anderen, so kommt noch hinzu, daß derselbe auch schon in fast allen Gerichten als gültig anerkannt ist, und kann er daher unmöglich noch als Stütze für einen Grund gegen die Emancipation dienen. [276]

|Bl. 67| Es wäre wohl nach geschehener Emancipation die Formirung eines allgemeinen Eidesformel nützlich; es könnte in derselben auf Gott und das Leben nach dem Tode Rücksicht genommen werden, wodurch der jetzt noch bestehende Unterschied zwischen Christen- und Juden-Eid wegfiele. Würde Jemand aber ein Surrogat für den Eid entdecken – eine schwere Aufgabe – so werfe man das ganze Schwörungs-System über den Haufen, es würde gewiß weniger Schurken geben, als jetzt.

Etwas gewichtiger ist der in der in der Baier[i]schen Ständeversammlung aus den Ehegesetzen der Israeliten gegen die Emancipation hergeleitete Grund. Man befürchtet nämlich, daß die Juden, abgehalten durch religiöse Begriffe, sich mit den Christen ehelich zu verbinden, am Ende eine eigene Kaste im Staate bilden werden. Allein es liegt dieser Furcht die falsche Ansicht zu Grunde, daß dem Juden verboten |Bl. 67 b| sei, sich mit Christen zu vermählen, es existiert vielmehr, nach der Untersuchung des französischen Sanhedrins, nur ein Verbot der Ehe mit den sieben cana[a]nitischen Völkern, nicht aber ein solches in Bezug auf andere, dasselbe erlaubte daher die gemischte Ehe. Nur das müssen wir zugestehen, daß in religiöser Beziehung einem Juden von seinen Glaubensgenossen selbst mancherlei in den Weg gelegt werden wird, wenn er mit einer Christin sich wird verheirathen wollen. Was aber jedenfalls zu entschuldigen ist, da unter den Christen selbst die verschiedenen Sekten auch eine gemischte Ehe ungern sehen. Grad hier ist es aber, wo eine Emancipation der Juden unserer Meinung zufolge, nachhelfen kann u. wird. Vom Staate muß die Erlaub-

---

276 Cf. I. Wolf und G. Salomon, Der Charakter des Judenthums [nebst Beleuchtung der unlängst gegen die Juden von Prof. Rühs und Fries erschienenen Schriften]. Leipzig 1817, Pag. 68 ff. woselbst die Gesetze über den Eid. Sendschreiben eines neuen Christen an einen alten Lutheraner. S. L. 1801, pag. 39.

nis der gemischten Ehen ausgehen, sie müssen begünstigt und erleichtert werden, es muß den Contratenten [277] überlassen |Bl. 68| bleiben, die Regeln aufzustellen, nach welchen sie ihr Verhältnis in seinen Folgen betrachtet wissen wollen, es muß den Priestern der beiden Confessionen die Einsegnung anbefohlen werden und dann möge ein Christ vorangehen und eine Jüdin heirathen, es möge eine Christin ihre Hand einem Juden nicht ausschlagen, so wird sich es bald zeigen, welche[n] Einfluß solches Beispiel haben wird, denn wie bei allem Isoliren der Juden so ist auch bei dieser Abneigung gegen ein Familienverhältnis mit Christen sicher ein großer Theil der Schuld auf unserer Seite; sie sind die Unterdrückten, wir die Unterdrücker, somit ist es in der Erfahrung begründet, daß um ein freundliches Verhältnis herbeizuführen, die Hand von uns aus angeboten werden muß. Wir wissen recht gut, daß gemischte |Bl. 68 b| Ehen, selbst in Hamburg, bestehen, aber leider auch, daß dieselben sowohl von ~~den~~ einigen christlichen als von orthodoxen jüdischen Priestern mit scheelen Augen angesehen werden. In einer dieser Ehen ist noch neulich der Fall vorgekommen, daß die Rabbiner erklärten, das Kind, welches nach Uebereinkommen der Eltern, eines jüdischen Vaters und einer christlichen Mutter, in der jüdischen Religion erzogen werden sollte, nicht beschneiden zu wollen. Der Vater hat keck den gordischen Knoten zerhauen, er hat das Kind ohne alle weitere Ceremonie von irgendeinem Sachverständigen beschneiden lassen, hat so die Form beobachtet und wird es nun wahrscheinlich dem, in keine religiöse Gemeinschaft aufgenommenem Kinde überlassen, wenn es selbst einer Wahl fähig sein wird, sich dieser oder jener religiösen Gesellschaft anzuschließen. Natürlich dürfte |Bl. 69| der Staat, wenn er einmal die gemischten Ehen anerkennt und erlaubt hätte, dergleichen Widersetzlichkeiten nicht ferner dulden. Sollten aber die Priester sich von dem Cölner ein Beispiel nehmen wollen, dann gäbe es keine andere Aushülfe, als für die Ehe eine politische Form zu constituiren und von der Beobachtung dieser allein die Gültigkeit derselben abhängig zu machen.

277 [Im Original steht eindeutig „Contratenten“. Hier gab es möglicherweise einen Schreibfehler. Im Französischen ist der „contractant“ ein „Vertragspartner“.]

Im ersten Buch Moses 17 v. 9 – 14 ist den Juden die Beschneidung anbefohlen, die bekanntlich von zwei Gesichtspunkten aus anzusehen ist; einmal als Zeichen der Nationalität, insofern sie ein Mittel war, wodurch man in die jüdische Nation aufgenommen ward; das andere mal als religiöse Einweihungs-Ceremonie, gleich wie bei den Christen die Taufe. Sofern man nun die Nationalität der Juden als Grund gegen deren Emancipation anführt, stützt man sich auf die Sitte der Beschneidung, indem man dieselbe noch aus dem ersten Gesichtspunkte mit betrachtet; derselbe aber ist längst unpractisch, denn mit der Auflösung der jüdischen Nationalverbandes |Bl. 69 b| ist ihre Bedeutung als solche durchaus erloschen, sie blieb und ist nur noch eine religiöse Form und als solche dürfte es dem Staate, der sich nach oben ausgeführten Behauptungen nicht um die Religion seiner Bürger zu kümmern hat, solange deren Cultur nicht die öffentliche Ruhe und Sicherheit gefährdet, ganz gleich sein, ob sich jemand beschneiden oder taufen lässt. Man überlasse der Polizei etwaige Mißbräuche dieser Sitte zu verbieten, und dann möge die Zeit den Israeliten zeigen, wie sie schon so manches gelehrt hat, daß am Ende das ihnen vorliegende Gesetz zu den Vorschriften für die Gesundheit gehört, die ein weiser Legislator in dem Sinne der damaligen Verfassung dem lieben Gott selbst in den Mund legte. [278]

Ganz vorzüglich wird ferner die Feier des Sabbaths als ein Hindernis der Gleichstellung der Israeliten mit |Bl. 70| den Christen betrachtet. Was, heißt es, soll daraus werden, wenn ein Theil der Staatsbürger den Sonnabend, der andere den Sonntag feiert? Ein Ruhetag soll und muß sein; er ist nothwendig; das hat selbst die französische Regierung anerkannt, als sie den lieben Gott absetzte und um jedes Andenken an ihn zu verbannen, statt der Sonntage den 10ten Tag zum Ruhetag

278 Wie man früher über die Beschneidung dachte, findet sich belegt in unserer Vorstellung der Aufnahme der ersten Juden in Hbg., pag. 28. [Gemeint ist Sutors Schrift: Darstellung der Aufnahme der ersten Juden in Hamburg. Von Dr. S., Hamburg 1838.]

machte. Fragen wir aber, ob es nothwendig ist, den Sonntag oder Sonnabend zum Ruhetag zu haben, so müssen wir aufrichtig gestehen, daß es nur die Gewohnheit, der altherkömmliche Gebrauch ist, der es höchst schwierig machen würde, den Tag zu verlegen. Weder die Juden noch die Christen haben irgendeine bestimmte Vorschrift in den Religionsgesetzen grade den von ihnen bisher gefeierten Tag, als den richtigen zu vertheidigen. Dadurch wäre die Möglichkeit einer Vereinbarung klar; daß eine solche wünschenswerth ist, werden wir nicht leugnen, wohl aber |Bl. 70 b| müssen wir gegen die Ansicht uns auflehnen, die eine solche Vereinbarung als eine <u>nothwendige</u> Bedingung aufstellen will, wenn von einer Emancipation die Rede ist. Katholiken haben verschiedene Feiertage von denen der Protestanten und trotzdem sind sie als Staatsbürger gleichgestellt; was liegt daran, daß der Jude auch seine besonderen Festtage hat? Uebrigens werden die strengen Gebote, die in Bezug auf die Feier des Sabbaths im Talmud existiren sollen, schon gar nicht mehr gehalten, woraus sich gewiß der Schluß ziehen läßt, daß über kurz und lang die Juden der Verlegung ihres Sabbaths auf den Sonntag nicht mehr entgegen sein werden, dann fällt erst der heilige Schein, der um den Schabbes durch den Talmud verbreitet ist u. dieser muß mit fortschreitender Cultur verlöschen, so wird nichts mehr dem Eingange der Bemerkung im Wege stehen, daß es wohl billig wäre, wenn die zu Staatsbürgern aufgenommenen Israeliten als Staatsbürger eben und in Betracht der |Bl. 71| Nützlichkeit dieser Veränderung, sich dazu entschließen würden.

Die bisherigen Merkzeichen einer jüdischen Nationalität, deren Aufgabe oder deren Abänderung hie und da gefodert werden, wenn von der Emancipation die Rede war, sind die, welche allgemein, als solche bekannt sind, und welche selbst der geringe Mann braucht, indem er einen Juden nach dem Vorgehenden beschreibt, ~~und man sollte denken, daß in ihnen das Ganze des Judenthums läge. Allein~~ Es ist aber von den Gelehrten hauptsächlich noch ein Grund mit Gewicht gegen die Aufnahme der Juden angeführt, nämlich die Anerkennung des Talmuds abseiten derselben ~~und Es scheint uns als ob hierin alle vorherigen~~

Rügen schon enthalten seien, und somit nur unter dieser zu subsonniren [!] wären. Der Talmud ist eine Auslegung des alten Testaments, angefertigt von den jüdischen Gelehrten, bestehend aus der Mischna, der ältesten Auslegung |Bl. 71 b| und der Gemarah-Auslegung der Mischna; er wird gleich den Büchern des altenTestaments von den orthodoxen Juden als Gesetz betrachtet. Nun ist derselbe aber voll von spitzfindigen Erklärungen und Ausdehnungen der einzelnen Gesetze wobei denn häufig Resultate zum Vorschein kommen, deren Anwendung im praktischen Leben kein Staat dulden kann. Schon in der aeltesten Zeit als die Israeliten sich hie und da Eingang verschafften, wurde stets der Talmud als etwas Gefährliches ihnen verboten. In ihm liegen die Bedenken gegen den Eid eines Juden, wenn auch nur scheinbar begründet, in ihm ist die Quelle mancher lächerlicher Ceremonial-Gesetze und mancher Ansicht der Juden zu finden, die ihrer Cultivirung hemmend entgegensteht. Es ist daher die Erklärung, den Talmud nicht als Gesetzbuch betrachten zu wollen, von fast allen denen gefordert, die die Emancipation |Bl. 72| der Israeliten herbeizuführen wünschen, allein wir glauben, daß diese unnütz ist. Solche Erklärungen haben theils einen höchst relativen Werth, da ihre Abgabe einen Vortheil und zwar einen großen, ihre Verweigerung einen Nachtheil bringen soll, anderntheils aber würde grade der Talmud selbst das Versprechen als ungültig hinstellen und somit, da man seine Lehren vorher als angenommen zu betrachten hat, immerhin als gültig bestehen bleiben. Es heißt nämlich unter andern darin: Der Eidschwur hat keine verbindende Kraft, wenn nicht Mund und Herz genau miteinander übereinstimmen, ein Versprechen wird also gewiss keine verbinden Kraft haben, wenn ein Jude gegen seinen Willen es dahin giebt, den Talmud ferner nicht als Gesetzbuch zu betrachten. Wir sehen hier deutlich einmal was es eigentlich mit der Sicherheit, welche durch Eide |Bl.72b| und Versprechen geleistet wird, auf sich hat, alles kommt dabei auf das Innere an, und leider fehlt uns die Kunst dasselbe einzusehen. Was soll denn gethan werden? So wird man fragen, wir glauben die Sache auf anderem Wege leichter schlichten zu können. Der Staat hat, wie wir anführten

~~die Oberaufsicht über die Kirchen, und ist berechtigt, wo der Cultus irgendeiner Religion ihm in den Weg trit~~[!] ~~geeignete Maßregeln zu ergreifen. Der Staat erkläre also, ohne sich weiter um die Bestimmungen der Israeliten zu kümmern, daß er den Talmud nicht als ein ihnen gegebenes Gesetzbuch anerkenne, und überlasse nun ihnen die Art und Weise wie sie sich mit demselben abfinden wollen. Würde dann ein Jude nach dem Talmud gegen die Gesetze des~~ [279] ~~Staates handeln, so würde der Staat seine Macht geltend machen und ihn bestrafen, überdem ist der Betrachtung über dieses Buch nicht zu übersehen, daß es bei weitem nicht allen Juden zugänglich ist, daß es von vielen derselben nur dem Namen nach gekannt wird, und daß endlich selbst die gelehrten Juden, so viele derselben für die Cultivirung ihres Volkes sorgen, den Aussprüchen des Talmuds keine unbedingte Gesetzeskraft mehr beilegen, sondern wie Dr. Jost sagt, die Spreu vom Weizen zu sondern wissen.~~[280]

[Bl. 73] Die einzelnen Gesetze der Bücher Mosis sind in ihm [dem Talmud, J. B.] zu Gegenständen der Betrachtung genommen u. zwar so: zuerst sind Meinungen und Auslegungen aufgeführt, z. B. M. sagt etc., N. sagt etc., dann folgt schließlich das aus diesen verschiedenen Erklärungen gezogene wichtige Resultat. Die Relation der verschiedenen Ansichten enthält nun manche spitzfindige Erklärung u. Ausdehnung der heiligen Gesetze u. unter ihnen offenbar welche, deren Anwendung im praktischen Leben kein Staat dulden kann, in ihr liegen die Bedenken gegen den jüdischen Eid begründet, in ihr ist die Quelle mancher lächerlicher Ceremonial-Gesetze, mancher Ansicht der Israeliten zu finden, welche ihrer Cultivirung hemmend in den Weg trit[t]. Allein es ist aber auch nur die Relation, welcher ein Vorwurf gemacht werden kann, die Vota enthalten von al-

---

279 [Der folgende Text steht im Manuskript auf Bl. 74. Es wurde wegen des Anschlusses hierher vorgezogen.]

280 [Die folgende Passage (bis [Bl. 74] „Das wäre also eine Uebersicht der Gegengründe…“) ersetzt im Manuskript den gestrichenen Text. Sie wurde nachträglich eingefügt. Sie liegt nicht in Kanzleischrift vor, sondern in der Handschrift A. Sutors.]

lem dem nichts, sie athmen vielmehr einen hochmoralischen Geist und jeder Staat wird mit Freude zum Staatsbürger den Menschen aufnehmen, der sie als religiöse Gebote anerkennt u. befolgt. [281]

Es ist nun nicht zu leugnen, daß in finsteren Zeiten die Relationen auch als Wahrheiten von den Israeliten behauptet wurden, jetzt aber ist die richtige Meinung herrschend, derzufolge nur die Vota gültig sind; wir wissen, sagt Dr. Jost[282], die Spreu vom Weitzen [!] zu sondern.
Allein selbst wenn der Israelit noch jedem Anspruche des Talmuds anhinge u. wir wollen es annehmen, da wir das Innere des Menschen nicht zu erkennen vermögen, so würde für den Staat kein Grund darin liegen, ihm eine bürgerliche Gleichstellung zu versagen. Er hat um seine Zwecke zu erreichen, die Gewalt das Gesetz zu geben, er erkennt kein religiöses Gebot über sich und erzwingt die Befolgung seiner Anordnungen durch die ihm reichlich zu Gebote stehenden Mittel.

Der Staat erkläre: Ich erkenne den Talmud nicht an; was im Geiste desselben Ruhe Friede u. Sicherheit u. d. Gemeinschaft stört, wird von mir bestraft; das wird hier reichen. Darum kümmern uns augenblicklich nicht die Ideen der Israeliten über den Talmud; erst, wenn sich finden würde, daß seine Lehre Verbrecher hervorriefe, könnte der Staat Anlaß finden, Maßregeln zu seiner Unterdrückung |Bl. 73 b| zu ergreifen.

Außerdem aber ist unter den Juden selbst schon die Ansicht weit verbreitet, daß der Talmud kein Gesetz für sie sei. Die Anhänger dieser Meinung erkennen nur die 5 Bücher Moses als solches an und werden deswegen auch wohl und nicht ganz unrichtig Mosaiten genannt. Zu ihnen gehört z. B. die Gemeinde

---

281 Wir machen hier wieder aufmerksam auf das schon citirte Werk von Wolff [!] und Salomon.

282 [Zum jüdischen Gelehrten I. M. Jost vgl. die Literaturliste.]

zum neuen Tempel in Hamburg an deren Spitze Dr. Salomon [und] Dr. Kley stehen. [283]
Diese Spaltung im Judenthum läßt sich sehr gut mit der unter Christen in Katholiken u. Evangelische vergleichen; hier wie dort räumt die eine Parthei den Traditionen u. >späteren< Schriften ein Gewicht ein, welches die andere leugnet. -
Wie gesagt, um auf unser Thema zurück zu kommen, für d. Staat liegt in allen dem kein Grund die bürgerliche Gleichstellung noch länger zu verweigern.

[Bl. 74] Das wäre also eine Uebersicht der Gegengründe, welche aus der Nationalität der Israeliten gegen ihre Emancipation hergenommen werden. Wir haben gezeigt, wie der Staat durch Nichtanerkennung des Talmuds das Hindernis beseitigen kann, welches seine Gültigkeit als Gesetzbuch vielleicht |Bl. 74 b| in den Weg legen könnte; wir haben gesehen, wie nothwendig die Verlegung des Sabbaths nicht [ist], wie die Beschneidung auf die Qualität eines Staatsbürgers ohne Einfluß ist, wie den Ehegesetzen leicht durch eine Begünstigung der gemischten Ehen ihre Kraft genommen werden können [!], wie der Eid, er mag formuliert werden, wie er will, immer nur eine höchst zweifelhafte Sicherheit gewährt, wie die hebräische Sprache, und die Speisegesetze theils bedeutungslos, theils als antiquiert bei der zu beantwortenden Frage, was die Emancipation entgegenstehe, nicht weiter in Betracht kommen können und so haben wir das Resultat, daß was die Nationalität der Juden betrifft, in ihr kein Hindernis laege, sie zu Staatsbürgern zu machen und also mit den Christen gleichzustellen.
Wollen wir nun noch, im Vorbeigehen |Bl. 75| ist es hie und da schon geschehen, einen Augenblick dazu anwenden zu sehen, wie der bisher erörterte Gegengrund in Hamburg benutzt wird, so möchte es nicht schwer sein zu zeigen, daß er bei uns von fast gar keinem Gewicht ist. Zu aufgeklärt ist die Gesetzgebende Gewalt bei uns, um solche beim ersten Anlauf zerstiebende

283 [Vgl. die Kurzbiographien in: Das Jüdische Hamburg. Ein historisches Nachschlagwerk. Hg. v. Institut für die Geschichte der deutschen Juden, Göttingen 2006, S. 159 f. u. S. 220 f.]

Kämpfer auf den Kampfplatz zu führen. Die Erfahrung hat uns gelehrt, daß die Israeliten trotz ihrer Nationalität gute ~~Menschen sind~~ Bürger sein können, wir haben uns daran gewöhnt, daß die Juden ihren Sabbath vor unsern Augen heiligen, ~~wir haben um ihren talmudischen Vorschriften Genüge zu leisten ihre Schätger auf dem Schlachthofe;~~ unsere Gesetzgebung erkennt den Talmud nicht an; [284]wir betrachten ihren Eid gleich dem von unseren Glaubensgenossen abgeleisteten, genug wir nehmen aus ihren auf National-Gesetze beruhenden Gewohnheiten keinen Grund gegen ihre |Bl. 75 b| Emancipation her.

Ganz andere Gründe, auf die wir weiter unten kommen werden, hindern in der freien Republik den Sieg des Rechts und der Wahrheit.

Robert Haas in seine[m]: Das Staatsbürgerrecht der Juden (Frankfurt a./M. 1837) nennt als gegen die Emancipation der Juden heraufbeschworene Gründe, außer dem bisher durchgehandelten noch sieben andere und widerlegt sie auf's bündigste. Mit Ausdauer und Fleiß hat derselbe aus Zeitschriften und Abhandlungen zusammengetragen, was je die Gegner der Emancipation für ihre Meinung anführten und er wird es uns erlauben, seine Arbeit zu benutzen, zumal da es hier nur darauf ankommt zu zeigen, daß eigentlich nicht mehr als zwei Gründe es sind, die in Hamburg wirken, nämlich der sogenannte moralische und wie Robert Haas ihn nennt merkantilische Gegengrund. |Bl. 76 | Nach Berücksichtigung der übrigen Quellen [werden] wir auf diese beiden zurückkommen. Robert Peel[285] hat es gewagt zu sagen:

„und um dieser 27000 Individuen willen soll ich ein Princip aufgeben, das in die frühesten Zeiten der Geschichte hinaufreicht?"

Es ist kaum der Mühe wert, auf diesen Grund einzugehen, und wir glauben, wäre es nicht vom genannten Mann aufgestellt, würde er stets mit Stillschweigen übergangen worden sein, denn das leuchtet gewiß jedem ein, daß ein Unrecht sei es an Einem oder an Millionen begangen, moralisch betrachtet glei-

284 [Vgl. das] Juden-Reglement v. 1710 Art. 5.

285 [R. Peel war ein bekannter britischer Politiker und Premierminister.]

che Bedeutung hat, es ist Unrecht und bleibt Unrecht; ob Einer bestohlen wird oder der Staat, es ist und bleibt ein Diebstahl, nur ein moralischer Schwächling kann daher einen Diebstahl an und für sich größer finden, als den anderen. |Bl. 76 b|

Der numeräre Gegengrund ist also ohne Bedeutung. - Lächerlich ist der militairische Gegengrund, d. h. der Gegengrund, daß die Juden keine Soldaten seien. Zwar ist es eine allgemeine Behauptung, die Juden seien feig, allein es ist darum doch eine falsche; wo die Israeliten ein Vaterland haben, wo Heerd, Weib und Kind zu schützen sind, da haben sie stets ihr Blut vergossen.[286] Da werden sie es stets thun; selbst aber auch für ihre Fahne, für ihre Ehre, lassen sie da ihr Leben, wo man sie nicht in den Staub trit[t], das haben sie auf der Citadelle von Antwerpen [1832] gezeigt, wo ein großer Theil der Soldaten Chasse's aus jüdischen Holländern bestand.[287]

Aber wo sie wie ~~Hunde~~ Stiefkinder betrachtet werden, da kann man keinen Muth fodern von ihnen, da werden sie schlechte Krieger sein. |Bl. 77| Denn sie sind nicht Söhne des Vaterlandes, sind Sclaven, denen es gleich sein kann, wer die Peitsche führt, unter dessen Streichen sie seufzen.[288]

Man hat auch noch einen confessionellen Gegengrund aufgestellt; es ward gesagt, die jüdische Religion sei feindlich gegen Andersdenkende gesinnt, es sei also gefährlich, ihren Bekennern zu viele Rechte einzuräumen. Mag aber im Talmud stehen, was da will, mag der Rabbiner, dessen Weib vielleicht auf dem Scheiterhaufen dem Christengott zur Ehre hingeopfert wurde, seinem Haß in Worten Luft gemacht haben, die Erfahrung hat

286 Auf der Gedenktafel in der St. Michaelis Kirche finden sich die Namen von 4 für das Vaterland gefallenen Israeliten.

287 [In dem zeitgenössischen Werk von H. v. Reitzenstein, Die Expedition der Franzosen und Engländer gegen die Citadelle von Antwerpen und die Schelde-Mündungen, Berlin 1834, S. 50 heißt es, unter den Verteidigern der Zitadelle befand sich unter der Führung von Chasse „eine große Zahl von Freiwilligen". „Es sollen sogar über 500 Mann mosaischen Glaubens aus den reicheren Familien Amsterdams und Rotterdams unter den Verteidigern gewesen sein. Der Geist der Besatzung war vortrefflich …"]

288 [Text der hier vorgesehenen Fußnote „O" fehlt.]

es uns gezeigt, daß der Jude nicht der Feind des Christen ist, sobald der Christ nicht der seine.

Gottlob, wir zählen in Hamburg, wie an manchen anderen Orten, zu den liebevollsten Menschen mehrere Israeliten, und wo es gilt zu bethätigen das Wort: wir sind ja alle Brüder, da steht bei uns an der Spitze der Mann mit grauem Haupte, |Bl. 77 b| der seinen Sabbath hält und sein Alenu[289] betet und der Bürger entblößt vor ihm gerne sein Haupt und manche Witwe, mancher getröstete Vater mag nächtlich zum Christengotte für das Wohl des braven Israeliten flehen. Und wenn nun die That die Gesinnung zu zeigen vermag, wie kann man da noch sprechen, die jüdische Religion fodere Feindschaft gegen Andersdenkende.

In dem angeführten Grunde liegt aber doch eine Wahrheit, allein eine die bei der vorliegenden Frage gewichtlos ist. Jede bestehende Religion macht, wie wir schon oben sagten, Anspruch darauf, die einzige wahre zu sein; verdammt sie die Bekenner anderer nicht, so wird sie dieselben wenigstens bemitleiden. Unsere christliche Religion hat daran in der Zeit des Pabstthums ein eklatantes Beispiel gegeben, so wie sie damals, wird die jüdische Religion, selbst wenn sie die herrschende würde, jetzt nicht auftreten können, da |Bl. 78| der Fortschritt auf dem Wege der Cultur jeden fanatischen Verfolgungsgeist in seiner ersten Erscheinung durch Verachtung unterdrückt, aber es will uns scheinen, als wenn bei der vorgelegten Frage, ob die Juden zu emancipiren seien, wie bei dem nationalen Gegengrund, der richtige Standpunkt verlassen ist.

Es ist ja nur die Frage, ob die Juden nicht vom Staate als vollkommene Bürger anzuerkennen seien! Der Staat hat die Macht Gesetze zu geben, er hat die legislative Gewalt, wie wir sagen, kraft derer er im Stande ist, seinen Foderungen gemäß das Verhältnis zwischen den einzelnen Individuen und ihm zu bestimmen, die executive Gewalt, die Macht, Befolgung seiner Anordnungen zu erzwingen, hält das Ansehen seiner Gesetze

289 [Dies ist eine formelhafte Wendung aus vielen jüdischen Gebeten. Die deutsche Übersetzung lautet etwa: „Es obliegt uns." oder „Es ist unsere Aufgabe."]

aufrecht, wozu dann noch eine Untersuchung darüber, ob die Juden als solche gegen die Christen freundlich oder feindlich |Bl. 78 b| gesinnt sein werden?

Dem Staate ist es um innere Ruhe, inneren Frieden und Sicherheit zu thun, zu diesem Zwecke erläßt er seine Gesetze, was der Bürger über dieselben denkt, ob sie mit seinen Ansichten harmoniren, das ist ihm gleich, nur die Handlung des Bürgers gehört vor sein Forum, und nur erst dann, wenn aus ihr die böse Absicht hervorgeht, ist auch diese von ihm zu ahnden.

Würde also auch der Jude seiner Religion zufolge den Christen anfeinden, so wäre darin kein Grund um seine Qualität als Staatsbürger zu negiren, da aber der Staat nicht dessen Gedanken zu berücksichtigen hat, sondern nur die Handlungen und zwar in sofern, als sie den der Ruhe und dem Frieden zur Liebe erlassenen Bestimmungen entgegen treten |Bl. 79| oder sich anschließen und da derselbe im ersten Fall die Mittel in seiner Gewalt hat, die Achtung seiner Gesetze zu erzwingen.

Einer der veraltetesten Gegengründe ist der sogenannte christliche. Der Jude ist nicht Christ, heißt es, wir sind Christen, wir haben uns zu einem Staate vereint und können somit, ohne die Bedeutung eines christlichen Staates aufzugeben, die Juden nicht als Mitglieder in diesem Staat aufnehmen. Es will uns scheinen, als ob die, welche sich mit diesen Worten zum Kampf eingestellt, eine nicht kleine Dosis mittelalterlicher Ideen eingenommen haben. Christlicher Staat ? Ein Wort ist es, eine Benennung – aber eine richtige Idee liegt nicht darin. Staat ist Staat und Christentum ist Christentum. Ersterer kann bestehen ohne das letztere |Bl. 79 b| und hat bestanden ohne dasselbe; letzteres bedarf seiner nicht, so wenig wie Gott eines Körpers. - Es ist uns lächerlich, ja es ist von uns Christen nicht wenig streng getadelt, daß die Juden sich das Volk Jehovah's, sein Volk genannt haben, daß sie sich als solches noch betrachten, und nun schämen wir uns nicht zu sagen, wir seien Christi Volk und könnten Andersglaubende nicht unter uns dulden?

Was ist der Zweck des Staates? Humanität! Was ist die Aufgabe des Staates? Ruhe und Sicherheit. Seine Aufgabe lösen, seine

Zwecke erreichen, kann der Staat nur, wenn er sich losmacht von den Fesseln der Intoleranz. Der Staat wird das Ideal erreichen, in welchem der Jude, der Muhamedaner, der Christ, und welchen Namen ein Mensch nach seinem Glaubensbekenntnis sonst noch führen mag, vereint, ruhig, sicher und friedlich leben [kann].[290] |Bl. 80|
Er wird das göttliche Wesen repraesentiren, daß nach einem jetzt fast allgemeinen Glauben nur eins ist, und wird eine Oberaufsicht führen über jede Confession, und wird seinen Schutz dem Bürger angedeihen lassen, wie Gott seine Sonne dem Menschen! Es wird dahin kommen – wir Christen glauben es ja selbst, es wird ein Hirte sein und ein Herde!

Zuletzt und wahrlich mit einem widerlichen Gefühle gegen unsere Zeit, müssen wir noch erwähnen, daß selbst die Religion hat in den Kampf gegen die Juden treten müssen, daß sie die christliche Religion, die da fodert: liebet eure Feinde, segnet die euch fluchen, daß sie gebraucht worden ist, den humanen Bestrebungen in den Weg zu treten. Religiöse Intoleranz hat sich – abgesehen davon, daß sie sich oft hinter der Maske der schon angeführten Gründe versteckte – auch nackt im |Bl. 80 b| Kampfe gezeigt und hat gesprochen von Christusmörder! Also das ist das 19te Jahrhundert mit seiner Aufgeklärtheit? Noch darf ein Christ es wagen, die Juden wegen ~~ihres Glaubens~~ Christi Tod zu schelten, ohne daß ihn der Verachtung Brandmark auf die Stirne gedrückt würde? – Uns will scheinen, als sei der Mann, der solche Gründe nennen mag, nicht werth des Namens Christ; der Stifter unserer Religion betete noch am Kreuze für seine Feinde, und nach 1800 Jahren soll den Nachkommen der Kreuzigenden ihre Schuld von seinen, des Gekreuzigten Jüngern angerechnet werden? Pfui! aber dem Manne, der durch seine Worte uns veranlaßte, dies schreiben zu müssen. Mag er mit verdeckten Augen, bleichem Antlitz, schlotternden Knien sich vor seinen hölzernen blutbefleckten Gott hinwerfen und stammeln: glaubet, so |Bl. 81| werdet ihr

290 Dieselbe Ansicht spricht E. E. Rath in dem angeführten Promemoria aus vgl. pag. 206

seelig und wer da nicht glaubet, der wird verdammt, und mag er dann vergehen in wollüstiger Rührung über die von uns begangene Sünde! In dummer Freude über den seeligmachenden innewohnenden Glauben! Der verächtliche Wurm!

Vor dem Vater des Himmels und der Erde ist besser der Jude, der seinen Pfennig gibt dem Darbenden, als der Christ, der sich geißelt am Altare und den Mammon scharrt[291] daheim; vor dem Herrn, der spricht: alle Welten sind mein, der Blitz ist mein Auge und der Donner ist meine Rede, ist besser der nackte Wilde, der sich versteckt, wenn der Herr sieht und der sich fürchtet, wenn der Herr redet, als der Christ, der sich auf die Brust schlägt und stolz spricht: ich glaube!!

Es wird kommen der Tag des Gerichts und die Posaune wird tönen und rufen, wer Gutes wollte |Bl. 81 b| >dem< wird werden der Lohn und die Krone und an seinen Früchten will ich den Baum erkennen; wer aber sein Pfund verscharrte und einher ging wie ein Träumender, der wird dem verdorrten Baum gleichen und wird geworfen werden in das Feuer, daß er lodere und brenne für alle Zeiten. –

Wir müssen hier schweigen, denn der Zweck unserer Schrift ist ein anderer, als der das Bekenntnis unseres Glaubens abzulegen, wir wollen nur freudig noch erwähnen, daß in Hamburg sich wenigstens die Stimme der Fanatiker nicht hören läßt; wenn der Verfolgungsgeist früherer Jahrhunderte in den Worten Hep, Hep sich auch wieder gezeigt hat, so war nicht das religiöse Element im Haufen des Pöbels thätig, sondern andere Gründe riefen den augenblicklichen Unwillen hervor. Zweierlei ist es nämlich, wie wir oben sagten, |Bl. 82| was in Hamburg der Emancipation der Juden im Wege steht und wird ein längeres Verweilen dabei nöthig sein.

Wir nannten diese Gegengründe oben mit Haas[292] den morali-

---

291 [Scharren hatte neben der Bedeutung des Verscharrens auch die abwertende Nebenbedeutung, raffgierig möglichst viel Geld in seinen Besitz bringen oder gierig für sich zusammenzuraffen.
Vgl. etwa M. Heyne, Deutsches Wörterbuch, Bd. III, Leipzig 1906, Spalte 273.]

292 [Siehe Haas, Robert, Das Staatsbürgerthum der Juden vom Standpunkte der inneren Politik beleuchtet, Frankfurt a./ M. 1837.]

schen und den merkantilischen. Die erste Bezeichnung soll dasselbe sagen, was im gemeinen Leben dadurch ausgedrückt wird, daß man spricht: „Die Juden taugen nichts." Sie ist passend. Die zweite aber umfaßt alles das, was die Gegner der Emancipation über die Veränderung anführen, welche zum Nachtheil der jetzt Berechtigten durch die Mehreren ertheilte Gewährung gleicher Rechte vorgenommen werden soll. Merkantilisch mag dieser Gegengrund genannt werden, insofern der Kaufmann sich desselben bedient, allein auch der Handwerker, der Gelehrte und jeder Stand, der durch die Zulassung der Juden seine Begrenzung [293] verlieren würde, |Bl. 82 b| nennt den ihm entstehenden Nachtheil als Grund gegen die Emancipation und somit möchte die gewählte Bezeichnung zu eng sein, es ist vielmehr der Gegengrund herangezogen aus dem Interesse der Einzelnen bei einer vorzunehmenden Veränderung. Dieses Interesse stellt sich in den Kampf und verhindert hier, wie sonst den Sieg des Wahren.[294]

Was nun erstens den moralischen Gegengrund anbelangt, so giebt der selbe zu den interessantesten Betrachtungen Anlaß, wir dürfen leider nur andeuten, dem denkenden Leser muß es überlassen bleiben, die Skizze, welche wir geben, auszuführen.

Der Jude taugt nichts! Das ist ein Urtheil welches im gemeinen Leben an allen Ecken und Enden gehört wird, und in der That, es wird nicht schwer anzugeben, worauf sich dieses Ur-

---

293 [Gemeint ist wohl der Schutz vor Konkurrenz.]

294 [Hierher passen die folgenden Sätze, die auf einem unpaginierten losen Blatt im Konvolut der Schriften Sutors zu finden sind: „Es bleibt uns endlich noch, einige Worte über jenen Grund zu sagen, der hergenommen ist, aus dem Nachtheile, welcher dem Einzelnen [z. B. dem Handwerker, dem Kaufmann] durch die Gewährung der ihnen zustehenden Rechte an Mehrere [d. h. insbesondere an die Juden nach einer Verleihung des Bürgerrechts, nach ihrer „Emanzipation"] zugefügt wird. Wir haben schon angedeutet, daß der Ausdruck merkantilischer Gegengrund dafür zu eng sei, wir wollen hier zeigen, wie in Hamburg dieser Grundgedanke die Emancipation bis jetzt verzögert hat und wie - ohne daß seine Nichtigkeit dem Bürger klar wurde, an eine Emancipation für's erste nicht zu denken sein wird.
Der Israelit in Hamburg ist als Nicht-Bürger ausgeschlossen von allen Aemtern, Zünften und Bruderschaften. Es heißt nämlich in dem neuen Aemter-Reglement von 1835 Tit. 4 § 37 weder Geburt, noch Stand, noch Religion, noch vorgerücktes Alter sollen die Annahme als Lehrling verhindern, diejenigen Religionsverwandten jedoch, welche das Bürgerrecht nicht besitzen, sind automatisch von allen Aemtern, Zünften und Bruderschaften ausgeschlossen."]

theil gründet. Wir wollen |Bl. 83| nicht leugnen, daß der Jude im allgemeinen ein verschlossenes, gehässiges Wesen zeigt, daß Schacher, Wucher, Gaunerei und Betrügerei im Verkehr ihm vorgeworfen werden müssen; es soll ferner nicht geleugnet werden, daß eine gewisse Prunksucht ihm anklebt, daß er eine erniedrigende Demuth, Falschheit und List verkündend, zur Schau trägt. Aber was ist die Quelle dieser Fehler? Das ist es, was wir zugleich mit untersuchen wollen und da lautet die Antwort: Geldsucht. Sie ist es, die Begierde reich zu werden, die alle diese Schattenseiten im jüdischen Charakter bildet; wenn der Israelit seinen Sohn in die Welt schickt, so läßt die Comödie ihn sagen: „laß dich schelten, laß dich fluchen, schlagen, stoßen – aber – verdiene Geld!" Und so ist es im wirklichen Leben. Der Israelit zieht hinaus in den Verkehr mit dem heißen Wunsche, Geld zu erbeuten; was ihm als Mittel zu diesem Zwecke dienen |Bl. 83 b| kann, das ergreift er; der Christ ist sein Feind in diesem Kampfe, er schließt sich an die inniger an, die mit ihm in gleicher Linie stehen; viele geringe Gewinne gleichen in ihrem Resultate einem großen, daher verachtet er keinen, und lernt aus dem geringfügigsten Begebnis, aus dem wertlosesten Gegenstande seinen Nutzen ziehen; er scheut keine Mühe, um seinen Zweck zu erreichen, daher sucht er den Verdienst, er geht ihm entgegen, er erspäht in dem schmutzigsten Winkel der Wohnung der Armuth Gegenstände an und für sich werthlos, er scheut sich nicht, ihren Besitz zu erbetteln, er weiß ja den Mann, der sie gebraucht, der ihm seine Mühe bezahlt; er handelt mit allem, was Verdienst abwirft, er giebt sich zu allem her, wofür er Bezahlung erlangt; Geld, nur Geld muß er verdienen.

Geht es nicht auf diese Weise, so wird |Bl. 84| listiger zu Werk gegangen, und will alles nicht helfen, so muß endlich der Betrug aushelfen. Geld ist sein Zweck! Daher schleicht er demütig umher, daher leckt er die Hand, wenn die ihm giebt, was er wünscht, wie ein Hund sie dem Herrn, der ihn füttert, daher bückt er sich bis in den Staub und nennt dich den braven Herrn, den guten Herrn, und wenn er das Gewonne[ne] dann zu dem Haufen legt, den er sammelt, da lacht er deiner, da du ihm glaubtest. Und ist dann dieser Haufe gewachsen, und näherst du Armer dich ihm, er wird großthuend die Louisdore vor deinen Augen durch die Finger laufen lassen, wird sich nennen gerührt ob deiner Noth und wird dir bieten gegen Sicherheit Hundert, gegen Rückzahlung von Zweihundert. Er wird den Namen des Wohlthätigen erlangen wollen, den Namen des Reichen und wird prunken mit Gaben |Bl. 84 b| und glänzen in Kleidern, und wird – mit Verachtung den behandeln, der es nicht verstand zu schachern, zu heucheln, zu gaunern, zu betrügen wie er, und auch zu werden wie er. - - - -

Ein grau~~sames~~enerregendes Bild eines Juden! Sollte es ein richtig gezeichnetes sein? Sollte es für die Juden im Allgemeinen gelten können? Nein, gottlob! In jetziger Zeit ist das angeführte Bild eine Carricatur. Zwar ist der Israelit behaftet von der Sucht nach Geld, es mag unter den Bekennern der jüdischen Religion Charaktere geben, die dem aufgestellten[Bild] Haar für Haar gleichen, allein als allgemein treffend kann das Portrait nicht mehr[295] angesehen werden. Im Ganzen können wir von der Judenschaft nur sagen, daß sie das Geld[296] mehr als schicklich im Auge habe, und daher sich keine Mühe verdrießen lasse, dasselbe zu erwerben, allein die Mittel dazu sind nicht mehr ganz die in dem Bilde gezeichneten. |Bl. 85|

Wir müssen, um richtig über den jüdischen Charakter zu urtheilen, die verschiedenen, so zu sagen, Stände der Juden einzeln vornehmen. Wir theilen sie in Reiche, in Wohlhabende und in Arme.

<u>Der arme Jude</u> ist eigentlich das elendste Geschöpf, was sich denken läßt. Verachtet wegen seiner Religion, ~~namentlich~~ kenntlich durch die makirten [!] Züge seines Gesichtes und durch die ihm eigenthümliche Bethonung der Worte, geht er hinaus des Morgens aus seiner schmutzigen Behausung um das Nothdürftigste zu verdienen. Durch seine Persönlichkeit aber unfähig, einer Menge Erwerbsquellen zu nahen, durch seine Armuth nicht im Stande einen soliden Handel zu treiben, ist er

---

295 [Das Wort „mehr“ ist von A. Sutor nachträglich eingefügt.]

296 [Die Wörter „mehr als schicklich“ fügte A.Sutor nachträglich ein.]

angewiesen auf den Schacher, den so oft schon getadelten. Mit Hülfe von List, Betrug, Ausdauer, sklavischem Benehmen, und was mehr, wird es ihm möglich geringfügige Gegenstände unter ihrem Werth zu kaufen und über demselben wieder an den Mann zu bringen. |Bl. 85 b|

Mag er selbst sein tägliches Treiben verachten, er wird durch die Umstände gezwungen es fortzusetzen und wird sich endlich daran gewöhnen.

Er ist es dann am Ende, in welchem sich alle Schattenseiten des jüdischen Charakters am deutlichsten ausprägen.

Der wohlhabende Jude dagegen, der von einem Tag zum andren nicht zu sorgen braucht, und der schon den Wunsch hat, reich zu werden, läßt die widrigen Mittel, deren sich sein armer Glaubensgenosse bedient, um des Lebens Nothdurft zu gewinnen, bei Seite, und entwickelt dagegen einen regen Fleiß und eine bewunderungswürdige Betriebsamkeit. Belehrt durch die Erfahrung, daß der große einmalige Gewinn reichlich durch wiederholte kleinere aufgewogen werde, scheut er keine Mühe und arbeitet anhaltend und emsig; er weiß aber auch, daß oft |Bl. 86| gewagt sein muß, um zu gewinnen, und daher wagt er nicht selten, wo der Christ keinen Muth hat. Zu solchen gewagten Geschäften gehört der sogenannte Wucher, eigentlich eine Speculation. Das Geld ist dabei seine Waare [!], er verkauft sie an solche, welche ihrer benöthigt sind zu hohem Preise, um entweder tüchtig zu verdienen, oder Alles zu verlieren.

Die Schatten in dem Charakter der wohlhabenden Juden sind also nicht mehr so stark.

Fast ganz fallen sie bei der Betrachtung der reichen Juden weg. Ein solcher gleicht dem am Ziele stehenden Wanderer, der sich der Ruhe hingiebt, er genießt sein Leben, indem er sich mit den Bequemlichkeiten und Annehmlichkeiten desselben umgibt, und wenn er noch Wünsche hat, so sind die, seinen Reichtum zu erhalten und für reich zu gelten! Der letzte Wunsch ist bei ihm die Triebfeder mancher Ausgaben |Bl. 86 b| und oft mag derselbe leider auch da mitwirken, wo ein ganz anderer Grund die Geldkiste öffnen sollte.

So sehen wir also den Besitz oder Nichtbesitz des Geldes von Einfluß auf den Charakter der Juden und diese Erscheinung ist so leicht zu erklären, daß es in der That nur weniger Andeutungen dazu bedarf.

Es bildet ein Talent sich in der Stille,
Sich ein Charakter in dem Strom der Welt,

so sagt Göthe in seinem Tasso. Er hat Recht!

Ohne zu untersuchen wie die Juden vor ihrer Unterdrückung waren, zeigt uns ihr Zustand während 1800 Jahren, daß sie nicht anders werden konnten, wie sie geworden sind. Dies wird am einleuchtesten [!] sein, wenn wir uns einen Menschen in ihrer Lage heranwachsend denken.[297]
|Bl. 87| Erzogen unter schwerem Drucke, verachtet von seiner Umgebung, dabei in der Brust das Gefühl solche Behandlung nicht zu verdienen, faßt er den Gedanken auf, wie kannst du dich über diesen Druck erheben? wie kannst Du dir eine bessere Stellung erwerben? - Ehre? Man gibt sie dir nicht, du bist ihrer deiner Geburt wegen nicht fähig. - Liebe? Man wird sie dir nicht zollen, denn man haßt und verachtet dein Geschlecht. – Ansehn? Nur durch Geld kannst du es erlangen. Geld ist einmal das Hülfsmittel, um wie das Sprichwort sagt, den Teufel tanzen zu lassen, also Erwerb des Geldes, das muß dein Lebenszweck sein. Bist du reich, so hast du das Mittel in Händen um dir eine bessere Behandlung zu erzwingen, oder wenigstens der schlechten Begegnung auszuweichen; du hast das Mittel in Händen um dir äußere Achtung zu verschaffen, ja, im glücklichen Falle kannst du geehrt werden. Also Geld mußt du haben. Mit diesem Gedanken trit[t] |Bl. 87 b| unser Homunculus [kleiner elender, verächtlicher Mensch, Menschlein, J. B.] auf die Bühne der Welt. Er ergreift jede Gelegenheit sich den Fond

297 Das widersinnigste Zeug hat hier Rühs in seiner ~~ofterwähnten~~ Schrift über die Ansprüche der Juden an das deutsche Bürgerrecht behauptet, nämlich die moralische Schlechtigkeit der Juden sei Ursache ihrer harten Behandlung, cf. pag. 6.
[Zu Rühs vgl. auch Anm. 109]

zu sammeln, mit dessen Hilfe er weiter kommen kann. Die erste Stufe auf der Leiter zum Reichthum ist [die] schwerste. [298] Sparsamkeit, angestrengte Arbeit, Glück, oft sogar Betrug, List, Heuchelei und vieles andere gehört dazu, sie zu erklimmen. -

Das ist das Bild des armen Juden. Nun ist die erste Sprosse erklommen, sein Schritt wird gemächlicher und sicherer, er ist aufmerksam, daß er nicht falle. Sorgsam hält er zu Rathe [?], was er hat und erfindungsreich findet er Mittel zur Vermehrung seines Besitzes. Das ist das Bild des wohlhabenden Juden. – Endlich ist er oben. Die Höhe des Reichthums ist erstiegen. Er muß es zeigen, daß er oben ist, er freut sich am Ziele zu sein, er sucht die Achtung und die Ehre, die er sich geträumet hat. Wird sie ihm, so wird ein Stachel ihre Süßigkeit nehmen, das Gefühl nämlich, man schätze nur |Bl. 88| sein Geld, daher bei aller Lust zu glänzen, die ängstliche Sorge das Mittel dazu zu erhalten, daher das abstoßende, gehässige Wesen, daher aber auch die großen Wohltaten, die der reiche Jude spendet, und wir irren uns gewiß nicht, die öftere Absicht derselben, feurige Kohlen auf das Haupt der Christen zu sammeln. [299]

Und fragen wir nun, da der Charakter der Juden vor uns liegt, was ist der Grund derselben? Woher schreibt es sich, daß die Sucht nach Geld ihnen anklebt? So müssen wir leider gestehen, daß die Bekenner Christi eben diese Verderbnis selbst herbeigeführt haben.

Als unsere Vorfahren den Israeliten das Recht Menschen zu sein raubten, als sie die Armen gebrauchten, um Geld von ihnen zu erpressen und ihrer Frömmigkeit freien Lauf zu lassen, da nahmen sie ihnen alle Aussichten auf andere Güter des Lebens, nur die Möglichkeit reich zu werden, ließen |Bl. 88 b| sie ihnen. Ehre versagte man den bravsten Israeliten, Kenntnisse, die er sich erworben zum Heile der Menschheit, betrachtete man als Geschenke des Teufels, in die Familie grif[f] man mit frecher Faust und trennte die geheiligten, beglückendsten Bande, es ist ein Jude, ein Schurke! das war das beschönigende Wort, und

298 [Die erste Fassung des folgenden Satzes begann mit dem Wort „Betrug“. Die Wörter: „Sparsamkeit, angestrengte Arbeit, Glück sogar “ wurden nachträglich hinzugefügt.]

299 [Diese Metapher bedeutet: Bei diesen Scham hervorrufen.]

die grause That eines leichtfertigen Buben ward als lustiges Stückchen belächelt, die Thräne sah man ja nicht, die der Greis daheim geweint, im dicht verhängten Stübchen! -[300] Sollte sich nicht ein Hass gegen die in der Brust des Gequälten geschlichen haben, die so sonderliche Freude an dem tiefen Kummer hatten? Sollte nicht, jeder Mensch hat ein Streben nöthig, um seine Lebenskraft thätig zu erhalten, sollte nicht die Aussicht Geld zu gewinnen, die einzig mögliche Aussicht reich zu werden, die Unterdrückten angetrieben haben, |Bl. 89| jedes Mittel zu ergreifen um zum Zwecke zu kommen. Hatten sie Geld, so hatten sie Gelegenheit sich freier zu machen, als sie waren – ja sie hatten Gelegenheit sich zu rächen, und Rache ist süß. War ihnen nun aber so mancher Weg abgeschnitten, Geld zu verdienen, ist es zu bewundern[301], daß sie Wege einschlugen, die nicht zu rech[t]fertigen sind?[302]

Doch lassen wir die Vorzeit, ihr Bild ist zu grausig? Die Gegenwart giebt uns genug Stoff, den Charakter der Juden, als aus ihrer Lage selbst hervorgehend zu zeigen. Wir halten uns an Hamburg und berufen uns zum voraus auf die tägliche Erfahrung, der wir unsere Data entnehmen.

Der arme Jude ist der schlechteste, so haben wir oben behauptet, wenigstens ist sein Bild unter den von uns aufgestellten, das schwärzeste, er ist nach demselben, listig, betrügerisch, sklavisch etc. und warum |Bl. 89 b| ist er es? um das Nothdürfigste zu gewinnen. Nur einen Weg gibt es in Hamburg für ihn, sich zu ernähren; es ist der Weg des Handels. Nun handele aber einmal jemand ohne Capital! Wir wissen es gewiß, daß mancher Israelit, der auf dem Steinwege [303] seine Waare feil bietet, oder

---

300 [Hier sollte Fußnote „P" stehen. Der Text fehlt.]

301 [Gemeint ist wohl: verwunderlich.]

302 Wir beziehen uns hier auf die Geschichte der Juden im Mittelalter. Wie grausam man sie damals behandelte ist bekannt, wenn nicht aus historischen Werken, dann wenigstens aus den vielen Romanen, zu welchen sie u. ihre Leiden den Stoff haben geben müssen.

303 [Der Steinweg war eine Straße mitten im jüdischen Wohnviertel in der Neustadt und in unmittelbarer Nähe zur sogenannten „Judenbörse". Dort war den Juden ein Karrenhandel

der in den Straßen der Stadt sein mißtönendes „Handlen" ruft, mit wenigen Gulden, die noch dazu von einem wohlhabenden Glaubensgenossen geborgt sind, das ihn ernährende Geschäft treibt.

Mit diesen wenigen Gulden geht er aus zu kaufen oder zu verkaufen; von dem Zufall hängt es ab, ob er seiner hungernden Familie am Abende trockenes Brot bringen kann oder nicht. Zufällig kann er durch List eine werthvolle Sache für einen geringen Preis an sich bringen; er sieht das Silber, und der Verkäufer hält es für Blei; die Stimme seines |Bl. 90| Gewissens spricht: du betrügst; die Stimme seines Herzens antwortet: für meine Kinder, meine hungernden Kinder! – Da bleibe ein Gott ehrlich! Wenn die heiligsten Interessen im Spiele sind, schweigt die Moral, das lehrt uns die Erfahrung, und mitleidig sehen wir auf den Sünder, der ertappt vor uns steht.

Und wird nun der arme Jude durch Glück begünstigt mit Hülfe musterhafter Sparsamkeit wohlhabend, und hat er auch nie im Handel List und Betrug angewendet, der Christ wird die Aenderung der Verhältnisse doch ihnen zuschreiben, er wird, wo er den Juden nicht braucht, ihn wenigstens nicht sonderlich achten, er wird es ihn fühlen lassen, daß er ihn als „Juden" betrachtet und wird somit ihn veranlassen, sich zurückzuziehen und einer etwaigen unangenehmen Berufung durch ein abstoßendes Wesen |Bl. 90 b| vorzubeugen. Er wird ihn ferner verleiten, um wenigstens doch durch etwas zu imponiren, in [!] Außen zu prunken und bei jeder Gelegenheit auf seinen Geldbeutel zu klopfen, genug, er wird die Schuld von jeder Schwäche der wohlhabenden Israeliten tragen. Doch das Gesagte ist schon für unseren Zweck hinreichend. Wir gestehen ein, daß die Moralität der Juden nicht so ist, wie sie sein sollte, wir behaupten aber mit Recht, daß der Grund ihrer Schlechtigkeit eben in ihrer gedrückten, abhängigen, unfreien Lage zu suchen ist und daher eben kann auch der moralische Gegengrund nicht in den Kampf geführt werden. Es klingt widersinnig zu

---

gestattet. Nicht wenige Hamburger kauften dort ein.]

sagen; weil der Knabe unwissend ist, soll er nicht in die Schule gehen;ebenso widersinnig ist es zu sagen, weil die Moralität der Juden nicht auf hoher Stufe sich befindet, sollen sie auch nicht emancipirt werden, denn wie dem Knaben in der Schule das Mittel |Bl. 91| gegeben wird, seine Unwissenheit abzulegen, so liegt das Mittel der Unmoralität der Juden entgegenzuarbeiten, eben in der Emancipation derselben.

Dadurch, daß sie so gedrückt leben, sind sie von vielen Fehlern behaftet, wie der Eingekerkerte von der Blässe, führet ihn hinaus ins Freie und nach und nach wird das Blut in seinen Wangen zurückkehren und der düstere Blick des Auges wird sich zu einem hellen, freundlichen gestalten. Machet die Juden frei, so wird die Ursache ihrer Unmoralität aufgehoben sein und bald wird mancher fromme und gute Jude neben den vielen jetzt schon bekannten genannt und gerühmt werden.

Und ist dann nicht, um auch mal die Offensive zu ergreifen, ist nicht gerade das Benehmen der Christen gegen die Juden unmoralisch? Ist es recht und billig, eine große Menge zu drücken und zu plagen, in [!] der Voraussetzung, daß sie alle unmoralisch sind? |Bl. 91 b| Man straft sonst ja nur die Schuldigen, hier ist es schwer den Schuldigen zu finden, muß man aber dann auch die Unschuldigen mitbestrafen? Man hat mit Berücksichtigung dieser Frage sogar eine theilweise Emancipation, eine Emancipation der Bessern vorgeschlagen, allein es fehlte natürlich der competente Richter, um zu entscheiden, wer zu diesen gehören solle, da die Beurteilung der Moralität eines Menschen nach seiner Lage im äußeren Leben eine sehr gewagte ist. Uebrigens will es uns bei den vielen Worten, die über diesen Gegenstand schon gesprochen und geschrieben sind, scheinen, als klebte uns Christen deutlich eine Portion des Eigendünkels und Stolzes jenes berühmten Pharisäers an, der da sprach: Gott ich danke dir, daß ich nicht bin wie jener Zöllner!

Laßt uns also mit Schonung die Fehler der Juden betrachten, |Bl. 92| da auch wir unsere Fehler haben und laßt uns einsehen, daß, wie wir oben gezeigt haben, eben die drückende Lage der Juden Schuld an der ihnen anklebenden Unmoralität ist. Laßt uns bedenken[304], daß wir im Stande sind, den Grund des Schlechten zu sehen, und daß uns somit vor einem gerechten Richter ein großer Theil der Schuld angerechnet werden wird, und laßt uns handeln zur Beförderung des Rechtes, der Billigkeit und der Moral, damit der Enkel von uns sagen könne, wir hätten die Fesseln der Vorurtheile gesprengt und der Wahrheit lichte Fahne in den Mauern der freien Stadt aufgepflanzt!

---

304 Luther sagt: Darum wäre meine Bitte und Rath, daß man säuberlich mit den Juden umginge [und aus der Schrift sie unterrichtet, so möchten etliche herbei kommen.] – aber wenn wir sie mit Gewalt treiben und gehen mit Lügentheidingen um, geben ihnen Schuld [sie müssen Christenblut haben, daß sie nicht stinken, und weiß nicht weß des Narrenwerks mehr ist, daß man sie gleich fur Hunden hält] und sollten wir Guts an ihnen schaffen? Daß man ihnen verbeut unter uns zu arbeiten, handthieren und andere menschliche Gemeinschaft haben, damit man sie zu wuchern treibt ... wie sollte sie das bessern? [Die im Zitat unterstrichenen und eingeklammerten Wörter ließ A. Sutor in seiner Fußnote weg. Vgl. zum vollständigen Text: Martin Luther, Daß Jesus Christus ein geborner Jude sei. (1523) in: Dr. Martin Luther´s polemische deutsche Schriften. Hg vom J. K. Irmscher, 3. Bd. Erlangen 1841, S. 74. Theiding bedeutet auch Geschwätz, Anklage. Vgl. J. C. Adelung, Grammatisch-kritisches Wörterbuch der Hochdeutschen Mundart, 2. Aufl., Leipzig 1801, Sp. 571.]

Anhang I

[Der Haß gegen die Juden im Mittelalter]

Der Haß gegen die Juden, welcher im Mittelalter wie eine ansteckende Krankheit herrschte, der auf fast jedem Blatt der Geschichte jener rohen Zeiten mit blutigen Lettern zu lesen ist, hatte die verschiedenartigsten Gründe. Einestheils weckte und belebte ihn die Lehre, welche vom Vatican aus, als die Religion des Gekreuzigten aufgestellt ward; Christus saß zur Rechten Gottes, wer nicht an ihn glaubte, war sein Feind, u. in seinem Namen, im Namen dessen, der gebot: liebet eure Feinde, zog[en] Jung und Alt aus zur Ausrottung der Ungläubigen. Der Fanatismus ist die Wurzel, aus der jene Kreuzzüge, jene Inquisition, jene Judenverfolgungen emporwuchsen.

Andererntheils aber diente auch das Geschäft, aus welchem hauptsächlich die Juden ihre Nahrung zogen, als Grund sie zu verabscheuen. Sie betrieben nämlich vor allem die Geldgeschäfte. Ausgeschlossen von Zünften und Aemtern, unfähig Grundbesitz zu erwerben, blieb ihnen nichts als der ~~Handel~~ Wucher über u. >reichlich< gaben jene Zeiten ihnen Gelegenheit mit ihrem Geld enorme Zinsen zu machen. Die Kreuzzüge erforderten Geld u. noch mehr Geld der Luxus, den der Adel aus dem Abendlande [!] herüberbrachte; die Juden waren es, in deren Händen die Capitalien sich befanden u. so erklärt sich leicht die Thatsache, daß sie das Geldgeschäft fast ganz für ihre Nation in Beschlag nahmen. Nun lehrt es aber die Erfahrung, daß der Anleihende fast immer gegen den Darleiher nicht gut gesinnt ist; es ist das Gefühl der Schuld u. Abhängigkeit welches sich leicht bei der geringsten Strenge zum Haß umgestaltet, und wenn nun erwiesen werden kann, daß oft die Juden hart u. unerbittlich gegen ihre Schuldner verfuhren, so wird die aufgestellte Behauptung als begründet angesehen werden müssen. Fanatismus also auf der einen Seite, Geldgeschäfte u. Wucher auf der anderen Seite sind die Quellen, aus denen der Haß der Christen gegen die Juden im Mittelalter sich entwickelte.

Dieser Haß nun, der zu den ungerechtesten Handlungen auf der einen Seite, der zu der merkwürdigsten Absonderung der andern Ursache gab, ging in das Blut der Partheien über und so finden wir denn in unserer Zeit, die sich rühmt die mittelalterlichen Institutionen mit durchdringendem Auge zu betrachten, noch immer den Namen Jude mit einer Anrüchigkeit verknüpft, die mit allen unseren übrigen Ansichten von Freiheit, Wahrheit u. Recht im prallsten Widerspruche steht.

Das ist nun auch von den Aufgeklärteren unserer Zeit längst eingesehen; von allen Seiten trat mit der Morgenröthe des 19ten Jahrh. die Ansicht hervor, daß der Staat den Menschen als Bürger u. nicht als Mitglied einer Glaubensgenossenschaft zu betrachten habe, daß ~~die Kirche im Staate und nicht er in ihr~~ gleiche Pflichten auch gleiche Rechte geben müßten, daß die unterdrückten Juden zu emancipiren seien. Aber das Bestehende hat auch seinen Stentor [lautstarken Fürsprecher, J. B.], das Alte hat eben durch sein Alter die Kraft, Angriffen zu widerstehen, u. ein

[Bl. 2] Gebäude aus den Zeiten des Mittelalters ist schwer u. mühsam abzubrechen; daher denn jener langsame Sieg des Rechten und der [Reform], daher denn jene Kämpfe für und wider die Emancipation der Juden.

Frankreich, Holland u. Belgien sind die drei Länder, die den Juden gleiche Rechte mit den Christen gewähren, in ihnen hat die gute neue Sache vollständig den Sieg davongetragen; England, das Land , in dem sich die mittelalterlichen Institute am längsten erhalten, hat die Nothwendigkeit eines Umsturzes des Juden[zwingens] eingesehen u. die nächsten Jahre dürften auf >den Ruinen< desselben den Baum der Freiheit grünen ~~sehen~~ lassen.

Teutschland steht mit ihm auf gleichem Fuße; die Fürsten und die Völker sehen es ein, daß die Zeit vorüber, wo der Jude des Kaisers Kammerknecht war, aber seiner Emancipation steht noch manches entgegen; vorzüglich das Aemter- und Zunftwesen. Es ist nicht zu leugnen, daß das Gebäude dieser Innungen zu klein ist, wenn denn Juden der Zutritt gestattet werden würde, es ist wahr, daß man einen Zusammensturz befürchten muß, der vielen der jetzt ruhig darin Geborgenen zum großen Schaden gereichen könnte, allein ist das ein Grund , sich dem zu widersetzen, was als recht und wahr ~~aufscheint~~ anerkannt ist[?]

Blind ist die Gerechtigkeit, sie sieht nichts als das Faktum; u. von dieser Seite ist die Anforderung, welche die Juden machen, zu betrachten, wenn sich dieses Interesse Einzelner ihnen entgegenstellt.

Zwar fordert es das Interesse des Staates, das ist längst von allen Männern ausgesprochen, die das Getriebe der Staatsmaschinerie kennen, eine Zahl von Menschen, deren Kräfte > jetzt lange noch< nicht in vollkommener Thätigkeit sind, zu tüchtigen wirkenden Theilen derselben zu machen. Es bleibt aber noch das das Interesse Einzelner ~~Corporationen~~ und hie und da, zur Schande der Getroffenen sei es gesagt, das alte Vorurtheil übrig, was den Bemühungen für die Emancipation der Juden sich in den Weg stellt und deren raschen, glücklichen Erfolg vereitelt.

Betrachten wir die einzelnen Theile Teutschlands und die Verhältnisse der Juden in denselben, so zeigt es sich, daß bald mehr, bald weniger jene Hemmschuhe der zeitgemäßen Umwandlung gewirkt haben; aber es gibt auch noch teutsche Staaten in denen diese Hemmschuhe den Lauf derselben ganz aufhalten und in denen wie vor hundert Jahren so noch heute der Jude als Stiefkind des Staates betrachtet wird, wo er ausgeschlossen von allen bürgerlichen Rechten, gleiche Pflichten mit allen Einwohnern tragend, ~~verachtet~~ vom Pöbel gehaßt, von dem ~~angesehenen~~ Bürger verachtet, von den Angesehenen gemieden wird.

[Bl. 3] Zu diesen Staaten gehört denn auch leider Hamburg. Siebentausend Juden leben in den Mauern der Hansestadt größtentheils noch in den alten >verrusteten< [305] Gassen, die

---

305 [Hier kann es sich um einen Schreibfehler (verrostet/verrustet statt verrottet) handeln. Allerdings weist das Wort „rostig" verschiedene hier passende Nebenbedeutungen auf: Das Hamburgische Wörterbuch (Auf Grund der Vorarbeiten von Christoph Walther und Agathe Lasch bearbeitet von Beate Hennig, Jürgen Meier und Jürgen Ruge, 3. B. L – R, Neumünster 2004, Spalte 1142) nennt bezogen auf Menschen als Nebenbedeutungen von „rusterich" und „rosterich": unordentlich, schmutzig.
Vgl. auch Adelung, J. Chr., Grammatisch-kritisches Wörterbuch der Hochdeutschen Mundart, III. Theil, Leipzig 1798, Sp. 1167 ff. Dort finden sich folgende Nebenbedeutungen für rostig: verrotten, verwesen, verfaulen, auflösen.]

Zu diesen Staaten gehört denn auch leider Hamburg. [illegible] Sieben tausend Juden leben in den Mauern der Freistadt, größtentheils noch in den alten verrufenen Gassen, die [illegible] das Mittelalter für nothwendig hielt; ausgeschlossen vom Bürgerrecht, seine[r] jedoch damit zusammenhängenden Befugniß, als [illegible] in Zünfte und Aemter einzutreten, unvermögend Grundbesitz bis zu erwerben [illegible] sehen sie mit Sehnsucht dem Augenblicke entgegen, wo es der Bürgerschaft gefallen wird auf Proposition des Senats ihnen das zu gewähren, was sie dem Geiste der Zeit, der Billigkeit und der Gerechtigkeit gemäß zu fordern vollkommen berechtigt sind. [illegible] Vergebens hat der Senat 1814 der Bürgerschaft einen Emancipationsentwurf proponirt, vergebens haben 1834 mehr als hundert Israeliten vom Stande in Bezug auf ihre Lage eine Supplik übergeben und eine [illegible] Denkschrift mit der die Mitglieder der bürgerlichen Collegien [illegible] zur Unterstützung derselben vertheilt, vergebens wird der Wunsch derselben so[gar] in den neuesten Zeiten vielfach öffentlich ausgesprochen — bis jetzt ist ihre Lage die alte geblieben. Es scheint als stehe der Emancipation der Juden in Hamburg etwas ganz besonderes entgegen; aber es ist [illegible] nur das Interesse Einiger und es ist [illegible], und die Hoffnung an einen unabänderlichen Wechsel vereitelt; [illegible], der Senat ist für die Juden, denn der Staat an und für sich hat keinen Grund den Juden Gewerbefreiheit und Grundbesitz abzuerkennen; und mehr fordern sie zur Zeit nicht; [illegible] Er kann nur damit gedient sein, die Anzahl der producirenden Klasse von Bürgern zu vermehren und den Werth des Grundeigenthums durch freie Concurrenz zu erhöhen; aber der [illegible] einzelne Bürger hat seinen Veto [illegible] solange daher nicht der Bürger belehrt sein wird, daß seine Furcht grundlos, solange er nicht einsehen wird wie ungerecht die Behandlung der Juden ist, solange wird in Hamburg ihre Lage beim Alten bleiben. [illegible] Darum ist es die Aufgabe der Menschen, die sich berufen fühlen für das Recht und Rechte zu sprechen, besonders die Lage der Juden zu untersuchen, die Vortheile, die dem Staate aus ihrer Emancipation entspringen würden, darzustellen und die, welche gegen dieselbe [illegible] aufgestellt werden könnten, zu widerlegen. Um aber nun den ersten Punkt, nämlich die Lage der Juden in Hamburg genauer ins Auge zu fassen, so weiß Niemand es länger, daß das [illegible] Bestehende nur dann genau erkannt und begriffen werden kann, wenn man weiß

das Mittelalter für nothwendig hielt; ausgeschlossen vom Bürgerrechte sowie von jeder damit zusammenhängenden Befugnis, als unvermögend in Zünfte u. Ämter einzutreten, unvermögend Grundbesitz sich zu erwerben, so sehen sie mit Sehnsucht dem Augenblicke entgegen, wo es der Bürgerschaft gefallen wird, auf Proposition des Senats ihnen das zu gewähren, was sie dem Geist der Zeit, der Billigkeit u. der Gerechtigkeit gemäß zu fodern vollkommen berechtigt sind.

Vergebens hat der Senat 1814 der Bürgerschaft einen Emancipations-Entwurf proponirt, vergebens haben 1834 mehrere hundert Israeliten dem Rathe in Bezug auf ihre Lage eine Supplik übergeben u. eine [herrliche] Denkschrift unter die Mitglieder der bürgerlichen Collegien zur Unterstützung derselben verteilt. [306]

Vergebens war der Wunsch derselben in den >neusten< Zeiten vielfach öffentlich ausgesprochen – bis jetzt ist ihre Lage die alte geblieben.

Es scheint als stehe der Emancipation der Juden in Hamburg etwas ganz Besonderes entgegen; aber es ist nicht nur das Interesse Einzelner und leider das Vorurtheil, [ist es auch hier], was die Hoffnungen eines unterdrückten Volkes [vereitelt]; d~~ie Zünfte fürchten~~ [D]er Senat muß für die Juden sein, denn der Staat an und für sich hat keinen Grund den Juden Gewerbefreiheit, Grundbesitz zu verweigern; u. mehr ~~fodern~~ sie zur Zeit nicht; m~~ehr fodern sie jetzt noch nicht, mehr kann aber auch, wie die Verfassung Hamburgs jetzt ist, ihnen nicht gewährt werden, u. das zu fodern haben sie volles Recht~~. [I]hm kann nur damit gedient sein, die Anzahl der prädominierden Classen von Bürgern zu vermehren u. das Recht des Grundeigentumes [durch] freie Concurrenz zu [erhöhen]; aber der ~~zünftige Meis-~~

306 [Gemeint ist die Schrift: [Riesser, Gabriel], Denkschrift über die bürgerlichen Verhältnisse der Hamburgischen Israeliten zur Unterstützung der von denselben an Einen Hochedlen und Hochweisen Rath übergebenen Supplik , Hamburg 1834. Auffällig ist, dass Sutor in „Hamburg und die Juden“ in einer allerdings gestrichenen Passage diesbezüglich von einer „kleinen“ Schrift sprach. Vgl. dort |Bl. 8.]

~~ter u. der~~ Einzelne fürchtet seinen Ruin u. ~~der [Einzelne] hat in Hamburg sein Veto, das er mit~~

Solange daher nicht der Bürger belehrt sein wird, daß seine Furcht grundlos, solange er nicht einsehen wird, wie ungerecht die Behandlung der Juden ist, solange wird in Hamburg ihre Lage beim alten bleiben. Somit ist es die Aufgabe derer, welche sich berufen fühlen, für das Wahre und Rechte zu sprechen, faßlich die Lage der Juden zu entwickeln, die Vortheile, die dem Staate aus ihrer Emancipation entspringen würden darzustellen u[nd], was gegen dieselbe von den Einzelnen angeführt und aufgestellt werden könnte, zu widerlegen. Um aber nun den ersten Punkt, nämlich die Lage der Juden in Hamburg genauer ins Auge zu fassen, so wird niemand es leugnen, daß das Bestehende nur dann genau erkannt u. begriffen werden kann, wenn man weiß,

[Bl. 4] wie es entstand u. wie es zum Jetzigen ward. Davon ausgehend hält es der Verfasser dieser Zeilen nicht für unnütz, die Aufnahme der Juden in Hamburg geschichtlich darzustellen, eine Arbeit, die keinen Anspruch auf Lob machen kann, da sie ohne große Schwierigkeiten zu überwinden, zu Stand gebracht wurde und meistentheils nur in einer Zusammenstellung von Gegebene[m] bestand, die aber doch nicht ohne Nutzen sein wird, da sie theils [einen einzelnen Punkt] der hamburgischen Geschichte ziemlich vollständig darstellt, theils aber auch durch die Mittheilung interessanter Actenstücke einen Beitrag zur Beurtheilung der mittelalterlichen Ansichten giebt.[307] [~~Gern hätte der Verfasser auch seine Ideen über die Ansprüche der Juden weitläufiger ausgesprochen, wie er es oben gethan, allein theils hält ihn seine Jugend~~]

Was diese Aktenstücke nun speciell betrifft, deren Mittheilung der größte Raum dieser Blätter gewidmet ist, so befinden sich dieselben theils in den handschriftlichen Exemplaren der Verhandlungen in den Rath- u. Bürger-Conventen, theils in der Sammlung von Urkunden als eine Grundlage zur Hamburgi-

307 [Vgl. hierzu die Liste der von Sutor für eine Veröffentlichung vorgesehenen Dokumente auf S. 11, Anm. 8.]

fragen wir nun, was hat denn in Hamburg geschehen um die Regel der [illegible] zu [illegible]? [illegible]

[illegible] Bürger [illegible] Gemeinde [illegible]

[illegible]

Der Entwurf beginnt folgendermaßen:

"In Erwägung daß die Veränderung der Zeiten und Umstände nicht allein [illegible] Hamburg vom 9ten [illegible] 18[illegible] [illegible]"

[illegible]

[illegible]

schen Kirchenhistorie von M. Christian Ziegra,[308] aufbewahrt. Gewiß sind aus jener Zeit noch mehrere Documente z. B. die Contracte mit den Portugiesen [von Bedeutung] sie waren nur handschriftlich vorhanden, sie waren aber dem Verfasser unzugänglich u. wurden von ihm auch nicht gar sehr vermißt, da ihr Inhalt aus dem Vorliegenden mit ziemlicher Gewißheit gefolgert werden kann. Sollte übrigens etwas von Wichtigkeit deswegen übergangen sein, so wird jede Notiz mit Dank entgegengenommen [~~da die Geschichte seiner Vaterstadt in jeder Beziehung~~] und bei einer anderen Gelegenheit benutzt werden.

308 [Gemeint ist: Hamburgische Rath- und Bürgersschlüsse vom Jahr 1801 bis Ende des Jahres 1825. Erster Band von 1801 bis 1815. Hg. von P. D. Lohmann Hamburg 1828, S. 125 ff. Zur Wahl der Mitglieder der politischen Vertretungsorgane der Bürger, der sog. „Collegien“, aus den Kirchspielvertretungen vgl. Berlin, Jörg, Bürgerfreiheit statt Ratsregiment. Das Manifest der bürgerlichen Freiheit und der Kampf um Demokratie in Hamburg um 1700, Norderstedt 2012, S. 31 ff.]

Anhang II

[„Was soll denn in Hamburg geschehen, um die Lage der Israeliten zu verbeßern?“]

[S. 1] Fragen wir nun, was soll denn in Hamburg geschehen, um die Lage der Israeliten zu verbeßern? so würde man theoretisch richtig antworten müssen: aller Unterschied zwischen Christen u. Juden werde aufgehoben!

Allein der Realisirung dieses frommen, dereinst sicher einmal erfüllten Wunsches steht zur Zeit noch unsere Verfassung entgegen. Eine völlige Zulassung der Juden zu allen sowohl politischen als wie privatrechtlichen Befugnißen der Bürger in Hbg. ist nur erst dann möglich, wenn die kirchlichen Angelegenheiten der lutherischen Gemeinde ganz abgesondert von dem sonstigen Staatshaushalt verwaltet werden, wenn statt der Kirchspiele Stadtbezirke, statt Kirchen-Collegien, Bürger-Collegien existiren werden. Bis zu solcher Aenderung muß man andere Wege einschlagen u. es giebt deren genug auf welchen man den Ansichten der Zeit gemäß mit Achtung des Bestehenden die Sache der Judenschaft wird reguliren können.

Auch hier >liegt< uns aus dem oft schon erwähnten vierzehnten Jahr dieses Jahrhunderts ein Vorschlag des Senates vor, den wir zur Vervollständigung des Ganzen wenigstens in Auszügen mittheilen müßen, wenn er auch aus der Lohmannschen Sammlung der Rath u. Bürgerschlüsse[309] manchem Leser schon bekannt sein sollte. Er bildet gleichsam den Schlußstein unserer Arbeit u. wenn wir es wagen unsere Ansichten hinzuzufügen, so geschieht es nur, weil wir glauben, daß bei einer erneuten Proposition manche Aenderung wünschenswerth erscheinen möchte, u. weil wir hoffen, daß eine Prüfung unserer ~~Gründe hier dafür~~ Meinung nur zum Besten des Allgemeinen dienen werde. „Mir sind in einem freien Staate“ so sagt Herr Bürgermeister Bartels in seiner Biographie Meurer's (pag. 43) „die Männer am liebsten, die eine eine klare Ansicht haben u. sie aussprechen u. es als das Haupterfordernis der Freiheit halten, daß sie mit ihren Urtheilen nicht zurück bleiben dürfen. Mag dies zuweilen auch

309 [Gemeint ist: Hamburgische Rath- und Bürgersschlüsse vom Jahr 1801 bis Ende des Jahres 1825. Erster Band v.1801 bis 1815. Hg. von P. D. Lohmann Hamburg 1828, S.125 ff. Zur Wahl der Mitglieder der politischen Vertretungsorgane der Bürger, der sog. „Collegien“, aus den Kirchspielvertretungen vgl. Berlin, Jörg, Bürgerfreiheit statt Ratsregiment. Das Manifest der bürgerlichen Freiheit und der Kampf um Demokratie in Hamburg um 1700, Norderstedt 2012, S. 31 ff.]

eine Opposition veranlassen, diese ist immer von dem wesentlichsten Nutzen, sobald keine vorgefaßte Meinung u. kein Eigensinn überwiegenden Gründen den Eingang versperrt."[310]

So wagen wir uns denn an eine Kritik des in Folge der oben mitgetheilten Actenstücke vorgelegten Entwurfes zu einem Juden-Reglement, nachdem wir den Hauptinhalt desselben vorausgeschickt haben werden.[311]

Der Entwurf beginnt folgendermaßen:

„Nachdem durch die Veränderung der Zeiten u. Umstände nicht allein die israelitische Nation überhaupt in ihrer Bildung große Fortschritte gemacht hat, sondern auch insonderheit ihre Geneigtheit, sich, in Rücksicht aller bürgerlichen Gesetze u. Verhältniße, den übrigen Bürgern gleich zu stellen, u. die Aufhebung mancher Lokalhindernisse, den Genuß bürgerliche[r] Rechte für sie, als billig u. dem Wohl der Stadt angemessen, begründen, so ist nun unser durch Rath- u. Bürgerschluß vom ... [312]das Reglement der Judenschaft in Hamburg vom 7t Septbr 1710 völlig aufgehoben u. sind dagegen für sie die folgenden Grundsätze u. Bestimmungen angeordnet: Art. 1 Den Israeliten wird nunmehr unter den nachfolgenden Bedingungen die Zulassung zum Bürgerrecht hieselbst verstattet.

Die im Verfolge des genannten Artikels aufgeführten Bedingungen sind in der Kürze diese:

a) Jeder Israelit, der hier wohnt u. sein Gewerbe treibt, ist nicht allein befugt, sondern auch verpflichtet, „das Bürgerrecht dieser Stadt gehörig [zu] gewinnen u. den Bürgereid zu leisten". Die bisher ansäßigen Israeliten werden bei [dieser] Gelegenheit den Bürgersöhnen (welchen bekanntlich in pecuniairer Hinsicht
[S. 2] das Bürgerwerden erleichtert ist) gleichgeachtet u. die, welche

310 [Vgl. Bartels, J. H., Der Hamburgische Bürgermeister Heinrich Meurer beider Rechte Licentiat oder Darstellung und Beurtheilung seiner öffentlichen Wirksamkeit : eine biographische Skizze aus den letzten dreißig Jahren des siebzehnten Jahrhunderts als Beitrag zur Hamburgischen Geschichte jener Zeit, Hamburg 1836.]

311 [Vgl. auch eine Zusammenfassung des Entwurfs bei Streicher, Tatjana R., Die Situation der Hamburger Juden während der Franzosenzeit, Hamburg 1989 (Magisterarbeit), S. 92 ff.]

312 [Hier sollte nach Annahme der Ratsproposition durch die Bürgerschaft das entsprechende Datum eingefügt werden.]

während der französischen Zeit in das Bürger-Register eingetragen sind, sollen alle Vortheile genießen, welche den auf solche Weise Bürger gewordenen Christen zugestanden sind.

b) sollten sich unter den Israeliten hieselbst solche finden, deren Aufnahme in die Reihen der Bürger wegen schlechten Lebenswandels, gänzlicher Verarmung oder sonstiger Gründe unrathsam erscheint, so soll denselben ~~für's erste~~ ein Zulassungs-Schein (nach jetzigem Ausdrucke, eine Aufenthaltskarte) von der Polizei-Behörde ausgestellt u. von ihr eine genaue Aufsicht über die so Geduldeten geführt werden. Diese Zulassungsscheine gelten aber nur für solche Juden, die, wie gesagt, bei Publicirung des Reglements schon ansässig waren u. werden späterhin nur

c) Hauslehrern, Comptoir- u. Hausbedienten für die Zeit, daß sie hier in Diensten sind, ertheilt. Sobald diese außer Dienst sind, sollen sie wieder als Fremde betrachtet werden, u. dürfen sie deswegen hier weder Geschäfte für eigene Rechnung betreiben, noch sich etabliren oder noch gar heirathen, es sei denn, daß ihnen die Zulassung zum Bürgerrecht gestattet wird.

d) „Wenn ein fremder Israelit künftig eine Aufnahme in den hiesigen bürgerlichen Nexum sucht, wozu eine Heirath mit einer hiesigen Israelitin noch kein Recht giebt, so ist deshalb zuvörderst ein Gutachten der (Art. 16 c) gedachten Gemeinde-Vorsteher und in Gemäßheit der allgemeinen hiesigen Polizei-Verordnung vom 20t Novbr 1805 vorzulegen, mit dem Beifügen der Classification, deren Bestimmungen der folgende Art. 4 enthält, u. im Fall er noch keinen Familien[-] Namen hätte, mit der Bestimmung desselben nach dem Art. 2, da alsdann, nach Befinden der zur Aufnahme der Bürger befugten Behörde u. unter Beobachtung der für diese festgesetzten Anordnungen, ein Erlaubnißschein zur Abstattung des Bürgereides, ohne weiteres alsdann ertheilt werden darf, wenn der Aufzunehmende in die erste Classe gehört. Für die zweite Classe der Judenschaft aber soll nach den Art. 3 u. 4 [gedachten] jetzt sich ergebenden Listen, die gegenwärtige Zahl, nachdem sie auf eine runde Summe der Aufzunehmenden, von einem Hochedlen Rath u. Ehrbaren Oberalten bestimmt sein wird, zum Maßstabe genommen werden u. so lange diese Zahl voll oder etwa gar durch die Aufnahme von untadeligen Bürgers-Söhnen überschritten ist, darf über dieselbe hinaus niemand von fremden Juden, welche in diese Classe gehören, zum Bürger aufgenommen werden, es sei denn, daß er, im Fall er einiges Vermögen besäße, oder sich durch nützliche Kenntnisse u. Geschicklichkeiten besonders auszeichnete, mit der Beilegung des vorgedachten Gutachtens, auf sein Ansuchen, eine ausdrückliche Erlaubnis von einem Hochedlen Rath erhalten habe. Wie denn überhaupt einem Hochedlen Rath u. der Erbges. Bürgerschaft von selbst vorbehalten bleibt, die Zahl der [f]remden, zu Bürgern aufzunehmenden Israeliten in allen Classen zu jeder Zeit zu beschränken."

e) Fremde Israeliten unterliegen den polizeilichen Verfügungen für Fremde.

Der Art. 2 enthält die Vorschrift, daß jeder zum Bürger-Recht sich meldende Israelit einen Familien-Namen für sich u. seine Descendenten annehmen müsse.

Der Art. 3 schreibt die Anfertigung genauer Listen über alle jetzt hier wohnhaften Israelitischen Familien vor.

Nach Art. 4 sollen nun auf dem Fuße dieser Listen alle in den bürgerlichen Nexum Aufzunehmenden in zwei Classen getheilt werden u. zwar so:

[S. 3] In die erste Classe gehören:

a) alle, welche jetzt Großbürger werden wollen
oder künftig es geworden sind, u. die zugleich einen großen Wechsel- oder anderen Handel en gros, es sei mit oder ohne Detail, treiben;

b) Gelehrte u. in den Facultäts-Wissenschaften [S]tudirte, [sowie] practicirende u. gelehrte Rabbiner.

c) Diejenigen, welche zum Häuserschoß 60 [Mark] Species u. darüber zu erlegen haben u. zugleich die bekannte Qualität der Erbgesessenheit besitzen oder welche zu einer directen Gewerbe- oder Vermögens-Steuer, auf ein Capital-Vermögen von 50000 [Mark] taxirt oder zu taxiren sind.

In die zweite Classe gehören:

alle, welche sich nicht durch eine der vorgedachten Bestimmungen zur ersten Classe qualifizieren, insonderheit unter ihnen alle Pfandleiher u. bloße Detailhändler u. alle übrigen bei uns Gewerbe Treibenden, alle Hausirer u. alle diejenigen, welche bloß außer ihrer Wohnung, an den gestatteten Plätzen, mit ihren Waaren anstehen u. alle Arbeitsleute u. anderen Personen der geringeren Classe.

Wie die Classification nach diesen Grundsätzen einmal gemacht ist, bleibt sie, u. nur durch die Behörde kann eine Veränderung vorgenommen werden. Verliert also ein Israelit der ersten Classe seine Qualität als solche, so setzt ihn nur die Behörde in die 2te Classe, so wie der Israelit 2ter Classe, sobald er sich zur Aufnahme in die erste Classe eignet, diese auch nur durch eine Abänderung der Behörde in der Liste erlangen kann. Jeder Israelit erhält einen Classifications-Schein zu seiner Legitimation.

Der Art. 5 unterwirft die künftigen israelitischen Bürger den Hambg. Civil-, Criminal- u. Polizei-Gesetzen, rechtlichen Gewohnheiten u. Verfügungen mit Rücksicht auf Art. 15 u. macht jeden verbindlich, dem Beschlusse des letzten großen Sanhedrins vom Februar u. März 1807 (vergleiche oben p. ...) nachzukommen.[313]

Im Art. 6 werden die hebräische Sprache u. die jüdischen Schriftzüge aus allen Documenten verbannt u. solchen im Falle der Nichtbeachtung dieses Gesetzes, alle Beweiskraft u. Gültigkeit abgesprochen.

Der Art. 7 nimmt Rücksicht auf die früher nach jüdischen Gesetzen u. Formen eingegangenen Rechtsgeschäfte u. sichert denselben ihr Bestehen.

Der Art. 8 spricht die neue Berechtigung in privatrechtlicher Hinsicht folgendermaßen aus: Die Bekenner der israelitischen Religion, sobald sie nach der vorgeschriebenen Zulassung den Bürger-Eid geleistet haben, genießen in Rücksicht der Handlung, der Nahrung und des Gewerbes nach den jetzt oder künftig bestehenden polizeilichen Gesetzen u. Verfügungen aller [!] Rechte u. Freiheiten auch überhaupt des [!] gleichen Schutzes u. obrigkeitlicher Vertretens mit anderen Bürgern. So wie sie demnach zu aller Art der Handlung, auch mit den hiesigen Bürger-Rechten bei dem Zoll u. der Bank, zu allen Arten der bürgerlichen Nahrung u. Gewerbe, demnach auch zum Maklerstand, imgleichen auch zur gelehrten Praxi, anderen Bürgern gleich zugelassen werden; so sind sie auch insonderheit von der Aufnahme als Lehrlinge bei den Handwerkern u. sogenannten Aemtern keineswegs ausgeschloßen u. wird vielmehr die Art, wie sie auch zur eigenen Ausübung von Handwerken, welche nach ihren besonderen Gebräuchen, ihnen nicht vorhin bereits gestattet waren, gelangen können, bei Regulirung der Aemter-Polizei näher bestimmt werden.

---

313 [Siehe in „Hamburg und die Juden“ Bl. 11 b u. 67 b. Zum Sanhedrin siehe Anm. 81.]

In Art. 9 heißt es ferner: Nach der oben Art. 3 u. 4 gedachten Classification bleibt nun zwar vorgängig die bisherige Einschränkung der Wohnplätze u. des Eigenthums der Israeliten für die zweite Classe beibehalten, jedoch, daß in den mehreren bereits von Israeliten bewohnten u. in der Nähe ihrer bisherigen Synagogen belegenen Gassen in der Stadt u. deren

[S. 4] Vorstädten, wovon nach Vereinigung Eines hochedlen Raths u. des Collegii der 60ger ein besonderes Verzeichnis entworfen u. publicirt werden soll, welcher Unterschied zwischen der einen u. d. anderen Seite der Gasse u. die Frage, von wem daselbst das Haus vorhin bewohnt gewesen sei oder wem es eigenthümlich gehört habe, künftig, u. zwar nach der Publication des vorgedachten Verzeichnisses, wegfallen. Sodann wird ausgesprochen, dass ex capite gratiae [entgegenkommenderweise, ohne Rechtsanspruch, J.B.] auch Mitgliedern der zweiten Classe außer ihren Bezirken eine Wohnung gestattet werden dürfe, ferner, dass falls diesen ein Immobile in jenen Gegenden zufallen sollte, ihnen eine Zeit von zwei Jahren zur Veräußerung zu lassen sei. Endlich ~~dort~~ heißt es: Uebrigens kann vor der Hand u. wegen der Verbindung der Israeliten untereinander zur Vermeidung aller Missbräuche, auch den Bürgern der ersten Classe kein alleiniges u. beständiges Domicilium außerhalb der Stadt u. Vorstädte in denen, dieselben umgebenden Land-Gebieten gestattet werden.

Der Art. 10 nun regulirt die politischen Befugnisse der neuen Bürger mit diesen Worten: Ueberdem aber erhalten die Mitglieder dieser ersten Classe die Befugniß:

a) Insofern sich solche als Kaufleute, gleich andern hiesigen Bürgern, dazu qualificiren u. d. große Bürgerschaft [Gemeint ist das Große Bürgerrecht, J. B.] gewonnen haben, in der Versammlung des Ehrb. Kaufmanns zu erscheinen u. können sie sowohl zu Vorstehern oder Deputirten des Commercii, als zum Commerz-Gericht erwählt werden; sowie ferner

b) aus der im folgenden Art. 16 gedachten GeneralVersammlung der 25ger die Erbges. Bürgerschaft für jedes Kirchspiel 2 erwählen wird, welche in die Bürgerschaft als Freiwillige zu kommen berechtigt sind. In etwaigen Kichen- u. Schul Angelegenheiten der christl. Religion haben sie sich jedoch der Stimmen-Ertheilung zu enthalten. Der Art. 11 bestimmt genauer die Berechtigungen u. Verpflichtungen der nur mit einem Zulaßungs-Schein (cf. Art. 1. c) versehenen Israeliten.

Der Art. 12 [sichert] ihnen stille [Hervorhebung i. O.], freie Uebung ihrer Religion unter Vorbehalt der landesherrlichen u. obrigkeitlichen Rechte u. Aufsicht, daher wird die Vermehrung ihrer Synagogen von der Entscheidung Eines hochedlen Raths u. des Collegiums der 60ger abhängig gemacht, es wird verboten, diese Gebäude mit auffallenden Kennzeichen zu schmücken. Trauungen dürfen ihre Rabbiner nicht eher vollziehen, bis die obrigkeitliche Genehmigung dazu erteilt ist, zur Verwaltung der gottesdienstlichen Angelegenheiten sollen 7 Synagogen-Vorsteher aus der ganzen Gemeinde, ohne Berücksichtigung der Classification erwählt werden; die Anstellung eines Oberrabbiners geschieht nach geschehener Wahl vonseiten der Synagogen-Vorsteher u. der Generalversammlung (Art. 16) durch Vocation eines Hochedlen Raths.

Der Art. 13 ordnet das Schulwesen u. stellt es unter Aufsicht der Delegirten des Senats u. des Collegiums der 60ger. – „Uebrigens[“], heißt es dann weiter, [„] wird den Kindern der ersten Classe, u. nach Prüfung einer vorzüglichen Moralität u. Fähigkeit auch einzelnen Kindern der zweiten Classe bei einer äußeren Gleichstellung mit den anderen Schülern die Erlaubnis zur Aufnahme in d. öffentlichen Schulen der Stadt unweigerlich nach den Schulordnungen ertheilt werden u. bleibt es dabei den Eltern u. den Versorgern der Kinder frei, die Stunden des speciellen christlichen Religions-Unterrichts auszunehmen.[“]

Der Aufnahme der Israeliten in d. christl. Wohltätigkeits[-] Anstalten steht nach Art. 14 abseiten der Christen nichts entgegen, doch werden darum die jüdischen Versorgungs-Anstalten noch nicht aufgegeben. Die Wichtigkeit s. o. [des] Art. 15 endlich erheischt seine vollständige Anführung: In Rücksicht einiger, mit israelitischen, religiösen Einrichtungen nicht füglich zusammentreffenden, christlichen [314]Verordnungen u. Gesetze, weshalb man die Gewissen zu beschweren nicht gemeint ist, werden als Ausnahme zu Art. 5 folgende Bestimungen festgesetzt:

[S. 5] a) An den Sabbath-Tagen u. an den jüdischen großen Festen, namentlich zweien Neujahrstagen, den Versöhnungstagen, den zwei ersten u. zwei letzten Tagen der Laubhütten, den zwei ersten u. zwei letzten Tagen des Osterfestes u. zweien Tagen des

314 [Ob die Verordnungen im eigentlichen Sinne „christlich“ oder nur von Christen verfasst waren, bleibt dahingestellt. J. B.]

Pfingstfestes, sollen, außer in Fällen einer auf den Verzug haftenden Gefahr, worüber die Herren Richter jedesmal im Erkenntnisse ausdrücklich entscheiden werden, keine Pfändungen in Civil- oder anderen Geld-Sachen wider sie vorgenommen werden.

Bei allem im Wechsel- u. etwaigem andern Recht festgesetzten, executivischen Verfahren u. deshalb bestimmten praejudicirlichen Zahlungsterminen, müssen jedoch der Israeliten, welche an solchen Sabbath- u. Feiertagen zu bezahlen Bedenken finden u. wenn solche Termine auf diese Tage fallen, bereits am Tage vor demselben die Zahlung leisten, insoferne sie dem gesetzlichen Präjudiz entgehen wollen. Indessen kann der Wechsel-Protest von Nichtbezahlung, ohne Nachtheil, bis zum letzten gesetzlichen Tage verschoben u. an denselben, wenn er auch israelitischer Sabbath oder Feiertag ist, levirt werden. In Rücksicht der Wechsel-Acceptationen verbleibt es bei dem 13 t. Artikel der Wechsel-Ordnung. Uebrigens kann ein Israelit in keinem einzigen Fall, also auch gegen keinen Termin im Prozeß oder andern Verfahren, eine Exzeption wegen eines bei ihm eingefallenen Sabbaths oder Feiertags begründen, u. sind auch alle Insinuationen an solchen Tagen zulässig. In Rücksicht der bei den Handwerkern und Gewerben, im Dienst von Christen zugelassenen israelitischen Lehrlinge u. Arbeiter, wird die Bestimmung der Arbeit, am Sabbath u. anderen obgedachten Feiertagen, der Ausgleichung unter den Beigekommenen überlassen.

b) Ueber die Förmlichkeit aller Eide der Israeliten wird ein Hochedler Rath nach den jüdischen religiösen Begriffen die erforderlichen Einrichtungen treffen.

c) bei den, nach israelitischen Gesetzen verbotenen Ehegraden, welche sich weiter als die christl. Gesetze erstrecken, soll auch die von den letztern etwa sonst gestatteten Dispensation bei israelitischen Ehen nicht Statt finden.

d) Die Ertheilung des Scheide-Briefes wird zwar, auch [in] der israelitischen Form u. bei Strafe der Nichtigkeit nur von dem hier gehörig angestellten Rabbiner ferner gestattet, jedoch nicht anders, als wenn vorher über die Ehescheidung selbst, rechtskräftig, das Erkenntnis der competenten christl. Gerichts-Instanz, nach den Gesetzen der Stadt, erfolgt ist.

e) Vor dem dritten Tage nach dem erfolgten Tode, den Todestag eingerechnet soll, ohne besondere Erlaubnis der Polizei-Behörde, ferner keine Beerdigung der verstorbenen Israeliten gestattet werden. Indessen darf die Polizei-Behörde, vorgängig annoch auf Ansuchen des Ehemannes, Vaters oder anderer nächsten Verwandten, welche eine frühere Beerdigung für ihre religiöse Pflicht halten, nach völlig abgelaufenen 24 Stunden, die Beerdigung verstatten, wenn sie einen Schein von einem graduirten, hier practicierenden Arzt über den gewissen Tod des zu Beerdigenden erhalten hat. Diese namentlichen Fälle werden als die einzigen festgesetzt, >worin< durch israelitische religiöse Grundsätze, unter den angeführten Bedingungen, eine Ausnahme von den hiesigen bürgerlichen Gesetzen, Gewohnheiten u. Gebräuchen Statt findet. Uebrigens wird fernerhin jeder jüdische Bann annoch ausdrücklich verboten. Die in seltenen Fällen etwa erforderliche Ausschließung aus der Gemeinde u. von d. Besuch der Synagogen, kann nur auf den mit Gründen belegten Beschluß der Synagogen-Vorsteher u. der General-Versammlung durch eine Stimmen-Mehrheit von drei Viertel der Anwesenden u. zwar erst nach der ausdrücklichen Genehmigung der Herren Delegirten Eines Hochedlen Raths Statt finden. Die folgenden Art[ikel] 16 bis 20 beschäftigen sich mit der Gemeinde-Einrichtung wovon uns hier nur wenig interessiren kann. Die Hauptbestimmung ist, daß an der Spitze der Gemeinde-Verwaltung zwei Delegirte

[S. 6] des Senats u. zwei Delegirte des Collegiums der 60ger gestellt werden, die überhaupt eine Oberaufsicht über die Judenschaft ausüben sollen. Unter u. neben ihnen steht je nachdem die Geschäfte sind ein Collegium „von 25 aus der ersten Classe gewählten Israeliten, von denen 7 als Gemeinde-Vorsteher fungiren sollen." Schließlich, heißt es dann Art. 20 bleibt einem hochedlen Rathe u. Erbges. Bürgerschaft von selbst vorbehalten, vorstehendes Reglement nach Zeit u. Umständen, dem Wohl der Stadt gemäß verfassungsmäßig abzuändern, zu mindern oder zu mehren u. zweifelt man übrigens nicht, daß die Bekenner der israelitischen Religion, in allen Classen, die allgemeine Zufriedenheit durch ihre Vaterlandsliebe, ihren bürgerliche Gemeinsinn u. ihr ganzes Betragen zu befördern suchen werden.

Betrachten wir nun zuerst den vorgelegten Entwurf im allgemeinen, so müssen wir ~~dem Ausarbeiter desselben zugestehen, daß derselbe, wenigstens~~, den humanen Geist, der in demselben waltet, anerkennen und wünschen, daß alle Männer denen ~~Gott~~ das Geschick eine Stellung gab, zufolge der sie in legislativischer Hinsicht zu wirken vermögen u. befugt sind, die Ideen des Herrn Ausarbeiters adaptieren möchten.

Das starre Verachtungs- u. Zurücksetzungs-System früherer Zeiten wirft der Entwurf über den Haufen u. setzt an dessen Stelle ein Sistem [!] demzufolge wenigstens ein Theil der Israeliten selbst politische bürgerliche Befugnisse erhält. Die privatrechtlichen Befugnisse der Bürger giebt der Entwurf allen, die nicht besondere Gründe ihrer unwürdig erscheinen.[315] Die von Handwerken u. Gewerben Ausgeschlossenen erhalten ferner Zutritt ~~in allen Berufen des, wird~~ zu denselben u. somit die Möglichkeit sich zu wirklichen Staatsbürgern heranzubilden. Den Kranken u. Armen wird die Pforte der städtischen Stiftungen geöffnet u. Heilung, Erquickung u. Unterstützung ihnen gewährt. – Es sind so nach unserer obigen Auseinandersetzung die beiden tiefsten Wunden des jüdischen Bürgers zu heilen versucht u. wir sind überzeugt, daß auch noch heute, schon wenn nur Gewerbefreiheit u. Zulassung zu den städtischen Stiftungen ausgesprochen werden [möchte], sich die gesetzgebende Behörde den wärmsten Dank der Israeliten verdienen würde. Allein im besonderen glauben wir, vorzüglich in Bezug auf die durchgehende Anordnung einer Classification ~~mit Grund einen Entwurf fordern~~ den Entwurf für nicht allen Anforderungen gemäß erklären zu müssen u. liegt es uns ob, diese unsere Ansicht jetzt durch Gründe zu belegen. Zu diesem Zwecke müssen wir für's erste untersuchen, was der Gesetzgeber, welcher ein Juden-Reglement auszuarbeiten übernimmt, u. dessen Hauptinhalt eine Verbesserung der jüdischen Lage sein soll, hauptsächlich ins Auge zu fassen und nie unbeachtet zu lassen hat. Nach der von uns in dem 2ten u. 3ten Abschnitte aufgestellten Deduction , daß nämlich die Lage der Israeliten eine nicht zu rechtfertigende, die Reform derselben nothwendig u. kein gegen sie aufgeführter Gegengrund zu ihrer Abweisung stark genug sei, ~~welche Behauptung wir natürlich hier als erwiesen betrachten~~ ist es der Hauptgedanke, welcher den Entwurf- Ausarbeiter beseelen muß, durch das Reglement die bisherigen Unterschiede zwischen Christen u. Juden soviel wie möglich aufzuheben. Fragt nun der Gesetzgeber das Leben, so wird er finden, daß er zur Realisirung seines Hauptgedankens dahin zu wirken hat, daß theils die äußere Zurücksetzung [S. 7] der Israeliten verschwinde, daß theils aber auch das Vorurteil der Menge gegen sie von Grund aus ausgerottet werde. Die Zurücksetzung in bürgerlicher u. menschlicher Hinsicht beruht ja, wie es uns die Geschichte lehrt, hauptsächlich auf der Verachtung, mit welcher man die Israeliten betrachtet, und ehe nicht diese aufgehoben sein wird, kann die Aufhebung jener unmöglich eine volle Kraft haben. ~~Ist ein Mensch einmal verachtet, so mag ihn das Gesetz~~ Der Staat muß hier, da es die Zerstörung eines tief in das Volk eingewurzelten Vorurtheils gilt, diesen Vorurtheilen auf's bestimmteste den Krieg erklären u. es nimmer zugeben, daß ein Jude an u. für sich weniger

315 [Gemeint ist: Die privatrechtlichen Befugnisse der Bürger gibt der Entwurf allen, wenn nicht besondere Gründe sie als unwürdig erscheinen lassen.]

ehrenwerth sei als ein Christ. So wird, wir glauben nicht an Wunder – also nicht an eine plötzliche Zerstörung eines langjährigen Wesens, doch allmählich, eben durch die Kraft des Gesetzes, welche durch strenge Befolgung u. Geltendmachung beurkundet werden muß, nach u. nach das Vorurtheil verschwinden u. eine folgende Generation muß und wird es >betrachten<, wie wir den Glauben an Hexen u. Zauberer. Hat also demzufolge das neue Gesetz den Zweck mit, das Vorurtheil gegen die bisher >verächtlich behandelte< Menschenclasse soviel wie möglich zu zerstören, so darf es auf keinen Fall u. unter keiner Bedingung, Anordnungen, sie mögen sein welcher Art sie wollen, enthalten, welche das Vorurtheil am Leben erhalten können.

Als solche Anordnung nun erscheint uns die im vorliegenden Entwurfe beabsichtigte Classification der Juden, u. zwar deswegen, weil die niedere Classe derselben bei allen Berechtigungen zu denen ihr der Zutritt frei gemacht wird, doch noch mit einer Art leiser Infamie, mit einer quasi levis notae macula [deutlich sichtbarem Makel, J. B.] behaftet ~~bleibt u. theils weil dadurch selbst in der Judenschaft hierin ein Unterschied gelegt wird, der von verderblichen Folgen sein kann. Die~~ ja wir glauben beinahe behaupten zu können, gleich verächtlich bleibt, wie bisher es der Jude von geringen Vermögens-Umständen war. Abgesehen davon, daß die Mitglieder derselben von allen sogenannten politischen Befugnißen ausgeschloßen bleiben, wird in Bezug auf sie die alte Einschränkung hinsichtlich des Wohnens u. des Immobiliar-Eigenthums aufrecht erhalten und wenn auch darin der einzig wesentliche Unterschied zwischen der ersten u. zweiten Classe liegen sollte, so ist er doch immer stark genug, um das Schimpfwort: Jude in das Schimpf-Wort: Jude zweiter Classe zu verwandeln. Denn wenn auch dieses Gesetz im allgemeinen die Judenschaft hebt, so spricht es doch indirect sich dahin aus, daß der >noch< Jude zweiter Classe[316] keineswegs ein so brauchbarer u. guter Staatsbürger sei, als als der Christ u. der Jude der ersten Classe. Bei der Sucht der Menschen nur zu herrschen, zu verachten u. zu verkleinern, läßt sich nicht erwarten, dass diese indirecte Anordnung der Unwürdigkeit einer Anzahl Menschen unbeachtet bleiben sollte, vielmehr können wir nach oft u. vielfach gemachten Erfahrungen gewiß sein, daß eben, weil der Unterschied in rechtlicher Beziehung fast gänzlich aufgehoben, der bestehende umso gieriger aufgefasst u. die Verachtung, welche man sonst den ~~Juden~~ Bekennern der mosaischen Religion überhaupt zollte, jetzt denen von ihnen zu Theil werden wird, welche in die zweite Classe gehören.

316 [A. Sutor meint hier einen nach einer willkürlichen rechtlichen Bestimmung so bezeichneten Menschen.]

So wird also dem Vorurtheile gegen die Israeliten nicht entgegengearbeitet, was nach obigem vom Gesetzgeber doch nothwendig geschehen muß, sondern es wird nur von dem Ganzen auf einen Theil gelenkt u. zwar auf einen Theil, der nach allem, was uns das geschäftliche Leben lehrt, keineswegs nach u. nach zergehen kann, sondern vielmehr zu allen Zeiten bestehen wird. Ließe sich also eine Classification auch entschuldigen, wenn man erwarten dürfte, daß die untere Classe ~~dereinst~~ dadurch zu Etwas Höherem angespannt u. endlich vielleicht gar nicht mehr existieren werden würde, so ist nach deren [S. 8] im Entwurfe der Classification zu Grunde gelegten Merkmalen dieselbe nur zu verwerfen.

Betrachten wir dieselbe nämlich in dieser Beziehung, so wird sich nicht nur das Gesagte rechtfertigen sondern es wird sich auch zeigen lassen, daß von andern Seiten die Gründe des Unterschiedes mehrfach zu fodren sind.

Zu der ersten Classe gehören nach Art. 4 eigentlich nur die wohlhabenden Kaufleute welche Großbürger geworden u. ein en gros Geschäft treiben, u. > außer < diesen die Gelehrten. Es sind also offenbar davon ausgeschlossen, die nicht wohlhabenden Handwerker, Künstler, Detaillisten etc., diese werden stets Mitglieder der zweiten Classe bleiben u. somit, da sich nicht denken lässt, daß alle hamburgischen Israeliten jemals eine Bedingung, welche die Aufnahme in die erste Classe begründet, erfüllen werden können, wird die Existenz einer zweiten Classe eine dauernde sein. – Vielleicht hat in dieser Hinsicht der Entwurf eine spätere Veränderung im Auge, vielleicht meinte der Herr Verfasser durch diese Classificierung augenblicklich den christlichen Zweifel >gegen< die Emancipation zu unterdrücken u. somit unserer künftigen Legislation, die vollkommene Gleichstellung bezweckend, vorzuarbeiten, allein es wird unserer Meinung nach diese gehoffte >Bastion< dann noch dieselben Schwierigkeiten zu besiegen haben, mit denen die Gegenwart den Kampf aufnehmen muß. Wenn auch die Cultur fortschreiten u. die Aufklärung immer mehr u. mehr sich verbreiten wird, was doch noch zu bezweifeln ist, wenn man die Erscheinungen ins Auge fasst, die in >mehreren< Ländern beinahe eine Wiedergeburt des Mittelalters befürchten lassen, so ist einmal das Vorurtheil zu jeder Zeit schon auszurotten u. es kann diese Arbeit heute so gut angefangen werden wie später. Erschwert wird sie nur, wenn ein Gesetz selbst die Zurücksetzung anordnet.

Ist dann nun so die Classification deswegen nicht zu rechtfertigen, weil sie eine dauernde, das Vorurtheil bestärkende ist, so läßt sich auch noch viel gegen sie vorbringen, in Bezug auf den ihr zum Grunde gelegten Maasstab [!] des Werthes eines israelitischen Bürgers. Abgesehen von den Wissenschaften, denen hier ihr wohlbegründetes Recht eingeräumt ist, ist <u>Geld</u> das Mittel, welches die erste Classe öffnet. Indirecte ist dies dadurch ausgesprochen, daß den Kaufleuten, welche en gros handeln der Zutrit [!] frei gemacht ist, direct dadurch, daß diejenigen darin aufgenommen werden sollen, welche zum Häuserschoß 60 Mark Species u. darüber zu erlegen haben, oder welche auf ein Capital-Vermögen von 50000 [Mark] taxirt worden sind. Wenn auch sehr richtig bei der Frage, welcher Bürger stimmfähig sein soll, bei Berathung allgemeiner Angelegenheiten, Rücksicht auf Grundbesitz u. Vermögen genommen wird, da man eben von de[m] Wohlhabenden ein überlegtes Votum zu erwarten hat, weil ~~sie zu verlieren haben~~ das Interesse des Staates genauer mit dem seinigen verknüpft ist, so ist diese Rücksicht ganz zu verbannen, wo es gilt, die Lage der Israeliten zu verbeßern. Wenn auch die obengenannten Hauptzwecke, Aufhebung der rechtlichen u. Bürgerlichen [!] Zurücksetzung u. des gegen sie obwaltenden Vorurtheils, de[n] Gesetzgeber vor allem leiten müssen, so müßten doch auch verschiedene andere Zwecke zugleich durch seine Arbeit erreicht werden. Dahin gehört [S. 9] ganz vorzüglich die Veredelung des jüdischen Characters. Wir haben im 2t Abschnitte unserer Abhandlung ihn genauer zu betrachten versucht u. haben gefunden, daß allen seinen Schattenseiten die Sucht nach Geld zum Grunde liegt. Wir haben gesehen, wie der Jude kein Ansehen, keine Ehre, nichts erlangen kann ohne Geld u. haben dann nicht weniger gefunden, wie eben dieser Character das allgemeine Vorurtheil gegen die Judenschaft kräftig erhält. So lange diese Ansicht der Sache als eine >richtige< bestehen bleibt, muß der Verfasser eines neuen Juden-Reglements soviel wie möglich dahin streben, das Vermögen, das Geld aus dem Spiel zu bringen, auf keinen Fall darf er es aber geradezu wieder als ein Mittel, Ehre u. Ansehen zu erlangen, hinstellen.

Es ist leider wahr, daß in einem Handelsstaate ein Geldadel existirt; der, wie wenigstens philosophische Betrachter des Staates behaupten, in seinen Folgen schlimmer sein soll, als der Geburts-Adel, seine Existenz gehört aber sicher nur zu den nothwendigen Uebeln wie dahin die der Armuth gehört. Eine allgemeine Wohlhabenheit ist eine Chimäre, es wird immer ein Oben u. Unten geben u. das Oben wird über das Unten gewißermaßen herrschen, aber diese Herrschaft darf nur eine factische, nie eine rechtliche ~~werden~~ sein. Es ist etwas anderes, wenn etwas einmal besteht, weil ihm nicht abgeholfen werden kann, als wenn es besteht, weil es sanctionirt ist, das erstere ist geduldet, das letztere ist gefestigt. Geduldet muß nun venünftigerweise auch der Geldadel werden, gebilligt darf er aber nicht sein, u. am allerwenigsten in der Mitte der Israeliten.

Die Folgen einer Nichtbeachtung dieser ~~Grundsatzes~~ Wahrheit lassen sich leicht zeigen. Schon jetzt ist die unvermögende Menge der Israeliten im Allgemeinen mit vielen Fehlern behaftet; sie sind listig, betrügerisch, sklavisch u. was alles mehr, allein des Geld-Erwerbes [wegen]. Dabei ist ihr einzigster Zweck das Geld und der Reichthum. Giebt nur erst der Reichthum Ansehen u. Ehre, so ist der Sporn, ihn zu erlangen, ein schärferer als bevor u. alle jetzt so hart an den Israeliten getadelten Fehler werden nicht nur nicht nach u. nach sich verlieren, sondern im Gegentheil um ein Bedeutendes wachsen. Mehr wie früher noch wird der ärmere Jude jedes Mittel ergreifen, um die erste Stufe auf der zum Reichthum führenden Leiter zu erklimmen, denn oben blüht ihm noch ein zweites Glück: Staatsbürgerthum, Achtung u. Ansehen. Mehr wie früher wird der wohlhabende Israelit sparen u. scharren um aus der unteren Classe in [die] obere zu treten u. mehr denn zuvor wird der Reiche haushalten u. zwacken[317], denn er hat die Ehre jetzt u. will sie nicht mit dem Gelde verlieren.

Wir müssen also nach allem Gesagten uns gegen die Classification erklären. Dabei aber wollen wir die Idee anerkennen, welche den Verfasser des Entwurfes auf sie führte, nämlich durch Ehrgeiz den Israeliten zu beßern u. zu einem wahren, das Allgemeine hoch schätzenden Staatsbürger zu machen. Vielleicht würde zu solchem Zwecke eine auf anderer Grundlage beruhenden Eintheilung dienlich sein. Es wäre vielleicht wichtiger mehr auf das Wesen der Beschäftigungen zu sehen u. dann diejenigen als Bestimmungsgründe für die zweite Classe abzusondern, deren Existenz, dem Staate nicht von großem Nutzen u. deren Betreibung [für] das Individuum in den Augen der Menge nachtheilig ist. Dahin würden die Trödler u. Hausirer u. die Pfandleiher hauptsächlich zu rechnen sein, doch

317 [Zur Bedeutung von „scharren“ siehe Anm. 148. Zu den Nebenbedeutungen von „zwacken“ („Unter dem Scheine rechtens und in kleinen Theilen abdringen.“) vgl. Adelung, J. C., Grammatisch-kritisches Wörterbuch der Hochdeutschen Mundart, 2. Aufl., Leipzig 1793, Sp. 142. Noch deutlicher wird die Nebenbedeutung (In kleinen Teilen betrügerisch entziehen.) bei Heyne, Moriz, Deutsches Wörterbuch, Bd. 1., Leipzig 1905, Sp. 53.]

wäre auch gegen diese Eintheilung manches zu sagen, selbst wenn festgestellt werden würde, dass nur ein ~~Ablegen~~ Entsagen dieser Gewerbe, wie der Reichthum an u. für sich die Aufnahme in die höhere Classe zu Wege bringen könnte, wobei doch auf jeden Fall [S. 10] der Uebelstand vermieden wäre, daß selbst Handwerker, die fleißig u. tüchtig sind, wenn sie nicht ein bestimmtes Vermögen erwerben, zeitlebens der niederen Classe angehören müssen. Das Gesagte scheint hier hinreichend zu sein; es wird, wenn man unsere Ansicht überhaupt der Beachtung werth hält, zu einer Prüfung der vormals für gut gehaltenen Classification Anlaß geben und mehr wollten und dürften wir nicht verlangen.

Was nun ferner den Reglements-Entwurf in seinen besonderen Theilen anbetrift [!], so erscheint uns sodann die Zulassung von 2 Juden für jedes Kirchspiel in die bürgerschaftlichen Versammlungen ungenügend. Diese erscheinen immer dann als Repraesentanten, was auch Herr Doctor Riesser gegen solche Ansicht in seiner bekannten Denkschrift[318] pag. 110. dagegen sagt.

Zwar nennt der Reglements-Entwurf sie Freiwillige, allein das nur in dem Sinne, daß sie nicht ex officiis, von Staats wegen, erscheinen müssen. Darum sind sie aber immer noch nichts anderes als Repraesentanten, denn sie repraesentieren die Judenschaft und sind zu diesem Zwecke erwählt. Daß aber solche Repraesentation nicht mit dem Geist der Verfassung unseres Staates übereinstimmt, geben wir demselben zu u. halten deswegen die Bestimmung auch nicht für genügend. Unserer Ansicht nach hätte der Entwurf der ganzen ersten Classe unter den sonst obwaltenden Bestimmungen den Zutrit [!] gestatten müssen, da man die Mitglieder derselben sonst für würdig erklärte, gleiche Recht[e] mit den Christen zu genießen, u. es gar keinen Grund giebt das eine Recht des Erscheinens in der Bürgerschaft ihnen vorzu[ent] halten , zumal da ihnen, was auch ganz natürlich ist, das Votiren in Angelegenheiten die mit der christlichen Religion zusammenhängen, untersagt wird. Solange zwar die Israeliten die ~~Gegend der~~ Neustadt hauptsächlich bewohnen, wird das Michaelis-Kirchspiel von ihnen vor allem ~~bevölkert~~ completirt sein, aber ohne daß ihnen, nach der Art u.

318 [Vgl. (Riesser, Gabriel), Denkschrift über die bürgerlichen Verhältnisse der Hamburgischen Israeliten zur Unterstützung der von denselben an Einen Hochedlen und Hochweisen Rath übergebenen Supplik , Hamburg 1834. Die Denkschrift erschien ohne Verfasserangabe als Teil einer Supplik der Hamburger jüdischen Gemeinde.]

Weise wie gestimmt wird,[319] dadurch irgend ein Übergewicht zu Theil würde.

Verbreiten sich die Juden mehr durch die Stadt, so wird, wenn wir auch annehmen, daß sie alle jedes Mal [in der Bürgerschaft] erscheinen, doch die Zahl der berechtigten Christen viel größer sein als die der Israeliten und hängt es dann stets nur von den ersten ab, durch fleißiges Erscheinen jedem Einfluß der Israeliten zu wehren. Wir sprechen hier vom Einfluß der Israeliten u. zwar von einem auf die Christen nachtheilig wirkenden, nicht weil wir einen solchen - bei völliger Gleichstellung - für möglich halten, sondern weil aus dem Entwurfe hervorgeht, daß er befürchtet wurde, denn nur daraus läßt sich die vorliegende Einschränkung erklären.

Etwas anderes, was wir rügen zu müssen glauben, ist der gänzliche Mangel einer Bestimmung über gemischte Ehen. Wir haben oben gesehen, daß man als Gegengrund gegen die Emancipation mit angeführt hat, es würden die Juden, da sie keine Familienverhältnisse mit Bekennern der christlichen Religion eingingen, am Ende eine Kaste im Staate bilden, wir haben dabei zu behaupten gewagt, daß die Abneigung gegen solche Eingehung ebensogut [!] auf Seiten der Christen zu finden sei u. daß, wenn etwa die Priester beider Religionen sich ihr widersetzen sollten, der Staat die Macht hätte, sie zu befördern. Wir glauben demzufolge, daß ein bedeutend wichtiger Passus in jeder neuen Judenordnung der ist, welcher von gemischten Ehen handelt u. sind eben so sehr überzeugt, daß die Duldung, ja eine Beförderung derselben vom Staate ausgesprochen werden muß. Wir finden unsere Ansicht anerkannt in manchen neu[e]ren Juden-Ordnungen u. berufen uns daher mit Bezug auf das oben pag # Gesagte besonders auf das Weimarsche Edict vom 20t Juni 1823 § 15 u. auf die Mecklenburger Judenordnung v. 22. Febr. 1812 § 12.[320]

[S. 11] Haben wir nun so dem Entwurfe unsern Beifall in einigen Theilen versagt, so dürfen wir umso mehr nicht anstehen, die vielen >Lichtpartien< desselben zu rühmen; dahin rechnen wir vor allem den Art. 1 a) der die Israeliten nicht allein befugt, sondern auch ver-

---

319 [Zum Abstimmungsmodus in den Kirchspielen vgl. Berlin, J, Bürgerfreiheit statt Ratsregiment. Das Manifest der bürgerlichen Freiheit und der Kampf für Demokratie in Hamburg um 1700, Norderstedt 2012, S. 31 f. Das Michaelis-Kirchspiel war das bevölkerungsreichste der Stadt. Hier konnten Juden in Versammlungen keine Mehrheit erreichen.]

320 [Im Manuskript ist nicht zu erkennen, ob die Passage gestrichen oder unterstrichen wurde.]

pflichtet der Stadt den Bürgereid zu leisten, den Art. 5, der sie allen unseren Gesetzen unterwirft u. ganz nach der oben ausgesprochenen Ansicht, religiösen Grundsätzen keinen Einfluß auf das Verhältnis zum Staate u. dessen Mitglieder gestattet, vor allem aber den Art. 8, der jeden Unterschied zwischen Juden u. Christen hinsichtlich der Gewerbe aufhebt. Nicht unbeachtet darf ferner der Art. 15 e bleiben, in welchem der frühen Beerdigung der israelitischen Todten gesteuert wird. Man weiß wie in dieser Hinsicht der orthodoxe Jude zu Werke geht; kaum ist das Auge gebrochen, so eilt er, Anstalten zur Beerdigung zu treffen, u. scharrt den kaum kalten Körper ein. Daß bei solcher >Verfahrungsweise< manches Leben religiösen Begriffen geopfert ist, lässt sich mit Recht annehmen, wenn man die Wirksamkeit der Leichenhäuser u. den Erfolg derselben zu Rathe zieht. Uebrigens verdienen hier die Bemühungen einzelner aufgeklärter Israeliten eine lobende Erwähnung, welche schon im Jahre 1805 hier zusammentraten u. unter dem Namen der neuen Beerdigungs-Anstalt der jüdischen Nation in Hamburg sich verpflichteten, keinen aus ihrer Mitte früher als nach Ablauf von wenigstens dreimal 24 Stunden nach erfolgtem Ableben zu bestatten.[321]

Somit dürfen wir unsere Abhandlung schließen. Dem Leser ist von uns die Lage der hamburgischen Israeliten geschildert, wir haben versucht zu zeigen, wie wenig sie den Forderungen der Gerechtigkeit u. Billigkeit entspricht, wie >schwach< die gegen eine Emancipation in das Feld geführten Gründe bei genauer Betrachtung sind und endlich haben wir dann einen früheren Entwurf zur Regulirung der Verhältnisse der hamburgischen Israeliten mitgetheilt u. betrachtet. Möge es der Lohn des Verfassers dieser Abhandlung sein, daß man seine Ansichten prüft u. seine Behauptungen untersuche, er fürchtet keine Prüfung u. keine Untersuchung, gewiß daß das Resultat derselben ein ihm günstiges sein wird. Er ist aber auch überzeugt, daß nach solcher Prüfung das Schicksal der Israeliten in der freien Stadt eine günstige Wandlung erfahren wird, daß das individuelle Interesse seine Kraft verlieren wird, wo es dem allgemeinen Besten gilt u. dass die öffentliche Meinung sich bald dahin aussprechen wird, daß es jetzt Zeit sei, dem Beispiele so vieler Staaten zu folgen u. wird die Emancipation der Israeliten ~~auszusprechen~~ zu veranstalten.

---

321 Diese Gesellschaft ist, wodurch die oben ... erwähnte frühere Unterordung der hamburgischen Juden unter Dänemark sich zeigt, autorisiert von I[hrer] Majestät dem Könige von Dänemark u. von einem Hochedlen Rathe der Stadt Hbg.

Anhang III

Literaturverzeichnis A. Sutors

Im Konvolut der Schriften A. Sutors befindet sich eine teilweise chronologisch geordnete Liste mit Schriften zur Judenemanzipation. Sie wird hier wiedergegeben. Auffällig ist, wie genau A. Sutor auch Texte von Gegnern zur Kenntnis nahm und diese für seine Bibliothek anschaffte. In der Liste vermerkte er u. a., welche der Schriften er gelesen hatte und welche in seiner Bibliothek vorhanden waren. Die Liste entstand vermutlich in einem frühen Stadium der Arbeit; denn in „Hamburg und die Juden" sind zusätzliche Titel vermerkt, die im Verzeichnis nicht auftauchen. Aus der Schrift von Robert Haas z. B. übernahm A. Sutor - wie er selbst anmerkte - zahlreiche Gedanken und Gliederungspunkte. In der Liste trägt dieser Titel noch nicht einmal den Hinweis „Gelesen". Gesonderte Vermerke Sutors, welche Autoren er für bestimmte Teile seines Textes heranzog, ließen sich nicht eindeutig zuordnen. Dies zu klären, bleibt eine wichtige Aufgabe.

Die in der Handschrift teilweise recht kurzen Angaben zu den Titeln werden hier in bearbeiteter und komplettierter Form wiedergegeben.
Für den (frühen) Zeitpunkt der Auflistung bedeuten die Zeichen hinter den Jahreszahlen:

\+ in Sutors Bibliothek vorhanden,
O gelesen.

Mir bekannt gewordene Schriften über d[ie] Juden

1831 Paulus, H. E. G., Die jüdische Nationalabsonderung nach Ursprung, Folgen und Besserungsmitteln. Oder über Pflichten, Rechte und Verordnungen zur Verbesserung der jüdischen Schutzbürgerschaft in Teutschland, Karlsruhe 1831; [Auch unter dem Titel: Der wahre Standpunkt, von welchem her die wichtige Frage: Warum kann die Judenschaft nicht aus Schutzbürgern in Staatsbürger verwandelt werden? Zu beantworten ist. In: Sophronizon, Jg. 13, H. 4, Heidelberg 1831, S. 1 - S. 149.]

1833 Streckfuß, Carl, Über das Verhältnis der Juden zu den christlichen Staaten, Halle 1833.

1833 Buchholz, Friedrich, Was verhindert die Juden an der Erwerbung politischer Rechte? in: Neue Monatsschrift für Deutschland, historisch-politischen Inhalts, Bd. 40, Berlin 1833, S. 334 - S. 356. [A. Sutor verwies bei diesem Titel nur pauschal auf „Prof. Buchholz in der Berliner Monatsschrift".]

1834 Buchholz, Friedrich, Aufschlüsse und Vorschläge zur Besänftigung des Streits über die Emanzipation der Juden, in: Neue Monatsschrift für Deutschland, historisch-politischen Inhalts, hg. v. F. Buchholtz, Bd. 43, Berlin 1834, S. 198 – S. 224.

1816 + Frank, Christian, Die Juden und das Judenthum wie sie sind: Dargestellt aus ihren eigenen Schriften als die erklärten Feinde des Christenthums und der reinen Sittlichkeit, ihrer Geschichte, ihren Schriften und der Erfahrung gemäß erkannt als offene und geheime Störer des bürgerlichen und moralischen Wohlstandes christlicher Staaten, Köln [Peter] 1816, 96 Seiten.

1816 + Rühs, Friedrich, Die Rechte des Christentums und des deutschen Volks. Vertheidigt gegen die Ansprüche der Juden und ihrer Verfechter von Friedrich Rühs, Berlin 1816.

1819 + Aus: Große Ständeversammlung des Königreichs Bayern etc... besonders ... betreff. des Hausirens, München 1819. [Gemeint war: Verhandlungen der zweiten Kammer der Ständeversammlung des Königreichs Baiern, 5. Bd., München 1819. Zum Hausieren vgl. dort „Vortrag ... den Hausier- und unberechtigten Handel der Juden betreffend", S. 137 ff. u. S. 169 ff.]

1821 + Paalzow, Christian, Ludwig, Helm und Schild. Gespräche über das Bürgerrecht der Juden, Berlin 1817, 2. Aufl. Berlin 1821.

1822 + Birkenstein, Elias, Über die moralische Verbesserung der Juden [nebst einer Entlarvung des Rabbinismus]. Freymüthig vorgetragen von dem Israeliten Elias Birkenstein, Marburg 1822.

1816 + Fries, Jacob Friedrich, Die Gefährdung des Wohlstandes und des Charakters der Deutschen durch die Juden, Heidelberg 1816.

1817 + Wolff, I., Salomon, G. [Lehrern an der Herzoglichen Franzschule zu Dessau], Der Charakter des Judenthums nebst Beleuchtung der unlängst gegen die Juden von Prof. Rühs u. Fries erschienenen Schriften Leipzig 1817. [2. vermehrte und verbesserte Auflage].

1816 Rühs, Friedrich, Über die Ansprüche der Juden an das deutsche Bürgerrecht, Berlin 1816. [=Ueber die Ansprüche der Juden an das deutsche Bürgerrecht. Zweiter, verbesserter und erweiterter Abdruck. Mit einem Anhange über die Geschichte der Juden in Spanien von Friedrich Rühs, Berlin 1816].

1817 + Luthers und v. [!] Herders Stimmen über die Juden. Nebst einem Epilog, Deutschland 1817.

1817 + Was können die Juden fordern oder freimüthige Betrachtung zur Beurtheilung der Bürger- und Rechts-Ansprüche derselben in der Stadt Frankfurt a/M. 1817.

1818 + Albanus, Heinrich Leberecht, Kurzgefaßte Charakteristik der heutigen Israeliten und Ihrer Würdigung zur Freimaurerey, Leipzig 1818.

1804 + Mein erstes Wort wider die Juden mit und ohne Bart, Berlin, Hamburg und Amsterdam 1804.

1837 O Ben Lee, Ist Emancipation der Juden denkbar ? [Autor: Th. Wangenei], Hamburg 1837.

1837 O Beweis aller Beweise, dass die Juden nicht emancipirt zu werden verdienen, und ohne den Untergang Europa's herbeizuführen, nicht emancipirt werden können, Grimma 1837.

1837 O Hellwitz, L. L, Die Organisation der Israeliten in Deutschland.[Ein Versuch von L. L. Hellwitz] Arnsberg u. Soest 1837 [auch: Magdeburg 1819].

1837 Görtz, Lewin von, Die Emancipation und ihre Gegner, Quedlinburg u. Leipzig 1837.

1837 Weil, I., Die erste Cammer und die Juden in Sachsen, Hanau 1837.

1837 Über die Emancipation der Israeliten: Worte der Wahrheit, Aufklärung und Liebe zu allen Bekennern der Christusreligion und des mosaischen Gesetzes, gesprochen von einem Unpartheiischen, Leipzig (Wunder) 1837, 33 S.

1838 + Ist es rathsam, den Juden das volle Staatsbürgerrecht unbedingter Weise zu ertheilen? Ein staatswissenschaftliches Bedenken von einem Staatsgelehrten, Leipzig 1838.

1834 O [+ ?] [Riesser, Gabriel], Denkschrift über die bürgerlichen Verhältnisse der Hamburgischen Israeliten zur Unterstützung der von denselben an Einen Hochedlen und Hochweisen Rath übergebenen Supplik , Hamburg 1834.
[Im Manuskript der Liste ohne Hinweise auf Autor, Lektüre oder Anschaffung. Sutors Text zeigt jedoch, dass er G. Riessers Schrift (später ?) gründlich gelesen hat.]

1837 Haas, Robert, Das Staatsbürgerthum der Juden vom Standpunkte der inneren Politik beleuchtet, Frankfurt a./ M. 1837.

1838 O A. M., Beiträge zur Lösung der jüdischen Frage, in: Deutsche Vierteljahresschrift 1. Heft 1838, Stuttgardt [!] u. Tübingen bei Cotta 1838.

1837 g[anze] N[ummer]. Allgemeine Zeitung des Judenthums von. Dr. Lud. Philippson, Jg.1837 (Leipzig bei Baumgartner).

1836 O [?] Geist des Judenthums . Aus dem Englischen (des d'Israeli, Vater) Stuttgart 1836.

1803 O [?] Klinger, F. M. von, Betrachtungen und Gedanken über verschiedene Gegenstände der Welt und der Literatur, 2. Theil, Cöln 1803, § 377 II. pag 247 ff.

ANHANG IV

Aus: „Die Reform. Ein Volksblatt“ , Nr. 35 v. 2.5.1849, S. 2.

„Bilder aus dem Leben. Die arme Jüdin“

In einem der Gänge der Neustadt, in einem engen Hofe, wohnt auf einer Sahltreppe drei Stiegen hoch ein Judenmädchen, welche [!] die ganze Woche ihr Leben mit Nähen fristet und Sonnabends in andächtiger Stille allein – ihre Eltern sind schon lange gestorben – den Sabbath feierte. Ihre Verwandten haben sich von ihr abgewendet, als sie vor Jahren, da ihre jetzt matten Augen noch funkelten und die Rosenfarbe der Jugend ihre Wangen schmückte, den Sohn eines christlichen Krämers kennenlernte und sich ihm in Liebe ergab.

Der Unwürdige, nachdem er die Arme verführt, hatte sie bald darauf verlassen. Die Frucht dieser Verbindung war gestorben. Gramvoll und kränklich, von der Judengemeinde verachtet, hatte sie diesen Sahl bezogen und lebte nun schon zwanzig Jahre bei der alten Witwe, die sich durch Wassertragen ernährt, in einer engen Kammer, die nur Raum für ein Bett, einen Tisch und einen Stuhl bietet.

Es ist Freitag Abend. Am kalten Winterhimmel funkeln die Sterne, auf ihrem reinlich behangenen Tische brennt eine kleine Schabbeslampe, ein Erbstück ihrer seligen Eltern. Sie sitzt vor derselben und denkt der vergangenen Jugend und ihrer Liebe und der Name Heinrich bebt zitternd von ihren bleichen Lippen. Sie hat den Mann, der ihr die Ehre geraubt, seit 20 Jahren nicht gesehen, aber sie liebt ihn noch immer und entschuldigt seine schlechte Handlung mit dem Leichtsinn der Jugend.

Da tritt ihre Wirtin zu ihr in die Kammer.

„Nein, das Elend, das Elend", stöhnt sie und wischt sich die Augen, „Täubche – so heißt die Jüdin – sollte man denken, daß so was passiren kann!"

„Was ist denn, Frau Schroeder, was giebt's denn?" fragt die Jüdin.

„Ach, da unten ist vor drei Monaten ein armer Uhrmacher eingezogen, hat eine Frau und ein krankes Kind. Er selbst kann nicht mehr arbeiten, er ist fast blind. Die Frau hat's mir eben geklagt, sie haben in acht Tagen nichts Warmes gehabt. Und nun will der Wirth sie aussetzen lassen, weil sie noch keine Miethe bezahlt haben. Der Spitzbube, der Gaudieb , der Pfandjude weiß nichts von Mitleid. Wo sollen die armen Menschen jetzt hin? Es ist Winter und friert Bickelsteine draußen."

„Guter Gott! Und der Mann ist ein Christ?"

„Und was für Einer. Er geht Sonntags zweimal in die Kirche."

„Wer da helfen könnte!" seufzt die Jüdin, und eine große Thräne tritt ihr in's Auge. Ein lautes Jammern tönt von unten herauf.

„Lassen Sie uns wenigstens hinuntergehen und den armen Leuten Trost zusprechen, Frau Schroeder." „Ach Gott, wenn man nicht helfen kann, was soll man das Elend mit ansehen", antwortet die Alte.

Die Jammerlaute werden stärker. „Ich geh' einmal hinunter", sagt die Jüdin, „vielleicht kann man den Unglücklichen doch einen Rath geben."

Sie steigt die Treppen hinab und tritt in die Wohnung des Uhrmachers. Ein Nachtlicht brennt auf dem schmutzigen Tische. Die Frau, fast in Lumpen gehüllt, geht händeringend in der dumpfigen Stube auf und ab, der Mann sitzt an einem Strohlager, worauf, mit einem zerrissenen Rocke bedeckt, ein ausgemergeltes Kind liegt. „Nehmen Sie's nicht übel, Herr und Frau Nachbarin", spricht Täubche sanft, „wenn ich zu fragen komme, was ihnen fehlt? Sie kennen mich nicht? Ich wohne über Ihnen, bin Ihre Nachbarin."

„Ach, uns fehlt Alles", jammert die Frau. „Kein Holz, keine Nahrung und bald auch kein Obdach!"

„Vater, ich sterbe vor Frost und Hunger!" stöhnt der sechsjährige Knabe, „ nur ein Stückchen Brod!"

„Du sollst es haben", ruft der Mann plötzlich mit dem furchtbarsten Ausdruck der Verzweiflung. „Ich will auf die Straße, will betteln, stehlen, wenn es sein muß. Du armer Wurm sollst nicht den Hungertod sterben!"

Er erhebt sich, eine bleiche ausgemergelte Jammergestalt. Täubche hat kaum die letzten Worte gehört, so ist sie schon zur Thür hinaus. In wenig [!] Minuten kehrt sie zurück. Sie bringt ihr Abendessen, eine warme Suppe und ein Stückchen Kalbfleisch. „Da, iß lieber Kleiner", sagt sie mitleidig und fügt hinzu: „Die Frau Nachbarin nimmt es doch nicht übel – es ist, weiß Gott, gern gegeben!" Sie setzt die Schaale mit dem Essen aufs Bett. Der Knabe streckt gierig die magern Hände danach aus. Die Mutter rückt einen hölzernen Stuhl hin und setzt die Lampe darauf. Ihr Strahl fällt auf des Mannes Antlitz. Täubche sieht ihn an und ein konvulsivisches Zittern durchfliegt ihren Körper, eine Ohnmacht bedrängt sie, sie muß sich an den Bettpfosten halten, um nicht umzusinken. Die Mutter stammelt Worte des Danks, der Mann aber starrt die Jüdin wie eine Geistererscheinung an. Ein Schrei entfährt seinen Lippen, dann schlägt er beide Hände vor's Gesicht, wankt nach dem Tische und sinkt dort wie vernichtet auf einen Stuhl. Die Frau, mit dem Kinde beschäftigt, bemerkt seine Bewegung nicht. Täubche erholt sich nach und nach von ihrer Schwäche. „Gute Nacht" sagt sie leise und geht fort. Ein krampfhaftes Weinen überfällt sie, indem sie zu ihrer Wohnung hinaufsteigt. „O, mein Gott, mein Gott, ist es denn möglich!" ruft sie, stürzt an ihre Commode und wühlt die oberste Schublade durch. In einem alten Pappkästchen findet sie das Gesuchte, eine kleine Summe Geldes, ihr kleines Ersparnis von 10 Jahren, ihren letzten Nothpfennig für's herannahende Alter. Sie steckt das Geld zu sich, stülpt einen alten Hut auf, wirft ihren Mantel über und verläßt ihre Kammer. „Wohin, Täubche, wohin?" ruft Frau Schroeder. „Nun, wie steht's da unten?" Die Jüdin eilt, ohne Antwort zu geben, auf die Straße. Nach einer Stunde kehrt sie wieder. Ihre Wohnung ist leer, Frau Schroeder ist zu einer Nachbarin gegangen. Sie legt Hut und Mantel ab, läßt sich erschöpft auf einen

Stuhl nieder, dann blickt sie zur Stubendecke und betet: „O meiner Väter Gott, alle Menschen sind ja Deine Kinder, laß den armen Heinrich nicht in seinem Elende umkommen! Was ich thun kann, soll geschehen. Die Miethe ist bezahlt. Er hat doch wenigstens jetzt ein Obdach. Ich will Tag und Nacht arbeiten, um ihn zu unterstützen. Du, mein Gott, wirst dann schon weiter helfen. Sie entkleidet sich, löscht die Lampe und sucht ihr Lager. Seit langen Jahren war ihre Ruhe nicht so sanft, ihr Traum nicht so freudenreich.

Bernhard
[= Barthold Heitmann]

VI .Allgemeines Literaturverzeichnis

Bücher und Broschüren

A[bendroth, Amandus August], „Wünsche bey Hamburgs Wiedergeburt“, Kiel 1814 (Geschrieben1813).

(Abendroth, A. A.) Beleuchtung der Flug-Schrift: Rechte und Forderungen der freien Hamburger. Nebst einigen kurzen Bemerkungen über das, was Noth und nützlich ist. Von einem Hamburger. Im September 1830, Hamburg (1830).

Acten des Wiener Congresses in den Jahren 1814 und 1815. Hg. von J. L. Klüber, 1. Bd., 4. Heft, Erlangen 1815. Darin S. 77 ff.: Schreiben des Herrn Staatscanzlers, Fürsten zu Hardenberg, an den preussischen Gesandten zu Hamburg, Herrn Grafen von Grothe, datirt Wien, den 4. Januar 1815.

Adelung, Johann Christoph, Grammatisch-kritisches Wörterbuch der Hochdeutschen Mundart, 2. Aufl., 4 Bde., Leipzig 1801.

Allerhand, Jacob, Das Judentum in der Aufklärung, Stuttgart 1980.

Archiv für Geschichte, Statistik, Kunde der Verwaltung und Landesrechte der Herzogthümer Schleswig, Holstein und Lauenburg. Hg. von Dr. N. Falck. 1. Jg., Kiel 1842 (= Des Staatsbürgerlichen Magazins dritte Folge).

Etwas zur Ausrottung der Vorurtheile gegen die Juden, in: Hamburg und Altona. Ein Journal zur Geschichte der Zeit, der Sitten und des Geschmaks [!], 3. Bd., 1802, VII. Heft, S. 9 ff.

Baasch, Ernst, Die Handelskammer zu Hamburg 1665-1915, Bd. II, Abt. 1 und 2, Hamburg 1915.

Balet, L., Gerhard, E., Die Verbürgerlichung der deutschen Kunst, Literatur und Musik im 18. Jahrhundert. Hg. und eingeleitet von G. Mattenklott, Frankfurt 1979.

Bartels, Johann Heinrich, Neuer Abdruck der vier Haupt-Grundgesetze der Hamburgischen Verfassung, mit vorausgeschickter erläuternder Uebersicht, Hamburg 1823.

Bartels, Johann Heinrich, Einige Abhandlungen über Gegenstände der Hamburgischen Verfassung, Hamburg 1835.

Baumbach, Sybille, Die Israelitische Freischule von 1815, in: Freimark, Peter, Herzig, Arno (Hg.), Die Hamburger Juden in der Emanzipationsphase (1780-1870), Hamburg 1989, S. 214 - S. 233.

Bemerkungen bei Gelegenheit des Königlichen Dänischen Rescripts, welches die Verabredung der vereinigten Gesellschaft jüdischer Hausväter in Hamburg, zur Abstellung des Mißbrauchs der frühen Beerdigung, bestätigt, in: Nordische Miszellen, 2. Bd., Nr. 33 v. 16. 8. 1804, S. 97 - S. 107.

Bericht des Hamburgischen Vereins zur Beförderung nützlicher Gewerbe unter den Israeliten, Hamburg 1833 (Broschüre in den Akten des Staatsarchivs)

Berichte über die Verhandlungen der constituirenden Versammlung in Hamburg mit dem Protocoll der Vorberathungen zur constituirenden Versammlung, Hamburg 1850.

Berding, Helmut, Moderner Antisemitismus in Deutschland, Frankfurt 1988 (= edition suhrkamp 1257).

Berlin, Jörg (Hg.), Das andere Hamburg. Freiheitliche Bestrebungen in der Hansestadt seit dem Spätmittelalter, 2. Aufl., Köln 1982.

Berlin, Jörg, Ostfriesland in der Revolution von 1848/49, Bd. 2, Aurich 1987.

Berlin, Jörg, Hamburg 1848/49, Hamburg 1998.

Berlin, Jörg, Bürgerfreiheit statt Ratsregiment. Das Manifest der bürgerlichen Freiheit und der Kampf um Demokratie in Hamburg um 1700, Norderstedt 2012.

Berlin, Jörg (Hg.), Die Juden sind Menschen wie wir. Eine Tarnschrift aus dem Jahr 1938. Faksimile und Kommentar, Hamburg 2013.

Beurmann, Eduard, Skizzen aus den Hanse-Städten, Hanau 1836.

Börne, Ludwig, Freimütige Bemerkungen über die neue Stättigkeits- und Schutzordnung für die Judenschaft in Frankfurt am Main ... (1808), in: ders., Sämtliche Schriften. Neu bearbeitet und herausgegeben von I. u. P. Rippmann, Erster Band, Düsseldorf 1964, S. 14 ff.

Börne, L., Der ewige Jude (1821), in: ders., Sämtliche Schriften. Neu bearbeitet und herausgegeben von I. u. P. Rippmann, Zweiter Band, Düsseldorf 1964, S. 494 ff.

Braden, Jutta, Das Porträt: August Sutor, in: Maajan. Zeitschrift für jüdische Familienforschung. Organ der Hamburger Gesellschaft für Jüdische Genealogie e.V.; Organ der Schweizerischen Vereinigung für Jüdische Genealogie e.V., Vol. 24, No. 97 (2010), S. 3641- S. 3643.

Braemer, Andreas, Judentum und religiöse Reform: der Hamburger Israelitische Tempel 1817 - 1938, Hamburg 2000.

Bran, Alexander (Hg.), Gesammelte Actenstücke und öffentliche Verhandlungen über die Verbesserung des Zustandes der Juden in Frankreich, Erster Band (Heft 1-6), Hamburg 1807.

Bran, Alexander (Hg.), Gesammelte Actenstücke und öffentliche Verhandlungen über die Verbesserung der Juden in Frankreich, Zweiter Band (Heft 7 u. 8), Hamburg 1807.

Brecht, Hans, Friedrich Clemens Gerke, ein fast vergessener Hamburger Schriftsteller und Erfinder, in: ZVHG, Bd.. 86, 2000, S. 43 - S. 88.

Brecht, Hans, „Stets der Welt die Stirn geboten": Leben und Zeiten des Hamburger Schriftstellers Friedrich Clemens Gerke, [Hamburg] 2003 (Manuskript im Staatsarchiv Hbg.).

Brenner, Michael. u.a. (Hg.), Deutsch-jüdische Geschichte in der Neuzeit. Bd. 2, 1780 - 1871, München 2000.

Briegleb, Klaus, „Jeder Reiche ist ein Judas Ischariot!" Vorläufiges über Heinrich Heine und die Juden in Hamburg, in: Freimark, Peter, Herzig, Arno (Hg.), Die Hamburger Juden in der Emanzipationsphase (1780- 1870); Hamburg 1989, S. 99 ff.

Der Sprach-Brockhaus. Deutsches Bildwörterbuch für jedermann, 4. Aufl.; Leipzig 1940.

Bruer, Albert A., Geschichte der Juden in Preußen (1750-1820), Frankfurt 1991.

Börsenhalle (= Kritische Blätter der Börsenhalle), Hamburg Jgge. 1830 - 1834.

Buchholz, Carl August, Über die Aufnahme der jüdischen Glaubensgenossen zum Bürgerrecht, Lübeck 1814.

Buchholz, Carl August, Actenstücke, die Verbesserung des bürgerlichen Zustandes der Israeliten betreffend. Hg. und mit einer Einleitung begleitet durch Carl Aug. Buchholz, o.O. 1815.

Büttner, Annett, Hoffnungen einer Minderheit. Suppliken jüdischer Einwohner an den Hamburger Senat xim 19. Jahrhundert, Münster 2003.

Buek, F. G., Handbuch der Hamburgischen Verfassung und Verwaltung, Hamburg 1828.

Careé, W., Befugnisse der Volks-Repräsentanten und die Gleichstellung der Juden, Hamburg 1833.

Carlo, B., Das schwarze Buch. Für Christ und Jud, zunächst in Hamburg, Hamburg 1843.

Christern, Johann W., Der neue Judenfresser, Hamburg 1841.

Christiano, F. (= d. i. Ch. Feldmann), Das weiße Buch. Für die Juden nicht bloss in Hamburg, Kiel 1843.

Clemens siehe Gerke, Friedrich Clemens

(Cohn, Eduard,) Die Judenfrage vor Hamburgs Erbgesessener Bürgerschaft. Von einem fremden Juden, Hamburg 1843.

Collmann, J. A., Quellen, Materialien und und Commentar des gemein deutschen Preßrechts, Berlin 1844.

David, H. J., Eine Nacht auf Wache. Vaudeville in einem Aufzuge, Hamburg 1838 (Erstaufführung Dez. 1835).

Denkler, Horst, Flugblätter in 'jüdisch-deutschem' Dialekt aus dem revolutionären Berlin 1848/49, in: Jahrbuch des Instituts für Deutsche Geschichte, 6. Bd., Tel Aviv 1977, S. 215 ff.

Denkschrift ob die Juden in Hamburg Bürger werden müßen? Hamburg 1814 (Exemplar im Staatsarchiv).

Dessauer, Julius Heinrich, Geschichte der Israeliten, Erlangen 1846.

Dittmar, P., Die Darstellung der Juden in der populären Kunst zur Zeit der Emanzipation, München 1992.

Dohm, Christian W., Über die bürgerliche Verbesserung der Juden, Theil 1, Berlin u. Stettin 1781, Theil 2, ebd. 1783.

Johann Andreae Eisenmengers, Professors der Orientalischen Sprachen bey der Universität Heydelberg Entdecktes Judenthum, Oder Gründlicher und Wahrhaffter Bericht, Welchergestalt Die verstockte Juden die Hochheilige Drey-Einigkeit Gott Vater, Sohn und Heil. Geist, lästern und verunehren, die Heil. Mutter Christi verschmähen, das Neue Testament, die Evangelisten und Aposteln, die Christliche Religion spöttisch durchziehen, und die gantze Christenheit auff das äusserste verachten und verfluchen ... : In Zweyen Theilen verfasset , Königsberg in Preussen [i.e. Berlin] 1711].

Eisenmenger. Siehe das Stichwort „Eisenmenger, Johann Andreas“, in: Staats- und Gesellschafts-Lexikon. Hg. von Hermann Wagener (Königlich preußischer Justizrath), 6. Bd., Berlin 1861, S. 744 - S. 748.

Ellermeyer, Jürgen, Schranken der Freien Reichsstadt. Gegen Grundeigentum und Wohnungswahl der Hamburger Juden bis ins Zeitalter der Aufklärung, in: Freimark, Peter, Herzig, Arno (Hg.), Die Hamburger Juden in der Emanzipationsphase (1780– 1870), Hamburg 1989, S. 175 ff.

Ueber die Emancipation der Juden in Schleswig-Holstein. Ein Wort zur Beherzigung an die Schleswig-Holsteinischen Provinzialstände, Hamburg 1836.

Erinnerungen aus dem „alten Moisling“ von 1822-1860. Nach einem Vortrag von Eisak Jacob Schlomer, Lübeck 1905. Neu hg. von Peter Guttkuhn: Liebes, altes, jüd`sches Moisling, Lübeck 1985.

Erwiederung [!] auf die von Herrn Dr. Riesser erschienenen Schriften in Betreff der bürgerlichen Gleichstellung der Juden von einem Hamburger, München 1831.

Frankfurter, N., Die Verantwortlichkeit des Volkslehrers im jetzigen Israel. Eine Predigt, Hamburg 1844.

Freimark, Peter, Juden auf dem Johanneum, in: 450 Jahre Gelehrtenschule des Johanneums zu Hamburg 1979, Hamburg 1979, S. 123- S. 129.

Freimark, Peter, Sprachverhalten und Assimilation. Die Situation der Juden in Norddeutschland in der 1. Hälfte des 9. Jahrhunderts, in: Saeculum. Jahrbuch für Universalgeschichte, Bd. 31, Freiburg / München 1980, S. 240 - S. 261.

Freimark, Peter, Herzig, Arno (Hg.), Die Hamburger Juden in der Emanzipationsphase (1780– 1870), Hamburg 1989.

Freimark, Peter, Kopitzsch, Franklin (Hg.), Spuren der Vergangenheit sichtbar machen. Beiträge zur Geschichte der Juden in Hamburg, Hamburg 1991.

Fries, Jacob Friedrich, Die Gefährdung des Wohlstandes und des Charakters der Deutschen durch die Juden, Heidelberg 1816.

Führer, Karl Christian, Skandal, Moralität und die „Ruhe der Familien". Sensationspresse und Zensur im vormärzlichen Hamburg (1815-1846), in: ZVHG, Bd. 81 (1995), S. 75 ff.

Gädechens, O. C., Unpartheyische Darstellung der Unruhen in Hamburg im September 1830, (Manuskript Staatsarchiv Hamburg).

Gallois, (Johann Gustav), Beleuchtung der Broschüre: das schwarze Buch für Christ und Jud' von B. Carlo, Hamburg 1844.

Gallois, J. G., Hamburgische Chronik von den ältesten Zeiten bis auf die Jetztzeit. Band 4. Von der Vollendung des Hauptrecesses 1713 bis zum grossen Brand im Mai 1842, Hamburg [1863].

Geiger, Abraham, Was hat Mohammed aus dem Judenthume aufgenommen? Eine von der Königl. Preussischen Rheinuniversität gekrönte Preisschrift, Bonn 1833.

Geiger, Abraham, Der Hamburger Tempelstreit, in: Geiger, Ludwig (Hg.), Abraham Geiger's Nachgelassene Schriften, 1. Bd. Berlin 1875, S. 113 - S. 196.

(Gerke, Friedrich Clemens,) Der Christianismus und der Mosaismus als Beitrag zur Frage der bürgerlichen Gleichstellung der Israeliten von einem Layen, Altona 1835.

(Gerke), Friedrich Clemens, Diversion eines Christen im Freiheits-Kampfe der Juden, Altona 1835.

(Gerke), Friedrich Clemens, Mein Spaziergang durch Hamburg. Poleographische Genre-Bilder, Altona 1838.

(Gerke), Friedrich Clemens, Der Juden Sache ist unsre Sache. Zweite Diversion im Kampf für Recht und Wahrheit, Hamburg 1843.

Gerstenberg, H., Die Hamburgische Zensur in den Jahren 1819 - 1848, Hamburg 1908.

Giesing, Michaela, Emanzipation im vormärzlichen Volkstheater. Heinrich Jakob David und seine Posse vom Hamburger Bürgermilitär „Eine Nacht auf Wache", In: ZVHG, Bd. 100, (2014), S. 75 - S. 102.

Die bürgerliche Gleichstellung der Juden. Ein Wort an Christen und Juden, Hamburg 1835.

Gonsiorowski, Herbert, Der Berufe der Juden Hamburgs von der Einwanderung bis zur Emanzipation, Diss. Hamburg 1927.

Graetz; Heinrich, Geschichte der Juden von den ältesten Zeiten bis auf die Gegenwart, 11. Bd., Leipzig 1870.

Grund, C., Ist eine bürgerliche Verbesserung der Juden in Deutschland dem Recht und der Klugheit gemäß? Regensburg 1798.

Grunwald, Max, Hamburgs deutsche Juden bis zur Auflösung der Dreiergemeinden 1811, Hamburg 1904.

Günther, J. A., Ueber das Verhältnis der jüdischen Einwohner in Hamburg, in: Der Genius der Zeit. Viertes Stück, April 1800, S. 393 ff.

Gurlitt, J., Über das Bürgerrecht der Juden (1805), in: J. Gurlitt's Hamburgische Schulschriften. Hg. von C. Müller, Magdeburg 1829, S. 385 ff.

Haarbleicher, M. M., Aus der Geschichte der Deutsch-Israelitischen Gemeinde in Hamburg, 2. Ausgabe, Hamburg 1886.

(Hardenberg.) Schreiben des Herrn Staatscanzlers, Fürsten zu Hardenberg, an den preussischen Gesandten zu Hamburg, Herrn Grafen von Grothe, datirt Wien, den 4. Januar 1815, in: Acten des Wiener Congresses in den Jahren 1814 und 1815. Hg. von J. L. Klüber, 1. Bd., 4. Heft, Erlangen 1815, S. 77 ff.

Harris, James F., The People Speak! Anti-Semitism and Emancipation in Nineteenth-Century Bavaria, Ann Arbor 1994.

Das Jüdische Hamburg. Ein historisches Nachschlagwerk. Hg. v. Institut für die Geschichte der deutschen Juden [in Hamburg], Göttingen 2006.

Handbuch zur Geschichte der Juden in Europa, Bd. 2. Hg. v. Elke Vera Kotowski, Darmstadt 2001.

Hauschild-Thiessen, Renate, Die Familie Glogau und ihre Buchhandlungen, in: Tiedenkieker. Hamburgische Geschichtsblätter. N F., Nr. 5, 2012, S. 16 ff.

Heine, Heinrich, Der Nachlaß, Teil 2, Prosa-Nachlaß, Hamburg 1925.

Heine, Heinrich, Werke und Briefe, Bd. 3, Berlin-Weimar 1980.

Heinemann, J. (Hg.), Sammlung der die religiöse und bürgerliche Verfassung der Juden in den Königl. Preuß. Staaten betreffenden Gesetze, Verordnungen, Gutachten, Berichte und Erkenntnisse. 2. verb. und sehr vermehrte Auflage, Glogau 1831.

Herzig, Arno, Das jüdische Armenwesen in Hamburg in der Übergangsphase von der Dreiergemeinde zur Deutsch-Israelitischen Gemeinde 1788-1818, in: Aus den Quellen. Beiträge zur deutsch-jüdischen Geschichte. Festschrift für Ina Lorenz, München 2005, S. 37 - S. 45.

Herzig, Arno, Die Emanzipationspolitik Hamburgs und Preußens im Vergleich, in: Freimark, Peter, Herzig, Arno (Hg.), Die Hamburger Juden in der Emanzipationsphase (1780– 1870), Hamburg 1989, S. 261 ff.

Herzig, Arno, Gabriel Riesser, Hamburg 2008.

[Heß, Jonas- Ludwig v.,]Hamburg topographisch, politisch und historisch beschrieben. 2. Aufl., umgearbeitet und vermehrt, Dritter Theil, Hamburg 1811.

Heyne, Moriz, Deutsches Wörterbuch, 3 Bde., Leipzig 1905 ff.

Hocker, Wilhelm, Der Maskenzug, in: ders., Poetische Schriften politischen und unpolitischen Inhalts, Kiel 1844, S. 227.

Holst, Johann Ludolf, Ueber das Verhältnis der Juden zu den Christen in den deutschen Handelsstädten. In weltbürgerlicher Hinsicht vorgetragen, und allen Staatsmännern des gesammten Vaterlandes zur ernsthaften Prüfung vorgetragen, Leipzig, Rostock und Schwerin 1818.

Hudtwalcker, Johann M.; Bemerkungen über die Schrift: Wünsche bey Hamburgs Wiedergeburt. Nebst einem Anhange, Hamburg 1814.

Hudtwalcker, Martin Michael, Ein halbes Jahrhundert aus meiner Lebensgeschichte, 3. Teil, Hamburg 1864.

Hundt, Michael, Die Pressezensur in den Hansestädten im Vormärz, in: Clemens, Gabriele B., Zensur im Vormärz. Pressefreiheit und Informationskontrolle in Europa, Ostfildern 2013, S. 153 – S. 170 (zu Hamburg 162 ff.).

Huret, Jules, Berlin um Neunzehnhundert, München 1909.

Husung, Hans-Gerhard, Neuere Tendenzen in der Protestforschung, in: Zunker, Detlef, Hamburg in der Franzosenzeit, Hamburg 1983, S. 6 - S. 14.

Husung, Hans-Gerhard, Volksprotest in Hamburg zwischen Restauration und Revolution 1848, in: Herzig, Arno u.a. (Hg.), Arbeiter in Hamburg, Hamburg 1983, S. 79 - S. 88.

Husung, Hans-Gerhard, Zu einigen Problemen der historischen Protestforschung am Beispiel gemeinschaftlichen Protests in Norddeutschland, in: Volkmann, Heinrich, Bergmann, Jürgen (Hg.), Sozialer Protest. Studien zu traditioneller Resistenz und kollektiver Gewalt in Deutschland vom Vormärz bis zur Reichsgründung, Opladen 1984, S. 21 - S. 33.

Isler, M[eyer], Zur ältesten Geschichte der Juden in Hamburg, in: ZVHG, Bd. 6, 1875, S. 461 – S. 479 (u. Nachtrag S. 480 - S. 481).

Isler, M[eyer], Gabriel Riesser's Leben nebst Mittheilungen aus seinen Briefen, Frankfurt 1871.

Jahrbuch der historischen Forschung in der Bundesrepublik Deutschland. Hg. von der Arbeitsgemeinschaft Historischer Forschungseinrichtungen in der Bundesrepublik Deutschland, Berlin - München, Jg. 6, 1980, S. 85 – 96. (Über Quelleneditionen).

Jeschurun. Ein Monatsblatt zur Förderung jüdischen Geistes und jüdischen Lebens in Haus, Gemeinde und Schule. 6. Jg. 1859.

Jost, Isaak Markus, Geschichte der Israeliten seit der Zeit der Maccabäer bis auf unsre Tage nach den Quellen bearbeitet, 9 Bde. Berlin 1820 – 1857, Bd. 10.1, Berlin 1846.

Jost, Isaak Markus, Culturgeschichte der Israeliten der ersten Hälfte des 19. Jahrhunderts, Breslau [1847].

Jost, Isaak Markus, Schriftfehde über den Hamburger Tempelstreit, in : ders., Culturgeschichte der Israeliten der ersten Hälfte des 19. Jahrhunderts, Breslau [1847], S. 22 - S. 29.

Jud' oder Christ? Ist die Frage hinsichtlich der in Holstein zu emancipirenden oder lieber nicht zu emancipirenden Juden, aufgeworfen, und mit einigen nachträglichen Bemerkungen über die von Doctor Steinheim in Altona verfassten Meditationen versehen, o. O. o. J.

Kacadaeus. Der reiche Moyses in der Klemme oder Hep! Hep in F ....t. Ein Lust- und Thränenspiel in zwey Akten mit einem Epilog vom Zeitgeist, Hadamar 1819.

Kampmann, Christian, Emancipation and Violence. On the Interpretation of Anti-Jewish Riots in the German Vormärz, in: Bonney, R. u.a. (Hg.), Religion und Politik in Deutschland und Großbritannien, München 2001, S. 63 - S. 82.

Katalog der Commerz-Bibliothek, Hamburg 1841.

Katz, Jacob, Aus dem Ghetto in die bürgerliche Gesellschaft. Jüdische Emanzipation 1770-1870, Frankfurt 1986.

Katz, Jacob, Die Hep-Hep-Verfolgungen des Jahres 1819, Berlin 1994.

Kaufmann, U. R., Ein jüdischer Wortführer des Vormärz: Gabriel Riesser aus Hamburg und sein Essay „Über die Stellung der Bekenner des Mosaischen Glaubens in Deutschland. An die Deutschen aller Konfessionen“, in: Aus den Quellen. Beiträge zur deutsch-jüdischen Geschichte. Festschrift für Ina Lorenz, S. 169 ff.

Klemenz, Dieter, Der Religionsunterricht in Hamburg von der Kirchenordnung von 1525 bis zum staatlichen Unterrichtsgesetz von 1870, Hamburg 1971.

Kley, Eduard, Geschichtliche Darstellung der Israelitischen Freischule in Hamburg; bei Gelegenheit der Feier des fünf- und zwanzigjährigen Bestehens, Hamburg 1841.

Klopstock, F. G., Ode an den Kaiser, Wien 1782.

Kopitzsch, Franklin, Die Toleranz in Hamburg und Altona. Eine von Hamburgs „Annehmlichkeiten“, in: Aus den Quellen. Beiträge zur deutsch-jüdischen Geschichte. Festschrift für Ina Lorenz, S. 251 ff.

Kramer, Margarete, Die Zensur in Hamburg 1819 bis 1848. Ein Beitrag zur Frage staatlicher Lenkung der Öffentlichkeit während des deutschen Vormärz, Diss., Hamburg 1975.

Krohn, Helga, Die Juden in Hamburg 1800 – 1850. Ihre soziale, kulturelle und politische Entwicklung während der Emanzipationszeit, Frankfurt 1967.

Krohn, Helga, Die Juden in Hamburg. Die politische, soziale und kulturelle Entwicklung einer jüdischen Großstadtgemeinde nach der Emanzipation 1848 – 1918, Hamburg 1974.

Kruse, Joseph A., Heines Hamburger Zeit, Hamburg 1972.

Lässig, S., Staat und liberales Bürgertum im Emanzipationsdiskurs des 19. Jahrhunderts – Das Beispiel Sachsen, in: Antisemitismus in Sachsen, Dresden 2004, S. 43 ff.

Lappenberg, Johann M., Von den ältesten Spuren der Juden in Hamburg, in: ZVHG, Bd. I, 1841, S. 281 – S. 290.

Laufenberg, Heinrich, Geschichte der Arbeiterbewegung in Hamburg, Altona und Umgebung, Bd. 1, Hamburg 1911.

Lehmann, Emil, Lebenserinnerungen, 3 Bde., Bad Kissingen [1885].

(Lehmann, Eduard), Santo Domingo, Hamburg, wie es ist, Leipzig 1838.

Levy, Clara, Die inneren Kämpfe Hamburgs nach dem Großen Brande im Spiegel der hamburgischen Publizistik, Diss. Hamburg (1929).

Levy, Hartwig, Die Entwicklung der Rechtsstellung der Hamburger Juden, Diss. Hamburg 1933.

Loewenberg, Jakob, Aus jüdischer Seele, 3. Aufl. Hamburg 1911.

Lohmann, P. D. (Hg.), Hamburgische Rath- und Bürgersschlüsse vom Jahr 1801 bis Ende des Jahres 1825. Erster Band von 1801 bis 1815, Hamburg 1828.

Dr. Martin Luther's polemische deutsche Schriften. Hg vom J. K. Irmscher, 3. Bd. Erlangen 1841.

Lüders, Ferdinand, Bilder aus Alt-Hamburg. Jugenderinnerungen von Ferdinand Lüders, Hamburg 1906.

Martens, Gunter, Zeller, Hans (Hg.), Texte und Varianten. Probleme ihrer Edition und Interpretation, München 1971.

Mayer, Gustav, Erinnerungen. Vom Journalisten zum Historiker der deutschen Arbeiterbewegung, Zürich 1949.

Merkel, Gabriel, Briefe über Hamburg und Lübeck, Bd. 1, Leipzig 1801.

Merkel, G., Briefe über eine der merkwürdigsten Städte im nördlichen Deutschland, Bd. 1, Leipzig 1801, S. 36-38, in: Freimark, P., Kopitzsch, F., (Hg.), Spuren der Vergangenheit sichtbar machen. Beiträge zur Geschichte der Juden in Hamburg, Hamburg 1991.

Mayer, Bonaventura, Die Juden unserer Zeit, Regensburg 1842.

Meyer, Eduard, Gegen L. Börne den Wahrheit-, Recht- und Ehrvergeßnen Briefsteller aus Paris, Altona 1831.

Meyer, Eduard, Nachträge zu der Beurtheilung der Börne'schen Briefe aus Paris, Altona 1832.

Meyer, M. A., Die Anfänge des modernen Judentums. Jüdische Identität in Deutschland 1749 – 1824, 2. Aufl. München 2011.

Michalski, Raoul Wenzel, Die bürgerliche Hamburger Presse und die „Judenfrage“ 1819-1849, (Magisterarbeit) Hamburg 1988.

Michalski, R. W., Die Hamburger Presse und die „Judenfrage“ 1819-1849, in: Freimark, Peter, Herzig, Arno (Hg.), Die Hamburger Juden in der Emanzipationsphase (1780– 1870); Hamburg 1989, S. 156 ff.

Misler, J. G., Lt., Ueber das gesellschaftliche Verhältnis der Juden zu den Christen in Hamburg, in besonderer Rücksicht auf öffentliche Gast- Caffee- Restaurations- Speise- etc. etc. Häuser, in: Nordische Miszellen, 13. Bd., Nr. 10 v. 11.3. 1810, S. 181 ff.

Hamburgisches Morgenblatt, Jg. 1816 (Einzelstücke).

Neddermeyer, F. H., Statistik und Topographie der Freien und Hansestadt Hamburg, Hamburg 1847.

Niemann, K., Etwas zur Berichtigung der Urtheile des Publikums, über die bekannte öffentliche Anzeige des Herrn Heus in Eimsbüttel, Hamburg 1798.

Rheinisches Odeon. Hg. v. J. Hub u. A. Schnezler, 3. Jg., Düsseldorf 1839.

(Patow, J. O. W.), Auskunftsmittel bei der Eröffnung der Alsterhalle. Angerathen von J. O. W. Patow, Dr., Hamburg [1835].

Philippson, Ph., Biographische Skizzen. Drittes Heft: Gotthold Salomon, Leipzig 1866.

Preisler, Dietmar, Frühantisemitismus in der Freien Stadt Frankfurt und im Großherzogtum Hessen (1810 bis 1860), Heidelberg 1989.

Prell, J. A., Darstellung der Unruhen weniger Tage in Hamburg im September 1830. (Siehe auch die Rezension in: Börsenhalle, Jg. 1830, S. 111 ff.)

Prösch, Heinrich, Die Hamburger Unruhen 1830, (Manuskript des Vortrags im Verein für Hamburgische Geschichte), Hamburg 1931 (Staatsarchiv Hamburg).

Prutz, Robert, Gedichte, Leipzig 1857.

Rambach, J. H., Versuch einer physisch-medizinischen Beschreibung von Hamburg, Hamburg 1801.

Rée, Anton, Die Sprachverhältnisse der heutigen Juden, im Interesse der Gegenwart und mit besondrer [!] Rücksicht auf Volkserziehung, Hamburg 1844.

Rèe, A., Geschichtliches über die Schule und ihre Tendenzen, in: Stiftungsschule von 1815 zu Hamburg, Hamburg 1890.

Das Neue Reglement Der Judenschaft in Hamburg/ So Portugiesisch- als Hochteutscher Nation de Dato 7. Septemb. Anno 1710, in: Freimark, Peter, Herzig, Arno (Hg.), Die Hamburger Juden in der Emanzipationsphase (1780- 1870); Hamburg 1989, S. 312 ff.

Reils, P. D. H., Von der ältesten Niederlassung der Juden in Hamburg, in: ZVHG, Bd. 2, 1847, S. 157 - S. 166.

Reils, H. [!], Beiträge zur ältesten Geschichte der Juden in Hamburg, in: ZVHG, Bd. 2, 1847, S. 357 - S. 423. (Darin: zugewiesene Wohnbezirke S. 376 ff.)

Reitzenstein, H. v., Die Expedition der Franzosen und Engländer gegen die Citadelle von Antwerpen und die Schelde-Mündungen, Berlin 1834. (Über Tapferkeit von Juden)

Richter, Anke, Struktur und Wandel der Lebensverhältnisse jüdischer Unterschichten in Hamburg (1815-1870), Hamburg 1987 (Magister-Arbeit).

[Riesser, Gabriel], Denkschrift über die bürgerlichen Verhältnisse der Hamburgischen Israeliten zur Unterstützung der von denselben an Einen Hochedlen und Hochweisen Rath übergebenen Supplik, Hamburg 1834.

Rohrbacher, Stefan, Schmidt, Michael, Judenbilder. Kulturgeschichte antijüdischer Mythen und antisemitischer Vorurteile, Reinbek 1991.

Rohrbacher, Stefan, Gewalt im Biedermeier. Antijüdische Ausschreitungen in Vormärz und Revolution (1815 - 1848/49), Frankfurt 1993.

Rönne, Ludwig v., Simon, Heinrich (Hg.), Die früheren und gegenwärtigen Verhältnisse der Juden in den sämmtlichen Landestheilen des Preußischen Staates, Breslau 1843.

Rudolph, Johanna, Das Masaniello-Thema im Spiegel der deutschen Klassik, in: dies., Lebendiges Erbe, Leipzig 1972, S. 201 - S. 236.

Rühs, Friedrich, Die Ansprüche der Juden an das deutsche Bürgerrecht, 2. Aufl. Berlin 1816. [Die erste Fassung war in der von Rühs herausgegebenen „Zeitschrift für die neueste Geschichte, die Staaten - und Völkerkunde", Bd. 3, Berlin 1815, S. 124 - S. 161 erschienen.]

Rühs, F., Die Rechte des Christenthums und des deutschen Volks. Vertheidigt gegen die Ansprüche der Juden und ihrer Verfechter, Berlin 1816 (Auszüge erschienen auch im „Hamburger Morgenblatt").

Rürup, Reinhard, Emanzipation und Antisemitismus. Studien zur „Judenfrage" in der bürgerlichen Gesellschaft, Göttingen 1975.

[Salomon, J. W.], Ein Wörtchen über den „neuen Jeremias" von Herrn Witt, Altona 1841.

Sammlung der von E. Hochedlen Rathe der Stadt Hamburg so wol zur Handhabung ... ausgegangenen allgemeinen Mandate ..., Der Zweyte Theil 1701 bis 1730 ..., Hamburg 1774.

Sammlung der Verordnungen der freyen Hanse-Stadt Hamburg seit deren Wiederbefreyung im Jahre 1814. Bearbeitet von Christian Daniel Anderson, 1. Bd., Hamburg 1815.
Santo Domingo siehe Lehmann, Eduard.
Der Schlacht-Bericht vom 30. und 31. Juli und 1. August 1835, (Hamburg 1835. Staatsarchiv).
(Schoene, Carl Friedrich), Die Rechte und Forderungen der freien Hamburger, wie sich die öffentliche Stimme bei Gelegenheit der gegenwärtigen Unruhen deutlich darüber ausgesprochen, Hamburg (September) 1830.
Schramm, Percy Ernst, Hamburg, Deutschland und die Welt. Leistung und Grenzen hanseatischen Bürgertums in der Zeit zwischen Napoleon I. und Bismarck, München 1943.
Schwabacher, Isaac S., Geschichte und rechtliche Gestaltung der Portugiesisch-Jüdischen und der Deutsch-Israelitischen Gemeinde zu Hamburg, Berlin 1914 (Diss. Jur.).
Seelig, Geert, Die Julirevolution in Hamburg, in: Der Lotse. Hamburgische Wochenschrift für deutsche Kultur, 1. Jg., Heft 5, 1900, S. 131 - S. 136.
Siegesmund, G. [Ps.], Das blaue Büchlein. Eine Weihnachts- und Neujahrs- Gabe für gebildete und fromme Christen, Hamburg 1844.
Sieveking, Heinr[ich], Zur Geschichte der geistigen Bewegung in Hamburg nach den Freiheitskriegen, In: ZVHG, Bd. XXVIII, 1927, S. 129 - S.154.
Simon, Friedrich Alexander, Beleuchtung der Stimme des Volks über die Juden, Niedersachsen [fing. = Hamburg] 1819.
Soetbehr, A. , Des Stader Elbzolles Ursprung, Fortgang und Bestand, Hamburg. 1838.
Sterling, Eleonore O., Anti-jewish Riots in Germany in 1819: A Displacement of social Protest, in: Historia Judaica, Bd. XII, 1950, S. 105 - S. 142.
Stieve, Tilman, Der Kampf um die Reform in Hamburg 1789 – 1842, Hamburg 1993.
Strang, John, Germany in MDCCCXXXI, New York 1863.
Strang, John, Hamburg 1831. Ein Besuch in der Hansestadt vor 150 Jahren. Ein authentischer Bericht, Hamburg 1981.
Streicher, Tatjana R., Die Situation der Hamburger Juden während der Franzosenzeit, Hamburg 1989 (Magisterarbeit).
Stümke, Hans - Georg, „Wo nix is, hett de Kaiser sien Recht verlor'n" oder „Der Stein auf dem Sofa der Frau Senatorin". Die Hamburger Unruhen vom 31. August bis 5. September 1830, in: Berlin, Jörg (Hg.), Das andere Hamburg. Freiheitliche Bestrebungen in der Gansestadt seit dem Spätmittelalter, 2. Aufl., Köln 1982, S. 48 - S. 68.
Stamm-Kühlmann, Thomas, Der Staatskanzler von Hardenberg, die Bankiers und die Judenemanzipation in Preußen, in: Vierteljahrschrift für Sozial- und Wirtschaftsgeschichte, Bd. 83, 1996, S. 334 - S. 346.
Süß, Cornelia, Der Prozess der bürgerlichen Gleichstellung der Hamburger Juden 1815-1865, in: Freimark, Peter, Herzig, Arno (Hg.), Die Hamburger Juden in der Emanzipationsphase (1780–1870); Hamburg 1989, S. 279 - S. 298.
Suhr, Christoph, Der Ausruf in Hamburg: vorgestellt in 120 colorirten Blättern. (Hamburg 1979 Nachdr. [d. Ausg.] Hamburg 1808.)
Sutor, August, Die Errichtung des Handels-Gerichts in Hamburg. Zur Erinnerung an den 21. Februar 1816, Hamburg 1866.
Treu, Max, Die Hamburger Unruhen im September 1830, in: Hamburgische Geschichts- und Heimatblätter, Jg. 5, 1930, S. 178 - S. 184.
Toury, Jacob, Die politischen Orientierungen der Juden in Deutschland von Jena bis Weimar, Tübingen 1966.

Toury, Jacob, Soziale und politische Geschichte der Juden in Deutschland 1847-1871, Düsseldorf 1971.

Ueding, Gerd, Hoffmann und Campe. Ein deutscher Verlag, Hamburg 1981.

Uhde, Hermann, Das Stadttheater in Hamburg 1827-1877, Stuttgart 1879.

Unverhau, Henning, Pressefreiheit, Pressefrechheit und Zensur in Schleswig-Holstein in der ersten Hälfte des 19. Jahrhunderts, in: Zeitschrift der Gesellschaft für Schleswig-Holsteinische Geschichte, 1996, S. 45 - S. 78.

Verhandlungen des siebten Rheinischen Provinzial-Landtages nebst dem Allerhöchsten Landtagsabschiede, Koblenz 1843.

Unser Verkehr. Eine Posse in einem Aufzuge, 3. Aufl. , Leipzig 1816.

Volkmann, Heinrich, Bergmann, Jürgen (Hg.), Sozialer Protest. Studien zu traditioneller Resistenz und kollektiver Gewalt in Deutschland vom Vormärz bis zur Reichsgründung, Opladen 1984.

Volkmann, Heinrich, Protestträger und Protestformen in den Unruhen von 1830 bis 1832, in: ders., Bergmann, Jürgen (Hg.), Sozialer Protest. Studien zu traditioneller Resistenz und kollektiver Gewalt in Deutschland vom Vormärz bis zur Reichsgründung, Opladen 1984, S. 56 - S. 75.

Voß, Julius v., Die Hep Heps in Franken und anderen Orten, Teutonien 1819.

Hamburgs Wächter, Jg. 1817 (Einzelstücke).

Wassermann, Jakob, Mein Weg als Deutscher und Jude, Berlin 1921.

Witt, A. J., Auch ein Wort über Judenemancipation, [Altona bei Rüter] 1841.

Westphalen, Nicolaus. A., Hamburgs öffentliche Verhältnisse in den Jahren 1834, 1835 und 1836, Hamburg 1838 (Zeitungsausschnitte aus den Vaterstädtische Blättern vom Januar 1838 [= Beilage zu den Hamburger Nachrichten]. Gebundenes Exemplar im Staatsarchiv Hamburg.)

Hamburgisches Wörterbuch. Auf Grund der Vorarbeiten von Christoph Walther und Agathe Lasch bearbeitet von Beate Hennig, Jürgen Meier und Jürgen Ruge, 3. Bd. (L – R), Neumünster 2004.

Wolff, S. J., Wieder Juden [!]. Sendschreiben an Herrn Julius v. Voß, veranlasst durch die, von ihm mir gewidmete Schrift die Hep Heps, zur Vertheidigung der Christen, Berlin im September 1819.

Würzer, Heinrich, Ein Spaziergänger in Altona (1801-1804). Mit einem Nachwort hg. von Hans-Werner Engels, Hamburg 1997.

[Ziegra, M. Ch.], Sammlung von Urkunden, theologischen und juristischen Bedenken, Verordnungen, Memorialen, Suppliken, Decreten, Briefen, Lebensbeschreibungen, kleinen Tractaten ... als eine Grundlage zur Hamburgischen Kirchenhistorie neuerer Zeiten ... / mit beygefügten historischen Erzählungen und Anmerkungen hg. von M. Christian Ziegra, Canonico minori; Hamburg 1764.

Zimmermann, Friedrich Gottlieb, Neue Chronik von Hamburg, vom Entstehen der Stadt bis zum Jahre 1819, Hamburg 1820.

Zimmermann, Moshe, Hamburgischer Patriotismus und deutscher Nationalismus. Die Emanzipation der Juden in Hamburg 1830-1865, Hamburg 1979.

Zimmermann, Moshe, Das Kaffeehaus als Ort des anti-jüdischen Sozialprotests im Vormärz, in: ders., Deutsch-jüdische Vergangenheit: Der Judenhaß als Herausforderung, Paderborn 2005, S. 57 – S. 66.

Zeitungen und Zeitschriften

Kritische Blätter der Börsenhalle, (Hamburg) Jg. 1835

Niederdeutsche Blätter, Jg. 1816 (Einzelne Ausgaben)

Freischütz (Hamburg), Jg. 1835

Hamburg und Altona, Jgge. 1804 - 1806

Jeschurun. Ein Monatsblatt zur Förderung jüdischen Geistes und jüdischen Lebens in Haus, Gemeinde und Schule. 6. Jg. 1859

Hamburgisches Morgenblatt, Jg. 1816 (EinzelneAusgaben)

Privilegirte wöchentliche gemeinnützigen Nachrichten von und für Hamburg, Jg. 1816

Sulamith. Eine Zeitschrift zur Beförderung der Kultur und Humanität unter den Israeliten (Einzelne Ausgaben)

Hamburgs Wächter, Jg. 1817 Allgemeine Zeitung des Judenthums (Leipzig), 1. u. 2. Jg. 1837 u. 1838

(Augsburger) Allgemeine Zeitung, Jg. 1819

Allgemeine Zeitung des Judenthums (Leipzig), 1. u. 2. Jg. 1837 u. 1838.

Allgemeine Zeitung des Judenthums (Leipzig), 1. u. 2. Jg. 1837 u. 1838

Frankfurter Ober-Postamts-Zeitung, Jg. 1819

Neue Zeitung und Hamburgische Adreß-Comptoir Nachrichten", Jg. 1835

Staats- und Gelehrte Zeitung des Hamburgischen unpartheyischen Correspondenten, Jgge. 1819, 1830, 1835

Durchgesehene und korrigierte Ausgabe
Umschlag- und Buchgestaltung: Arnd Bentlin, Hamburg
Herstellung und Verlag:
BoD · Books on Demand, Norderstedt
ISBN 9 783734 782145

MIX
Papier aus verantwortungsvollen Quellen
Paper from responsible sources
FSC® C105338
FSC
www.fsc.org